Anthony Sattin
安東尼·沙汀——著
王惟芬——譯

給漂泊的西爾薇，

她知道並不是所有流浪的人都迷路了。

目錄

幾乎沒有人知道，歷史不僅只限於留下來可供讀取的文本，也不僅只是在談過去，這甚至不是它主要的內容。相反地，歷史之所以具有巨大的力量，是因為它在我們之內部，在許多方面我們都無意識地為它所控制，歷史實際上存在於我們的一切作為中。

——摘自詹姆斯・鮑德溫（James Baldwin），
《黑檀木》中的〈白人的罪惡感〉
（'The White Man's Guilt', *Ebony*, August 1965）

游牧民族：一個訴諸非理性本能的主題。

——布魯斯・查特溫（Bruce Chatwin）致
湯姆・馬施勒（Tom Maschler），
一九六九年二月二十四日

來自伊朗的特佩希薩爾（Tepe Hesar）遺址的黃金公羊頭和角的圖像，年代約為公元前 2170 ～ 1900 年。

序言

在伊朗扎格羅斯山脈

一個年輕人向我走來，肩上扛著一根棍子，腳下跟著一群羊。羊群分散在他前方、旁邊和身後，就像附近溪流中的融水一樣亂竄，牠們像一群吵鬧的孩子，在團團簇擁下把少年擠到了小路上。在他身後跟著一個年長的男人，左肩上掛著一支步槍，這個老男人雖然飽經風霜，但仍然很健壯。他咂舌鼓動，要羊群繼續前進。在他後頭有兩個騎驢的女人，一個比另一個年長，我猜她們是他的妻子和女兒。她們看起來很堅強，但在扎格羅斯山脈的碎片山峰下，生活可是相當艱難。其他驢子則背負著他們的財物，這些都包在婦女編織的銹褐色厚重布包裡，當帳篷搭好後，這些布包很快就會有新用途，可以當作門襟。

在這個海拔高度，樹木稀少，但雪已經融化，山谷中迸放著目不暇給的美麗，鳶尾花、侏儒鬱金香和其他春季時節的花朵覆蓋著上好的牧草。這家人一邊笑著一邊趕羊，帶著他們的綿羊和灰白相間的山羊沿著遍布岩石的小徑向我走來，公羊頂起牠們雄偉的後掠角。我也和他們一起微笑起來，想到巴赫蒂亞里（Bakhtiari）部落每年會從平原遷移到山區，尋找夏季牧場，就讓我興奮不已。

我已經花了幾天時間照顧其他一些移民。西亞維希（Siyavash）和他的家人在山谷的斜坡上用黑色的山羊毛搭起帳篷，並為他們的羊群搭建一個圍欄，還準備一個大型的開放式帳篷來接待鄰居和客人。我的帳篷搭在對岸，跟他隔著一條由融冰沖刷出來的小溪，從那裡我可以看到一片大景，白雪覆蓋的山峰，鋸齒狀地深入天際，還有遍布野花的山谷。我撿來一段寬大的扁平油管，充當我和游牧民族間的橋樑，這座便橋也讓我想起在中東地區第一次石油開採，一號井就是在巴赫蒂亞里附近開挖的，是在一九〇八年的時候。

這裡美景處處。如果我是一名攝影師，我會去捕捉午後移動的陰影和傾斜的陽光，它們將雪山染成一片粉紅色，並在溪流表面投下燦爛的金光。如果我是一位作曲家，我會把隆隆水聲與流經河床石塊的撞擊聲、蜜蜂的嗡嗡聲、鈴鐺的叮噹聲，以及夜間招呼羊群的哨聲和呼喊聲調融合譜曲。美存在於這裡的一切。但我只是位光著腳曬得有點黝黑的作家，我掏出一支鉛筆來記錄藍天中純粹的光質，呈色的方式，尤其是乍現在綠色山谷中的黃色，以及在太陽下山後突然降臨的寒意。那天深夜，游牧民族的帳篷在河對岸發著光，宛如餘燼，月光則在山脊上照耀著，我一邊睡，一邊想著當初拜倫是怎麼知道「早期波斯人沒有白費／他的祭壇是高地和山峰……在那裡尋求精神……」。在那高處，我的精神高漲，感到深深的喜悅。

在接下來的幾天，西亞維希和他的家人向我介紹他們的山谷和人民。他們還供我餐點，我們吃飯的時候，他們談論他們的生活、他們認識的土地、他們穿越這片土地的旅程、他們飼養的動物、他們擔心的孩子——該把他們送到州立寄宿學校接受教育嗎？——還有許多在二十一世紀要在扎格羅斯山脈過著游牧生活所面臨的其他挑戰。他們告訴我，山谷裡的植物、在我們頭頂上掠過的猛禽，以及那些生活在山坡更高處的其他動物。他們認識在那裡可以生長的一切，知道該鼓動什麼，害怕什麼。他們談到從炎熱的低地進入山區的旅程，以及當他們腳下的土地開始結冰時又要如何再度走回去，這是他們的祖先在過去走過的旅程，早在有人開始記錄之前很久就已經有的路徑。我從北非和中東的貝都因人（Bedouin）和柏柏爾人（Berbers）那裡也聽過類似的故事，我成年後的大部分時間都是在那裡度過，從廷巴克圖（Timbuktu）的泥房和圖書館外的圖阿雷格人（Tuareg）和沃達貝人（Wodaabe）那裡，從東非紅色灌木叢中宛如橙色閃光穿梭而過的敏捷年輕馬賽人（Maasai）那裡，從印度塔爾沙漠（Thar Desert）邊緣的游牧民族那裡，從安達曼海的船隻，在吉爾吉斯斯坦的高地，還有亞洲其他地方。無論是柏柏爾人、貝都因人、高喬人（gaucho）還是莫肯人（Moken），他們的言談似乎總是圍繞著同樣的主題，不外乎是傳承、驕傲的歸屬感、與周圍環境的和諧相處、尊重大自然提供的一切，以及政府希望他們這些游牧生活者定居下來時所遭遇的種種困難。

這些人全都讓我聯想到一份崇高的和諧感，是與自然世界並存的那種和諧。他們是透過與自然萬物平等生活來認識自己所處的環境，而不是透過治理掌控，這是基於一份認知，體認到人類生活仰賴我們的環境，而這一點是我們這些生活在城鎮和都市中的人很容易忘記的。巴赫蒂亞里人聽得懂他們牛群的叫聲，理解當中每個音調的意義，知道牠們何時吃飽喝足、飢餓或受到威脅，也聽得出何時會有生離死別的降臨，就像他們知道要如何解讀雲層，翻譯風中攜帶的氣味一樣。這樣的事蹟我聽聞的越多，就越發體會到我們曾經都過著這樣的生活——而且就在不久前，在宏大的人類歷史框架中。

一個家庭帶著他們的牲畜和所有財物搬家，這樣的景象讓我們當中的一些人興奮不已，但也會讓另一些人感到恐懼、厭惡或蔑視。

他們從哪裡來？

他們為什麼來這裡？

他們什麼時候要離去？

他們如何生存？

他們是誰？

游牧民族（Nomad）。這個詞的根源貫穿了人類故事，從我們身處的時代可以一路回溯到非常早期的印歐文字「nomos」。這個字彙具有多種含義，可以翻譯為「固定或有界限的區域」，也可以翻譯成「牧場」。從這個字根衍生出「nomas」，意思是「一個流浪的放牧部落的成員」，並隱含「在尋找牧場的人」的意味，不過也包含「一個有合法權利放牧的地方」，而這些包含有游牧的、定居的，以及搬出去定居的。後來，這個字根分裂，隨著人類開始建立城鎮，有更多的人定居下來，最後成為「nomad」這個單字，用來形容一批生活在沒有圍牆，界限之外的人。定居者現在以兩種截然不同的方式來使用「nomad／游牧民族」一詞。對於我們當中的一些人來說，這個詞充滿浪漫的懷舊感，但很多時候，它帶有一種含蓄的判斷，這是指流浪者、漂泊者、移民、居無定所的人、逃亡者，以及無家可歸的人。他們是不為人知的人。

在這個有越來越多人旅行的時代，我們當中有許多人都曾有過這樣一種「不為人知」的異地經驗，「nomad」這個字彙顯然需要更為寬廣慷慨的解釋，尤其是在我們目前所談論的，所提出的想法，以及各種小工具和商品中，有許多都與流動性和移動有關。正因為如此，隨著本書的進展，在我筆下的「游牧民族／nomad」的意涵也會發生演變。在本書的開端時，我是用它來代表狩獵採集者，但很快也包含那些為尋找牧場而放牧的人。到了最後，它還包括所有流浪漂泊的人。不僅僅是因為這些人就像游牧民族一樣，被迫過著輕盈不著痕跡的生活，也還有那些刻意選擇過這種生活的人，有越來越多的人在描述自己時不再使用「無家可歸」（homeless）一詞，而是「居無定所」（houseless），許多現代游牧民族生活在他們所謂的「車輪莊園」（wheel estate）中。＊作家布魯斯．查特溫（Bruce Chatwin）在他原創十足的小說《歌之版圖》（*The Songlines*）中可說是側寫了這種生活方式的早期版本，書中描述一位英國推銷員如何只靠著一只手提箱在非洲飛行，度過他的生活。在推銷員生活中，唯一的固定點，一個代表他家的地方，就是在倫敦的一個上鎖的行李櫃。在行李櫃裡放有一個紙箱，裡面裝滿了他的家人和他過去的照片和其他紀念品。如果他想再增加一些新的寶物，他需要丟棄舊的才能騰出空間。在查特溫和我看來，這位四處旅行的推銷員的生活型態，散發出一種非常現代的游牧形式。

推銷員沒有給世界增加任何東西，就像他沒有給他的盒子增加任何東西一樣，這點讓人很輕易地對推銷員產生蔑視。也是基於同樣的理由，大多數游牧民族的歷史一直遭到蔑視和拋棄——因為那些和牆壁、紀念碑一起生活的人，以及寫下大部分歷史的人，未能體認和找到那些生活在界限之外，那些過著較為雜亂無章的人的生命中，更為輕盈和流動的意義或價值。我們現在正活在一個由理性時代和啟蒙運動塑造，由工業和技術革命推動的世界——但「我們的」世界腳步正變得步履蹣跚。社會契約正在破裂，社群正在崩解。我們的世界所依賴的原物料和自然資源變得越來越稀少，而我們在地球上的作為與行動所產生的後果，如今在景觀、氣候和我們的生活結構都大量反應出來。除了要開發回收水和發電的新方法外，如今還有一份迫切的需要，需要對我們的生活型態以及身而為人的意義進行新的思考。需要改變。我們需要留下更輕盈的腳步，而生活在城市之中的人需要找到更好的方式和世界產生連結，超越城市的界線。但在我們了解我們是誰以及我們可能成為什麼之前，我們需要知道我們曾經是誰。「黑人的命也是命」（Black Lives Matter）、「我也是」（#MeToo），以及其他社會運動正在建議我們翻過高牆，超越那些舊的根深柢固的假設、結構和偏見來講述歷史，不僅是以白人男性為主的歷史，還要講述BAME（黑人、亞裔及其他少數族裔）、女性和原住民的歷史。我們現在還需要認識那些過著移動生活的人的歷史，因為少了這些，我們就無法理解人類的流浪旅程是如何塑造出我們現在的樣貌。

本書追溯了移居者和定居者之間不斷變化的關係，我將他們多樣分歧的非凡故事聯繫起來。這些故事發生在世界上一些最極端的景觀中，時間序列跨越一萬兩千年。這條線始於我們現在公認的

＊ 關於美國「居無定所」者的更多資訊，我推薦傑西卡．布魯德（Jessica Bruder）曾被改編成電影的書《游牧民族》（*Nomadland*）。

紀念性建築的開端，大約是在公元前九千五百年，結束於我們自己的時代。還有其他方法可以理解這些故事，當然也還有許多其他途徑可以穿越這個時空，但這是我選擇依循的一條，從該隱和亞伯通向今日的你我。故事開始時，全人類生活在一個移動的世界中，唯一的邊界是森林、河流、山脈和沙漠等自然的障礙，以及人類用樹枝和荊棘所打造的人工路障。在本書的結尾，流浪者必須在一個被分割的世界中找到自己的道路，這世界已然由各種邊界、高速公路和城牆，以及由民族國家制定的國際協議所切割。

這個對流浪生命的挖掘一共分為三個行動。第一個行動讓我們回到早期的歷史，當定居者和游牧者從狩獵採集轉向農業和放牧的生活型態時，他們大多同居和合作。我會描述史上第一批紀念碑的建造，這些建物的規模令人吃驚，而且建造的年代出人意料的古早，是在美索不達米亞平原上的幾條大河、尼羅河和印度河沿岸的那些非凡的城邦和帝國崛起前就已經建造起來，並且提出為什麼早期的定居者對於在他們邊界之外的移動世界——一個曾經屬於他們的世界——備感威脅的原因。

在進入帝國的第二個行動中，會聚焦在一種更複雜的游牧形式，並追蹤那些仍然過著流動生活的人群所創造的一些偉大帝國的興衰起迭。在西方，這一時期始於羅馬帝國的衰落，通常又稱為黑暗時代。但對於匈奴和阿拉伯人、蒙古人、中國的元朝和許多其他游牧民族來說，無論是在近東還是從現在中國的長城延伸出來，一直到匈牙利的廣闊草原帶，這都是一個輝煌和充滿輝煌成就的時代。透過十四世紀阿拉伯歷史學家和哲學家伊本・赫勒敦（Ibn Khaldun）等人的記錄和著作，可以看到游牧民族對歐洲文藝復興的貢獻有多大，以及他們對我們現代世界的影響有多深遠。

第三個行動是以現代的誕生為開端，西方學者堅持認為白人必須主宰自然世界，就像他們努力主宰人類世界一樣。在這個競爭和衝突的時代，游牧民族就這樣從歐洲的視野中完全消失，再也看不出其相關性，以至於在英文中的「nomad／游牧民族」一字，因其通行程度太低而無法收錄在英文字典。但這也正是有人感覺到某些重要的東西正在流失，並展開恢復行動的時刻。在這一點上，就跟本書所遭遇的困難一樣，由於缺乏游牧者的史料迫使我們得透過定居者的眼睛來觀察，因此本書最後部分的大半內容，追溯的是定居者對游牧者的反應。接著最為關鍵的一點，世人逐漸體認到合作比競爭更有價值，游牧者對我們這些定居者的生活方式很重要，正如同他們對我們了解自身的重要性一樣。

這些故事是經過多年的研究和討論而積累出來的，儘管這是一部歷史敘述，但它不是學術著作，也不是關於游牧民族的權威歷史。我懷疑，對這樣一批生活得如此輕盈，而且大多數是透過口述傳統來保存他們的故事的人來說，我們永遠不會寫出一部關於他們的明確歷史。相反地，我希望展現出游牧民族長期以來是如何受限於我們作家和歷史，根據軼事和事後思考的方式的呈現，證實法國哲學家吉爾·德勒茲（Gilles Deleuze）的觀察，即「游牧民族沒有歷史，他們只有地理」。[1]這句話可能看似太簡化，但當我第一次讀到時，它確實解釋了我心中的許多懸念，說明為什麼在我們的歷史中很少有關於游牧民族的篇章。這種遺漏有誤導之處，也意味著我們錯過了許多讓他們非常自豪的寶貴歷史。我希望這本書能達到的一個目標是幫助讀者理解，我們和他們之間並不是非此即彼的關係，也不是定居或移居的問題，因為無論我們是否承認，無論我們喜歡與否，一直以來游牧民族至少占了人類歷史的一半，並為許多歷史學家傳統上稱之為文明的進展，做出了重要貢獻。

儘管我們將他們的故事視為我們故事的陰暗面，但游牧民族的故事，不論是精采程度，還是重要性都不比我們的歷史遜色。例如，在公元前二世紀，就在羅馬共和國擊敗迦太基，主掌地中海後，當中國在漢武帝的統治下蓬勃發展，在黃河和歐洲之間的貿易活動沿著新生的絲路緩慢發展時，匈奴的游牧勢力從滿洲延伸到哈薩克斯坦，包括西伯利亞、蒙古和現在中國新疆省的部分地區。與此同時，斯基泰（Scythian）游牧民族及其盟友，在哈薩克斯坦控制了黑海和阿爾泰山脈之間的大部分土地。總體來說，這些游牧民族的領土比羅馬帝國或漢帝國都來得大，而且也更為強大。這與一般普遍認為這些移居者是原始而孤立的說法大相徑庭，我們從墓葬文物中得知，他們的領袖身著飾有獵豹皮毛的中國絲綢長袍，坐在波斯地毯上，使用羅馬玻璃，並且十分鍾愛希臘的金銀珠寶。所有這些都彰顯出一個可能性，即這些游牧民族主宰著從東海延伸到大西洋的這個相互連結的貿易世界。

這不是西方對通常被稱為羅馬或漢朝世界的傳統看法，就像西方歷史傾向於聚焦在蒙古可汗所殺的人數，而不是和平的蒙古人（pax Mongoliana）所造就的進步和他們所取得的優勢一樣。游牧故事中另一個常被忽視的層面是人類與自然世界間不斷變化的關係。這些關係因為城市的發展、農業發展，以及晚近的工業化和科技進步而轉型。這些變化使得許多定居者日益遠離周遭的自然環境，但游牧民族則繼續培養他們與自然世界的關係。他們一直以來都是這樣做——他們也不得不如此——因為他們早已體認到，一切都是相互關聯，萬物都是相互依存。他們知道關心周圍的環境符合他們的利益。

諷刺的是，由於游牧民族保存的記錄很少，也幾乎不會建造紀念碑或豎立石像，而且幾乎沒有留下他們在世界行走的證據，所以我用來講述這些故事的大部分材料，都是由非游牧民族所記錄的。這帶來很多問題，因為從希羅多德（Herodotus）、司馬遷到魯布魯克的威廉（William of Rubruck）和亨利．大衛．梭羅（Henry David Thoreau）等作家，雖然他們可能很重視歷史記錄的保留，但並不總是抱持公正或客觀的態度。無論是否有意，他們的許多觀察都有各自的傾向與偏頗。西方歷史上的游牧民族——匈人領袖阿提拉（Attila）、蒙古皇帝成吉思汗和帖木兒、逃離殘暴波斯人的古代斯基泰難民潮，以及現代從內戰中逃出來的敘利亞人——經常被描寫為野蠻人，與居住在文明城市中所珍視的一切遙相對應。這些偏見根深柢固，正如三千五百年前一位蘇美人的公主在考慮要嫁給游牧民族時所發現的，「他們的雙手破壞一切，」她的朋友這樣告訴她：「他們永遠不會停止遊蕩……他們的想法很混亂；他們只會造成干擾。」然後，同樣這群朋友針對這位駙馬人選又警告公主，「他穿著麻袋皮革……住在帳篷裡，任憑風吹雨打，而且不會好好覆誦經文。他住在山裡，無視神靈，會在山麓挖松露，不會彎膝，吃生肉。他生前沒有房子，死後也不會被抬去墓地。」[2]但隨著我的故事的發展，有一件事情逐漸變得明朗起來，那就是「野蠻人」一詞經常帶有鄙視的意味，成為用來指涉那些與自己具有不同習慣、習俗或信仰者的一種方式。這個語彙揭示出人類發展的競爭觀點，展現觀察者的優勢，而且最常用於描述鄰人。

從古代中國和羅馬到近代早期的歐洲和十九世紀的北美，絕大多數關於游牧民族的記錄都對任何想要繪製出關於他們的大圖像的人帶來大問題，也影響到這個故事的講述。首先是缺乏游牧文化中的女性角色。比方說，我們知道斯基泰的女性有很大的影響力，地位遠高於與她們同時期的羅馬和中國王朝中的女性。這點可以清楚從斯基泰人曾經有過女王，以及他們一些受到隆重埋葬的女性看出；成吉思汗的妻子在建立和管理蒙古帝國時所扮演的核心角色，另外還有莫臥兒（Mughal）皇帝巴布爾（Babur）依靠他精明祖母的策略的故事。但這當中只有少數流傳到今天，這當然是我們的損失。另一個需要注意的問題是，大多數關於游牧民族的報導和描述都與緊張局勢和衝突有關，好像戰爭是唯一讓定居者的編年史家認為值得提起這些「其他人等」的時候。

這樣的扭曲既不能反映游牧生活的現實，也無法呈現游牧者與定居者之間的整體關係，在過去一萬年的大部分時間裡，這兩者間維持著既互補又相互依存的關係。

重新評估我們流浪的「另一半」，聽聽他們的故事，就會發現他們在我們身上所扮演的角色，這一切讓我們這些定居者明白，曾經從移居者身上學到什麼。這也顯示出我們從這樣的合作關係中獲得多少益處。同時也讓我們一瞥他們的生活方式，是如此輕鬆、自由，他們學會了適應並在思想和行動上保持敏捷和靈活，還有與自然世界保持平衡的方式——這是另一種生活方式，是人類的「另一個」分支所選擇的方式，是從遙遠的過去以來，當人類還生活在廣闊花園中，還是單一一個狩獵群的日子。

來自伊朗南部十九世紀的阿夫沙爾族（Afshar）婚禮編織物的山羊圖像。

第一部

平衡的行動

這不會長久。一切都在變化，一切都是暫時的。

——約翰・斯圖爾特（John Stewart）

Great Eurasian Steppe
0 100 200 300 400 500 miles
0 250 500 750 1000 kilometres
N
S
E
W
S I B E R I A
Mongolian Plateau
Altai Mountains
XIONGNU
Great Wall of China
Juyan
Hohhot
Datong
Yumenguan
Dunhuang
Jiuquan
Beijing
Yellow
Xining
Lanzhou
Chang'an
Yellow Sea
CHINA
Ganges
INDIA
Bay of Bengal
South China Sea

平衡的行動
歐亞大陸到公元453年
Volga
Great Hungarian Plain
HUNS
Pontic-Caspian Steppe
SCYTHIANS
Olbia
Maikop
Jaxartes
Danube
Black Sea
Caspian Sea
SOGDIANS
Rome
Constantinople
Sardes
Persian Royal Road
Göbekli Tepe
Oxus
Mediterranean Sea
Mesopotamia
PERSIANS
Susa
Uruk
Zagros Mountains
Persepolis
HYKSOS
Nile
ARABIA
EGYPT
Thebes
Sahara
Red Sea
Arabian Sea

天堂，公元前一萬年

全球人口，約五百萬[1]；游牧人口，占當中大部分

很久很久以前，我們都過著狩獵和採集的生活。最晚不超過一萬兩千年前，有一批人率先停止狩獵和採集的生活方式，而這只不過是人類時間軸上的一個點。在《聖經》的舊約和《古蘭經》的第二章蘇拉（Sura 2，阿拉伯文：al-Baqarah），也就是黃牛章（the Cow）中，形容這是一段在花園裡度過的時光，是一段在伊甸園中非常幸福和完美純真的時光。

伊甸（Eden）有許多翻譯，但都指往同一個方向，在蘇美語中的「edin」，意指平原或草原；在亞拉姆（Aramaic）語中，這是表示澆水充足之意，而在希伯來語中，則是快樂。將其彙整起來，他們當時認為伊甸園是一個水源充足的草原，那裡食物豐富，威脅很少，而且人類不需要勞動。一個快樂的地方。但是這個快樂花園的位置仍然有爭議。《創世紀》說它是在「向東而去的伊甸」。那裡有「各式各樣賞心悅目的樹，適合拿來當作食物；園中也有生命樹和分別善惡的樹。」[2]灌溉這座花園的水被「分成四條溪流」或河流。《創世紀》的敘事者將其中兩條溪命名為底格里斯河和幼發拉底河，因此伊甸園可能位於現在伊拉克南部的美索不達米亞平原上的某個地方。羅馬歷史學家約瑟夫斯（Josephus）認為另外兩條河流是恆河和尼羅河，這樣擴大了地理上的可能範圍。也許伊甸園還延伸到亞美尼亞高地、伊朗高原，或位於巴基斯坦的香格里拉高地。

我們失去了一個必須努力加以恢復的花園，這樣一個失樂園的想法正好道出了二十一世紀的我們的境況：地球上的動植物正在消失、氣候變遷進入緊急狀態，還有一連串的生態災難。不過這實際上是一種由來已久的焦慮，在世界各地的文化中都可以聽到它的回聲，穿越世代：從印度教的南丹卡南（Nandankanan）花園——字面之意就是神之花園——到古希臘的赫斯珀里得斯花園（Garden of the Hesperides）——希臘神話中在花園裡看守天后金蘋果的三姐妹仙女——和波斯人的「pairi-daeza」，這個波斯詞彙可直譯為「圍牆或磚塊」，是指有圍牆的花園、封閉的公園，日後又由這個字衍生出來希臘文中的天堂「paradeisos」，以及英文中的天堂（paradise）一字，這是我們渴望的另一個花園。毫無疑問，天堂一詞還會有更古老的版本。但無論它的起源是什麼——也不管我們當中是否真有人曾經在一個名為伊甸園的花園裡，並在那裡嚐過禁果——這個古老的故事告訴我們，在某個時刻，我們周圍環繞著「每棵樹，其上的果子好作食物」，也告訴我們過去的人是過著狩獵或採集的日子，靠大自然的恩惠為生，天生天養，生存所需的一切都來自大自然。伊甸園和天堂的想法很誘人，因為它承諾著安逸、純真和豐富，而且也許它的現實版本並沒有那麼可怕。

一些人類學家稱早期的狩獵採集者是「最初的富裕社會」。這有多少的真實性還存在很大爭議，但似乎確實有讓人信服之處。根據美國的人類學家馬歇爾．薩林斯（Marshall Sahlins）的計算，大多數的狩獵採集者每週花費大約二十小時的時間來覓食，餵養自己，這意味著「在當時，人還有一半的時間似乎不知道要如何打發」。也許他們會利用這段時間來尋歡作樂，來談戀愛或是唱歌和跳舞。批評者則指出，會有季節性食物短缺、疾病和衝突等問題。但即使考慮到這些，以及準備和烹飪食物的時間，甚至事後的清理工作，與二十一世紀的城市工人的平均工時相比，狩獵採集者在滿足食宿溫飽這方面的平均時間也明顯偏低。更重要的是，與那些要在城市高峰時間、空調工作環境，和全年無休的大賣場中討生活的人不同的是，狩獵採集者可以在他們了解的土地上生活和工作，他們的生活擁有豐富的記憶、精神和意義。

無論早期狩獵採集者的「伊甸園」生活有多麼愉快，它還是被一場完美的環境風暴襲擊，而人類的好奇心和誘惑讓這一切變得更加戲劇化。在《創世紀》的故事中，神告知亞當和夏娃可以吃任何他們喜歡的東西，但絕不要接觸生命樹和分辨善惡的知識樹這兩棵聖樹的果實。當他們不可避免地屈服於誘惑時，就被驅逐出來，永遠不得回去。

這是一個很好的故事，也恰好反映出一個歷史時刻，因應人口增長、可能的氣候變遷，狩獵採集這種生活方式漸漸變得沒有農耕來得有吸引力，甚至或變得不可行。這些元素再加上其他的，塑造出關於「大肚山」（Potbelly Hill）這個地方的故事。

伊朗西部十九世紀盧里（Luri）地毯上的生命樹圖案。

大肚山

大肚山來自土耳其語中的「Göbekli Tepe」，因此這地方又音譯為哥貝克力石陣，其和緩的輪廓從土耳其南部與敘利亞邊境的石灰岩山丘中凸出。這是一片硬質的古老土地，農民在這裡努力求生，靠著放牧在岩石斜坡上吃草的牧群過活。這也是一塊充滿故事的土地，有著悠久而非凡的歷史。

在大肚山以西八、九公里處是烏爾法市（Urfa）。自一九八四年以來，這座城又被稱為尚勒烏爾法（Sanliurfa），或光榮的烏爾法（Urfa the Glorious）。傳統將烏爾法與迦勒底（Chaldees）的烏爾（Ur）連結起來，也就是萬國之父亞伯拉罕族長的出生地。可能沒有什麼確時的證據能夠顯示這座城與亞伯拉罕的關聯，但在烏爾法殘破的十字軍城堡下，有一個被稱為「Balikli Gol」的大水池，意思是亞伯拉罕的水池，我曾在那裡看過虔誠的朝聖者和興奮的遊客，餵食池中據說是神造的鯉魚。比較具有確定性的證據是來自一九九〇年代在公園內進行的挖掘工作，在現場發現的碎片中有一座目前已知最古老的真人大小的人類雕刻。這個可以獨立豎起來的人像是由白色石灰石雕刻而成，裝有黑色的黑曜石眼睛，脖子上雕刻著一條項鍊，雙手握著勃起的陰莖。在公元前一萬年左右，有人刻了這座雕像。若是這個烏爾法人像不是在這個某些人聲稱是亞伯拉罕出生地的地方發現，那勢必會引來大規模的挖掘工作，但令人驚訝的是，這項重要的發現，幾乎沒有受到關注。考古重點轉移到幼發拉底河的一條支流，土耳其政府當時要在那裡建造一座大壩，會淹掉涅瓦立寇瑞（Nevali Cori）這處公元前八千年的新石器時代的定居點。德國考古學家組成團隊前來搶救，想要在淹水前趕來盡可能挽救一些文物，隨團而來克勞斯・施密特（Klaus Schmidt）當時才三十出頭，剛剛完成他關於早期石器工具的博士學位。德國人發現一些房屋和一個崇拜中心，當中供奉有人像，還有一些最早馴化小麥的痕跡。當大壩於一九九一年開始運作時，這個遺址就此消失在水下，考古隊解散了，但施密特留了下來。

在考古學的重大發現中，有數不清的故事是跟動物掉進洞穴或跑進洞穴有關。據說亞歷山大羅馬時代的地下墓穴是在十九世紀發現的，當時一頭驢子突然消失在一個大坑洞中。法國的肖維洞穴（Chauvet Caves）是在青少年追他們跑掉的狗時發現的。根據一家英國報紙的報導，類似的故事也發生在土耳其的這一地區，有一位「老庫爾德牧羊人……跟著他的羊群越過乾旱的山坡」，注意到一些大石板。[3]一如往常，事實當然比這些故事稍微複雜一點，但同樣精采。

大肚山，也就是土耳其語中的「Göbekli Tepe」（哥貝克力石陣），座落在溝壑的頂端，是捕捉受困獵物的理想位置。在這片丘陵起伏的地區有一個雙錐尖，當我第一次前去參觀時，上面長滿青草和初夏的花朵。其中一個錐型山頂上長有一棵桑樹，下面有兩處被石板覆蓋的墳墓。埋在這地方不算太糟，但我們遠古的祖先應該是因為看中這裡的其他條件。至於他們究竟看到的是什麼，我們無從得知，可能是基於某種真實的或想像的地脈，將可見的宇宙與生命的本質和其原始力量與不可知的死亡奧祕結合起來。就是基於這樣的看法，一些早期人類在這裡留下自己的印記，施密特也因此來到這裡。

芝加哥大學的考古學家在一九六三年造訪這處遺址，他們認為這屬於新石器時代，＊當中有些拜占庭或後來的伊斯蘭墓葬。但他們認為沒有進一步研究下去的理由，因為當時這座山仍然是易卜拉欣・伊爾第茲（Ibrahim Yildiz）和他的兒子梅罕默特（Mehmet）的地，他們是庫爾德牧羊人，在趕羊群來這邊吃草時，他們就會坐在這棵桑樹下躲避陽光。一九九四年，克勞斯・施密特在附近的一個村莊遇到一位老人，老人告訴他，曾在哥貝克力石陣中看到燧石，但施密特知道那裡的地質是石灰岩和玄武岩。

施密特明白了一件早期造訪的考古人員沒有意識到的事，大肚山的這一對雙錐型山丘其實是人類打造出來的。他在做博士研究和實地考察時學到一件事，在其他人眼中只是碎石子的燧石，其實是一種工具，在遙遠的古老時代會有人拿來塑造基岩較軟的土地。也許他們早已習慣只關注在這些現在他踩在腳下的巨石。在這一刻，施密特知道他有兩個選擇：「轉身走開，從此忘了這件事，或者在這裡度過我的餘生。」他回到烏爾法，買了一座老房子，申請了許可證和資金。

哥貝克力石陣現在是世界上最重要，也是最令人興奮的一處考古遺址，它的名聲並沒有變得家喻戶曉，因為在那裡沒有發現任何的黃金寶藏，但施密特和他的同事們所發現的，比金光閃閃的珍寶更有價值。他在錐體表面看到的那些石板，竟然是T型柱的頂部。這些柱子切割精細，裝飾精美，排列成十幾個圓圈，圓圈中心有兩根較高的柱子。較大的石塊重達十六噸，有些高達五公尺半。許多柱子上都飾有人和動物。這裡所刻畫的，與許多早期洞穴壁畫和岩石雕刻不同，沒有漫遊的牛群或鹿群，而是一些可辨識的威脅，如野豬、狐狸、蠍子、豺狼和其他生物的完整圖像。這當

＊ 在我們這部分的世界，新石器時代的歷史大約是公元前一萬年到公元前四千五百年。

中有許多，就跟人類和那尊烏爾法人像一樣，都刻畫出勃起的陰莖。這可能是地球上我們的祖先著手重塑大地景觀，來呈現他們想像的第一個地方。今日的我們早已改變了這顆星球的一大半，因此看在我們眼中，認為這樣的發現只是稀鬆平常，不值得大驚小怪。但在一萬兩千年前，這是一項革命性的行動。它是紀念碑的開端，是建築藝術的起頭，標誌著我們歷史上當前人類階段的起始點。

二〇一四年六月，施密特和我討論了他的研究，當時他來到倫敦為他在土耳其的挖掘活動籌募贊助資金。長著圓臉的他看起來溫文儒雅。頭頂已禿，但太陽穴周圍有濃密的瀏海，鷹鉤鼻上戴著金屬框眼鏡，棕色鬍鬚中夾雜著灰色斑點，他本人就是安靜學者的化身，雖然他為了這個場合穿上夾克，但他在那間倫敦的接待室裡，在那群他希望能夠出資贊助他的那批西裝革履的城市貿易商和商務人士間，顯得狂亂粗野。但當他開口說話時，這個環境、他的舉止，和其他一切都變得無關緊要。

他向我們保證，哥貝克力石陣是一個聖地，一個宗教場所。他和團隊深入挖掘山坡，發現更多的雕刻柱，並且在第一個發現的石圈陣旁邊又找到其他圓圈石陣，他相信那裡還有更多。施密特相信，當初占據這座山丘的人也知道如何發酵穀物——「他們製造出類似啤酒的東西，」他笑著說，好似釀酒是某種神聖的行為。不過最大的驚喜在後面。

首先是年代。「我們已經確定哥貝克力石陣的年代是在公元前一萬年。」因此，在公元前九千五百年左右，人類已經開始開採大塊石頭，並且加以移動和塑造，使用它們來製造神聖的建物。這比埃及金字塔和蘇格蘭巨石陣的「紀念碑時代」早了七千年。我們不知道這些人是誰，不知道他們是如何做到的，也不知道他們從哪裡來，以及後來的遭遇。但這位教授堅持認為這個年代是正確的，而且到目前為止，確實也是如此。

第二個驚喜是陽光明媚的午餐時間極為重要。施密特沒有發現任何證據顯示那些建造哥貝克力石陣的人曾住在那裡。但後來的挖掘工作則指向另一個可能性，不過這些最早的開墾（occupation）階段看似沒有房屋，也沒有屋頂或壁爐，沒有找到一般對於長期居住所預期的任何痕跡碎片。但他們發現各式各樣的動物骨骼，這也同樣透露出許多故事，那裡面有豹、野豬、美索不達米亞小鹿、鶴、禿鷹和野牛——我們馴養的牛的巨大祖先，現已滅絕。所有這些都顯示，那批建造此處遺跡的人曾過著漫遊的狩獵生活，至少在最初階段是如此，他們在這裡停留的時間夠長，足以釀酒和處理肉類。「他們舉行盛大的宴會，」施密特再次微笑地說道：「有烤肉，也許還有啤酒之類的東西，但他們沒有定居在那裡。」這就是為什麼一位史丹佛大學的教授說施密特在哥貝克力石陣的發現「改變了一切」——因為至少建造了第一層聖地的人並沒有定居下來。他們是過著狩獵和採集生活的流浪者，居無定所，這一點格外重要。

在二〇一四年我們談話後沒幾週，施密特不幸英年早逝，但哥貝克力石陣的挖掘工作仍在繼續，新的發現和解釋引發了大家對他的理論的疑問。能夠穿透地層的探測雷達顯示，這片遺址大約有一百七十根石柱。現在看來那個地方也有可能被人使用了數百年，然後才荒廢。這些紀念碑能夠倖存下來，有幾個原因，其中一點是遺址的石柱因為當地人的持續使用和發展，而被所產生的廢物和碎片所掩埋。另一個原因是在那個地區後來並沒有其他重要的定居點，因此沒有人會想要來採石，或是切割石柱重複使用。

至於到底是誰建造這個遺址，又是基於什麼原因而建造，仍是一個有待拼湊的謎團，但故事的基本要素仍然如施密特所理解的。哥貝克力石陣的建設是由小團體、小家庭或一個部落遷移的人群所開始的，他們在附近採石並加以搬動，距離最多有五百公尺。這看起來可能不是很長一段距離，但是這些石塊有好幾噸重，需要出動數百人才能移動當中的任何一塊。這需要大量且有意願的勞動力，而且還要經過大規模的組織。事到如今，我們肯定無法得知當初是誰提出這樣的想法，但可以確定這是人類建築和修煉的開端，而且與某種精神或宗教修行有關。

哥貝克力石陣的柱子上的藝術作品倒是沒有什麼革命性的意義。在五十萬年前，直立人（Homo erectus）在今日印尼的貝殼上創造出鋸齒形的圖案。最近在南非布隆伯斯洞窟（Blombos Cave）的考古發現顯示，智人（Homo sapiens）在十萬年前也曾用赭石做過類似的創作。在六萬六千多年前，尼安德塔人（Neanderthals）從嘴裡吹出紅赭石粉末到他們的手上，就在西班牙馬爾特拉維索洞穴（Maltravieso Cave）的牆壁上，放手創作起來。就連哥貝克力石陣的工藝技術也沒有任何革命性的地方，不論是他們的人物形象，棲息在他們工作周遭的飛禽走獸，甚至是在他們夢境中徘徊的事物。

真正有革命性的特色是此遺址的建造規模，以及要完成這石陣所需付出的努力，這當中最重要的是，這批狩獵採集者得群策群力才有辦法共同創造、搬動和裝飾這些石柱。有些人得去採石場工作，要用燧石將石塊切下，然後加以塑造和切割。其他人則在遺址現場為安裝做準備。而且還有更多人要為這些建造工人準備食物——這可以解釋，為何會在山丘最底層挖掘出野生動物遺骸。這項工程持續了很多年，甚至可能有好幾個世紀，才會累積出這樣一圈圈的圓形石柱陣列。當中有些被掩埋了，因此形成圓錐形的山景，而其他的當時還在建造中。找到可能是有史以來第一個大規模人類建築的紀念碑已經很了不起了，但更棒的是，這個遺址還透露出人類是如何定居下來的。

在建造哥貝克力石陣時，它周圍的景觀，即從伊甸園流出的那條往東的河，比現在更寬廣。想像那片草原上長著野草、小麥和大麥，當中點綴著橡樹、杏仁樹和開心果樹；後面這兩種樹如今已是人工栽種，長滿這個地區。草原是瞪羚和野牛的家，也供養著遷徙的野雁和許多可以食用的鳥類和動物，當然也有一些會威脅人類生命，一如在遺址所發現的骨頭沉積物所顯現的。正如施密特教授不止一次地形容，這是一片富饒的土地，「就像一個天堂」。身處在這樣豐饒的環境，人類不必為了溫飽而走得很遠。他們沒有遷徙的必要，可以在開發這塊聖地時定居下來。哥貝克力石陣是他們生活和死亡的地方。定居生活開啟了一種全新的存在方式。

他們活著的時候，會看著日升日落，月亮盈虧，會觀察到物換星移與季節變換，會見到動物遷徙，鳥兒聚集鳴叫，就像幾千年來人類所做的那樣，他們圍坐在火堆前思索著在天人之間這個宏大架構中他們的位置。他們與星星有什麼關係？鳥類是如何翱翔於天地之間？又是為什麼要這麼做？熱和光是從哪裡來？雷和雨呢？他們也會想知道死亡的意義——死後會在我們身上發生什麼？這樣一個巨大的未知最有可能解釋出現這些紀念碑的緣由。在建造哥貝克力石陣的過程中，這批狩獵採集者表達了他們的理解，展現他們和可見與不可見力量之間的關係，他們知道這些力量圍繞著他們，但無法控制，這些是控制著生死奧祕的力量。這種關係鮮活地雕刻在石柱的圖像上，當中顯示禿鷹帶走一顆人頭。

哥貝克力石陣的石砌圓環是一個崇拜中心，也許就是狩獵採集者的宗教，就是因為這地方具有這樣重大的意義，才能合理解釋為何有群人要付出心力來建造。「他們來慶賀，也許是為了喝酒，為了儀式，或是為了宗教目的，然後他們就離開了。」克勞斯．施密特認為，他會在石柱圓陣的石灰岩地板下找到人類遺骸，但他沒能活到那時候，而且自從他去世之後，也沒有人發現。不過在這遺址的其他地方倒是發現了人類頭骨，其中一些刻有圖案，另一些則被刮除得相當乾淨。

無論在哥貝克力石陣發生了什麼，這都標誌著人類發展中的關鍵時刻，儘管可能還需要數年時間才能找到關於頭骨和其他謎團的解釋。這裡也可能提供重要證據，證明所謂的「新石器時代革命」（Neolithic Revolution）其實比較接近一個演化的過程。哥貝克力石陣的這群狩獵採集者在建造他們的崇拜中心時需要達到自給自足，雖然在山上發現的大部分遺骸都是野生動物，但就鄰近地點找到的證據來看，在這附近已出現馴化玉米、牛、羊和豬的痕跡。也許是因為長時間下來，他們用盡了所有可以狩獵和採集的，又或者是氣候變化，或者出現了某種造成植物枯萎的病害。無論發生了什麼，都讓他們別無選擇，只能進行

在土耳其哥貝克力石陣中的一根雕刻柱上的狐狸／狗的圖象，年代約公元前 9500 年。

馴化和育種。也許是他們的宗教信仰讓一切變得和種植食物有關。不管完整的故事是什麼，農業很明顯是在大約一萬一千或一萬兩千年前的哥貝克力石陣演化出來，當時發生了一場文化革命，而變革的推動者是一批四處遷移的人。

歷史的高速公路

這項發現產生了一個後果，這與一個觀念有關，而歷史學家費利佩．費爾南德斯－阿梅斯托（Felipe Fernández-Armesto）把這觀念闡明得最好，他曾多次說道，歷史是「在廢墟中挑選的道路」。4

這是一個華而不實的圖像，當中的路徑和廢墟組合讓人聯想到一條高速公路。各位女士先生，請向右走，順著這條路線，你將踏上一條無縫接軌的歷史巡禮，讓你備感光榮並且安心，我們會從古埃及的金字塔和陵墓走到希臘的寺廟和劇院，從羅馬帝國的榮耀到拜占庭，再去欣賞從文藝復興時期至今美倫美奐的藝術創作。在接下來的幾個世紀，開始允許大家從高速公路下來，進入便道瀏覽，去看看西安、吳哥窟、馬丘比丘、奇琴伊察（Chichén Itzá）和許多其他地方。但是請堅持在主幹道上，不可避免地，最終它將引領你走向西方基督教的勝利。大多數西方的大型博物館最初的設計都是沿著這條歷史高速公路而行。當中有許多的佈置與陳設仍然期待我們在離開這些建物後，走進城市時，都覺得這些就是過去偉大文化的最佳展現，不論是巴黎、倫敦、紐約、柏林還是其他城市。如果這些恰好就是自己所居住的城市，那就更好了，因為走上街頭，走在我們的街道上，就可以感受到我們在世界上的重要性。

不過這樣的史觀，無論聽起來有多麼誘人，多麼討西方人的歡心，都是沉迷在殖民主義的宿醉中，而且繼續朝那些建造紀念碑的人歪斜，尤其是那些大興土木和留下書面記錄的人。「公路歷史」（Highway history）所根基的假設是，只有在人類定居下來時才想像得出建築——多少的文明是以這樣的標準來衡量。蘇美人定居後蓋了金字形神塔（ziggurats）。埃及人定居後建造了金字塔，然後是歐洲文藝復興的輝煌、新古典主義的宏偉，和我們這個時代的建築奇蹟。哥貝克力石陣顛覆了這樣的史觀。這樣令人讚嘆的壯美石頭結構是目前地球上最古老的（毫無疑問，之後還會發現其他的，甚至年代會更早），是由那些並不住在遺跡周圍的人所創造，是由那些過著游牧生活的人所搭建，他們可能來自任何一個角落。＊

如果說「公路歷史」頌揚的是從孟菲斯（Memphis）到巴比倫、從雅典到羅馬、從柏林到紐約、倫敦、東京和北京這些首都城市中建立紀念碑和定居者的成就，那麼它同時也歧視了那些在世界上過著輕盈生活，沒留下什麼記錄或廢墟的人群。這些人當中許多是游牧民族，不太可能為抱持這種公路史觀的人群所重視。就算他們留給我們的「一切」只是在石碑或洞穴中的一幅畫、一處花園、一小片樹林，或是在他們的協助下完好無損地保存了幾千年的森林，這些都還是可能會讓世人完全忽視。這樣的遺漏當然是有原因的，光是要寫沒有留下建物或手稿的歷史就是一大挑戰。但許多游牧民族至少留下或保存了他們自己的故事。他們的一些故事與真實發生的事件有關，另一些則完全是幻想，而許多則介於這兩者間。正如所有人類在文字發明之前所做的，游牧民族講故事是為了讓他們的歷史、神話和自我意識流傳下去。他們試圖透過這些故事來理解這個世界和他們在其中的位置，也許是他們坐在火堆旁，當夜晚充滿野生動物的聲音，天空掛滿星星的時候。

很顯然，口述傳統的一大風險就是他們的故事可能會隨著文化衰落而消失，這似乎就是發生在哥貝克力石陣的事。我們非常清楚定居下來的古埃及人的生活樣貌，因為他們建造紀念碑，「而且」還保存記錄來紀念——真的就是照字面上的意思，讓大家記住一切，從每年尼羅河洪水氾濫的高峰、法老的光榮成就，和盜墓賊的小偷行徑，所有林林總總大大小小的事物。但是在公元前六世紀，四處遊蕩的波斯人打造出世界上最大的帝國阿契美尼德王朝（Achaemenid），但是歷任的國王幾乎沒有花什麼心力把帝國史記錄在石板或羊皮紙上。看在識字人的眼裡，這樣缺乏書面記錄的情況通常意味著這些人粗枝大葉、疏忽散漫，這也是為何我們對古埃及的「評價」有比古波斯高的傾向，認為埃及文化相對有趣和重要。舉個比較極端的例子，對一些十九世紀的歐洲殖民者來說，他們可以大言不慚地說，撒哈拉以南的非洲人沒有歷史，也沒任何值得注意的成就，因為他們沒有建造出值得與金字塔或帕德嫩神殿媲美的建築物。這樣的主張又繼續助長北方人的氣焰，尤其是西方的錯誤優越感，而優越感正是驅動殖民主義的關鍵。它忽略了一項事實，即在智人存在的大部分時間裡，大多數人都無法讀寫，但卻能夠背誦長詩、大量的資訊，還有那些廣博而有層次的敘述。就是連《伊利亞特》和《奧德賽》這類西方文學中極富吸引力的作品，也是在為人口頭傳頌了幾個

＊ 我沒有機會和施密特教授進一步討論這個問題，也沒有機會和他建議的那樣一起去這個遠古遺址的周遭走走，因為六十歲的他，之後從倫敦轉往德國，在那裡游泳時因為心臟病發而往生。

世紀後才被寫下來的，就像《古蘭經》一樣，據說是由先知穆罕默德坐在山洞裡背誦出來的，他是個不識字的阿拉伯商人，直到他死後才有人將經文寫下來。

因此，若是我們要擺脫這條將歷史視為一條穿越廢墟的假想道路，就必須依循一連串的故事，必須準備好從神話到傳說再到可驗證的事實，必須穿越最深層的歷史，一路走回自己的時代。我們必須踏上旅程。我們早就知道旅行的必要性，因為我們每個人的生命始於子宮才見到光明，在這段微小而極其危險的旅程中，從這個光明的世界再回到永恆的黑暗，在此結束。在這場生死之間的時刻，我們在一顆穿梭於陽光和月光下，本身不斷運動的星球上移動著。

在這樣的運動背景下，我們的基礎故事似乎與講述人在自然世界中遊蕩和參與的經歷吻合，就像最古老的史詩所描述的蘇美時代的英雄吉爾伽美什（Gilgamesh），前往雪松森林後返回冥界時的旅程，就像《聖經》中的諾亞在洪水中航行，希望找到一片乾燥的土地，或者希臘史詩中奧德修斯（Odysseus，也作：尤利西斯）在結束特洛伊戰爭後展開穿越地中海的漫長旅程。又或是如佛陀花了四十五年旅行和教導，直到生命終了，摩西和以色列人則是跋涉四十年穿越沙漠到達他們的應許之地，先知穆罕默德騎著一匹神奇的馬前往耶路撒冷，原住民邊走邊唱著他們的歌曲（songlines），拉瑪（Rama）和他的同伴們穿越了印度神話，而索爾（Thor）駕著他的山羊戰車前往尤頓海姆（Jotunheim）尋找巨人。有遠行者之稱的冰島探險家居茲麗聚爾．索爾比亞德納爾多蒂爾（Gudrid Thorbjarnardóttir），在十世紀時航行到美洲。四百年後，喬叟的二十九人朝聖團，或是步行，或是騎馬，前去受眷顧的殉道者坎特伯里（Canterbury）那裡尋求祝福，而當帖木兒穿越歐亞大陸之際，英國中世紀作家威廉．朗蘭（William Langland）開始寫他最著名的故事《農夫皮爾斯》（*Piers Plowman*），當中描述農民打扮成牧羊人的樣子去到「外面世界撒野」，因為在那裡，而不是在農場的家園裡，才有「妙事趣聞可以聽」。[5] 美國阿拉帕霍族（Arapaho）人的瘸腿戰士，傳說是在開始騎馬前的時代，他們的年輕人要走進西部山區，獵殺野生動物。在美國東南的切諾基族（Cherokee），有許多故事都以英雄踏上旅程開始。為情所苦的詩人瑪吉努（Majnun）走進阿拉伯沙漠，背誦有關他對萊拉（Laila）的禁忌之愛的詩句。托爾金筆下的哈比人比爾博・巴金斯（Bilbo Baggins）在他漫長而不尋常的旅程中，「沒有帶上任何他平常外出時會帶的東西」。[6] 旅行是常規而不是例外。若是你曾與親密的人或親朋好友一起旅行，就會知道大家對旅行的反應各不相同，甚至在旅行中共度的相同時刻。這樣的差異來自於古早的游牧生活。

澳洲北領地的西阿納姆地的博拉代勒山（Borradaile），古代原住民在洞穴壁畫中繪製的動物。

變異基因

二〇〇八年六月，一群來自美國西北大學的遺傳學家和其他學者發表了一項研究，對我們每個人都產生廣泛的影響，而且這可能也與我們對流浪漂泊的反應方式有關。這項研究檢視了肯亞一個游牧部落的成員。通常對於這種專業論文可以寄予的最大期望，就是在學術界的大池塘中激起一陣漣漪。如此而已。他們的發現通常不會在世界各地流行的報章雜誌上發表。但這一篇不是。

阿里爾族（Ariaal）生活在肯亞北部，是倫迪爾（Rendille）和桑布魯（Samburu）這兩個較大的部落的後裔。兩個部落所說的語言不同，在生計上也平分秋色。他們中的一些人生活在低地，在那裡放牧駱駝、山羊和綿羊。其他人則定居在高地，在那裡種植莊稼，還會把孩子送去學校。

當西北大學的研究人員觀察這些定居者和移居者的基因組成時，發現了一種模式。在這兩群人中，大約有五分之一的阿里爾男性帶有一個變異基因 DRD4—7R。在移居型的阿里爾人中，攜帶這個7R基因變異的人，往往比同一部落中沒有這個基因變異的人活得更好，也更強壯。他們是游牧民族中較為強勢的

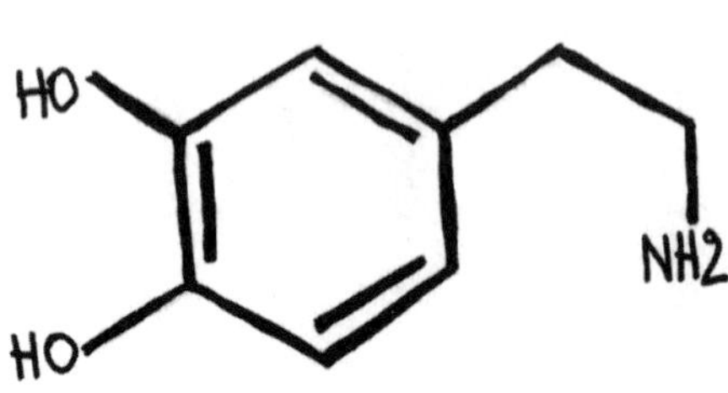

DRD4-7R 基因調控的多巴胺的分子結構。

阿爾法男性（alpha）。但在定居型的阿里爾人中，攜帶7R的人的營養狀況卻不如同部落的族人，也沒有這樣的強勢。

這項研究的主要成員人類學家丹・艾森伯格（Dan Eisenberg）解釋道：「我們在人身上看到的一些不同的特性，至於這些在演化上是有益還是有害，取決於環境。」[7]因此，7R變異型可能在某種情況下讓過著游牧生活的人獲得更好的健康和幸福，但在其他情況下卻可能導致一人營養不良和痛苦。這到底是怎麼一回事？

DRD4控制多巴胺的釋放，這是大腦產生的一種化學物質，會透過讓我們產生愉悅感的獎勵機制來鼓勵我們學習。就是有這種自我感覺良好因素，多巴胺在人類演化中發揮了關鍵角色，能夠驅使我們尋求利益和獎勵。每當我們鍛煉身體，或是享用美食，每當我們被周圍環境所感動，去玩遊樂場裡最恐怖的遊戲機，沉迷於社交互動或性愛盛宴時，我們的大腦就會釋放多巴胺。這反過來影響我們的一切，從心跳、腎功能到我們處理疼痛的方式和是否能安然入睡。因為多巴胺可以幫助我們對自己所做的事情感覺良好，所以這股多巴胺興奮（dopamine high）會鼓勵我們重複這樣的體驗，釋放出更多的多巴胺，以持續保持這種興奮感。這種情況經常會用「成癮」一詞來描述，不過所有讓人上癮的東西都只是在驅動受體，讓我們想要更多。我們可以抗拒；這取決於我們自身。這在一定程度上解釋了為什麼我們當中有些人喜歡去愛，或是被慾望所淹沒，為什麼其他人（或有時是相同的人）變得對鍛煉、玩耍和冒險如此著迷。多巴胺還可以幫助我們在游牧生活中成為當中最為強勢的阿爾法。但即使游牧生活不在你的願望清單上，你也有充分的理由要多了解這一點，因為幫助一人在阿里爾族這個游牧部落中吃得好、過得好的這個變異基因，也會影響到學習能力。據說每二十個人中就有一個人患有注意力不足過動症（deficit hyperactivity disorder，簡稱ADHD），也就是五分之一的孩子都有這問題。[8] ADHD的患者難以專注、集中注意力和控制行為，尤其是過動的傾向。對於學童來說，這可能是一個大問題，因為學校需要秩序，但是孩子想走就走，說話不合時宜，或是在老師上課時突然興致一來而高歌一曲時，大多數學校都認為這是一大麻煩。這就是ADHD之所以被當成一種病的部分原因。但艾森伯格博士認為還有另一種看待它的方式。對他來說，這不是病，而是「具有適應性的組件」。在游牧環境中，帶有這種基因變異型的人，可能更擅長保護畜群免受偷竊者的侵害，或是比較會尋找食物和水源。「同樣的傾向在需要專注的學校，或是農業操作或銷售商品等定居式的生活中，可能就不算是什麼好處。」[9] 也就是說，7R變異型對阿里爾族男孩的幫助遠大於美國學童，更有可能幫助那些移居的人，而在那些過著安定生活的人群中，反而會製造出更多問題。

基於這個原因，DRD4－7R被稱為「游牧基因」（nomadic gene），儘管艾森伯格博士認為給這個基因貼上這種標籤，根本沒什麼幫助，也不科學，不過這確實解釋了為什麼有些阿里爾族人的營養充足，成為成功的牧民，有些則不然。這也可以解釋，為什麼這麼多搖滾歌手和流行歌星在學校的時光都過得很艱難，為什麼他們的思緒都從學業中飄出來，正如大衛・鮑伊（David Bowie）所坦承的：「我的注意力很短，會快就會從一件事轉移到另一個。」[10] 游牧基因或許也可以解釋老年人的某些行為，說明為什麼我們當中有些人很難在室內心平氣和地靜靜坐著。如果你也有這樣的問題，或許可以用遺傳學來解釋。這同樣也可以怪罪到演化的頭上，因為在一萬兩千年前，當有群人聚在哥貝克力這裡開始建造石陣紀念碑之前，我們所有人都過著四海為家的流浪生活，看來這種基因變異型所促成的多樣想法和反應在當時的環境中是有用的，甚至可能是生存所必需的。

從那時起，大多數人都定居下來了，過去一個世紀以來，大半人口都在城鎮定居。這種戲劇性的生活型態方式轉變，讓人脫離了自然，進入圍牆之內，這連帶在我們當中創造出所謂的愛惡作劇的調皮鬼、花心的伴侶、吸毒者、尋求刺激的人、賭徒和冒險者，也讓其他人得努力抵抗前去游牧地區闖蕩的誘惑，抵抗走上寬廣道路的渴望、新城市的承諾、新的風景或下一個伴侶。

若是真如艾森伯格博士的這項研究所顯示的，這份流浪的衝動是我們遺傳遺產的一部分，如果我們當中有高達三億九千萬人可能都攜帶有這個游牧基因的變異型，那勢必會影響到我們看待現在的行為，和看待過去的方式，以及解讀游牧民族在接下來的故事中所扮演的角色。

一則演化故事

在內戰開打的前幾年，敘利亞的阿勒坡市（Aleppo）一直在與其南部的競爭對手大馬士革（Damascus）爭奪世界上最古老且人煙持續不斷的城市稱號，直到戰火把它炸得只剩斷垣殘壁。儘管我很喜歡北方人的世故、他們美麗的露天市場、輕鬆泰然的享樂態度、隱約可見的城堡和訴說著這城市古老年歲的多層建築，但我一直認為大馬士革更有可能贏得這項挑戰。一方面是因為它位於山腳下，而且就在河邊，這對早期定居者來說都是必不可少的條件。另一方面，是那裡流傳著一則引人入勝的故事，而且雖然不完全是當地神話的基礎，但確實可以追溯到最早的時代，而且就像羅馬和許多其他地方的神話基礎一樣，它也是關於一對兄弟。其中一個兄弟是過著游牧生活。

大馬士革是少數幾個地勢越高房價越便宜的城市。轉身遠離古老的石牆，穿過巴拉達（Barada）河，走過艾爾賽爾西亞（al-Salihiya）這一區，就可通往十二世紀蘇菲派大師伊本・阿拉比（Ibn Arabi）雅致的陵墓，就位在熱鬧的新鮮食品市場外。繼續經過宏偉的聯排別墅和二十世紀風格的公寓大廈，直到城市景觀消退，道路變窄，只剩最小型的貨車能往返住宅區之間，而且由於地勢相當陡峭，大多數人寧願騎車而不是步行。繼續穿過路的盡頭和最後的房屋，這裡是這座城市中最新，也是最貧窮的地方。在他們之後是四十之丘（Jebel al-Arbain）的紅土，當中散落著白色的岩石，偶爾還夾雜有灌木叢。一條切入陡峭斜坡的台階通往一小片粉刷過的建物——你是不會錯過它的，那是這裡唯一的一棟房子，而且一路上你可能也不會感到孤單，當你到達大門時，將會被邀請進入庭院，從那裡你會進入一個稱為血洞（Cave of Blood）的洞口。

這個地方的傳統或許可以追溯到幾千年前。十四世紀的摩洛哥旅行家伊本・白圖泰（Ibn Battuta）告訴我們，亞伯拉罕、摩西、耶穌、約伯和羅得都曾在這山洞裡祈禱。為什麼會在這裡？因為這是傳統安排世界上第一起骨肉相殘的地方，在這裡該隱殺死了亞伯。進入這洞穴向上看，就會看到八百年前伊本・白圖泰所看見的，「亞當（願他平安）之子亞伯的血，上帝讓血跡在石頭上留下紅色的痕跡。這是案發現場，他的兄弟殺死他，並將他的屍體拖到洞穴。」[11]

要是你對這故事不熟悉——就算你已知道——一旁留著大鬍子的守衛也會講給你聽，還會隨著地點和他的心情添加一些具體細節，也許還會從他對你的心情和你的慷慨程度的理解，再加一些。「亞伯是牧羊人，而該隱是耕地的。」在他講完後，他會邀請你為被謀殺的那位四處游牧的兄弟的靈魂祈禱，就在那個仍然沾滿他鮮紅血跡的洞穴中。在那之後，也許還會邀請你協助拯救守衛本人的經濟狀況。馬沙拉（Mashallah）！

讓我們稱這是「新石器時代的演化」，因為革命在本質上是快速的，而我們知道農業是一個緩慢的發展。在公元前九千年代的中期，開始搭建哥貝克力石陣時，建造的工人是一批狩獵和採集者，他們有時間切割、移動和搬動巨大的石板。也許隨著工程的發展，有人負責狩獵，有人專心採集，還有人從事糧食生產、採石、裝飾石材等不同工作。最後，他們當中有些人定居下來，種植莊稼並飼養動物。然後，大約在公元前八千年，這座聖山遭到遺棄。目前無法確定具體原因，但一定是因為重要的事物，也許是一個跡象——可能是彗星或其他天體造成的幻象——也許是一個不容忽視的事實，缺乏食物或水，或者是有許多人生病。總之，基於某種原因，這個耗費了這麼多時間、精力和心思的地方，這個改變了人類生活經驗尺度的地方，突然失去吸引力，人們決定搬離。

哥貝克力石陣遭到廢棄時，至少已經為人使用了一千五百年，這相當於從現在一路回到羅馬最後一位皇帝退位的時間。在那個時候，新石器時代或農業演化改變了人類的生活方式。也許演化可以解釋它遭到遺棄的原因。在一開始，哥貝克力石陣可能每年只舉行一兩次儀式。但在後期階段，已經有人永久進駐，而且整個聚落結構變得複雜，能夠為大型宴會釀造一百五十升這樣大桶的啤酒。但哥貝克力石陣時期見證的最大變化是農業的開始。

第一株單粒小麥（Einkorn wheat）是在黑山（Black Mountain）上馴化的，日子晴朗的時候，可以從哥貝克力石陣頂部的桑樹上看到它。接著是豌豆和橄欖，綿羊和山羊，這些都是在這個地區馴化的，而且是在這塊聖地還有人煙的時候。在被遺棄後的千年間，在中國，有人馴化出水稻和小米、豬和蠶，而在印度河流域則開始種植芝麻和茄子，並馴化駱駝。到公元前六千年，尼羅河谷的農民學會如何培育無花果和油莎草，並且馴化驢和貓。

有許多因素推動農業普及開來，其中包括氣候變化，氣候變暖導致採集野生食物變得更加困難。可以收集的食物也更少了。在狩獵採集的豐收歲月，促成哥貝克力石陣和其他新石器時代中心的建立，當時的人口數量有所增加。人越多需要的食物也越多，因此狩獵得更頻繁，最後不可避免地導致獵物供應的崩潰。同樣的惡性循環也已經在美洲大陸和澳洲等地，造成野生動物族群數量銳減。我們還以為物種滅絕是我們這個時代才要面臨的大問題，當哥貝克力石陣的動物飾柱豎立起來之際，當時占世界大型野獸一半的大型劍齒貓和大型地懶，已經因為人類獵殺而步上滅絕。也許這個聖地是為了在石頭上刻上懺悔宣言而建造的。

從這個角度來看，農業可能不是人類邁出的一大步，反而是在絕望之際的危機管理，是狩獵採集者在耗盡他們食物供應後的唯一選項。如果真是如此，哥貝克力石陣之所以遭到遺棄的原因，可能是那裡的食物來源短缺，不足以維持維原本住在這遺址的社群所需。施密特曾談到住在山坡上和周邊地區的人，彷彿生活在一個樂園裡。那是在一開始，但到了公元前八千年左右，他們可能已經把那個樂園吃乾抹淨。若真是如此，那麼他們的離開就是另一個版本的失樂園，人再度因墮落而被逐出食物充沛的伊甸園，開始另一段漫長的旅程。

哥貝克力石陣的難民面臨著與亞當和夏娃的子孫，以及隨後在世界各地的人同樣的挑戰：他們可以從事什麼樣的農業？只能靠試誤學習，判別出好的農作物和壞的，學習靠著可用的雨水或灌溉水能讓土壤長出什麼。農人充分利用他們的資源，盡可能地保留收成，將糧食和種子儲存下來，或是當作資本，而這就是開始出現麻煩的時候。「有一日，」《創世記》（4:3-5）記載：「該隱拿地裡的出產為供物獻給耶和華；」這本來是樁好事，但是「亞伯也將他羊群中頭生的和羊的脂油獻上。耶和華看中了亞伯和他的供物，只是看不中該隱和他的供物。」我一直覺得這樣的判斷很苛刻。為什麼該隱的供物不被接受？為什麼要激起兄弟之間的競爭？後人對此有許多詮釋，其中一個指向該隱在宗教和道德上的懷疑。不過這樣的決定也可能只是一個例子，說明流浪部落的神偏愛的是漂泊的牧民而不是耕作土地的農人。不管偏愛亞伯供品的真正原因為何，《創世記》的作者很清楚地寫下該隱殺死了亞伯，這起謀殺案突顯了新石器時代演化的一項後果，即在牧民和耕種者、在移居者和定居者之間，勢必會發生利益衝突。再回到《創世記》，這段手足相殘的故事結果是，上帝告訴該隱，土地不會輕易讓出「她的力量」，他被驅趕出去，走向伊甸園的東方，在那裡他建造了第一個城市，並且用他兒子以諾（Enoch）來命名。

公元前五世紀的希臘歷史學家希羅多德說：「每個人都相信自己的習俗是最好的。」[12]但是在新石器時代的演化開始前，在人類不得不離開花園開始耕作前，在評斷該隱和亞伯是拿地裡的果實還是羊群的脂肪當供品比較好之前，只有一套習俗，一種生存方式，那就是狩獵和採集。

突然之間，在季節交替之際，在哥貝克力石陣的人群和世界各地其他的狩獵採集者中，有數十萬在近東的人選擇停止移動，留在家園耕田。要想像這畫面並不難，但事實並非如此。舊有的謀生方式並沒有隨著小麥的馴化而停止。一方面，早在哥貝克力石陣建成之前就已經有些社群開始過著半定居的生活，他們居住在洞穴和簡單的遮蔽處，四處遊蕩尋找肉食。另一方面，在小麥和山羊馴化很久之後，狩獵採集者仍然在今日的安納托利亞（Anatolia）、尼羅河谷和其他地方漫遊闖蕩。

但是農業所需要的安定生活以及所帶來的過剩糧食，為人類的生活方式帶來根本的轉變。

我們認為狩獵採集者的生活彼此相隔很遙遠，在三、四平方公里的地面上很少會超過十個人，但這是因為那裡沒有足夠的食物來養活更多人。在人口密集的現代城市，好比說菲律賓的馬尼拉，現在有多達二十萬人居住在同一個地方。這是因為現在能夠產生多餘的食物還可以將其儲存起來，直到有需要，所以這些居民不至於挨餓，也不用與鄰居爭奪食物。這是人類達成的一大成就，也是我們宣稱的一項主要進步。確保人能吃飽，這不僅是政治人物的職責，對他們的存續也至關重要。在歷史上，無法鞏固糧食來源曾數度導致統治者和政權垮台，從古羅馬到法國的舊政權都是這樣的例子。在我們自己的時代，衡量經濟健康狀況最顯而易見的方法就是去看看我們將食物放在餐桌上的輕鬆程度。在二〇一一年發生的「阿拉伯之春」（Arab Spring）推翻了幾個根深柢固的政權，其原因就是食物價格突然上漲，以及突尼斯水果和蔬菜攤穆罕默德．布瓦吉吉（Mohamed Bouazizi）的自殺。但是，儘管剩餘糧食的存量可能不是一直都很穩定，至少有可能維持定居型的社區生活。

單粒小麥（Einkorn）是已知第一種人類馴化的小麥，在土耳其的哥貝克力石陣附近發現。

加泰土丘

《創世記》的作者僅用四百字就描述人類從失去伊甸園到建立第一座城市之間所發生的事，但這段過程漫長而複雜，正如加泰土丘（Çatalhöyük，音譯：Chatal-Hoyuk，卡塔胡由克或恰塔霍裕克）這地方所清楚展現的，這座城市不是我們現在所理解的城市。它是一座原始城市（proto-city），介於哥貝克力石陣（主要是擔負文化和聖地用途）以及該隱的以諾城之間的某個發展狀態。

哥貝克力石陣遭到遺棄約五百年後，即公元前七千五百年左右，定居者在安納托利亞平原上方的一個土丘安頓下來，那裡靠近恰爾尚巴（Çarşamba）河，距地中海約一兩百公里。他們建造的泥磚房屋在地面上是沒有入口，房子間也沒有街道或通道。房子在那裡形成了一堆泥箱，這些泥箱的平屋頂可用來走路，屋頂上裝有掀蓋，可由此進入下面的房屋。爬下梯子後，將進入一個由不同高度的平台所分隔的大型開放空間。梯子下方緊挨著一個爐子，就像是坦都爐或披薩烤箱那樣，用於烹飪和加熱。泥牆和地板都有抹灰和粉刷。在某些地方的牆上

2016 年在加泰土丘（Çatalhöyük）挖掘出來的一尊具有八千年歷史的女性雕像。

插有公牛角，這是某個儀式的一部分，其緣由已不可考，但應是與自然世界的力量有關，以及這些住民認為有需要為人讓動物流血而贖罪，提醒他們意識到自己在自然和靈性世界中微妙而平衡的位置。

在一些泥屋中，牆壁被塗成赭色，上面有人類、動物和風景的場景。這些距今一萬年，與我們之間有道難以跨越的鴻溝，因此我們可能永遠無法看到這座房子在當初居住家庭眼中的樣貌，但它顯然不僅是一處遮風避雨和遠離動物的地方，儘管它也擔負這樣重要的功能。經過幾個世紀的恢復和重建，將先人埋在地下，與鄰居分享手邊的食物，相互支援勞動力，甚或還有以物易物的貿易型態，這裡聚集一個或多個家庭，最多可容納八千人。但就跟哥貝克力石陣一樣，有一天（在此處約在公元前七千年）加泰土丘的人決定收拾行囊，繼續移居生活。

原來的這座城為何會遭到遺棄？也許是恰爾尚巴河的河道改變，使得定居點無法生存。也許是不斷增長的人口給這地點及其周圍環境帶來太多壓力——他們現在得走更遠才能打獵、採集野果和堅果，甚或是撿拾木柴帶回家燒飯？也許是爆發流行病，或者氣候變暖或變冷。我們企圖找一個在我們看來合理的原因，但也許他們離開只是因為遙遠的火山隆隆作響，太陽黯然失色，月亮變紅，或是候鳥沒有回來，因為出現一個警示的標誌或象徵，讓上千人相信他們需要離開家園，放棄祖先的骨頭和成千上萬的女性、男性和動物的小型雕像。

無論他們離開的原因是什麼，他們都搬到一個與加泰土丘當初建造時截然不同的世界。氣候暖化推動這場演變，先是促成哥貝克力石陣的建造，再來是農作物和動物的馴化，改變了這個地區，最終也重新配置了世界。這也改變了人類。在跟著獵人和採集者一起離開伊甸園之後，現代的該隱們耕種小麥、玉米、豌豆和豆子，而亞伯們則是放牧綿羊和山羊，族長亞伯拉罕也在他們的行列中，沿著烏爾法和後來成為聖地的肥沃走廊趕著羊群，就像我在扎格羅斯山脈遇到的巴赫蒂亞里家族一樣，僅讓動物背負著生存必需品，輕裝上山。加泰土丘的難民在搬遷所攜帶的家當可能遠超過求生包，他們要到另一個可以定居和紮根的地方時，一個可以崇拜和安撫他們神明的地方，一個可以讓他們的家族繁榮昌盛之處。在《創世記》中提到其中一個這樣的地方，就是該隱建立的以諾城。這裡也有發展；蓋有堅固城牆的新城。

烏魯克城牆

古希臘人稱其為「Μεσοποταμία」，美索不達米亞（Mesopotamia），意思是兩條河流之間的一塊土地，這個名字在亞拉姆語、希伯來語、敘利亞語、波斯語和阿拉伯語中也都有出現。從伊甸園流出來的這兩條「溪流」就是底格里斯河和幼發拉底河，當中的山谷和氾濫平原一路從土耳其南部延伸到科威特和伊朗西南部的巴赫蒂亞里一家人的冬季牧場。北部是山區，南部是沼澤地，在河流間的美索不達米亞非常肥沃，而且很快就讓東部和西部荒漠化。定居者受到河流吸引，而游牧者則受到沙漠邊緣吸引。這裡是早期農業興盛起來的地方，也是城市及其大部分早期特徵的所在。這裡還是漫長深遠的過去和有記錄的歷史相遇之處，是神話和傳說與事實和物證相應證的地方，是世界上第一批城市的建造地，是對應於游牧生活的定居點。

世界上的第一座城市可能是一個叫做埃里都（Eridu）的地方，根據早期的資料，這是由一位名叫阿魯林（Alulim）的國王所建，他統治了兩萬八千八百年。他的兒子阿蘭迦（Alaingar）繼任王位後，至少又治理了三萬六千年，但最終「埃里都衰亡」。[13]儘管埃里都的確切位置仍然是個謎，不過在幼發拉底河岸邊，在巴格達和波斯灣之間倒是發現了烏魯克（Uruk）*的遺跡。正是在那裡，在公元前四千年左右，出現了今日我們所了解的初具規模的城市，並且居住著我們能夠辨認出來的城市生活。

就像五千年前的哥貝克力石陣一樣，烏魯克最初也是一處神殿，獵人和牧民在這裡崇拜兩位神靈——阿努神（Anu），他的頭銜包括天父、眾星之王和「包含整個宇宙」的祂，以及阿努的孫女，女神伊南娜（Inanna）。就像阿努一樣，伊南娜也有許多頭銜並且具有眾多執掌，不過她的起源總是與生育力、河面和樹汁上升、豐收，以及肥美的羊群有關。嫁給牧羊神塔米茲（Tammiz）後，她仍然保持個人的主體性，具有獨立而主導的特性。被稱為天后（Queen of Heaven）的伊南娜，其形象與金星和獅子連結在一起，體現了原始的女性力量。她美麗、生育力強，會主動追求而且有著強大而貪婪的性慾。一位蘇美詩人寫道：「你愛那牧羊人、那放牧者、那馬夫，把他變成了一頭狼。」[14]

在某個時候，有人在神殿附近蓋了一間房子，也許是為了一個祭司，然後一批定居者跟隨而來，在這裡落地生根，不斷擴張，房子交錯重疊，然後是大量的房屋、寺廟建築群和宮殿大院，直到整個地方被高牆環繞，與世界的其他部分隔絕開來。

牆內的生活與耕田或在山上放牧的生活截然不同。當人在牆後緊密地生活在一起時，他們的習慣、儀式和觀點都會發生變化。不再有游牧的營地生活，也失去那股相信萬物皆有靈性的衝動，這是依舊生活在外面廣闊開放世界的人才有的，因此他們也會受到自然力量的擺布。更重要的是，而且正是本書故事的要點，城市裡的人改變了他們的活動以及利用時間的方式。狩獵採集和游牧都是生活在一個不斷變動和演化的環境中，因此他們能夠執行多項任務，並且靈活地做出決策。城市鄙視這些隨機應變的萬事通。它需要的恰恰與其相反，而且它也鼓勵其居民過著靜態的生活，維持行為的可預測性。城市鼓勵專業化，讓其中的公民成為屠夫、陶匠、士兵、牧師和女祭司或國王。在日益嚴謹和分工明確的層次結構中，每個角色都有自己的特定位階。隨著大多數居民的職業日益專業化，他們也開始變得只能在城市世界中發揮自己的功用，畢竟官僚、財務經理、會計師、屋頂工或泥水匠去到自然界要做什麼呢？從那以後就一直如此。

隨著烏魯克的發展，又出現其他分化，當中最有傷害的是擁有足量和擁有過量者之間的差異。在烏魯克城牆內的泥磚房內，都建有供奉家神的神龕，還有存放糧食、油等不易腐爛食品的空間。事實證明，有些人比其他人更有技巧或運氣。或是他們的收成比較好，或是討價還價的功夫更厲害，或是在買賣貿易中變得更加敏銳，總之，他們透過公平競爭，或是某些伎倆，最終獲得更多食物、衣服、珠寶或其他財產。在移居型的社群中，也存在財富和牲口量的差異，但這差距不是那麼重要，也不會產生太大的分野：當每個人都需要打包和運送自己的物品時，就不會囤積太多財物。

＊　烏魯克（Uruk）可能就是《創世紀》中提到的以諾（Enoch）——若是將這些地名唸快一點，你就會明白為什麼它們可能是指同一個地方。

但是待在原地會鼓勵積累，任何家裡有閣樓或地下室的人都知道這一點，而沒有人比國王積累得更多。正如我們經常在面對自己的統治者時所發現的，烏魯克人民對他們的統治者所積累的財富和權力，以及享有的特權和隨之而來的濫權感到驚訝。然後這份驚訝變成了絕望，於是他們轉向眾神和游牧民族尋求解決方案。

我們之所以知道這件事，是因為在關於遙遠過去的最古老的一段完整文本中，將烏魯克國王描述為「一頭高高舉起頭的野牛」。[15] 烏魯克的年輕男子不斷遭到搶奪，年輕的女子在國王沒有行使初夜權（droit du seigneur）前就無法回家。「日復一日，夜復一夜」，古老故事的講述者在第一個關於城內問題的傳說中提到，「他的暴政變本加厲」。

一顆星星，是女神伊南娜（Innana）的主要特徵，將她與天堂聯繫起來，後來也演變成維納斯（Venus）。

沉默的後代

烏魯克國王的故事在現代巴格達附近的尼尼微（Nineveh）市、地中海沿岸，甚至連尼羅河上游都廣為流傳。但是隨著古代世界的逝去和閱讀楔形文字的能力消逝，這個故事也跟著灰飛煙滅。記錄它的泥板一直隱藏在美索不達米亞土壤之下，直到一八四〇年尼尼微城出土時才挖掘出來。這些碎片被送到倫敦的大英博物館，但直到一八七二年十一月，三十二歲的倫敦印刷商和楔形文字專家喬治．史密斯（George Smith）看到這些碎片，才獲得正確解讀。據博物館的一位工作人員說，當史密斯翻譯出故事的一部分時，他突然「跳起來，興高采烈地在房間裡跑來跑去，興奮不已，最令在場的人驚訝的是，他開始脫衣服。」當他的心情平靜到可以說話時，史密斯說：「在被遺忘兩千年後，我是第一個讀到這本書的人。」「那片板子」是一塊描述吉爾伽美甚（Gilgamesh）的烏魯克國王故事的石板。

在這份尼尼微的文本中，烏魯克傳說中的國王吉爾伽美甚的權力中心稱為「羊圈烏魯克」（Uruk-the-Sheepfold），這可以追溯到人們建造畜欄、柵欄、小型堡壘、荊棘屏障、溝渠和堆石以保護自己和牲畜，不致遭受掠食動物和惡霸侵害的時代。但在寫下這史詩般的故事時，這稱號早已不再適合這座城市，當地早就用磚牆取代木製的羊柵欄。「爬上烏魯克的牆，」吉爾伽美甚敦促著將他從地獄帶回家的船夫。

來回走動！調查它的地基，檢查它的磚砌！有磚塊不是在烤箱裡燒製的嗎？七聖賢有好好地在其地基中嗎？一平方英里是城市，一平方英里是棗樹林，一平方英里是泥坑，半平方英里是伊什塔爾（Ishtar）神廟：烏魯克有三平方英里半這樣大！*16

文本記載著，這堵強大的牆，「就像一根」鑲著銅邊的「羊毛」。

這道烏魯克長城改變了一切，它不僅將從烏爾、尼普爾（Nippur）和尼尼微等敵對城市來的人，甚至是埃及人擋在門外，還將這座城中的人們——在鼎盛時期約八萬人——與「其他人」分開，將受控管的人造城市環境與大自然肆無忌憚的力量分開，也將這批快速演變，具有前瞻性、專業化，過著靜態生活的居民與古老原始世界中思想多樣，抱持萬物有靈論的狩獵採集者和牧民分開。烏魯克的城牆是一道反游牧的具體表現。

城牆也有助於將人留在城內，在那裡他們在專橫的國王手中受苦。對他的描述是：

> 超越所有其他國王，英姿煥發，
> 烏魯克勇敢的後裔，好比橫衝直撞的野牛！
> 走在最前面時他是先鋒，
> 走在後面時，是可以信賴的戰友！

然而他們不能信任他，因為他也是「一股猛烈的洪流」，他的激情肆無忌憚地釋放出來和抑制。他強姦大家的女兒，欺負男人，侮辱長輩，變得凶殘不已，讓烏魯克的好人絕望地向他們的神祈禱：「救我們脫離我們的王。」眾神回應了，派來一個敢於對抗獨裁者的野人，讓他敗下陣來。

恩奇都（Enkidu）被描述為「沉默的後代」。是由女神阿魯魯（Aruru）用黏土捏製出來的，體現了自然世界的原始力量。他也代表設計這道牆來驅逐的一切：

他全身覆蓋著毛髮，
他留著像女人一樣的長髮；
他的頭髮像大麥一樣濃密，
他不認識一個民族，
甚至不知有國。
像動物之神一樣披著毛髮，
與瞪羚在草地上吃草，

＊ 考古學家在伊拉克的烏魯克廢墟周圍的幼發拉底河乾涸的河床上找到一面延伸約十一公里長的牆，證實了這片古代泥板上所記載的壯觀描述。

長有牛角的恩奇都（Enkidu）。

加入水坑中的獸群，
他的心為水中的野獸而高興。17

吉爾伽美甚選擇不親自與這股自然之力對抗。取而代之的是，他派了一位名叫莎姆哈特（Shamhat）的女人，石板記載她是一位「妓女」，不過她也可能是伊南娜（Inanna）／伊什塔爾的女祭司。無論她的角色或經歷如何，都無法讓她為即將發生的事情做好準備。在水坑邊等了兩天後，莎姆哈特看到牛群來喝水，恩奇都也隨之而來：

莎姆哈特解開她腰際的布，
露出她的性器，他為她的魅力所吸引。
她沒有退縮，她聞到了他的氣味：
她將她的衣服鋪開，任他躺在她身上。18

恩奇都的這段知識啟蒙與亞當和夏娃的故事有相似之處，但更為明確。古文告訴我們，「恩奇都與莎姆哈特交合了六天七夜」，不過他必須為品嚐這種禁果付出代價，當「瞪羚看到恩奇都時，開始奔跑，田野裡的野獸也因為他的存在而接連走避。」這位野人試圖追上牠們，但他變得虛弱。就跟亞當和夏娃一樣，他現在為自然界所流放。

當莎姆哈特將他引向城市，並對他大加恭維，說像他這樣英俊的人一定得住在神聖的圍牆裡，恩奇都聽聞後，對於要他離開原始森林非但沒有流露懷疑知情，或是表達任何遺憾，反而將目光投向高聳的城牆和那座看不見的城市中的暴君。他告訴美麗的妓女／女祭司：「我會在烏魯克吹噓我自己。」

莎姆哈特先帶他去一個牧羊人的營地，這是途中的房子，在那裡他品嚐了兩種最受歡迎和歷久不衰的農產品：麵包和啤酒。在喝下七杯啤酒後，恩奇都開心地唱起歌來，而且十分配合地讓牧羊人為他準備進入「烏魯克羊圈」：他們幫他理毛。「髮師把他毛茸茸的身體梳理好，」故事裡這樣寫道：「塗上油後，他變成了一個人。」

身為一個男人，他需要穿衣打扮。

穿上衣服後，他「變得像個戰士」。[19]

戰士需要武器。

恩奇都的馴化過程，是將一個像「天上落下的岩石」那樣強大的野生動物，轉變成一個行動太慢無法與野生動物一起奔跑的人，至此這項轉變工程已經完成，他做好了進城的準備。

這天剛好要舉行一場婚禮，恩奇都到達烏魯克的高牆下，城裡的人聚集在廣場上慶祝，有些人看到吉爾伽美甚自稱享有在新郎之前先臨幸新娘的特權。但是當國王走向洞房時，恩奇都在那裡，用腳擋住了門。兩人毫不相讓，並且爭吵起來。

他們在洞房前互相扭打，
打到了街上，打到了廣場。

門框晃動，牆壁也震動起來。20

將這場生動的相遇刻在幾千年前的泥板上真的很了不起，但接下來發生的也是。吉爾伽美甚意識到自己遇到了對手，跪了下來。恩奇都在憤怒平息後，問他為什麼在享有這麼多權力和特權後，還要剝奪這些平民新婚之夜的樂趣？泥板上並沒有記錄國王的回答。只是寫道：「他們最後互相親吻，成為朋友。」

後來，吉爾伽美甚建議兩人一起去冒險，砍伐雪松林並殺死天牛。恩奇都警告他，「這是一段絕不能踏上的旅程」，但他們還是去了。砍伐神聖的雪松林（這是進入神殿大門必須要做的），又殺死天牛，更糟的是，吉爾伽美甚拒絕女神伊什塔爾的追求。她和其他眾神要報復這位驕傲的國王，而他們要他付出的代價就是恩奇都的生命。在他的好友因他喪命後，吉爾伽美甚心煩意亂，甚至不願埋葬他，「直到從他的鼻孔裡掉下來一隻蛆」。

這段史詩投射出兩個原型：與動物一起奔跑，屬於變動的自然世界的恩奇都，以及城邦中定居者的國王吉爾伽美甚。就跟多數原始神話一樣，這是該隱和亞伯故事的重述版本，但也經過一些修改。馴服野人的橋段會讓古早的聽眾歡呼，他們當中許多人都已安頓下來，是定居型的住民，不過他們也可能為烏魯克的勝利而感到悲傷。

烏魯克這座真實存在過的歷史古城，如今已化為一堆塵土——這座城本身對後世的我們來說有許多重要意義，遠超過他們早期國王的故事。這是發明文字的地方，是建造第一座類似山的金字形神塔的地方，是第一個使用密封圓柱的地方，也是創造六十進制數字系統的地方，至今我們還繼續使用它來測量時間（秒和分鐘）、角度和地理坐標。而且似乎在公元前兩千五百年，有一位名叫吉爾伽美甚的國王，曾統治過烏魯克，那時他們征服了自然界，控制河流來耕種土地，並且砍伐森林，還馴服了野生動物和野人，沒能馴化的則加以驅逐。國王對好友的哀悼有部分是來自於他明白他和他的人民正在改變世界，之後再也不會一樣了。吉爾伽美甚國王和那些聽過這個故事的人都明白，即使在那時，要在這其間取捨有多麼困難，一但滿足了對城市和定居的渴望，就會失去與自然界的聯繫。他們會明白，這座城市成功馴化他們的世界時會導致環境崩潰。不過在人類帶來的諸多變動中，似乎有一樣有利而無害，這關係到馬。

馬

「地理為歷史奠定基礎」，正如十八世紀哲學家伊曼紐爾・康德（Immanuel Kant）所體悟到的，而這預示了幾個世紀後法國哲學家吉爾・德勒茲的觀察：游牧民族只有地理，沒有歷史。與康德同時代的約翰・赫爾德（Johann Herder）將他這個想法發揚光大，提出「歷史是行動中的地理」。這簡明扼要地總結出史地兩者間密不可分的連結，同時也突顯出為何在這個故事中經常會出現的廣大草原：來自大草原的游牧民族深深受到這片土地所形塑，而他們對世界的影響又比其他地方的游牧民族來得長久和深遠，不斷形塑著我們的世界。

地貌和氣候會影響到我們的身分和行為方式，因此可以說，如果不認識北美大平原，不知道密西西比河和落磯山山脈間廣闊的草地平原曾是大群水牛和野牛嚐食的地方，曾是蘇族（Sioux）、夏安族（Cheyenne）、科曼奇族（Comanche），和其他原住民本地游牧部落狩獵的地方，那就不算是真正認識美國和加拿大。同樣地，在南美洲，美洲獅曾經在潘帕斯（Pampas）低地草原上捕獵潘帕斯鹿和大角羊，這片草原一路從巴西延伸到烏拉圭，進入阿根廷南部高喬人（gauchos）日後放牧牛群的地方。中國的北方大平原從燕山一直延伸到桐柏山和大別山脈，自古就是漢文化的中心。不過對我故事中的游牧民族來說，最重要的則是歐亞大草原。

「一連串低矮的丘陵環繞著廣闊無垠的平原，」小說家安東．契訶夫（Anton Chekhov）這樣描述那片草原：「這些山丘擠在一起，爭先恐後地試圖向外窺視，最後合為一體，形成一塊上升的地面，一直往地平線那裡延伸而去，消失在淡紫色的遠處；在這片草原上駕車的人，只能持續不斷地前行，無法辨別是從哪裡開始，又要在哪裡結束。」。[21]這一次，作家的修辭毫無誇張之嫌。歐亞大陸占地球陸地面積的三分之一以上，確實一望無際，而草原最主要的一項特徵就是「持續不斷」。從匈牙利的草地一路綿延，幾乎就要碰觸到長安這個古中國首都的花崗岩大門，這條九千公里長的草地走廊將地中海與黃海連接起來，也將東方與西方相連。

這條草原帶被阿爾泰山脈這片難以逾越的高地一道劃開，清楚地區分出西部和東部，這條山脈也是許多游牧部落的精神中心。地勢較低的西部草原不受西伯利亞冬季和酷熱夏季的影響，特別是在多瑙河和伏爾加河之間那片有許多河流穿過的草原。東部的生存條件則較為嚴峻，夏天更熱、冬天更冷、氣候更為乾燥，對游牧者來說一直是個更具挑戰的地方，比方說在二〇一〇年冬天，在蒙古有九千個游牧家庭因天氣寒冷而失去所有的牲口，另外還有三萬個家庭失去了一半。[22]

然而，正如歷史學家巴里．坎利夫（Barry Cunliffe）所指出的，草原走廊是世界上最重要的通道之一，若是你人在大匈牙利平原，看到草地上的番紅花預示春天到來時準備啟程，那麼你就可以在嚴冬凍結大地前到達蒙古，當然這是假設你備好所有通行所需的文件。除了穿越河流、樹林和沼澤，並且通過阿爾泰山脈的高地之外，在大部分的旅程中，你都會在草原上「持續不斷」地騎行，踏著野草、遠志和野麻。一路上，會有田鳧、漠即鳥和鶺鴒會衝到你面前，頭頂上有白嘴鴉、老鷹和隼，前來偵察你的行動，而草蟋蟀、蝗蟲和蚱蜢則會避開你的視線。古老的山丘向左綿延而去，而霧濛濛的平原則是在前方延伸開來，上方籠罩著深邃透明的弧形天際。今天，這片廣闊的土地仍是我們這顆星球上最震撼人心的一片地景。對於幾千年前的人來說，在他們眼中這片大地又是什麼面貌？他們只能徒步旅行，既沒有輪子也沒有引擎，只能與野馬共享這片土地。

馬的族群之所以能在草原上壯大開來，主要是因為牠們具有能夠應對嚴冬的體質，牠們的蹄子非常強壯，能夠在冰雪中翻動，深入冰凍的草叢。一萬多年前，草原上的人開始狩獵野馬，同一時間活在其他地方的人，則是在捕獵野牛、野豬和山羊。從獵馬跨足到牧馬的這一步並不很難。在一個典型的馬群中，是由一匹種馬帶領母馬和小馬，所以若是殺死了這匹種馬，就可以圈住母馬，然後把溫順的幼馬困住，這樣就能確保有足夠的馬奶和馬肉來度過冬天。至少在六千年前，就有人在東歐大草原或稱黑海—裏海大草原（Pontic–Caspian steppe）的最西側牧馬，而這很快就成為游牧生活的必要條件，馬變得非常重要，甚至會和牛羊一起陪葬在人類的墓中。然後人與馬的關係發生了最根本的變化：我們學會了騎馬。

如果你曾試圖騎上一匹不願讓人騎的無鞍馬，或是看過牛仔競技表演，就會知道要騎上一匹尚未馴服的野馬會引發牠多麼猛烈的反應，牠會不斷反抗直到把騎手摔下來，或是把自己弄到筋疲力盡為止。人類是如何開始騎馬的？是因為草原上一個年輕人異想天開來場牛仔競技表演嗎？還是一個精明的部落首領突發奇想，計算出騎馬時可以放牧的羊是步行的兩倍？我們永遠不會知道，就像我們永遠不會知道人類到底是在什麼時候開始騎馬一樣。可以確定在公元前四千年已經開始騎馬，因為在哈薩克北部*墳墓群發現的遺骸中，有多達十噸的動物骨骼，其中九九．九％都屬於馬。從許多下巴的骨頭和牙齒化石的磨損方式來研判，那時人已會在馬身上鑽孔，這意味著大約在五千年前，草原上就有人在騎馬，而在同一時間，第一位法老統一了上埃及和下埃及，而吉爾伽美甚這位美索不達米亞人的國王，則打造出無與倫比的烏魯克城牆，澳洲原住民在現在的雪梨周圍雕刻岩石，中美洲開始出現定居點，希臘出現了基克拉澤斯（Cycladic）文明。

獲得騎馬的能力遠比馴化農作物重要，這比較接近一場革命，一場馬術革命。馬是人類使用過最有效和最持久的交通工具，具備騎馬能力改變了人在地球上的生活，這一點在草原上也許最為明顯，這同時也讓人有可能過著游牧生活。牧民步行一天可以走上三、四十公里。而無鞍騎馬，就像史上第一批騎士那樣，能夠行動的距離是兩倍以上，儘管距離只是這場革命的其中一個面向。

就跟騎馬一樣，車輪和馬車的起源也引發熱烈爭論，莫衷一是。目前能夠掌握的證據相當稀少，有一個在波蘭南部發現的四輪結構，時間約是公元前三千五百年。還有兩個手推車的粘土模型，一個來自匈牙利，另一個來自土耳其，都可以回溯到公元前三千四百年左右；在烏魯克的伊南娜神廟（Temple of Inanna）發現的一塊泥板，約莫也是在同一時期，上面刻畫了類似馬車的圖案。目前發現最古老的全尺寸馬車遺骸是在黑海－裏海大草原上，年代約是在公元前三千年左右，這輛馬車被埋在精心打造的墓造結構中。目前，連同這個遺址和該地區其他的墳墓遺址，已發現數千輛馬車——我們知道第一批馬車的結構中有個矩形木框，寬大約一公尺，長是兩公尺半。前方有一個簡單的箱型座椅，看起來有點像是十九世紀美國開墾西部時那些尋找據點定居的人所駕駛的馬車。車輪是用木條製成，將其弄成圓形後用木釘固定在一起，中央有一個軸心。最初是以牛來拉車，在草原上嘎嘎作響地行進時，想必很慢，也很辛苦，尤其是在剛開始的時候。但有了牛車至少能讓老少得以一起移動，而且負載的貨物要比一隻動物來得多。後來，有人靈機一動，把車箱打理一番，換成馬來拉車，馬車就這樣誕生了。牛車帶來大規模放牧的可能性，而馬車對世界的影響也毫不遜色，特別是就其改變戰爭性質這一點來說。當有人發明套在馬嘴上的馬銜後，更是帶來重大變化，讓牧民得以完成從匈牙利大平原到蒙古再進入中國的夏季旅程。目前沒有找到任何證據顯示在早期的幾百年間有人曾騎馬穿過整個草原走廊，但現在的游牧民族確實是在整個歐亞大陸上穿梭，騎馬的人將世界上這兩個截然不同的地

烏芬頓白馬（Uffington White Horse），一個 110 公尺高的史前動物，出沒在牛津郡的山坡上。

* 博泰（Botai），靠近伊希姆（Ishim）河。

區連接起來只是時間問題。大約在五千年前，遠在絲路出現前，游牧民族就曾在草原古道（Steppe Route）上遨遊，他們在那裡放牧和騎馬，連接了東方和西方、山地和沙漠，還有分別在世界兩端稱霸的中國和歐洲這兩大定居者的文明。

那又是誰在主宰這片廣闊的草原帝國？

天神之子

目前對於早期草原牧民的身分認識有限，對於他們所留下的一些影響倒是比較容易識別，部分原因是這些影響非常巨大，尤其是他們的語言，現在世界上有一半的人口都在說他們的語言。正是這種語言提供了揭開他們身分的線索，儘管這段過程漫長而曲折，而且在一七八六年二月二日之前幾乎沒什麼進展。那一天，威廉·瓊斯（William Jones）這位來自倫敦的四十歲法官，一邊皺著他那令人印象深刻的眉頭，一邊在「孟加拉亞洲學會」（Asiatick Society of Bengal）演說，「歷史、科學和藝術方面的發現……我們可以對關於亞洲文學的調查抱持合理的期望。」

除了法律專業外，瓊斯還很著迷於語言學，曾經樂此不彼地將《一千零一夜》的英文版又翻回阿拉伯文。在這個二月的夜晚，他在加爾各達分享他在梵文中的冒險經歷。講了幾分鐘後，他宣稱：「儘管年代久遠，（梵文）依舊具有美妙的結構；比希臘文更完美，比拉丁文更豐富，而且比兩者都更為精緻。」然後他發表了他那爆炸性的發現：「這些語言之間的相似度非常高，根本不可能是偶然造成的；這樣的相似度高到凡是檢視過這些語言的學者，沒有一位會懷疑它們全都來自某個可能已經失傳的共同源頭。」[23]希臘文、拉丁文和梵文來自同一種失傳的母語，這一主張深具革命性，而且瓊斯後來又將哥特語（Gothic）、凱爾特語（Celtic）和古波斯語都加到這一個語言家族。

如果說那天晚上他的演講在大審廳（Grand Jury Room）沒有引起轟動，很可能是因為瓊斯是那場會議中唯一一個會翻譯梵文的英國人；在場沒有人有能力挑戰他的主張。但即使到現在，語言學家、考古學家和歷史學家仍對他的論點仍抱持不同看法，而且有很充分的理由：如果這些語言真是像現在多數人所相信的，源自於一個共同語言，那這個語言是什麼？它是如何演變的？當初又是誰在使用這些語言？

另一位博學多聞的傑出語言學家托馬斯．楊格（Thomas Young）很快就對此提出解答，他是人稱「最後一位無所不知、無所不曉的萬事通」。他現在認為，連「印度語、西亞語和幾乎所有的歐語系」，也都屬於這個失落的語言群。楊格在一八一三年寫下對此的解釋，提到所有這些語言「是由更多的相似點所統整起來，這絕不可能完全出於偶然」。[24]楊格將這些語言的源頭稱為「印歐語系」（Indo-European），來自於草原，今天有超過三十億人以各種形式在使用它。

經過兩個世紀跨學科的研究，學者確實發現某些詞彙在整個原始印歐語系（Proto-Indo-European，簡稱ＰＩＥ）中都很常見。就是這些字詞的普遍性才彰顯出早期草原游牧民族的重要性。這些包括表示馬、牛、豬、羊和狗的字彙，以及「reg」，也就是英文中的「ruling」（統治）一詞，從中又衍生出「raj、regal、rex」。印歐語中「fee」這個單詞，在我們的理解中是工作的報酬，但最初的意思是指羊群、牲口、農場動物，有時也指金錢。其他在各個語系間的通用字還有弓、箭和劍、母親、父親、兄弟和幾個與姻親有關的詞，這證實了家庭關係、放牧和戰鬥或至少防禦在印歐語使用者中的重要性。在這團語言迷霧中，浮現了一位特別重要的人物，將這古老語言的不同使用者統一起來，在《梨俱吠陀》（*Rig Veda*）中，他是崇高的「Dyaus Pitr」，意思是天空之父——「白天光明的上帝」——他的名字和個性流傳至今，以不同形式在世間迴響，從希臘的宙斯（Zeus）、羅馬的邱比特（Jupiter）到基督徒的「我們在天上的父」（Father who art in Heaven）。

研究發現的每一個新訊息都帶來更多關於這些天神孩子的問題：他們是誰？過去又住在哪裡？就印歐語系傳播全球的事實看來，主張這群「孩子們」源自於單一地方、單一文化——也許是源自於安納托利亞，又或者是烏克蘭、俄羅斯南部、哈薩克斯坦西部——的論點仍引起多爭議。但是，就目前的語言和事證來看，最初的原始印歐人是聚集在黑海—裏海大草原上，北邊是黑海和裏海，旁邊則為第聶伯河（Dnieper）和烏拉爾河（Ural）所環繞。他們將野馬馴化後就住在那裡，其中有許多人過著游牧生活。

我們知道游牧者的生活比定居者更為輕盈，留下的痕跡更少，但這並不意味著他們什麼都沒有留下。在高加索地區、西伯利亞、哈薩克斯坦，和更遠的東部地區發現數百個巨大的圓形土丘。其中一些土堆高達三十多公尺，周長有五百公尺。在斯拉夫語中稱這些土丘為「kurgan」，音譯為庫爾幹，這是指手推車或墓塚，而那裡確實有墓葬。幾千年來，有很多人埋葬在這樣的庫爾幹墓塚中，而且當中各有特色，所以說，儘管這其間有很多不同點，但也有一些共同的特點。在土丘周圍通常環繞著圍牆或護城河，並有一條通向墳墓入口的儀式通道。在許多庫爾幹墓塚的外坡上，舉行祭典獻祭馬匹後會將其一同埋葬，陪伴死者到另一個地方，而且在一個庫爾幹墓塚通常埋有好幾個人，不過通常在土丘中心有一個主墓葬，一般會是馬車或木屋的造型，周圍放有衣服、武器、罐子和巨大的陪葬大鍋。

最有名的一處庫爾幹墓塚屬於一個富有的牧民，高有十公尺，年代可回溯到公元前三千年的末期，早在埃及人開始建造金字塔之前。而就跟圖坦卡門（Tutankhamun）的墳墓一樣，這座邁科普土墩（Maikop mound）也一直塵封，沒有受到人類活動的干擾，直到一八九七年才被兩位俄羅斯考古學家尼古拉·維塞洛夫斯基（Nikolay Veselovsky）和尼古拉斯·羅里奇（Nicholas Roerich）＊發現。在這古墓的三間墓室中，每間都安放一具人類遺體。其中一位是位貴婦，周圍擺放陶罐和銅罐、金絲耳環，在她的遺體附近還散落著金珠和紅玉髓珠。而中間墓室的擺設更令人驚嘆，死者是以直立坐姿擺放，在這間更長的墓室裡，牆壁還有木襯，地板則鋪有河石圖案。棺材上有一片以金銀桿子支撐的棚架，其上覆蓋一百二十五塊金牌。用硃砂塗成紅色的遺體附近，還有一堆珍寶，包括二頂金冠、幾把銅斧和銅劍，以及十七件精美絕倫的金銀器皿。

這個墓葬點距黑海四、五十公里處，位於今日俄羅斯聯邦的阿迪格共和國（Republic of Adygea）境內，墓葬時間約是在四、五千年前，其中最引人注目的是這墓塚中的陪葬品，它們的

＊ 羅里奇後來轉行，離開考古學界，成了一名藝術家和舞台設計師。在巴黎，他與作曲家伊戈爾·史特拉汶斯基（Igor Stravinsky）合作，一九一三年由俄羅斯芭蕾舞團首演的《春之祭》就是史特拉汶斯基從羅里奇對異教儀式的描述中獲取靈感。

來源天南地北：金銀來自近東，天青石珠來自中亞，綠松石和紅玉髓來自高加索山脈以南或伊朗。由銀針固定的帶有彎曲刀片的銅製武器，與特洛伊製造的武器相似。這些美麗的物件透露出一個訊息，也許早在公元前三千五百年，草原上的游牧民族和放牧社群已開始交易印度和阿富汗的商品。而且就跟往常一樣，這是一種雙向貿易，游牧民族出售他們的農產品、編織品、皮革製品和馬匹。這當中也有文化交流，因為我們知道他們所使用的印歐語流傳的範圍很廣，往北遠至蘇格蘭北部，東經中亞，南經近東進入北非，最後到達南亞，也就是今日的印度和巴基斯坦。伴隨這批主宰草原帝國的天神孩子而來的，除了他們的語言之外，還有游牧者的思想和習俗，以及馬匹帶來的機動性和可能性。

追求名聲

在今日巴基斯坦的印度河流域文明區（Indus Valley），我們可以更接近這些早期的印歐游牧民族。

在邁科普土墩（Maikop）墓葬中發現的金牛雕像。

想像一座遭到遺棄的古城，那裡的水井乾涸，曾經保持城市清潔的排水溝現在被碎渣堵塞。各種手工作坊，像是那些製作珠子、陶碗，和看似精美而深具現代感的小雕像，如今全都空蕩蕩，而鑄造舞女雕像的青銅鑄造廠，以及繫著一艘艘商業帆船的拉維河碼頭，目前也全都靜悄悄。風將塵土吹往廢棄房屋的磚牆。公元前兩千年左右，當馬匹和酒精在英國大受歡迎之際，當米諾斯人（Minoans）將克諾索斯（Knossos）打造成地中海貿易和權力中心的時候，這片印度河流域儼然也成為世界上一大重要樞紐。那裡已馴化了稻米，大麥長得很高，大象也被馴服了，還有奶量充沛的印度瘤牛，凡此種種再加上其他豐富資源，讓此地成為手工業和貿易中心。然後世界開始暖化，降雨量變少，水井乾涸，莊稼枯萎，牛群死去，有辦法的人開始搬遷，去到那些比較潮濕的地方。那些決定留下來的人，只能蜷縮在房屋和空蕩蕩的巨大糧倉所投射的陰影下，或是躲在被神拋棄的神聖無花果樹下。

上面這段想像的場景僅是一種可能性，一個假想的版本，揣想早期印度河流域的哈拉帕（Harappa）、摩亨佐達羅（Mohenjo-daro）等城市的遭遇。由於缺乏證據，再加上還有意識形態和政治的左右，要探究真相著實困難，但無論如何，這些城市似乎是從公元前一千九百年左右開始走向衰落，在兩百年內大半都遭到廢棄。長期以來，一直認為是因為這些城市內部爆發疾病，引起內訌，最後弄得四分五裂，但會不會有其他的可能呢？也許他們在被遺棄之前就遭到征服了，印度河谷文明的崩潰會是來自人為因素嗎？特別是遭到游牧民族入侵的可能性。古代文獻往往會提供一些這方面的線索，就如同荷馬的《伊里亞德》揭示出特洛伊的命運那樣。印度教最古老的神聖文本《梨俱吠陀》，或簡稱《吠陀經》是一部對因陀羅神（Indra）的讚美詩，就是這樣一個特別的文本，為我們指出了印度河流域這些城市的命運：

> 過去沒人見識過您的力量，每天都在更新，充沛無虞。哦！因陀羅。
> 我們親眼目睹您這一偉大力量，您以此拖慢了瓦拉西哈（Varasikha）的孩子們，
> 當您的雷霆降臨時，僅僅一聲
> 就連他們當中最勇猛膽大的都嚇壞了。
> 在阿布亞瓦廷・卡亞馬納（Abhyavartin Cayamana）的幫助下，
> 因陀羅摧毀了瓦拉西哈的子嗣。
> 在海瑞裕帕雅（Hariyupiya），他擊中福爾西凡（Vrcivan）的先鋒隊，後方軍隊也都被此嚇壞了！
> 三千名身披盔甲的戰士，為了名聲，群集在雅維亞瓦蒂（Yavyavati），哦！因陀羅神您在何方，福爾西凡的兒子們，倒在箭前，就像爆裂的船隻走向毀滅。[25]

《吠陀經》這本讚美詩是在公元前一千五百年在旁遮普（Punjab）以印歐語系中的梵文創作的，不過一直要到公元前三百年左右才書寫下來，這是印歐語系中現存的一本古老作品。這部特別的《吠陀經》告訴我們，有三千名「身披盔甲」的戰士，為了追求名聲，而起身面對「瓦拉西哈的子嗣」，即福爾西凡人或哈拉帕人。他們沿著俾路支省的德里沙瓦蒂河（Drishavati）或佐布河（Zhob）作戰。不管這些戰場的確切位置到底在哪裡，這份文本意味著印度河谷曾遭到印歐語系人的入侵，入侵者獲得了名聲和榮耀，而防禦者則「像爆裂的船隻」倒下。

目前沒有任何考古證據支持這個故事；沒有發現大量箭頭或其他的蛛絲馬跡。或許正如一位評論者所指出的，之所以找不到相關證據，可能是由於吠陀人堅持不要建造城市，因為他們「不是尋求權力，而是超脫」。[26]不過更有可能的是，實際發生的並不如《吠陀經》的詩文所暗示的那樣，爆發了一場劃時代的軍事對決，而是在漫長的時間中，印歐游牧民族和移民一小群一小群地分批抵達印度河流域。他們當中，大多數人離開了他們的中亞家園，慢慢地拉著木輪牛車而來，不斷地驅趕著他們的牧群。不過，偵察兵和年輕戰士等其他人則是駕著戰車或騎在馬背上，身上配有青銅劍，肩上掛著柔軟的弓和完整的箭袋，眼神緊盯著在雅維亞瓦蒂能讓他們贏得名聲的獎品。

《吠陀經》還記載，說這種語言的人是如何生活，他們看重什麼，以及他們會對他們的神做出怎樣的祈求。當中記載，他們會食用一種名為「索瑪」（Soma）的調劑，這是從一種至今仍無法辨識的植物中提取的興奮劑，使用後會讓人心神大變。「我們喝下蘇瑪，成為不朽，」《吠陀經》這樣記載：「我們已然獲得眾神發現的光明。」受到靈藥的啟迪，吠陀詩人寫道：「這些帶給我自由的光榮水滴，讓我沉醉。」他們創造了一個世界，在那裡強權即公理，這受到神的認可，而且無窮無盡，在那裡人要存活下去，必須重視牛，更要看重馬——詩人稱索瑪是「種馬的多產種子」。有了它，眾神當與你同在，一切安好，你的馬車將輕鬆穿越平原，你的戰車將帶你衝鋒陷陣，擊敗敵人，掠奪他們的牲口，不僅能養活自己，還會贏得財富，以及當你的遺體在墳墓裡腐爛後仍會流傳於世的名聲。這裡最重要的是：衝入戰場能夠確保你的功績會流傳下去，你的名字會為人傳頌。

我們對這些人的認識，有些是來自於亞穆納河（Yamuna）一帶發現的一系列墓葬點，這位於新德里北方六、七十公里處。在這些墓葬點中，埋著三輛戰車，據說是在該地區發現的第一輛這類戰車，當中還有幾具棺材，上面裝飾著鍍銅的戴王冠的人像——類似於放置在十字軍騎士墳墓上的巨大黃銅雕像。另外還發現劍、匕首、盾牌和頭盔。「我們現在可以肯定，」挖掘計畫的主任報告說：「在公元前兩千年，當美索不達米亞人在戰爭中使用戰車、劍和頭盔時，我們這邊也使用類似的武裝。」[27]

這段散發著濃濃民族主義的文字，其實是在宣稱「我們」印度人使用戰車和青銅劍的時代比以前所知的要提早很多。不過整個故事可能比這段宣稱要複雜許多。印度的挖掘團隊在亞穆納河發現的似乎是印歐戰士的墓地。這些人可能在那個地區待的時間還不夠長，尚未適應當地的習慣，所以還是按照他們的舊習俗埋葬，因此採用的是他們在古老的草原家園上的方式。

馬是可以讓人在嚴冬中感謝上天垂憐以及衡量自己財富的存在。

戰車，疾如風。

複合弓是由楓木、羚羊角、鹿腸和皮革製成的複雜結構，用魚膠粘合在一起。

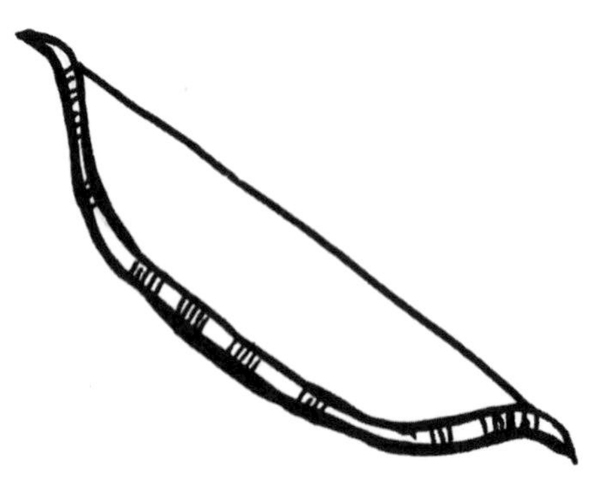

複合弓。

戰友團（comitatus，或譯：從士團），這個詞的意思是護送，但也意味著更緊密和熱情的一群人——正如莎士比亞所說的：「我們幾個人，我們快樂的這少數幾個，我們是兄弟。」[28]他們的情誼比弓上綁著的鹿腸更緊，這是一群立誓要同生共死，願意為彼此犧牲性命的人。

這是對故事的熱愛，特別是講述人類光榮冒險和反覆無常的怪異眾神的史詩傳奇。所有這些故事，還有其他許多，都是由離開草原的游牧民族所攜帶。「現在來入侵，現在要撤退，」公元前二世紀的敘利亞作家盧錫安（Lucian）這樣描寫他們：「現在要來爭奪牧場或戰利品。」[29]我們現在知道，他們是從海格力斯之柱（Pillars of Hercules），也就是直布羅陀海峽穿過歐亞大陸，進入中土和太平洋，給古代世界帶來廣泛而持久的變化。而他們的到來和影響力，在埃及這個最為與世隔絕的國家，看起來最為明顯。

流浪者之王

約翰・赫爾德的格言：「歷史是行動中的地理」，完全適用在埃及這個例子。歷史的輝煌與帝國的興衰一直都與其地理聯繫在一起。在其永恆的外表下，埃及經歷了許多轉變，至少從過去六千年以來，現在的撒哈拉沙漠過去曾是一片廣闊的大草原，人們會在其上採集野生食物，捕獵牛科和其他種種動物，還會畫下他們自己在吉夫開比高原（Gilf Kebir）游泳的場景。在氣候暖化和降雨量銳減後，森林和野生草地面積萎縮，埃及人發現他們自己被其地理環境所定義。到公元前三千五百年，沙漠從南邊、東邊和西邊向他們包圍而來，而北邊則為地中海所切斷，僅能完全依賴河流，當希羅多德說他們受沙漠圍堵的土地是尼羅河的贈禮時，用詞毫無誇飾之意。

尼羅河沿岸一直保留著那些與太陽和月亮運動，以及星座和季節變化有關的聖地。這些神殿也是要獻給變化多端詭譎多變的這條萬能河流，以及在盛夏時節河面會神祕地漲起，將土地淹沒的事蹟。隨著大草原轉變成沙漠，雨水成為傳說故事中的情節，獵人和採集者別無選擇，只能在這些聖地周圍定居下來。定居的生活型態讓他們得依賴河流，還有種植小麥、大麥和斯佩爾特麥、亞麻、指甲花（又名散沫花）和蓮花的能力。在大多數的年歲，當尼羅河的水面平均上漲七、八公尺，埃及便是一片富饒的土地。但是有幾年河水沒有上漲時，河谷裡就會哀鴻片野。兩公尺的水位，就是天差地別，是旱災與洪災，豐收與飢荒，歡笑與淚水的差別。

由於這種對河流的絕對依賴，那裡的住民都體認到組織的必要性。只要看到糞金龜在乾燥的黑色淤泥推土時，每個人都得準備好耕種和播種。這種對組織的需求催生出官僚制度和一座階層金字塔體系，法老處於頂端，接下來是祭司、抄書吏（文士）、財務和稅吏，而大多數埃及人都是在田間或船上勞作。難怪在公元前兩千四百年左右，一位抄書吏勸告他的兒子要在學校專心學習，並「將文字銘記於心，這樣或許就能讓自己免於從事任何形式的艱苦工作……擔任抄書吏能夠從勞動中解脫出來。」

古埃及對飢荒的恐懼就像對黃金的熱愛一樣持久，而大家早已知道，只有兩個原因會導致飢荒，不是河流出問題，就是組織失靈。因此，發現古埃及人對社會秩序痴迷不已，而且最為普遍和流傳最久的一則神話就是關於他們在秩序與混亂、好與壞、肥沃與貧瘠之間的爭鬥，也就不足為奇了。這是一則關於兩兄弟的故事，一個定居，另一個則漂泊不定。關於奧西里斯（Osiris）和他的兄弟賽斯（Seth）的神話有很多個版本，大多數都始於奧西里斯這位好國王教導尼羅河人民如何組織起來，充分利用洪水，確保農作豐收，讓眾人養家活口，以及如何敬拜神，如何透過這一切來維持秩序——這是他們價值觀中最重要的。在奧西里斯的教導下，他們得以定居在此，成為埃及人。在他的統治下，收成豐富，人口日益增加，城市漸漸發展起來，我們所知道的埃及就此出現。在此讓我稍微改寫一下古老的讚美詩，多虧了奧西里斯，每個人的肚子都飽了，每根脊椎都挺直了，每顆牙齒都看得到，因為大家都高興得笑了。

而賽斯則統治著沙漠。他是這片惡地和居住在那裡的游牧民族的王。除了擔任荒野之神，賽斯還是眾神和過世法老的保護者。在眾神中，只有他不受到最為可怕的魔鬼阿波菲斯（Apophis）施用的催眠藥的影響，阿波菲斯是一條三頭蛇，其任務是阻止死者到達天堂。世人越是擁戴奧西里斯，河谷就越繁榮，賽斯也就越嫉妒。這是該隱和亞伯的尼羅河版本，但最後的結局卻截然不同。流浪之神賽斯邀請奧西里斯還有他們的姐妹與朋友參加一場盛宴，席間他拿出一個由精美材料製成的美麗棺材當作禮物，宣布要送給可以剛好躺入其中，完全吻合的人。很多人都前去嘗試，但只有奧西里斯的身形剛好完全適合，而他一躺進去，賽斯就下令把盒子鎖上，並灌入熔化的鉛，然後扔進尼羅河裡。奧西里斯，這位定居者和農民的國王，就這樣被燒燙，在窒息中死去。

由於這個故事幾千年來都盛行不墜，因此出現了很多版本，但所有版本中都有提到奧西里斯的妻子伊西斯（Isis）和賽斯的妹妹，說她們找到了棺材，取回遺體。然而，當賽斯聽說找到遺體時，他派人將其攔截下來，切成十四塊，沿著埃及尼羅河丟下。悲傷的伊西斯依舊試著找回亡夫，但她最後僅收集到十三塊，再將其排列在對應的位置上後，再用亞麻布緊緊包裹起來——創造出第一具木乃伊。沒能找回的部分是他的陰莖，於是她以尼羅河的泥來製作，並施展強大的魔力，把自己變成一隻鳥，覆蓋在其上。

在這場結合中，她受孕了，生下一個兒子，名叫荷魯斯（Horus）。當荷魯斯長大後，成為復仇之王，與他的叔叔賽斯戰鬥多年。最終成功地恢復了秩序。賽斯和荷魯斯之間的爭鬥晚期（在希臘羅馬時代）場景後來被刻在上埃及的埃德夫（Edfu）的荷魯斯神廟，在這座神廟的外牆上，刻畫著他的叔叔把自己變成河馬，但隨著魔力逐漸消失，他變得越來越小，最後變成荷魯斯可以一刀殺死的大小。在開羅的埃及博物館中，法老拉美西斯三世（Pharaoh Ramses III，公元前一千兩百年）的雕像精美地傳達出同時需要有混亂和秩序這兩股力量。這座雕像比埃德夫的荷魯斯神廟晚了一千年，是由一塊塊粉紅色斑點花崗岩雕刻而成，展示了真人大小的法老，法老的兩側是荷魯斯和賽斯，他們都觸摸著法老的王冠，表示對他的支持。

埃及神賽斯（Seth），流浪者之王，由一個可能是根據土豚（aardvark）這種神話般的生物來代表。

這些爭鬥，不論是移居者與定居者、富人與窮人、奧西里斯與賽斯，還是該隱與亞伯之間爆發的「人類史上的第一次手足相殘」，當中的相似處看來相當驚人，不過賽斯和該隱還是不可混為一談，這兩者存在關鍵的差異。該隱最後遭到驅逐，但是古埃及人崇拜賽斯這位漂泊遊蕩之神長達數千年。從埃及人崇拜的神明來看，他們的價值觀，與羅馬基督教時代簡單的善惡二元論相比，更加多樣化、複雜和微妙。這展現出早期埃及人已體認到族群多元的必要，不論是來自四海漂泊的移居者的創造力，還是土地耕作者帶來的秩序，就像一千年前的美索不達米亞人明白，他們需要力量強大的吉爾伽美甚國王和能夠制衡他的野人恩奇都一樣。耕者和牧人，定居者和移居者。長久以來埃及人面臨的巨大的挑戰就是如何在這兩者間求得平衡。

尼羅河上的游牧民族

埃及的北部是邊界最多漏洞的地方。那裡有廣闊的尼羅河三角洲和地中海平原，很容易受到侵入，西邊可以經由利比亞，東邊則是通過現在巴勒斯坦的加薩走廊（Gaza）。游牧民族早已取道經過，在《舊約》中就有反映這一事實，經文有提到族長雅各（Jacob）派他的兒子們「下埃及」。到公元前二千年初期，埃及人在東部邊境建造了一系列堡壘，既可以監控人的移動，也可以支持埃及人進入西奈沙漠開採綠松石，不過邊境是一開放地帶，沒有圍牆或溝渠，而且游牧民族和商人很容易沿著海岸搬遷到尼羅河谷。其中一群大約是在公元前一千九百年左右抵達，他們是希克索斯人（Hyksos）。

與許多早期游牧民族一樣，難以確定這些人的身分。希克索斯人（Hyksos）這個英文拼寫是古埃及語中的「heqa khasut」在希臘化之後衍生而來的，意思是「外來的統治者」。但是他們的許多領導者的名字都是閃米特語（Semitic），也就是敘利亞—阿拉伯語族，所以他們也許是來自西亞、北非兩河流域的新月沃地，或稱肥沃月彎（Fertile Crescent）一帶，而最初可能來自草原，他們或許定居在美索不達米亞或巴勒斯坦，但後來受到其他部落驅趕，將他們推向西邊，進入法老的領土。一度有人稱他們為「牧羊人之王」，這樣的稱號也支持他們是游牧民族的觀點。

長久以來，一直認為希克索斯人是在公元前一六三八年入侵埃及，占領北部，但新的生物考古研究顯示，[30]就跟進入印度河流域的印歐人一樣，希克索斯人並不是突然間入侵埃及，他們來到的時間更加漫長，緩慢地駕著馬車，放牧羊群，穿過肥沃的三角洲，進入山谷進行貿易，最終才定居下來。到公元前一千六百年左右，當印度河流域文明即將結束時，在英格蘭的人開始向歐洲出口錫，奧爾梅克人（Olmecs）正在中美洲擴張勢力，尼羅河沿岸積弱不振的中央政府，任由希克索斯人在北方聲勢壯大，迎來一個半世紀獨特的外邦統治。

遭受外邦占領會帶來創傷。一千多年後，一位埃及祭司馬內托（Manetho）寫道：「他們征服了這片土地的統治者，無情地燒毀我們的城市，將眾神廟宇夷為平地，以殘酷的敵意對待所有的原住民，屠殺了一些人，奴役他們的妻子和孩子。」五十年後，埃及人將希克索斯人趕回東部邊界，重新讓整個河谷歸為法老統治，這一點可以從強大的埃及女法老哈特謝普蘇特（Hatshepsut）位於盧克索（Luxor）的神廟葬禮牆上的銘刻文字得知，這是目前找到的文物中最接近她遺囑的內容：「我已經恢復了之前遭到毀壞的。我把以前支離破碎的東西豎立起來，自從亞洲人進入國境之北的……還有在他們中間的流浪者，推翻了之前已創造的東西。」[31]也許這就是南方的埃及人在驅逐外邦人之後的感受。但是希克索斯人帶來的影響為埃及提供了建立拉美西斯、圖坦卡門和其他帝國的種種手段與方法，繼續讓人目不暇給，感到不可思議。

通常很可靠的埃及官僚體系，對埃及第一位希克索斯統治者的身分卻含糊其辭。可能是公元前一千八百年左右的雅克比姆・塞克哈恩涅（Yakbim Sekhaenre），或是再晚個一百五十年後的賽姆琴（Semqen）。不論希克索斯人是在何時接管，重要的是，在那之前埃及人已經享受一千五百年的王朝統治，其中大部分的朝代都是穩定的。穩定的王國得以發展出強大的經濟，同時還建立一套清楚的身分、強大的傳統和高效的官僚機構。看在土地肥沃，但河流不如尼羅河寬闊的美索不達米亞人眼中，埃及人的生活似乎頗令人羨慕。但穩定性也帶來問題，滋生出自滿的態度、保守主義和文化排斥，結果是埃及人失去與世界其他地方的聯繫，對正在發生的事情毫無所悉。先知以賽亞（Isaiah）注意到埃及人的力量是靜坐不動，這並非沒有道理。

按照埃及人的標準，希克索斯人統治的世紀無疑是個混亂的時期，正如哈特謝普蘇特女法老所認識的，王國似乎已經「支離破碎」，有兩個甚至三個國王同時在統治：在三角洲有一個希克索斯人，在主要的河谷地是個埃及人，而在南部則是靠近阿斯旺（Aswan）的努比亞人（Nubian）。這個神聖的河谷，天堂的鏡子，神的居所遭到外邦人占領，顯然是不能容忍的，但至少希克索斯人在統治時似乎採行寬鬆政策，讓外邦人敬拜大多數的埃及神靈，跟隨埃及習俗，甚至會接受其中許多的意義，包括對荒地和流浪者之神賽斯的崇拜。可想而知，在游牧民族統治的這段時期，祂的香火勢必相當鼎盛。

不過文化的轉移是雙向的，在希克索斯人接受膜拜埃及神時，埃及人也在向這批入侵的游牧者學習，尤其是他們的武器。長久以來埃及人都只使用一根樹枝製成的弓來射箭，希克索斯讓他們見識到所謂的複合弓，這種武器源自於印歐，準確性和射程都更為強大。同樣重要的是，他們也採用馬戰車。埃及軍隊第一次使用戰車的記錄是底比斯（Thebes）的王子們駕駛著軍艦北上，將希克索斯人趕出三角洲時。這些戰車非常新奇，甚至沒有相應的埃及語言來形容。當時一位名叫帕赫里（Paheri）的人，要紀念他祖父，也就是資深指揮官阿赫摩斯（Ahmose）參與戰勝希克索斯人的這場光榮戰役，要在阿赫摩斯陵墓的牆上刻下這段英勇事蹟，文士因為寫不出對應的字，不得不畫了一輛戰車的圖像。＊

事實證明，遭受希克索斯人統治對埃及人來說其實是失了面子贏了裡子，獲得的益處比那批外邦人還多。希克索斯人被趕出埃及，回到更加擁擠的肥沃月灣，最終又被另一群從草原下來的游牧民族所統治。反觀埃及，在經過希克索斯百年統治的過渡期後，進入了這個國家悠久歷史中最輝煌的時期。在克服了游牧民族帶來的挑戰，效法外邦武器進行改造，並且與赫

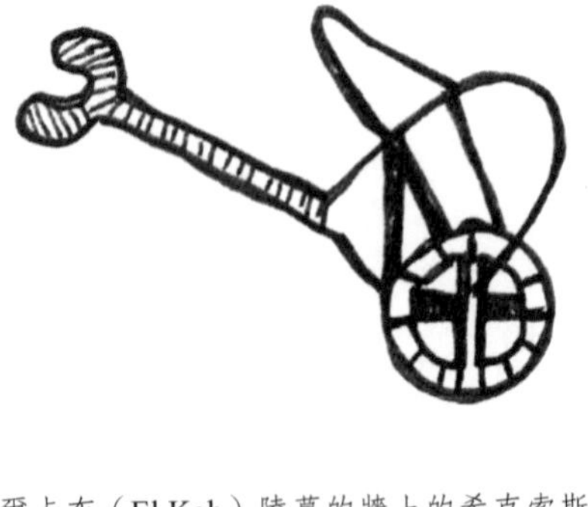

上埃及的埃爾卡布（El Kab）陵墓的牆上的希克索斯（Hyksos）戰車。

梯人（Hittites）、亞摩利人（Amorites）和其他附近王國的互動——有些是和平的禮尚往來，有些則充斥著血腥暴力——阿赫摩斯法老和他的埃及新王國的繼承人變得更加活躍，打造出一個更強的帝國，將北方邊界推進到現在的敘利亞，南向勢力也推進到今日的納比亞和蘇丹一帶。從大約公元前一千五百年開始的三百年間，當早期的邁錫尼文化剛剛在希臘站穩腳跟，印歐游牧民族正在向印度次大陸遷移時，埃及已經金光閃閃。底比斯的地方神阿蒙（Amun）成為全埃及的主神，而他在卡納克（Karnak）／盧克索（Luxor）的崇拜中心發展成世界性的大型宗教建築群，相當壯觀。哈特謝普蘇特、塞提一世（Seti I）和拉美西斯二世（Ramses II）等法老都在那裡建造壯觀的神廟。一神論在經過嘗試後又遭到揚棄。從年輕法老圖坦卡門的墓葬就可以看出埃及帝國的財富。當他不幸英年早逝時，墓室沉浸在一片閃閃發光的輝煌中，當中還有六輛戰車和十幾副複合弓。

我不能說要是當年沒有受到游牧民族的統治，這些事情都不會發生。但在希克索斯人駕著戰車進入河谷的很久之前，尼羅河畔早就失去了創新的動力。長久以來，埃及人一直擔心游牧民族會帶來混亂和破壞，但我們現在知道，流動與定居之間的這種「同居」與合作，創造出一段成就輝煌的時期。當新王國的法老們著手恢復他們的國家時，古希臘人的面貌正因印歐人的到來而改變。

＊ 現在可以前去盧克梭（Luxor）以南的埃爾卡布（El Kab）參觀阿赫摩斯的陵墓。

希臘人

沒有抄書吏能夠告訴我們當年游牧民族是如何壓制古希臘世界，也沒有目擊者留下證詞細述那些渴求聲名永存的男人在希臘現身的場景，他們應當配戴長劍，身背彎曲的複合弓，或是騎著汗流浹背的種馬，或是駕著戰車。不過，這段故事並沒有消失，只是有待發現，或許是在希臘詩人荷馬的話語中，或許是在封塵地底尚未出土的古物中。但我們知道，這個故事塑造了我們所認識的希臘文化，那個阿基里斯和奧德修斯的世界，以及黃金時代的英雄世界。不過這當中最令人驚訝的，或許是這故事也源自於游牧民族。

我們知道游牧的印歐戰士在公元前一千五百年前到達愛琴海，這是從一八七六年一位德國冒險家在伯羅奔尼撒半島（Peloponnese）發現的豎井墳墓的大致日期所推論而來。海因里希．施利曼（Heinrich Schliemann）具有許多非凡的特質，尤其是他的賺錢能力。在前去希臘前，他在克里米亞戰爭期間因為出售武器零件給俄羅斯政府而發了大財，三十多歲時就可以賦閒退休。他是一位天賦異稟的語言學家，可以說十幾種語言。不過，最重要的是，當他五十出頭到達希臘時，他行事作風都很戲劇性，而且滿懷對名聲的渴望。

施利曼沒有什麼耐性，就像任何一個汲汲營營的投機者一樣，急於從他在考古學的投資中獲得回報。他想要古老的寶藏，而他找到了。在他發現埋藏了三千五百年的一大批精美的陪葬品時，他很快就大肆慶祝一番，同時也很快就這些寶藏提出相關的假設。這一些令人驚嘆的物品，有一個金色的葬禮面具，但施利曼不滿足於尋找希臘英雄時代的墓葬品，他還想要讓這些物件和過往風雲人物沾上邊。參與特洛伊戰爭的阿伽門農（Agamemnon）的名字仍然流傳於世，這要歸功於荷馬在《伊里亞德》中的詩意魔法所引起的世代共鳴，在詩中他被稱為「人王」，在戰爭中倖存下來還返回他在邁錫尼宮殿，這個國王帶著一批特洛伊的妃子回來，最後卻在浴室裡被他出軌的妻子克呂泰涅斯特拉（Clytemnestra）所謀殺。就這樣，施利曼在沒有任何證據支持的情況下聲稱那個金色葬禮面具就是那位偉大國王的臉龐，瞬間將史詩轉為現實。看著這個金色面具，施利曼僅根據自己的預感就宣稱在眼前的就是阿伽門農的生動面孔，口口聲聲地表示這是以他的臉龐來仿製的。

他去邁錫尼才四個月（就考古工作的時間尺度來看，這只是一個片刻），施利曼就給希臘國王發了一封電報，宣布他發現了阿伽門農的陵墓和大量寶藏，「足以放滿一間大型博物館，並且將成為世間奇觀」。施利曼說，他是基於對科學的熱愛而展開挖掘工作，並不想要金冠、數百片的金葉子、金色動物雕像和金色面具。這點倒是十分令人驚訝，因為這座邁錫尼陵墓出土了史上最為豐富的考古文物，半個世紀後才因圖坦卡門陵墓的發現而黯然失色。但是，除了施利曼自吹自擂的誇大言論外，他的挖掘其實相當有成就，只是他自己並沒有認識到，而且這跟阿伽門農毫無關聯。

發現邁錫尼豎井墳墓和所謂的「阿伽門農金礦」的五年前，施利曼在土耳其安納托利亞（Anatolia）的西北部草地平原上的希薩利克（Hisarlik），找到一處三十公尺高的土丘，他在那裡的發現其實更為卓越。這片讓考古人充滿希望的地方俯瞰斯卡曼德河（Scamander）和達達尼爾海峽（Dardanelles），這是一條連接馬爾馬拉海和愛琴海的狹窄水道。在兩年的挖掘工作期間，施利曼和他的團隊發現了荷馬筆下「根基穩固」和「城門高聳」的城市廢墟。這就是特洛伊，是過去這地區的經濟和軍事中心，控制達達尼爾海峽這條歐亞之間的通道。這座城市原來非常巨大，有多達一萬的居民，廢墟占地十五畝（約六萬平方公尺）。在核心地區是制高點，那裡有一座由圍牆環繞的衛城，裡面有宮殿和寺廟，就是在這城堡裡施利曼找到了他想要的寶藏，而且同樣地，在沒有提出令人信服的佐證的情況下，他再次給它亂貼標籤。看啊！這些是當年慘敗的特洛伊國王普里姆（Priam）的寶藏。

在阿伽門農和普里姆的世界核心，在特洛伊戰爭的英雄和惡棍之間，存在著兩種截然不同的生活方式、兩種相互競爭的觀點，這是特洛伊人和希臘人之間的文化衝突。《伊里亞德》和《奧德賽》是在口述傳統中，經過時間淬鍊而擷取出來的神話。因此，儘管這兩件作品談的是一場導致許多人喪生的真正戰爭，還有奧德修斯返回他位於伊薩卡（Ithaka）的家園的漫長旅程，但當中提到的只是一個時代和一個世界，離特洛伊所在的斯卡曼德平原（Scamander Plains）很遙遠。正如英國作家亞當·尼科爾森（Adam Nicolson）在《強大的死者》（*The Mighty Dead*）中巧妙地提點，這些希臘人可不是柏拉圖和亞里斯多德，不是打造帕德嫩神殿的菲迪亞斯（Phidias），也不是民主城邦的人民。這些是早期的希臘人，他們的記憶中仍存有黑海北方草原，而他們的舉止和動機依舊與當年入侵希臘的游牧印歐戰士相呼應，就跟那些受到入侵者影響的印度河流域的古代原住民一樣，他們的野心和價值觀也與入侵的游牧民族融合。

在這些史詩和尼科爾森的敘述中，有兩個時刻很突出——如果你是在當中尋找游牧民族的蹤跡的話——而且都與奧德修斯有關。第一個時刻是阿基里斯與阿伽門農國王的對決。深受宙斯喜愛的阿基里斯是人神結合所生下的孩子。他是狂野的神靈，聰明但凶猛，同時也桀驁不馴，十分善變，而阿伽門農則是人王。這樣的對決呼應了蘇美國王吉爾伽美甚和他的野蠻夥伴恩奇都。在特洛伊戰爭期間，阿基里斯娶了明眸大眼的布里賽斯（Briseis）公主，這位英雄與她發展出深厚的感情，但阿伽門農卻將她帶到自己的帳篷。報復心切的阿基里斯決定退出戰爭。當戰況緊張，特洛伊人難以在沒有阿基里斯的情況下抵擋希臘人壓倒性的攻勢時，阿伽門農派出口齒伶俐的奧德修斯前去談判，希望英雄能夠回歸。

阿伽門農將會送回這個女孩，奧德修斯告訴他，「她還沒有被碰過」，而且一旦攻陷特洛伊，阿基里斯還會得到其他報酬。他的船將滿載而歸，裝著大量的黃金和黃銅，「此外，還有整整二十位特洛伊的小仙女，會獻上豐富的愛，投以溫暖的擁抱。」[32]還有更多。阿伽門農表示，在戰後阿基里斯「將獲得像我兒子一樣，迎娶一位阿伽門農的一個女兒」，她們「每個都配得上一張王室的床」，每個人都有一份嫁妝，當中包括七座富裕的城市，其中一座是卡達米爾（Cardamyle）。對這位居住在城市的國王來說，他開出來的這些條件看似難以抗拒。但是，所有這些財富看在一個由游牧草原世界生養的英雄眼裡，又意味著什麼？

阿基里斯對這些大禮的回應是，希臘人當初是為了榮譽而開戰，因為特洛伊王子帕里斯（Paris）綁架了美麗的海倫。但如今阿伽門農也做了同樣的事，綁架了美麗的布里賽斯，但希臘人沒有一個起身抗議或反對。「儘管她成了奴隸，」阿基里斯解釋說：「我的靈魂仍愛著這位女士。」除了不公正之外，阿基里斯還因喪失榮譽的刺痛而憤怒。當一個人的名譽受損時，要財富何用？基於這些原因，他認為阿伽門農的提議是一種侮辱。「他的禮物」，他告訴奧德修斯：「令人痛恨。」不論是富裕的王國，還是「財富的黃金潮」，甚至是對埃及帝國的掌控，都無法說服他留下來戰鬥，因為——這裡就是重點——「生命不是用成堆的黃金買來的」。

然後阿基里斯又解釋了為什麼他「還是」會留下來戰鬥。這不是因為能容易捕獲的龐大的牛群，也不是為了那些「在塵土飛揚的平原上無與倫比的駿馬」。他留下來是為了榮耀。他權衡了這些選項，是要離開並享受「年復一年的漫長歲月」，還是留下來為「不朽的名聲」和「恆久的讚美」而戰。是要生活，還是要名聲，是要舒適，還是榮耀。這些選項與《梨俱吠陀》的讚美詩相呼應，甚至超越這些詩文，對於生活在草原上騎馬弄劍的遊蕩者來說，生命通常很短暫。正是因為生命和不可避免的死亡，英雄才會認為能夠讓同伴銘記在心是件很有價值的事，他的功績，即使在他倒下後很久，仍會在篝火旁反覆為人傳頌。這種對戰鬥中勇敢事跡的欽佩以及樂於講述他們故事的態度，正是游牧生活的特徵。在那段記憶中可以找到一種身分，這傳承自草原生活，這也反映荷馬關於野人的故事，他們崇高的努力在世代間口耳相傳，直到以文字捕捉這些事跡，書寫在紙上，固定在書籍中，加以裝訂，並且帶入牆內。

與游牧民族和草原世界有關的第二個史詩級時刻，發生在《奧德賽》的中間。對於奧德修斯和他的同伴來說，從特洛伊回家的旅程不僅漫長，而且充滿挑戰和誘惑。許多人在經過獨眼巨人賽克洛普斯（Cyclops）這位風的統治者的故鄉時死去，巨食人族部落拉斯忒呂戈涅斯（Laestrygonians）摧毀了船隊中大半船隻，僅有一艘希臘船隻逃脫，之後倖存者來到美麗而危險的女神瑟西（Circe）的土地。在這裡，這故事再次與其他更早期的故事相呼應，當瑟西施法將奧德修斯的一些同伴變成豬時，這位英雄吃下一種叫做莫利（moly）的藥草避免了類似的命運，還成為女神的情人——也許這藥草的效果與索瑪沒有太大區別。他在那裡待了一年，當他離開時，瑟西告訴他，在他返回伊薩卡的路上，將會穿越冥王黑帝斯（Hades）的地下世界。那段旅程是一項任務，在期間他會遇到一個告訴他命運的老人。就像吉爾伽美甚的作者給我們一個前去尋找洪水後倖存者的英雄，將會告訴他，他必須與死亡和解，荷馬也將奧德修斯送到冥界，從一位名叫泰瑞西亞斯（Tiresias）的底比斯先知那裡聽到他自己的命運。

泰瑞西亞斯是盲人，但能夠預見未來，他看到奧德修斯接下來的漂泊過程，看到他在一處水中墳墓會失去更多同伴，但他終中返回伊薩卡，在那裡他會遇到擠滿他宮殿的求婚者，但他忠貞不二的妻子潘妮洛普（Penelope）全將他們拒之於門外。但盲人泰瑞西亞斯告訴他，即使他殺死了追求者——「一個王子接著一個王子」——他仍然無法在家園得到休息。奧德修斯不會坐在他的爐邊，或是躺在他很久以前用橄欖樹雕刻的床上，而是要準備展開最後一次旅行，回到源頭，回到他的族人原本居住的地方，一個遠離大海的地方：

一個不知有鹽，也從未聽過波濤激盪的地方，
或是見過在平靜水面上的快樂船隻
在主航道上飛快地航行，那樣如畫的美好！

在這段旅程中，奧德修斯應當會背著一根槳，繼續穿越這片土地，直到遇到一個牧羊人。在那個地方，泰瑞西亞斯解釋道，他應該將這把槳插進土裡，當作是航海員的歸宿，同時也作為祭壇，「安撫掌管水域的神」。接著他要進行獻祭：

獻上他祭壇三倍的祭物，
一頭公牛、一頭公羊和一頭野豬；並向海洋之王
致敬。

沒有什麼比將這些最早馴化的陸地動物，在一個遠離大海的地方獻給海神波塞冬（Poseidon）更奇怪的舉動了。但這樣做，泰瑞西亞斯向他保證，你將過著平靜的生活，安享天年：

這就是你接下來的生活，這就是命運。

但這不是他的命運。奧德修斯確實回到了伊薩卡，在那裡他殺死了霸占他宮殿的許多追求者，並在橄欖樹床上與耐心等待他的潘妮洛普重聚。故事的結尾是他去到一個果園拜訪他的父親，那是一座即使是最熱情的詩人仍然會以崎嶇不平的土地來描述的花園。在那裡，在這個人間樂園（pairi-daeza），一個在字面上和象徵意義上都算是伊甸園的地方，在這對父

一枚來自邁錫尼（Mycenae）墓葬的金色章魚圖案胸針。

子很早以前種下的無花果和葡萄藤之間，奧德修斯結束了他漫長而曲折的旅程，不是回首游牧的草原世界，而是展望一個穩定的未來，在那裡印歐人的信仰和習俗將被吸收到地中海世界，移居的游牧民族和定居者相互和解，共同形塑出我們今天所認識的古希臘文化和現代西方世界的基礎。

荷馬讓奧德修斯和他的希臘同伴背棄他們的游牧血統，以此來解決他在移居者和定居者之間觀察到的衝突。他們即將到來的競爭對手波斯人，則做了相反的選擇。他們擁抱移居生活，並在這樣的過程中改變了世界。

波斯人和其他

古波斯人沒有留下多少書面記錄和關於他們偉大事業的痕跡，就像多數其他的游牧文化一樣。為了要認識他們，我得轉向公元前五世紀山坡為松樹和橡樹覆蓋的奧林匹亞，並在希臘人中尋找見證人。在古代的大部分時間裡，只有前往萬能天人宙斯神殿的朝聖者才會到這片樹木繁茂的高地，這裡距酒紅色海洋有十六、七公里。即使建造這樣一座宏偉的神殿，擺上菲迪亞斯大師所雕刻的雕像後，也只有在舉行比賽並為這位天父獻祭一百頭牛時，奧林匹亞才會真正擠滿人潮。在奧運會期間，人們會從希臘各地的城邦（poli）趕來觀看赤身裸體的貴族，為了爭取榮耀和橄欖葉冠，進行拳擊、奔跑、投擲鐵餅和標槍，以及騾車比賽。但在這些人群中，也有不是因為信仰和運動前來的。他們來這裡是為了品評最新的文化趨勢，欣賞詩人、劇作家、畫家和雕塑家的最新作品。在公元前五世紀中葉，其中一位創作者展現一種截然不同的寫作形式，他還為這作品創造一個新術語

——歷史（history）。

希羅多德出生於哈利卡納蘇斯（Halicarnassus），即現在土耳其境內的博德魯姆（Bodrum），當時（公元前四八四年），這座港口城市還在向波斯人進貢。年輕時，他可能駕船航行到埃及，越過美索不達米亞到達巴比倫。他可能生活在義大利南部的大希臘殖民地。他也可能如古人所推測的，參加過奧運會並進入宙斯的大神殿，據羅馬帝國時代以希臘語創作的諷刺作家琉善（Lucian）的描述：「他抓住這場聚會最盛大的時刻，在每個城市都送來鮮花給他們的公民的時刻；跑去寺廟大廳，不是為了觀光，而是為了爭取他自己的奧運勝利。」他的新作「在當時就迷惑了他的讀者」，[33]就跟今日一樣，並且可能是現存最古早的非虛構文學。

正如一位十九世紀希羅多德的譯者所指出的，關於他這個人的事證實在很少，「以各種傳聞來編他的傳記就像是在打造一座紙牌屋，只要一開口評論，就會被吹倒在地。」[34]儘管沒有證據能夠證明希羅多德曾經參加過奧運會，但我們至少確實在那裡讀到了琉善所聲稱的那些作品。《歷史》（*Histories*）是一份重大事件的調查，是關於那些近來威脅到希羅多德的世界。這本書從特洛伊戰爭開始，最後以希臘和波斯之間曠日持久的衝突作結。希羅多德告訴我們他寫作的動機，他企圖解釋發生的事件與原因，避免「人類的成就遭到時間的摧殘」。[35]這是關於古代波斯生活的罕見資料來源。波斯高原是一片受到群山環繞的硬地，其中心是一片沙漠。至少在希羅多德之前的五個世紀裡，馬薩革泰人（Massagetae）、米底亞人（Medes，又譯：米底斯人或美德斯人）和薩爾馬提亞人（Sarmatians）、西德里人（Sidri）和博爾吉人（Borgi）、巴克特里亞人（Bactrians）和蓋德拉斯人（Gedrasians）、卡曼尼亞人（Carmanians）、塔普里亞人（Tapurians），和其他游牧部落已經在這片土地上漫遊。他們都是印歐人，住在帳篷裡，駕著馬車出行，在馬鞍上輕鬆自若，耍起劍和弓來則會奪取他人性命，他們騎著馬離開草原，沿著裏海的東西海岸尋找水源，放牧牲口。幾個世紀以來，這些隨氣候而移動的移民仍然分裂而獨特。他們好戰，也經常交戰，彼此間的敵友關係取決於權力的興衰和牧地資源的狀態。然後他們之中的米底亞人，離開了他們在裏海以南的核心地帶，迫使其他部落臣服，占領了現在伊朗的大部分地區，但因為這樣的過度擴張，反而被另一個游牧鄰國擊敗。在征服米底亞部落位於高原南部的中心地帶後，他們將這個地區命名為法爾斯（Fars）或帕爾斯（Pars），最後變成我們今日所稱的波斯（Persia）。在他們的領袖居魯士大帝（Cyrus the Great）的領導下，波斯人以米底亞人打下的天下為基礎，繼續他們的征服。他們希望結盟但也準備開戰，他們統治的領域從馬其頓一路延伸到印度河流域，從現在的阿曼到黑海。到公元前五三九年，據說這一年佛陀開悟，斯里蘭卡開始被僧伽羅國王（Singhalese）統治，而中國則進入被許多王子和國王瓜分的春秋時代，這時波斯人統治了全世界四〇%的人口，居魯士大帝又獲得萬王之王、四角之王的稱號。

帝國建立之後，隨之而來的是更大的權力、特權和財富。在波斯人打敗呂底亞人（Lydians）和他們傳說中富有的「黃金」國王克羅伊索斯（Croesus）之後，在居魯士的眼中，他們已從追尋長有薊花的牧場轉移到衣食無缺的盛宴。[36] 統治這樣一個帝國的王者肯定會住在一座宏偉的宮殿，一座宏偉的城市，肯定也會對自己的成就留下一番宏偉而且多少有點浮誇的描述，就跟其他帝國的統治者一樣。但居魯士和他的波斯人是游牧民族，他的帝國不僅因其規模而聞名，還擅長在游牧部落和城邦間建立聯盟，這樣的結盟之所以可能成形，要歸功於游牧民族對族群多元的尊重。

「波斯人傾向於採用外國習俗，」希羅多德告訴我們，在這段征服旅程中，他們自身也發生了變化。不過，儘管他們很樂意採納和吸收其他地方的思想和習俗，他們仍然過著游牧生活，部分原因是他們的土地非常貧瘠，只有靠著堅持不懈和各種創意巧思——包括在荒漠地區挖掘大規模的坎兒井（qanat）地下水道網絡以利灌溉——才可能發展農業。即便如此，波斯的大部分地區仍然只適合游牧（nomas）——遷徙的牧民趕著牲口逐水草而居。我在伊朗山區遇到的牧民，全都有提到他們與古代波斯人的關聯，巴赫蒂亞里人（Bakhtiari）還口口聲聲地表示，他們是三世紀時薩珊（Sasanian）王朝的直系後裔。當他們在扎格羅斯山脈沿著山勢起伏上下，尋找放牧羊和山羊的草地時，本質上過著一種與古代波斯人非常相似的生活，一種由大地來塑造的生活。

在居魯士之後，帝國易主，輪到大流士一世（Darius I）時，當他看著眼前的大地景觀，決定要留下一份記錄，載明他諸多的功績成就、他的眾多頭銜，以及帝國譜系——「在我之前，這個王朝有過八個國王」。這項記錄還發行不同的語言版本，以古波斯語、埃蘭語和巴比倫語這三種帝國當時流通的主要語言來流傳，並以當時普遍的楔形文字（波斯人從未發展過自己的字母）來書寫。不過他並沒有將他想要保留的這些訊息寄託在羊皮紙、莎草紙或泥板上——帶有游牧民族精神的大流士懷疑這些材質可能容易丟失或毀壞——而是將其刻在一座十五公尺高、二十五米寬高的石灰岩山壁上，約是在這座山的海拔一百公尺處。他是基於兩個重要原因才選擇這座位於比索頓（Bisotun，或拼寫為Behistun）的山，其側面的山壁從高處直線下降到河谷邊緣。其一是它俯瞰著波斯皇家大道（Persian Royal Road），這條帝國的偉大公路從東部靠近波斯灣的皇家城市蘇薩（Susa），穿過美索不達米亞，進入巴比倫，最後到達現在土耳其的伊茲密爾（Izmir）附近的愛琴海。希羅多德興致勃勃地寫道：「國王（大流士）沿著這條公路建造了驛站，還有一流的旅館，整條道路的路況良好而且安全。」[37]這是古代波斯的一項重大成就，也是對於游牧和不斷遷移者的理想計畫。這條路長達兩千七百公里，將這個龐大的帝國凝聚在一起。正如希羅多德所下的註解，當時有一種古老的小馬快遞，「波斯人已經找到了一種發送信息的方法，非常有效，這是一般人根本達不到的速度。沿著整條路線排有馬匹和騎手……無論晴雨風雪，無論日夜冷暖，他們都會盡可能地趕在時間內完成分配給他的旅程。」[38]將這段銘文放置在皇家大道上方，就可以讓更多人看到大流士掌有的權力。

不過將銘文刻在山坡的一側也具有重要的意涵。正如希羅多德所注意到的，山對波斯人和許多其他游牧民族來說，都具有特殊的意義。希羅多德寫道，波斯人沒有建造寺廟，因為他們與希臘人和埃及人不同，他們的神不具有人形。他知道波斯人是向天父（Sky Father）祈禱，也就是說，他們崇拜天空和水、風、火和土等元素，就跟印歐人一樣。正因為如此，他們不會在石頭建造的神殿中尋找神，而是在山頂上，在荒野這處神殿中。「這是波斯人的傳統」，希羅多德寫道：「只在最高的山峰上，才會向宙斯獻祭，他們認為宙斯是萬能的天穹（天父）。」[39]了解山脈對於古波斯人的重要性，有助於解開在古代波斯古蹟謎團中最著名的波斯波利斯（Persepolis）。

早在大流士掌權之前，波斯人就在庫赫梅爾山（Kuh-e-Mehr）*，意為慈悲山的低處山坡上

* 這片山也稱為密特拉（Mithra），在印歐語系中是「野生牧場之王」之意，見Kriwaczek, *In Search of Zarathustra*, p. 119。

展開建造工程。但在他長達三十二年統治的第四年，大流士提出一個建案計畫，後來成了他帝國的神聖、儀式和外交中心以及國庫的所在。希臘人稱此地為波斯波利斯，意思是「帕爾斯之城」（the city of the Pars）。（波斯名稱早已佚失不存在。）儘管具備許多功能，但波斯波利斯並不是我們所理解的首都，有部分原因是波斯人並不是定居型的城市人。他們具有游牧傳統，而且土地貧瘠，這些都不會鼓勵他們定居。波斯波利斯是一個舉行儀式場所，特別是在每年春天波斯新年時的諾魯孜節（Nowruz）期間，萬王之王（shahenshah）都會去那裡，去確認他與山上眾神以及眾多部族的關係，在那裡獻祭。波斯波利斯的建築可能參考了埃及、巴比倫和其他美索不達米亞傳統，但它與眾神山上聖地的關係卻是波斯人獨有的，可以由此界定出他們的身分和信仰。

當波斯波利斯最終由大流士的孫子安塔薛西斯一世（Antaxerxes I）完成時，它曾是人類史上最崇高的建築。在山的低坡上，大流士的建築師打造出一個巨大的平台，一邊是三百公尺，另一邊是四百五十公尺。當時要爬上一座一百一十一階的宏偉雙樓梯才能到達，如今還是，而且一百一十一這個數字也是皇家大道上的階梯數。每上一步階梯，都會讓你更接近萬國之門的那面雙扇雪松木門。這個大門不僅僅是一個入口，因為它圍繞著一個巨型的大廳，裡面立有飛牛造型的石雕柱，牆上貼有橙色、綠色和藍色的瓷磚，天花板高高懸在十八公尺處。而這偌大的空間又接連著其他更豪華的大殿、更為龐大的皇家寶庫，以及一個可容納數萬人的開闊廣場。最後則是大流士的精采傑作：阿帕達納（Apadana），或稱謁見廳。這在宮殿上方升起，讓參觀者爬上一對雙反轉的樓梯，登上帝國頂端，就在聖山高峰的下方。從平地通往萬國之門的一百一十一階台裸露在外，巨大的石灰石塊被打磨得光亮，通往阿帕達納的樓梯上雕刻著粟特人（Sogdians）、阿里安人

（Arians）、呂底亞人、卡帕多西亞人（Cappadocians）、阿拉伯人、衣索比亞人、利比亞人、巴克特里亞、斯基泰人、埃及人的代表形象，以及關於萬王之王的許多其他不同的主題。這些人物全都由一位米底人（Mede）或波斯人帶領，並由偉大的國王的長生不老守衛來看守。

在波斯波利斯啟用前，大流士已在蘇薩建立一處帝國建築群，使用的建材包括黎巴嫩雪松、巴克特里亞的黃金、粟特的青金石和紅玉髓、喬拉斯米亞的綠松石、埃及的銀和烏木，以及衣索比亞和新德（Sind）的象牙。[40]在興建和裝潢波斯波利斯時，使用的材料更多了，除了上述這些，還有其他許多材料，希臘歷史學家狄奧多羅斯．西庫魯斯（Diodorus Siculus）在公元前五十年左右，將其描述為「陽光下最富有的城市，當中的私人住宅是以各種財寶所打造出來的……皇家露台周圍散著國王和王室成員的住所，還有好幾區是重要貴族的住所，每一處都裝飾得十分豪華，而建築本身也很適合保護皇家寶藏。」[41]那裡不僅僅是陽光下最富有的地方。召集整個帝國中的工匠和材料前來，大流士等於是將過去和現在的偉大文化成果相結合，為波斯人融合出一個輝煌的未來。波斯波利斯以實體的方式再現出構成這個帝國的不同元素，正如一位觀察家所形容的，那是一頂「石頭上的帳篷」[42]，因此適合當作展現游牧力量的紀念碑。就這樣它運作了兩百年，直到亞歷山大大帝帶著他希臘化大軍踏上向東的旅程。

公元前三三一年十月，亞歷山大在美索不達米亞擊敗波斯軍隊，結束了阿契美尼德王朝，留下末代皇帝大流士三世，任他遭到自己人所謀殺。之後，亞歷山大趁勝追擊，沿著皇家大道快速前進——雖然他來自定居者的世界，他的天賦中有部分就是吸收游牧族最好的特質，其中兩點就是速度和自如的行動。在巴比倫和蘇薩，帝國的另外兩個「首都」，他受到盛大的歡迎，就像之前接待居魯士和大流士一樣。波斯的帝國軍在扎格羅斯山脈上進行了最後一次絕望的抵抗，戰場就在稱為波斯之門（Persian Gates）的地方，不過亞歷山大繼續在高原上奮戰，進入波斯的核心地帶。隔年一月，他進入波斯波利斯。

亞歷山大從波斯波利斯運走大量金銀財寶，搬運這些寶藏的工程需要動用數千隻駱駝和騾子，並花數週時間將其運往巴比倫，在那裡為他正在發展的希臘化帝國以及他東進的戰役提供資金。搶劫掠奪本就是原先意料之中，但沒有想到接下來還會發生其他災難。在寶藏被移走後，有人放火燒了波斯波利斯，火焰吞噬掉巨大的雪松木門和柱子，門楣和屋頂在大火中所產生的高熱甚至把石灰石都燒裂開來。我們不知道為什麼亞歷山大會允許燒掉波斯波利斯。一些歷史學家認為這是為了報復在一百五十年前，即公元前四八〇年，波斯人放火燒雅典一事。但我個人比較相信這是基於其他動機，其中一個是由布魯斯·查特溫所提出的。

當查特溫在一九七一年前去探查波斯波利斯的遺跡時，他認為這是一位皇位搖搖欲墜的統治者的權力表達。查特溫在卡什加（Qashqai）這個游牧民族的陪伴下，抵達梅爾夫達什特（Merv Dasht）平原：

我們在雨中步行前往波斯波利斯。卡什加人淋得全身濕透，但是他們很開心，牲口也都濕透了；雨停的時候，他們抖掉外套上的水，繼續前行，彷彿是在跳舞。我們經過一個果園，果園周圍有一堵泥牆。雨後，有一股橙花的香味飄來。

一個男孩走在我身邊。他和一個女孩對視了一眼。她騎著駱駝跟在媽媽身後，但駱駝跑得更快……就這樣我們繼續朝波斯波利斯前進。

路過波斯波利斯時，我看到有刻槽的柱子、門廊、獅子、公牛、獅鷲；石頭上光滑的金屬飾面，以及狂妄的題詞：「我……我……我……國王……國王……燒了……迴轉……定居的……」

我對亞歷山大大帝燒毀它表示同情。

我再次試著叫身旁的卡什加男孩看。他再次聳了聳肩。他只知道或在乎波斯波利斯可能是由一堆火柴製成的——所以我們繼續前行上山。43

查特溫還看到了讓人覺得很諷刺的現代城市帳篷，這是伊朗國王（Shah）為了慶祝兩千五百年的波斯文化而下訂的，將會在那一年夏天晚些時候舉行。這個營地帳篷不是由伊朗人打造的，而是巴黎室內設計公司詹森之家（House of Jansen）的產品；在伊朗國王被伊斯蘭革命推翻前，這地方曾是最後一次發出波斯式吶喊歡呼的其中一個區塊。帳篷內，來自巴黎美心的員工為眾多全球名人、政治領袖和皇室成員提供香檳、魚子醬和精緻的進口美食，他們都是來慶祝伊朗國王，但那時有許多伊朗人卻在跟貧困爭鬥。「我……我……我……」查特文在經過古老的平台時想著：「國王……國王……」

在查特溫眼中，波斯波利斯這個地方就是講訴帝國自我擴張的故事，並且鞏固政權的正當性，不過我認為這座廢墟最引人注目的地方在於其差異性，在於它與任何一座城市的不同之處，尤其是與其他的古代城市遺跡相比。而且這地方也不像是寺廟或神殿。希羅多德對此倒是有一番見解，他認為：「建立雕像、寺廟和祭壇對他們（波斯人）來說是全然陌生的——事實上，他們認為這整套做法都很愚蠢。」[44]在波斯波利斯的平台上，既沒有找到具體的寺廟建築，也沒有證據顯示有人在此獻祭過牲口，沒有放血的溝壑，這可能是因為建造這座平台本身就是一種神聖的行為，而這整個地方就是一處神聖的空間。每年春天，國王會親自來這個平台春祭，再次向帝國確認他是由眾神所選，並且重申他對二十七個附屬國或部落的統治權，這些國家或部落都會派代表，攜帶黃金、馬匹、亞麻布和其他貢品前來。

正如查特溫所體認到的，波斯波利斯不僅是一個平台，也是宣示權力的地方，因為它重申了帝國的融合特性，在藝術、建築風格和符號中展現從埃及到裏海再到肥沃月灣的特色。波斯波利斯是在石雕中展現波斯帝國文化多樣性的一次盛會，但也確保它注定毀滅的命運，即使巴比倫和蘇薩等帝國城市倖免於難，但亞歷山大明白其重要性只是早晚的事，就像他理解波斯波利斯平台之於波斯帝國的神聖性一樣——在他展開向東的征討戰役前，他曾前去迪翁（Dion）祭拜宙斯，這是一個位於奧林匹斯較低緩的山坡上的一塊類似平台聖地的地方。在一個用象徵符

波斯波利斯的蓮花浮雕。它的十二片花瓣代表完美，每一片上面都描繪了一個天使或一個星座符號。

號最能表達意義和加強說服力的時代，亞歷山大以摧毀波斯波利斯的方式來宣布阿契美尼德王朝，及其所代表的舊世界秩序已然瓦解。

但是，雖然新世界的主人可以毀掉象徵，但他無法摧毀整個游牧世界。它的價值觀和人民繼續存在，他們就在離波斯波利斯不遠創建一個帝國。

我們沒有城市

大約在公元前九世紀，當米底亞人和法爾斯人在伊朗高原上闖蕩壯大之際，遠方的中國正由偉大的周朝統治，而在義大利則出現伊特魯里亞人（Etruscans），這是另一個來自草原的部落，他們最早是在近東出現。斯基泰人沒有建造帝國中心，也沒有城邦，他們更喜歡移居式的輕鬆生活，但這並不意味著他們沒有帝國。

在經過定居的地區時，有傳言說他們的孩子在會走路之前就會騎馬，天生就會拉弓射箭，就像羅馬或欽族（Chin）的孩子會拉帶輪玩具或陀螺一樣。正如公元前二世紀的中國史家司馬遷的描寫：「幼兒就學會騎羊，拉弓射箭獵飛鳥和野鼠；年少時則會射狐狸和野兔，當作食物。」（譯注：原文出自《史記．匈奴列傳》：「兒能騎羊，引弓射鳥鼠；少長則射狐兔，用為食。」）[45] 成年後，他們成為馬背上的殺手，在腰帶或韁繩上繫上獵殺的頭皮來證明自己的實力。在任何一處，如果人們是根據他們所殺死的人數來衡量自己價值，無論殺的人是男是女，無論他們向東還是向西騎行，這都會造成傷亡和苦難。他們是每個公民的噩夢，而我們甚至不知道他們如何稱呼自己。

他們的名字是Scythian（斯基泰），這是一個印歐單字，與牧羊人有關，但它的意義繁多，是個包羅萬象的字詞，就像波斯人、希臘人或印度人那樣，曾經包含一系列不同的民族。在本文的脈絡中，這指的是一群生活在黑海和裏海以外的部落聯盟，包括薩爾馬提亞人和馬薩革泰人、皇家斯基泰人（Royal Scythians）、薩卡人（Sakas）和許多其他人。他們與同時代在遠東的匈奴等其他部族有些共同點：他們都居住在充滿靈性的大草原上，在那裡駕著緩慢而沉重的大車，趕著馬、牛、羊，在草原上漫遊，尋找牧場。也就是說，他們全都是游牧民族。這些遷徙部落還有許多其他相似的地方，像是紋身、皮衣、製作精美的金飾來裝飾自己和馬匹，配備有劍、矛和多種材料製成的複合弓。若是以喪葬方式來衡量，那麼斯基泰的女性也享有一定的地位和影響力。他們是崇拜天空之神的泛靈論者，認為萬物皆有靈性，對浩瀚蒼穹抱持信仰，認為風水火土都是神聖的。他們會發酵馬奶來釀製奶酒，然後會喝酒喝到醉——「醉得像斯基泰人一樣」，是古雅典很常聽到的笑話，在那裡喜歡品嚐未稀釋葡萄酒的人就會說成是「去當斯基泰人」——儘管目前尚未釐清斯基泰人之所以喜歡喝酒是為了飲酒作樂，還是為了進行某種神聖儀式。他們還使用大麻（hemp/cannabis），會將其放在一個小帳篷裡的火盆上燃燒，讓當中充滿煙霧，當他們變得興奮時，就會高興地嚎叫。但這也可能是屬於某種儀式。[46]他們的薩滿會變裝易性，他們的吸毒習慣讓他們能夠穿越意識，從那裡以假音來喊出神諭。他們狂野的生活方式或狂野的世界，與西邊的希臘人和波斯人或是東邊的漢人幾乎沒有關係，而且東西兩邊都認為他們是野蠻人。但是，有沒有可能他們其實並沒有比當時的任何其他人更為野蠻呢？

公元前六一二年斯基泰人首次在歷史上登場，當時他們與米底人和巴比倫人一起洗劫尼尼微這個偉大的城市，並且推翻亞述帝國。不過吸引這些草原人民南向，前往美索不達米亞的原因不僅是那裡充滿著對古老戰士的誘餌，有榮耀的承諾，也有戰利品的誘惑。另一個因素是當時的氣象，天候一直在變化，草原變得乾燥，迫使游牧民族和他們的牲口湧向邊緣的土地，大家都不斷地向前尋找新牧場。這些地方性的變化和一股震撼整個歐亞大陸的巨變同時發生。在公元前八百到兩百年之間，波斯、希臘、羅馬、印度的孔雀王朝和中國的漢朝先後崛起，在各方形成帝國勢力。目前普遍認為，是游牧民族的遷徙促成了這些帝國的崛起，在某些地方甚至造成他們突然走向衰亡。那在這片廣闊大地上的情勢又是如何呢？那些生活在羅馬、希臘、波斯、印度和中國之間的人是如何生活？在歐亞大陸的這片中部大草原，從西邊的多瑙河和裏海一直延伸到東邊的中國長城，這裡的人似乎很可能組成某種多元化的聯盟，一個沒有頭銜的帝國。我們姑且可以稱它為斯基泰帝國（Scythian Empire）。

將這片廣闊的游牧地區稱為帝國立刻會造成一個問題，這會動搖到對帝國構成的理解。一般認為帝國，以及新成立的猶大和以色列等較小的王國，是以首都和中央政府為中心。巴連弗邑（Pataliputra）、長安和西安、雅典和羅馬，這些首都全都有城牆和軍隊來自我保護，避免那些超出他們自己所定義的界限外的一切人事物進入，這與身處二十一世紀的我們所聽聞過的一位美國總統的大膽宣言一樣，「如果你沒有設立邊界，就沒有國家」。[47]但是，儘管定居者認為邊界和城牆對於保護他們的國土至關重要，以及城市對於集中權力和行政管理也具有同樣的重要性，但游牧民族知道，正如我們現在也明白的，這些並不利於流動性。對於游牧民族和商人、朝聖者和所有其他移民來說，缺乏流動性和跨境流動的便利性，這些都是不利的。

約莫從公元前八百年以來的六百年間，許多關鍵的文本和思想逐漸成形，就是到了我們現在這個時代，仍然十分重要。它們之所以出現，有部分是因為要規範帝國人民、城牆的守護者以及當中居民的行為。在整個南亞的柱子和岩壁上都雕刻著阿育王詔書（Edicts of Ashoka）；《妥拉》（*Torah*）或稱《舊約聖經》，在亞歷山大港被翻譯成希臘文，而蘇格拉底、柏拉圖、亞里士多德、孔子和釋迦牟尼佛等各式各樣持久流傳的著作也都是在這六百多年間誕生。在這些百家爭鳴的精采思想中，古希臘人對於「應該」要如何在圍牆和邊界內生活做了最清楚的表達，而他們也恰如其分地給了我們描述城市體驗的字彙詞語，當中有許多是從「polis」這個字衍生而來——在希臘文中是指城市，但也包括城邦——例如政治（politics）、政體（polity）、禮貌（polite）和警察（police）。這些字彙很少用來描述游牧民族，那些生活在城牆和邊界內的人經常將游牧民族的世界視為與城邦（polis）相對的存在。

至少在一個基本面向上，游牧世界確實與城邦完全相反。不管它有多少發展，游牧文化幾乎完全是口述的。他們這種對書寫的不信任是根據相當明顯的原因：文本需要運輸，圖書館容易受到攻擊，而字詞本身有被誤解或重新解釋的風險。最好是將想法融入故事中，可以在整個帝國中講述和重述，不斷流傳。

柏拉圖在雅典出生時，這個城市正陷入政治動盪的時局，他對於城邦的價值和要求做了最清楚的表達。雅典在公元前五世紀中葉的波斯戰爭中脫穎而出，成為希臘聯盟的領導中心，但它顯赫的地位令聯盟中的一些夥伴感到沮喪，尤其是斯巴達。這份怨恨最後引發伯羅奔尼撒戰爭，當柏拉圖在公元前四二四年出生時，這場戰爭還沒打完，那時距推翻雅典的民主統治者已有十三年。直到柏拉圖二十歲時這場戰爭才結束，雅典宣告戰敗。九年後，又爆發另一場針對斯巴達的戰爭，而且也是打得沒完沒了。在這種持續軍事衝突、政治動盪和社會混亂的脈絡下——以及試圖對他的老師蘇格拉底遭到處死的回應——柏拉圖塑造出他對理想國位於該社會核心的實體的想法，那是一個理想的城市。

在他的《法律》（*Laws*）中，柏拉圖想像了一段對話，揣測雅典人和一些想要建立據點的克里特島人的互動。雅典人對新城邦的結構有十分具體的想法。他們認為要讓社會、經濟和政治完美運作，一個城市應該要有五千零四十位居民。公民需要達到這個數量，才能讓每戶人家有足夠的耕地養活自己。柏拉圖認為長子繼承制度是解決複雜繼承問題的最佳方案，讓大兒子繼承父母的土地，其他兒子或許可以「送給」沒有男性繼承人的家庭。如果沒有土地的男性太多，可以派他們去建立一個新據點，人數大概也是在五千零四十左右。

柏拉圖對於他這座理想城邦（city-state）的地理位置也有非常精確地想法，要在距海八十斯泰德（stades，約十四．五公里）的地方，因為：「如果國家靠海，擁有良好的港口，但不會生產一切，缺乏諸多產品，在這種情況下，城邦就會需要一個能力強大的救世主和神聖的立法者，若是真能找到具備這樣的人才，就能避免各種奢侈和墮落的習氣。」[48]根據這位哲學家的說法，出海會讓「人的靈魂變得狡猾」，讓他們的城市變得「缺乏信念和仁愛」。[49]奢華和墮落是導致城市衰敗的一對孿生害蟲。柏拉圖住在雅典，這座以精緻繁複著稱的城市，距海的距離不到他所建議的一半，也許他正是以他出生的這座城市來思考。

柏拉圖也意識到種族多樣的必要性，應當讓亞伯與該隱共處，因為在他的城市裡，游牧民族也扮演著一定的角色。儘管他們的外在條件與城邦內的人截然相反，但在柏拉圖的理想國裡不必然反對他們的進入。實際上完全相反。這位哲學家從他自己的經驗中知道，希臘人總是互相爭鬥，因此需要借助外人的存在來制衡內鬥。但是城市生活的各方面都必須得到控制。這是他所談的法律的關鍵議題。中央控制、監管和法律，是他建立一個秩序良好的社會的計畫核心，男性居於首位，女性和自然世界則各安其位。這是他認為（大部分）希臘人所具備，但是那些在山上的野蠻牧羊人和放養山羊的牧民（大部分）所缺乏的。如果真如蘇格拉底和柏拉圖所強烈的主張，人類只能在城市裡才能過著圓滿而充實的生活，那麼那些生活在城外的人肯定過著較為貧乏的生活（當然，除非他們是神，是那批生活在奧林匹斯山上的眾神）。

游牧民族（barberoi），意味著住在城市之外過著匱乏生活的「小人物」。他們的環境偏遠，難以到達，在大地和氣候都很極端的區域活動。在柏拉圖眼中，他們大多不識字，缺乏藝術和工業這兩大在城牆內才能蓬勃發展的重要成就。然而，正如在工業革命時期和我們這個時代所發生的，儘管這些成就讓人感到欣慰，但世人一直擔心為這些進步付出的代價，這當中包括要犧牲更古老、更純潔的生活方式，喪失生活在自然世界的美麗中。基於這個原因，就跟十九世紀初的威廉·布萊克（William Blake）和二十世紀的布魯斯·查特溫一樣，蘇格拉底和柏拉圖都難以抗拒望向城牆外的失落荒野，望向阿卡迪亞（Arcadia）以及那些早期更為純淨質樸的家國。

阿卡迪亞是個真實存在的地方，是希臘伯羅奔尼撒半島上的一個省分，那片鬱鬱蔥蔥的草地沒有架設圍牆，人與自然能更和諧的相處。同時，那也是個神話般的地方，可以追溯到失落的黃金時代。雖然這兩個地方都是游牧民族的家園，牧民根據季節的循環來移動他們的牲口，不過在神話中，阿卡迪亞是半人半羊的潘恩（Pan）的家園，潘恩是牧羊人和荒山之神，希臘人以他的名字衍生出恐慌（panic）這個字。但是，有沒有可能那個世界並不是這樣的目無法紀，並不是處於恐慌和混亂的狀態？有沒有可能真的有個阿卡迪亞帝國，不是在希臘本島，而是在更遠的東邊，在草原上，一個屬於潘恩的領域，就像定居的波斯人、希臘人、羅馬人或中國人所打造的王國一樣龐大和強大，有可能嗎？想必柏拉圖會對此嗤之以鼻，一個游牧民族的帝國，一個野蠻人的帝國，實在可笑。對他來說，把這些文字組成一個句子就是不通順。不過在柏拉圖出生年代前後撰寫《歷史》的希羅多德對此則抱持不同的看法。

斯基泰人

希羅多德的《歷史》中出現的第一批斯基泰人日後的確證實了他讀者最擔心的事，因為他講述的故事發生在公元前五八〇年代，當時一群游牧民族「陷入某種部

斯基泰人（Scythian）的金鹿裝飾，年代為公元前400～300年。

落的喋血報仇事件……只能潛入米底亞人的領土」。[50]米底亞國王提供他們庇護，為了報答國王的款待，斯基泰人開始狩獵。他們每天都帶著野味回來，放滿國王的餐桌。一段時間後，國王對他們的實力刮目相看，決定派一些米底亞青年跟斯基泰人在一起，學習他們的語言，以及騎馬射箭的技能。然後有一天，這批游牧民族空手而歸，沒能為國王的餐桌做出任何貢獻，國王見狀便嘲笑他們的狩獵技巧。第二天，受辱的斯基泰人殺了一名米底亞少年，將其肢解，並且把精選的肉塊送到國王的餐桌上，然後在任何人意識到他們吃下人肉前，趕緊騎馬逃往呂底亞。這就是希羅多德向世人介紹游牧民族的方式：他們會進行血腥的爭鬥，是會宰殺少年的屠夫，也是技巧高超的獵人。

這個原型故事最令人驚訝的一點是，這其實是出自一個親眼見識過這個游牧民族的人。希羅多德曾經去黑海東岸的第聶伯河附近，親自到斯基泰人家門口收集他的書寫材料，在那裡他也聽到斯基泰人自己的故事版本，講述自己族人的起源。他們說，他們是強大的雷神宙斯和第聶伯河女神的後裔，但我們這位歷史之父對此表示懷疑：「我本人不相信他們，」他寫道：「在他們做出這樣的主張時。」[51]從其他在黑海那邊的人那裡，他聽說他們是大力士海格力斯（Heracles，或譯：赫拉克勒斯）的後裔，是他和一個臀部以下是蛇的女人所生下的後代。這些希臘人告訴希羅多德，斯基泰人這批英雄的兒子就是從海格力斯那裡得到一把弓和一條掛著一個金杯的腰帶。不過還有另一個版本，在希羅多德眼中「最為合理」，那個故事將斯基泰人描述為從亞洲更遠的東方遷移過來的游牧民族。波斯人也許就是因為他們自己也具有游牧血統，因此將斯基泰人視為一種威脅，即便斯基泰人似乎只想與波斯人進行貿易，但波斯帝國的創始人，那位萬王之王，統治世界四個角落的宇宙之王居魯士，當然不會放過他們。居魯士當時已經征服米底亞，向西橫越近東地區，然後一路北上，直到達達尼爾海峽，古稱赫勒斯滂（Hellespont），再往東到達印度河和印度。他證明了自己戰無不勝攻無不克的強大戰鬥力與蠻力，創造了世界上最大的帝國。居魯士身上既有米底亞人的血統，也有法爾斯人的血統——他們都是從印歐草原遷徙而來的游牧部落——而且他相信國家的繁榮要靠開放貿易和人員的自由流動，以及種族多樣性還有我們所謂的多元文化，甚至可能還有四海一家，充滿包容性的普世主義觀點。在他的帝國裡，邊界是開放的，貨物在地中海和美索不達米亞、波斯和印度之間的流動也相對容易。當時也會有人遷移。是居魯士允許猶大人返回耶路撒冷重建所羅門的聖殿，結束了半個世紀以來他們在巴比倫河畔的哭泣。就他個人的背景來看，居魯士與斯基泰人的第一次接觸應當會是友好的，但恰恰相反，這是一次入侵。

他遇到的斯基泰人是由一個女人領導，稱作托米麗絲女王（Queen Tomyris）。於是這位萬王之王向游牧女王提出聯姻的提議。希羅多德對此的記錄是，她「非常清楚這位國王追求的是她的王國而不是她本人」。[52]當她拒絕他的提議時，居魯士下令在錫爾河（Jaxartes river或Syr Darya）建造一座船橋，打算調動一支軍隊前來。橋建到一半時，托米麗絲女王勸波斯國王放棄他的圖謀。「照顧好你自己的人，」她勸他：「我也會管好我的人。」但她知道她這番話是白說了。「和平是你最不想要的。想必你一定不會聽從我的建議。」[53]

居魯士的隨從中有一位是曾是呂底亞的國王，名叫克羅伊索斯（Croesus）。他的名字過去曾是無比財富的代名詞，但在居魯士北伐時，眾所周知的財富消失殆盡，呂底亞王國被納入波斯帝國版圖，克羅伊索斯則成了帝王的其中一位隨行人員。在聽到斯基泰女王回覆的訊息後，克羅伊索斯獻上一計，建議居魯士設下陷阱來捕捉斯基泰人，讓他準備一頓美酒佳餚，然後撤走波斯的主力軍隊，只留下少數非戰鬥人員赴宴。當斯基泰人看到這場景時，他們殺死了波斯僕人，大吃大喝一番——又一次「醉得像斯基泰人一樣」——然後呼呼大睡起來。這證明了克羅伊索斯認為游牧民族蠢笨的觀點：否則他們為什麼會拒絕過安定的生活？波斯人在敵人睡著後回來，殺死了許多人，也俘虜了很多，其中包括斯基泰人的指揮官，也是托米麗絲女王的兒子斯帕帕皮斯（Spargapises）。

當托米麗絲聽到她的兒子被擄走時，她怒不可遏。根據希羅多德的說法，在她發去的訊息中，以侮辱居魯士開始，並以威脅結束，表明要是她的兒子有個三長兩短，「不管你有多嗜血，我都會滿足你，讓你看到血就怕」。[54]憾事不可避免地還是發生了。當斯帕帕皮斯酒醒後，發現他被俘虜，要求他們把鎖鏈解開。沒想到一解開，他就抓起一把劍自刎而死。希羅多德對此的解釋是，游牧民族是不會拖泥帶水，沒得商量的。

女王聽聞兒子的死訊後，立即開戰。希羅多德告訴我們，這場戰鬥是「兩個敵對的野蠻民族之間有史以來最可怕的戰鬥」。當中用的戰術，「多虧我自己在這方面有研究，不是意見，而是記錄。」[55]首先，青銅尖的箭頭布滿天空，頓時大地昏暗。然後放下長矛，拔出鋒利的匕首。戴著金色頭盔的斯基泰人，揮舞著青銅雙頭斧頭，拉著致命的弓箭，殺死了大部分波斯軍隊。為波斯人打天下，建立起龐大帝國，擔任萬王之王統治二十九年的居魯士也因而傷亡。

戰鬥結束後，戰場上到處都是血、骨頭和扭曲的盔甲，這時托米麗絲女王出現了。她提著一個裝滿人血的大酒袋。找到居魯士的遺體後，他們將他的頭砍下，帶到女王那裡。希羅多德引用當時她說的話：「我之前就說了，我會滿足你嗜血的渴望。現在盡情享用吧！」接著她就把頭丟進裝滿鮮血的酒袋裡。*

因此，在希羅多德最初對這些遷徙的亞洲牧民的描寫中，除了兒童屠夫和高超狩獵手外，我們必須再加上弒君這一項。與死守溫泉關（Thermopylae，或譯：德摩比利）光榮赴義的斯巴達人不同，斯基泰人具有擊敗當時世上最強帝國所集結的軍隊的能力。然而，我們仍然對他們知之甚少，而且在這些片段的認識中，絕大部分都與戰爭有關。

更多關於斯基泰人的事蹟，是在居魯士的兒子岡比西斯（Cambyses）死後八年，大流士奪取政權，擔任帝王的統治期間，才又揭露出來。大流士繼續為波斯帝國開疆闢土，在他任內，波斯的版圖達到最大，並且在波斯波利斯建造了他所蓋過最壯觀的紀念碑。在波斯波利斯的牆上，一個斯基泰人與其他向偉大國王屈膝的部落和國家首領排在一起。一位米底亞人拉著斯基泰人的手走向皇家的謁見廳。這壁畫似乎證實大流士在比索頓這處可以俯瞰波斯皇家大道的山坡上所雕刻的內容（在帝國周圍也發現刻有相同內容在比較容易攜帶的文物上，包括最近在埃及阿斯旺發現的碎片也有）：「帶領著一支軍隊，我去了斯基泰，追趕戴尖帽的斯基泰人。斯基泰人離我而去。當我到達河邊時，我先渡河，然後讓我整個軍隊渡河。之後，我徹底擊敗斯基泰人。」故事到此結束。只是事實並非如此。

這個刻在波斯波利斯牆上的斯基泰人，具有某種特質，讓他從向萬王之王致敬的人群中脫穎而出，我盯著圖像看了良久，試圖弄清楚到底哪裡透露玄機。不是因為他戴著附有耳罩的高尖帽，也

* 這一場景激發了十七世紀佛蘭德畫家彼得・保羅・魯本斯（Peter Paul Rubens）等人的作畫靈感。

不是他的長髮、濃密鬍鬚，束腰外衣和馬褲。與在波斯波利斯壁畫致敬的所有其他「外國人」不同的是，這位斯基泰人是唯一被允許攜帶武器去晉見國王。他的腰帶上掛著一把劍，他的肩膀上掛著一箭矢。這可能是一種默許，儘管大流士在比索頓的山腰上宣揚自己的戰績，但這位偉大的國王其實並沒有征服斯基泰人。這圖像至少是對斯基泰人力量的認可。

希羅多德出生在大流士入侵斯基泰的三十年後，但他是我們對這一時期歷史的最佳導覽。他講述了大流士如何在赫勒斯滂河上建造一座橋，他帶著一支由經驗豐富的戰士組成的七十萬大軍穿越這座橋。他在歐洲登場的這場面很壯觀，但速度也很慢，這讓斯基泰人有時間與陶洛斯人（Taurians）、布丁尼亞人（Boudinians）、薩爾馬提亞人（Sauromatians）、紐爾人（Neurians）和許多其他盟友進行協商，他們大家都同意應該要避免與波斯大軍進行正面對決的激戰，避免這場注定損兵折將的戰爭。他們的計畫是遠離波斯領土。希羅多德寫下一段他對這些遷徙者的理解，這個段落意義重大，幾乎成了對他們的永久定義，這解釋了他們如何安排自己，讓入侵者永遠無法掌控他們，除非他們希望被抓住：

> 他們不是建造城市或城牆，而是舉家搬到馬車上，在馬背上練習射箭，靠牛而不是犁田的果實為生。這樣一來，他們怎麼可能在面對征服或壓制他們的一切行動中失敗呢？56

大流士的軍隊到達斯基泰後不久，他的偵察兵發現了兩群敵軍。當斯基泰人撤退時，波斯人開始追擊，一路追過斯基泰亞，還穿過梅蘭奇萊尼人（Melanchlaeni）和阿加瑟斯人

（Agathyrsians）的土地。最終，沮喪的大流士派了一個迅速的傳令官騎馬追趕斯基泰國王伊丹瑟斯（Idanthyrsus）。「要不挺身戰鬥，」大流士命令道：「要不就獻上傳統的土地和水等貢品，奉『我為你的主人』」[57]。

伊丹瑟斯對此的回覆是：「我以前從未因為害怕任何人而逃離，而我現在也絕不是在逃離你。事實上，現在我所做的都不是我在和平時期習慣的作為。」

想像一下當信使回到他主人身邊的場景，偉大的波斯皇帝坐在他的寶座上，一腳踩在一張華麗地毯上方的腳凳。周圍環繞著一群顧問，身著白袍會讀預兆的魔法師（magi），還有亙古長存的青銅像。也許當他聽到斯基泰人回覆的消息時，他會撫摸著他濃密的翹鬍子。又或許他會仰望天空，相信光明智慧的至高之神阿胡拉・馬自達（Ahura Mazda）會為他開示，不過這時還沒有出現任何跡象。

在他前面的這一大群人中，有幾個身穿皮褲、厚夾克和鴨舌帽的斯基泰戰士，他們的腰間掛著長劍，肩上掛著箭袋。這本該是場直接的對戰，在兩軍交鋒後，波斯人將再度獲得光榮的勝利。但是這一切都因為兩種截然不同的文化和理念的衝撞而戛然而止，因為在這時的波斯人，雖然在本質上跟斯基泰人一樣都是游牧民族，但他們已經獲得定居型帝國的一些特性。

為什麼游牧民族在戰鬥中不願面對波斯人？大流士問道。

關於這點，在場的斯基泰人首領回答道：「我們沒有城市——我們不需要擔心您可能會占領我們的城池。我們沒有莊稼——我們不需要擔心您可能會毀壞任何作物。」[58]

斯基泰人了解波斯人，但大流士似乎並不了解斯基泰人的生活本質。或者說，至少他看起來完全沒有預料到他可能會面對一個敵對的部落聯盟，或是可以稱它為一個游牧帝國。

斯基泰人現在占了上風，因為儘管波斯人的內心是游牧民族——大流士基於對游牧遺產的尊重，從波斯牧民身上的藍色編織到他的長袍——但是阿契美尼德王朝（Achaemenid）這個波斯帝國第一王朝的征服理念就是擊敗一支軍隊，占領一座城市。現在沒有首都可以洗劫，大流士得找其他辦法來吸引斯基泰人參戰。唯一能讓斯基泰人挺身而出為之奮鬥的，就是褻瀆他們祖先的墳墓。

斯基泰國王伊丹瑟斯曾就此事警告大流士。「若是攻擊那些墳墓，」希羅多德記錄他說的話：「你很快就會知道我們是否是戰士。」[59]大流士可能不知道墳墓裡的陪葬品有什麼，又或者是他可能還沒準備好要激怒斯基泰的諸神。不過希羅多德倒是很清楚墓裡有什麼，因為他在他的書中寫過，斯基泰國王會受到盛葬，會為他挖掘出一個墓室，裡面鑲以木板，放著「他所有財產中的精華以及一些金杯」。國王的酒政、馬夫、廚師、管家、使者、一位妃子和一些馬都會被勒死，並將他們的遺體擺在附近，然後以大型土堆做成的墳塚將整個墓地覆蓋起來。

三百年來，考古學家對這段描述做了一些修正，添加一些新的事實和更多細節。從裏海到蒙古，在可能是斯基泰聯盟的地方發現了巨大的庫爾幹（kurgan），也就是土堆圓塚墓地，當中排列的方式與希羅多德的《歷史》所描述的非常相似，而且與亞歷山大大帝的父親，即馬其頓的菲利普（Philip of Macedon）在希臘北部的維爾吉納（Vergina）的墓地也沒什麼差別。皇家斯基泰的墓塚土丘呈圓形，複雜程度各異，其中最令人讚嘆的一座是一九七〇年代初期於阿爾泰山脈以東的阿爾詹（Arzhan）發現。它的年代約在公元前九世紀後期，是由石塊和落葉松木建成，由中心往外測量，橫跨一百二十多公尺，當中有七十間墓室，放有十五具人類遺體和一百六十匹馬的遺骸。

比較晚近的墓葬陪葬規模更大，像是公元前六至四世紀在黑海岸邊的庫班（Kuban）的墓塚群。其中一個裡面放了三百六十四馬，顯示這些墓地對他們具有非凡的象徵意義。

無論是出於對祖先的尊重，還是對斯基泰神祇的尊重，大流士都沒有褻瀆墳墓。相反地，他決定派出龐大的波斯軍隊前去今日的烏克蘭和俄羅斯南部，繼續追趕斯基泰人，直到他們發現後來拿破崙和希特勒的軍隊也將會學到的殘酷事實：再訓練有素的軍隊，在這片廣袤的土地上長途跋涉，也會消耗殆盡，而補給線也會變得非常脆弱。最終，大流士由於在這場行動中從頭到尾都沒有發生重大的軍事對決，而心生沮喪，再加上擔心自己的兵力日益弱化，他最終放棄追捕行動，並下令在頓河（River Don）西岸建造一排堡壘。這些將可當作邊界，本來應當能讓他能占領西邊的斯基泰，那裡是愛奧尼亞人（Ionians）、斯基泰人，和其他游牧民族進行貿易的地方。但就連這個計畫也很快被放棄了，希羅多德注意到這些堡壘在那個時代就已成為廢墟。

鳥形的金帶牌匾，發現於公元前七世紀第聶伯河地區的梅爾古諾夫（Melgunov）的墓塚中。

儘管遭受這一切挫敗，但並沒有阻止大流士在比索頓的山壁上宣布斯基泰人現在「臣服於我」，還表示那個省分現在也在他帝國的疆域中。這是假新聞，斯基泰從來都不是波斯帝國的一部分。相反地，斯基泰人的名聲變得更響亮，又增加了馬背殺手、厲害商人、熟練工匠和草原金匠等美名。在他們的天父的庇佑下，他們仍然自豪地獨立著，甚至拒絕向萬王之王低頭。兩百年後，到公元前三二九年，亞歷山大大帝在過去居魯士大帝遭到斬首的雅克薩特（Jaxartes）河邊與他們交戰，儘管這場戰役的結果尚無定論，但斯基泰人不可戰勝的神話被打破了。

天棄

要知道事情始末並非易事……我認為找來一個大碗戴在頭上的人，本來就不能指望可以看到蒼天。——中國史家司馬遷60（譯注，原文：「且事本末未易明也……僕以為戴盆何以望天。」）

在希羅多德的筆下，奧爾比亞（Olbia）是黑海北部沿岸（現為烏克蘭）的一個小鎮，希臘人在此與附近草原上的游牧民族進行貿易。當時他前去參觀的木製建築可能是一私人住宅或某種客棧，可能就位於遠離碼頭的上城區。房子裡可見到幾張木凳和一個桌子，不難想像這位歷史之父被燈煙籠罩，身邊的人圍成一圈，他一邊聽著這座小鎮奇特的海豚形銅幣發出的叮噹聲響，一邊聞著前方大海散發的味道，就他的過往來看，眼前想必是個很陌生的世界。他來到這個東西交匯之處是為了聽取希臘商人的談話聲音，他們在那裡購買馬匹、皮革、羊毛、地毯、金屬，尤其是青銅，也許還為了見斯基泰的薩滿（巫師），他們進行的儀式會講述希臘奧弗斯教（Orphic）的奧祕。希羅多德是為了交換故事而來到這裡，他就像二十一世紀的新聞記者那樣，忙著從這些對談中篩選和整理細節，並將自己對這地方與人事的印象記錄下來。然後他列出了一些清單，上面有些是他從未見過的部落，有些甚至可能過去從未聽聞，今天才第一次聽到，比如說安德羅法吉（Androphagi），這直譯的意思是「食人者」，還有一些他從未見過的風景，超越他所能想像的大海和大河。他是在幾千年前去到奧爾比亞，現在的我們得以藉由他的作品，穿越時空，穿越草原，瞥見這些東方的古老游牧民族。

這位早期歷史學家告訴我們的事情有些顯然很奇幻莫名，甚至連他自己也意識到有些不尋常。他記錄道：伊爾卡族（Iyrcae）是會爬樹狩獵的部落，他們會爬上樹等待野獸靠近，而他們的馬和獵犬則趴在下面，蹲低到腹部接近地面，隨時準備追擊。不過他寫下的另一些內容倒是有可能發生。他描寫的斯基泰國土是一片平坦，生長著茂盛的草原，但除此之外還有山脈，大概是阿爾泰山脈，介於戈壁沙漠和西伯利亞之間的大草原劃分為東西兩半，橫跨今天的中國、俄羅斯、哈薩克斯坦和蒙古。希羅多德聽說這些山區的人「生來就是禿頂」。[61] 還聽說，他們的鼻子扁塌、下巴偏長、穿皮褲和厚外套，就像我們所知道的斯基泰人，而且說著和其他人不同的語言。「每個人都生活在一棵樹下，」希羅多德記錄道：「冬天來臨時，他們會以白色的防水氈將樹包起來。」顯然，他描述的這些是住在氈帳、氈包（gers 或 yurts，或譯：蒙古包）的游牧民族。就這位公元前五世紀具有批判態度的希臘聽眾來說，超越他們土地之外的，也是一無所知。他說這些山是無法通行的，儘管那些禿頭的游牧民族告訴他，住在那裡的人的腳就像山羊一樣。在那些羊腳人之後還有更奇怪的，在更深遠的森林裡，還有一些一睡就可以睡上半年的人。「這一點，」希羅多德告訴我們：「我實在無法接受。」

要是他在幾百年後才前去奧爾比亞，在亞歷山大大帝摧毀波斯波利斯，在斯基泰人在那裡殺出一條血路，進入阿富汗之後，在中國開始享受和平與繁榮帶來的好處，在羅馬帝國在地中海附近積極擴大其權力和影響力之際，他就會發現他的世界與中國那位偉大史家司馬遷的世界相連。也許他會遇到來自阿爾泰山脈以外的人，聽聞他們的故事。也許他會遇到匈奴這個游牧民族，或漢帝國的貿易商，甚至是東漢朝廷派來的使節甘英。他在給漢朝皇帝的回報中提到羅馬人（漢朝稱為「大秦」）「一直很想派使者到漢朝（中國），但安息國（帕提亞帝國）想要控制中國絲綢的貿易，將道路封鎖起來，阻止（羅馬人）通過。」〔譯注，出自《後漢書》原文：「（大秦王）常欲通使於漢，而安息欲以漢繒采與之交市，故庶閡不得自達。」〕62

要是他的查訪之旅真的晚個幾百年，那麼希羅多德就會親眼看到阿爾泰山脈以東的人並沒有長著山羊腳，也沒有人一次可以睡上六個月。相反地，他會發現一個不斷移動的世界，並且看出斯基泰人（他確實遇到）和匈奴之間的相似之處；匈奴可能在某個時候加入這個部落聯盟，成為游牧大聯盟的一份子。他或許還會發現，中國和地中海的那批定居者有些相同點，他們都對那些居住在他們之間四處闖蕩的移居者有著類似的負面反應。

早在漢朝（公元前二世紀）崛起前，住在黃河以南的人就認為移居者會威脅他們的邊界和生活方式。我們今日之所以能夠得知這一點，全都要感謝公元前一世紀中國偉大的歷史學家司馬遷的著作。他在《史記》中提到：「自三代以來，匈奴常為中國患害」。63 匈奴不僅危害中國，也對他個人造成了傷害。

關於司馬遷的生平，除了他自己記錄下來的，我們對他的認識很有限。在這一點上，還有其他許多方面，他倒是與希羅多德很相似。他的大著《史記》是在公元前八十年左右完成，可以和希羅多德的《歷史》相互參照，因為就跟這位希臘人一樣，司馬遷盡可能忠實地記錄了他的所見所聞。不過這兩部作品的時空範圍不同：希羅多德著手解釋波斯人和希臘人之間戰爭的情況和事件；而司馬遷則立志要寫一部中國歷史，從最早的開端一直到他自己的時代。司馬遷會是我認識中國游牧民族的嚮導，一如希羅多德引導我認識希臘人、波斯人和斯基泰人一樣。

司馬遷將他的史官職位和他的寫史計畫都歸功於他的父親，他的父親是他之前的史官和宮廷占星家。司馬遷擔負的職務有占卜以及記錄皇帝和他的朝廷的決定。要是他僅滿足於完成自己份內的職責，他的日子可能會好過一些，但當時游牧民族出現，引發了麻煩。

公元前九九年，匈奴大軍攻打華北。這並不奇怪，幾個世紀以來，游牧民族都會騷擾邊界。但這一次，漢武帝決定反擊，派李陵將軍率領軍隊。這次的出征在出發前充滿了樂觀情緒，但計畫不周。在沒有足夠的補給或後備的情況下，李陵帶著他的五千人，行軍一個月，尋找那些遊蕩的襲擊者。當他們靠近遠離漢國邊界的阿爾泰山時，將軍派了使者回朝稟報皇帝，極其誇張地描述他的遠征以及他與游牧民族作戰的成功。然而這份報告發出後不久，漢軍就與匈奴主力——據其中一份回報表示，他們有十一萬人——正面交鋒，結果不可避免地展開血腥衝突。游牧民族死傷慘重，但漢朝的五千軍士只有四百人回到中國邊境。當消息傳到長安的皇宮時，司馬遷寫道，漢武帝「食不知為，而且也無心朝政。」（譯注，原文：「為之食不甘味，聽朝不怡。」）後來得知，他的將軍既沒有戰死，也沒有因為戰敗自殺，而是投降，成為匈奴的俘虜，這位連承平時期都脾氣暴躁的皇帝整個人就爆發了。

就是在這個節骨眼上，司馬遷站了出來，為這位讓人感到顏面無光的將軍發聲。司馬遷在他的傳記中解釋，他和李將軍並沒有什麼密切的關係，「我和李陵很少往來，興趣也不相同，從來沒有共飲一杯酒，也沒有什麼深厚的情誼。」（譯注，原文：「夫僕與李陵俱居門下，素非能相善也。趣舍異路，未嘗銜杯酒，接殷勤之餘歡。」）64 因此，當他力挺這位將軍，稱他為國士，也就是帝國最優秀的人才時，他完全是出於信念，而不是情義。但此番言辭非但沒有發揮他預期的效果，反而因企圖欺騙皇帝的誣上罪而被捕。最後他遭到審判，被判有罪，並處以閹割之刑。

司馬遷似乎素來不得人緣，具有與人疏遠的本事，再加上對他的指控十分嚴重性，這或許可以解釋當時朝廷之中沒有人願意為他辯護（譯注，《史記》原文：「交游莫救，左右不為親近一言。」）而他也沒有任何可以動用的裙帶或家族關係，個人財富也沒有多到足以行賄的程度（譯注，《史記》原文：「家貧，貨賂不足以自贖。」）最後，又傳來一份回報到朝廷，說李將軍率領一支游牧騎兵在對付自己的同胞，事態至此很明顯對司馬遷的判決是沒有轉圜的餘地了。遭到閹割——就像深陷無望反攻的戰局——一個男人理當會選擇自殺而不是屈服，去忍受恥辱的苟活下去。但司馬遷可不是等閒之輩，他確實接受了懲罰，之後就去到他稱為「蠶室」的獄所，那是一個溫暖、無風的地方，讓遭受閹割的傷患在那裡休養或等死。儘管他「自以為身殘處穢」，但寫史的才華和決心仍舊完好無損。一旦獲得自由，他就退出公眾生活，重新開始寫他的《史記》，在《報華安書》中說明他之所以選擇苟且偷生是因為不能辜負自己的才華，而且志業未竟：「所以隱忍苟活，幽於糞土之中而不辭者，恨私心有所不盡，鄙陋沒世，而文采不表於後也。」[65] 這份不吐不快的文采也包括對匈奴這個游牧民族的一份最早期的詳細描述。

定居者和移居者之間的衝突並不是什麼新鮮事。一個世紀前，在公元前兩百年的末期，中國的士兵曾將一支游牧民族趕出邊境，將他們趕到蒙古高原上。《詩經》中的古早詩人這樣描述這樣的場景：

> 我們擊殺了北方的野蠻人。
> 我們打了玁狁（匈奴），把他們趕到大平原。
> 我們出動了威風凜凜戰車，在北部地區築起城牆。
> （譯注，原文出自《史記》節錄的《詩經．出車》：「薄伐玁狁，至于太原。」「出車彭彭，城彼朔方。」）

詩句中提到的牆就是中國最早期的長城。它的建設和中國增加的活動給西方帶來了意想不到的後果。在此之前，匈奴一直是一個鬆散的遷徙部落聯盟。但面對日益增長的漢族壓力，他們開始出現更為明確的結構與領導人的傳承系統，不僅會以方位來區分不同群體宗族，還會以不同的顏色來加以標識。

最令我感到震驚的是，司馬遷筆下起源於阿爾泰山脈的游牧民族和希羅多德的斯基泰人間有許多相似處。「匈奴……居于北蠻，隨畜牧而轉移。其畜之所多則馬、牛、羊……逐水草遷徙，毋城郭常處耕田之業，然亦各有分地。」66他們會向塑造他們生活中看不見的力量、天地與祖靈獻祭。他們尊重自然世界的元素。他們會在其他金屬中鍍上青銅。他們說多種語言，包括類似斯基泰人講的一種印歐語。而且，與斯基泰人一樣，我們不知道他們如何自稱。當然不會是匈奴，這是一個中文單詞，意思是「奴隸的私生子」。67

匈奴是由世襲的國王單于所統治。司馬遷在《匈奴列傳》中講了一個單于的故事，他名叫頭曼。雖然照例要將王位傳給大兒子，但頭曼希望由他所鍾愛的小兒子來繼承。於是他心生一計，把大兒子冒頓當作人質送到西北方與其敵對的月氏部落。沒多久頭曼就前去襲擊月氏，預料對方會因此而殺了冒頓。沒想到他的兒子搶了敵方部落中最好的一匹馬逃了回來，而這位父親為了獎勵他的勇敢，分給冒頓一萬名匈奴騎兵，交由他來指揮。冒頓帶兵十分嚴格，但也善待這些部屬，他對他們的期望就像斯基泰領袖對他的戰友團所期待的一樣：要能夠毫無疑問地地服從，要具備堅定不移的忠誠以及共同赴死的決心。冒頓最後對他的手下進行考驗，命令他們跟著他射箭，他的箭射向哪裡，他們就得朝哪裡射去；那些不射的人將會被處死。冒頓將他的第一支箭瞄準他最喜歡的馬，他的一些手下也起而效仿，而那些沒有射箭的則遭到處死。接下來，他瞄準他最喜歡妃子，然後是他父親的愛馬，同樣地，那些不跟隨他的人再次被處決。接下來，他瞄準他的父親，然後是競爭對手的家人和一些不信服他的官員。到這時，一場政變就此完成：戰友凌駕於一切關係之上，他就此瓦解部落內所有的競爭關係，冒頓成了新的單于。

不管這個故事有多少真實性，就跟斯基泰人的情況一樣，我們沒有任何相關人士的說法和訊息，但大家知道確實有一位名叫冒頓的領袖團結了各個部落，提升游牧民族的力量，而且即使在長城的阻絕下，依舊擴大匈奴的貿易活動和影響力。他受到一連串來自中國皇室、將軍和步兵等高層叛逃人士的協助。

就跟草原另一端的斯基泰人一樣，司馬遷告訴我們，匈奴的孩子也是在馬鞍上長大，成為強大的戰士。他沒有記錄的是匈奴更為複雜的社會和政治結構。在《史記》中，他將他們描述為一個部落、一個族群，但考古學和最近的遺傳學研究則揭示一些非常不同的面向：他們其實是個複合的群體，涵蓋許多不同種族，說著多種語言，覆蓋在中亞的大片地區。當中有許多人是遷徙的牧民，也有一些是農人，甚至有些人是住在城牆之內。所有人都受到一套複雜的社會和政治制度所約束，這套制度承認單于是他們的領袖。這似乎不只是一個部落，而是一個正在成為帝國的國家聯盟。騎馬的匈奴是新成立的漢朝軍隊的對手，這一點在公元前兩百年就可清楚地看出來，當時漢朝的第一位皇帝漢高祖劉邦率領一支龐大的軍隊向北行，試圖保衛他的邊界。他在內蒙古邊境的一個叫白登（Baideng）的地方與匈奴交戰，受到重創。劉邦和他的護衛與他的軍隊走失，幾乎就要失去性命。冒頓將他俘虜起來，甚至準備處死他，但按照游牧民族的傳統，冒頓聽了他皇后的建議，她表示若是饒過這位皇帝，讓他回到長安，對他們會更有價值。

在隨後簽訂的和約中，漢高祖承認匈奴不再僅是一群野蠻的強盜牧民。他們現在與漢族享有平等的地位，漢朝每年還會送給單于絲綢、穀物、酒、金和鐵等禮物。在漢高祖送上第一批禮物時，還順道把大女兒嫁給單于。作為回報，冒頓同意不攻擊中國。在接下來的六十年，漢朝送來的貢品不斷增加，越來越多的絲綢和穀物被運往西方，直到中國將七%的生產額都當作「禮物」交給游牧民族為止。到這時，這段權力平衡關係已然傾斜，正如一位叛逃到匈奴的漢族官員所傳達的訊息那樣：「只要確保」，他警告漢朝官員，就像亞伯可能威脅該隱那樣，「給匈奴帶來的絲綢和糧食的品質和數量都是對的，僅此而已……如果有什麼不足或者質量不好，到了秋收的時候，我們就牽著我們的馬，踐踏你們的莊稼！」（譯注，《史記》原文：「漢使毋多言，顧漢所輸匈奴繒絮米糱，令其量中，必善美而已，何以言為乎？且所給備善則已，不備善而苦惡，則候秋孰，以騎馳蹂乃稼穡也。」）68

每獻上一份貢禮與一次問候，冒頓就變得更加大膽妄為，也許他也想成為這個長城向西延伸數千里的帝國的領袖。五年後，長安在每年的貢品中，又送來另一位和親的公主給冒頓當妃子，但他竟然食髓知味，直接寫信給當時掌權的皇太后呂后。這封信的內容備受注目，不僅因其內容魯莽狂妄，更是因為這代表一個被視為游牧英雄和野蠻人的發聲。「我是一個孤寡的統治者，」他寫道，完全無視於長安送來的第二位妃子，「出生在沼澤中，成長在牛馬之地的荒原上。我經常來到邊境，希望能進入中國遊覽。陛下也是寡居的統治者，過著孤獨的生活。既然我們倆的生活都缺乏樂趣，也沒有任何自娛的方式。我希望」，這位游牧民族單于總結道：「我們可以用兩人所擁有的來交換彼此所缺乏的。」（譯注，《史記，上匈奴傳》：「孤僨之君，生於沮澤之中，長於平野牛馬之域，數至邊境，願遊中國。陛下獨立，孤僨獨居。兩主不樂，無以自虞，願以所有，易其所無。」）69

最後這句「願以所有，易其所無」在長安皇室的解讀中，是這位單于在向太后求親。長城之外的軍人領袖與漢朝皇帝的母親，這位實際掌權的女人結盟，在游牧民族眼中看來可能相當有前景，但皇太后卻被這封信所激怒，甚至想要派兵去懲罰這位出言不遜毫無敬意的匈奴。但最後她沒有出兵，反而是寫了一封讀來令人震驚的貶抑自我的信：「我的年齡徒增，活力不再。單于想必是聽聞誇張之辭。我是不值得您紆尊降貴的。」（「年老氣衰，髮齒墮落，行步失度，單于過聽，不足以自汙」）。然後繼續懇求：「但我的國家沒有做錯任何事，我希望您能寬宏大量地放過她。」（「弊邑無罪，宜在見赦。」）70

我非常尊重這位皇太后，但也許她會錯意了。冒頓所謂的「願以所有，易其所無」，也可能是一項交易的提議，而不是婚姻。但漢人只希望游牧民族離他們的邊境遠一點，要是設下邊市進行貿易，就很難維持這個緩衝區的狀態。最後，匈奴繼續突襲邊境，奪取他們認為漢人拒絕給予他們的東西。冒頓在位第三十三年時，在公元前一七六年，再次寫信給漢朝皇帝（漢文帝）。「現在所有以拉弓為生的人都團結成一個大家族，」（譯注，原文：「諸引弓之民并為一家。」）他明確地提到有一個匈奴聯盟，一個帝國的存在，「整個北方地區都處於和平狀態，因此想要放下兵器，讓士兵休息，讓馬吃草。」（譯注，原文：「北州以定，願寢兵休士養馬。」）71但正如中國政治家賈誼向漢文帝所解釋的，游牧民族想要的不僅休戰養馬的和平。「匈奴最想要的是在邊境的市場（「夫關市者固匈奴所犯滑而深求也」）」。賈誼一反漢人想要遠離外邦者的本能，認為應當開放邊陲市場和貿易站，他勸告皇帝，應盡可能多供應生肉、酒、燉菜、米飯和烤肉，廣設餐館，提供能夠一次服務數百名斯基泰人的小酒館，如此一來，要不了多久，他們對中國食物的渴望就會超過與之爭戰的渴望（譯注，原文出自《史記．匈奴列傳》：「大每一關，屠沽者、賣飯食者、美臛炙膹者，每物各一、二百人，則胡人著於長城下矣……以匈奴之飢，飯羹啗膹炙，喗多飲酒，此則亡竭可立待也。賜大而愈飢，多財而愈困。」）這是相當精湛的見解，當中最精明之處就是認識到游牧民族的貿易需求，因為就跟幾乎所有的流動人口一樣，匈奴的牲口具有時間的敏感性。他們需要轉移他們放養的馬和牛，就如同他們得在冬天來臨之前取得大米和穀物一樣，而漢人也同樣需要匈奴的商品。

於是漢人同意以不得進行武器買賣的這項條件來開放市場。而在解決武器來源的問題上，冒頓則向西看去，他們控制了甘肅走廊和塔里木盆地，在那裡匈奴商人可以用他們自己的動物產品，從中國購買的絲綢、瓷器和其他奢侈品來換取鐵和武器。若過去不曾存在這樣的交易模式，那這很有可能就是我們所知道的絲路的開始。

受到這種游牧貿易成功的啟發，漢武帝也決定派出自己的人馬前往中亞。他之所以做出這樣的決定，主要有兩個原因，一是打破中國對匈奴馬匹的依賴，二是與被匈奴推向西部的游牧部落月氏聯繫。漢武帝希望能與這些游牧部落聯手，對抗共同的敵人。最後在朝廷中選出一位年輕的文士來領導這項微妙的任務。

公元前一三八年，張騫帶著一百人離開長安。沒多久就被匈奴俘虜，這顯示出漢人對於這種遠征經驗缺乏策劃的能力。張騫被關押十年，期間還娶了匈奴人為妻。最終他脫逃出，但並沒有回家，而是繼續前行，並且與月氏取得聯繫，卻發現他們早以定居下來，不願戰鬥。到達現在的阿富汗之後，張騫返回中國，但歸途中又被匈奴俘虜，再關押兩年。等他終於回到長安時，距離出發的時間已有十三年。漢武帝對他講述的中亞故事很感興趣，得知許多「盛產奇物的大國，人們耕種土地的方式就像中國。」皇帝還得告知，所有這些國家的「軍事力量都很薄弱，而且相當珍視漢族貨物。」（譯注，原文出自《史記・大宛列傳》：「皆大國，多奇物，土著，頗與中國同業，而兵弱，貴漢財物。」）。[72]

漢武帝對於無法組成反匈奴軍事聯盟感到失望，不過對於能夠與這些「大國」貿易的可能性感到心動，於是又派給張騫第二個任務。這一次，他帶著三百人、一萬隻羊、許多馬，和一種在公元前二世紀的亞洲和地中海周圍人們深喜愛的商品：中國絲綢。張騫本人最後只到了費爾幹納河谷（塔吉克斯坦），不過他派出的使節接觸到巴克特里亞人（在《史記》中稱之為「大夏」，係指即今日的阿富汗）和粟特人（在《史記》中稱之為「康居國」，即烏茲別克斯坦等區域）。當張騫最終在公元前一一六年騎馬返回長安，穿過巨大的石造城門時，他帶回中國人過去從未聽聞的世界。他講述了許多奇聞軼事，比方說帕提亞國王（《史記》中稱之為「安息國」）派了上千騎兵來迎接他的代表團，以及到費爾幹納山谷的「天馬」，正如司馬遷在《史記》中所記載：「（漢武）帝已經從《易經》占卜中得知，『神馬即將從西北出現』」（譯注，原文：「天子發書易，云『神馬當從西北來』」）。[73] 他認為大夏國，即巴克特里亞人不善軍事，但很會經商。他還提到一個叫做身毒（印度人）的民族，他們生活在一條大河（印度河）沿岸，是個炎熱潮濕的國家，他們騎著大象參戰（譯注，原文出自《史記．大宛列傳》：「身毒在大夏東南可數千里。其俗土著，大與大夏同，而卑溼暑熱云。其人民乘象以戰。其國臨大水焉。」），他還提到另一個游牧民族波斯人。他帶回來苜蓿種子，這可種來當作馬飼料，以及其他各種異國農產品。

感念張騫的辛勞，漢武帝封張騫為博望侯，而在今日的中國，他的地位就相當於是西方世界的馬可波羅和哥倫布，備受尊崇。不過張騫帶回中國最重要的東西既不是地圖，也不是異國產品，而是一個想法，是這樣的民族多樣性和互動會造福中國，是在與中亞和西方市場的貿易中能讓中國受益。漢人過去一直認為中國是文明世界，那些在邊界之外的人都遭到上天拋棄，所以他們根本沒有理由去城牆之外闖蕩，但現在他們準備要西進。

當年冒頓寫信給呂后，提議匈奴和漢人合夥貿易時，漢帝國的疆域是從朝鮮半島和黃海北部一直延伸到現在越南河內附近的南海。而在公元前一六八年，第三次馬其頓戰爭結束後，羅馬共和國則是包含了義大利、西班牙、西西里島、撒丁島和科西嘉島的大部分地區，以及伊利里亞、達爾馬提亞海岸（Dalmatian coast）和馬其頓——這裡的王朝才剛結束，當初是由亞歷山大大帝的將軍安提哥努斯（Antigonus）所建立。帕提亞人（安息國）統治著古代美索不達米亞和波斯。今日我們對這些和其他帝國和古代王國的認識，主要是來自於他們自己的編年史，或他們敵人的編年史以及他們留下的紀念碑。我們知道非洲北部的迦太基人（Carthage）、穿越中亞的貴霜王朝（Kushan Empire），以及克麗奧佩脫拉（Cleopatra）七世和她的埃及人——羅馬帝國在公元前三十年將他們併入版圖。但我們對匈奴帝國及其在西方世界的「雙胞胎」斯基泰人所知甚少。

公元前二世紀，在冒頓的權力達到巔峰之時，匈奴可說是直接或間接控制了從滿洲到哈薩克斯坦、西伯利亞南部到內蒙古，以及現在中國新疆省的塔里木盆地的所有領土。儘管居魯士、大流士和亞歷山大多次出兵入侵，斯基泰人仍然占領黑海和阿爾泰山脈之間的哈薩克斯坦的大片土地。我們知道，阿爾泰的精英階級身著絲綢，身上裹著用裏海森林捕捉到的獵豹皮毛做成的衣服，用來坐臥的地毯是在波斯織造，整裝的鏡子則是中國製造。我們也知道，斯基泰人和匈奴精英所佩戴的金釦和其他精美飾品上有相同的設計和動物圖案。而且在匈奴的墳墓中發現了羅馬玻璃、波斯紡織品和希臘銀器。這一切都在告訴我們，在漢朝皇帝還沒有派商人沿著絲路與帕提亞（安息國）、波斯或地中海進行貿易前，在黃河和波斯灣之間，早就有一個遷徙的世界，早就有一批人在進行貨物貿易。

提到傳說中的絲路，總是會讓人在腦海中浮現駱駝篷車隊和馬匹穿越沙漠、通過山口和橫渡的影象。不過，在古代歐亞大陸上，其實並沒有一條路或一條像波斯皇家大道那樣寬敞的快速道路，能將波斯東部與美索不達米亞連接起來。正如歷史學家彼得．梵科潘（Peter Frankopan）所言，那裡「有一個向四面八方散開來的網路，這是朝聖者和戰士、游牧民族和商人旅行的路線，在其上有商品和農產品的買賣，也有思想的交流、轉變和精進。」[74] 一個端點是中國，另一端則是地中海。隨著帝國和權力的增長，他們對奢侈品的需求也在增長。在公元前一世紀的羅馬，中國絲綢非常稀少，只有統治階級才穿得起：如果普通人有中國絲綢，也只是一小塊，也許是一塊類似勛章的飾板，在當時絲綢就像珍珠、紅寶石、翡翠和其他東方珠寶一樣珍貴。不過需求擴大了市場，並鼓勵貿易商沿著在戈壁沙漠的南北部尋找更多前進的管道，到公元前一世紀，這樣的貿易量變得非常龐大，甚至引起羅馬作家老普林尼（Pliny the Elder）的抨擊，反對異國情調和反對渴望它的女人：

> 我們現在看到……有人去到塞雷斯（Seres）（中國）去尋找布料，在紅海的深淵尋找珍珠，在地底深處尋找翡翠。大家甚至還願意穿耳洞，彷彿是嫌將這些寶石穿戴在項鍊和頭飾還不夠，還得要在身體上開幾個孔來插進去……以最保守的估算來說，印度、塞雷斯（中國）以及（阿拉伯）半島每年一共耗費我們帝國一億個賽斯特提烏斯（sesterces）。這就是我們的奢侈品和女性讓我們付出的代價。[75]

據估計，整個羅馬帝國用於購買東方奢侈品的花費占了他們國民生產毛額（GDP）的二分之一。

在中國和羅馬帝國間的這種貿易形式持續了的好幾個世紀，但在羅馬街頭很少見到中國人，在中國也沒出現過幾個羅馬人。如果他們真的去了，都是在特別重要的時刻，例如在奧古斯都皇帝統治時期，他是在公元前二十七年登基。羅馬史學家弗洛魯斯（Florus）在一個世紀後記錄下這事件：

即使是斯基泰人和薩爾馬提亞人也派使者前來尋求與羅馬的友誼。還不止如此，塞雷斯（中國人）和住在太陽正下方的印度人也來了，他們帶來寶石、珍珠和大象等禮物，但更可貴的是，他們經歷的這段浩瀚旅程，據說花了四年時間。事實上，只需要看看他們的膚色，就可以看出他們是來自另一個世界的人。76

事實上，只需要仔細觀察一下，就會發現這些人只是民間的貿易商，並不是官方使團。不論是在羅馬還是在中國，都沒有皇帝派遣使團到羅馬宮廷的記錄，而這是可以充分理解的，因為在當時雙方都認為這實在是項艱難的任務。好比說，公元前九十七年，一位漢族將軍曾派使者甘英前往地中海。甘英到達當時屬於帕提亞帝國的美索不達米亞。他向西行一直到了波斯灣結束，在那裡他得知需要搭船才能前去羅馬，而這段旅程可能需要兩年時間。就跟大多數人一樣，這位特使決定帶著他收集的資訊返國，而不是繼續在變幻無常的海上冒險。

但在中亞大部分的游牧民族可不是這樣想的，匈奴和他們在西邊的夥伴斯基泰人都知道遊走在希羅多德和司馬遷東西世界的好處。草原人是奢侈品貿易的早期推動者，對於居住在城牆內的人來說，他們的社會關係大多是地方性的。但是對草原上的人來說，由於他們需要遷徙，所以掌握了馬匹，並發明馬車和戰車，而且有長途拔涉穿山越嶺的習慣。他們知道如何組織整裝族人。他們對不熟悉的人事物也感到自在。他們可以容忍奇怪的習俗，並且能夠跳過難解的語言，找到溝通方式。對他們來說，是希臘人、羅馬人、中國人甚至波斯人，才是被上天所拋棄，他們背離自然世界，生活在城牆裡。這也許就是上天降災，派出這批來進行天譴（flagellum）的人來懲罰他們的原因，但這也是羅馬人有理由擔心來自東方的一切的原因。到這個時候，普林尼對滿足「我們想要的奢侈品和我們的女人想要的」慾望所付出的高額代價的批判，似乎顯得很荒謬：絲路貿易其實是帝國所遭遇的問題中最微不足道的。

立馬青銅禮帽，公元前四世紀，鄂爾多斯（Ordos）文化。

公元四四九年

從君士坦丁堡的宮廷到塞爾維亞（索非亞）的旅程耗時兩週。來自君士坦丁堡的「新羅馬」帝國的人，由皇帝的大使馬克西米努斯（Maximinus）領著，並由匈人（Huns）國王的祕書弗拉維烏斯・奧雷斯特斯（Flavius Orestes）和匈人王國駐君士坦丁堡大使埃德科（Edeko）這兩位匈人護送。他們身上肩負著皇帝狄奧多西二世（Theodosius II）的希望，想要找到辦法來處理東方的重大問題：匈人阿提拉（Attila the Hun）和他無敵的游牧軍隊。狄奧多西想要以羅馬黃金——他最後一批七千磅的黃金——來阻止阿提拉，至少在他完成環繞君士坦丁堡的城牆建造工程前。

阿提拉是一位根植於草原的強大戰士，但他不是阿基里斯，他不會像這位希臘英雄說出「生命不是用成堆的金子買來」的這種高傲的話。完全相反。他有一個帝國要經營，一支軍隊要養活，還要維持士兵的忠誠，所有這些都需要黃金。就像二十一世紀的企業集團，需要不斷擴張才能生存；他獲得的黃金越多，可以調動的力量就越大。就是這種貪得無厭的胃口讓狄奧多西的提議無法奏效，沒能讓匈人真正平靜下來的其中一個原因。七千磅黃金是一筆財富，但這只是帝國收入的一小部分，阿提拉再次威脅，若是不送去更多黃金，就要發動戰爭。他還要求把叛逃到羅馬的匈人遣返回去。羅馬皇帝為了解決這些問題，只好派遣高階官員率領使節團前去，而隨著他們的啟程，兩個截然不同的圖謀也跟著啟動。

馬克西米努斯大使和他的助理普里斯庫斯（Priscus）將會討論關於阿提拉的問題，例如在羅馬帝國和匈人帝國間的緩衝區和邊界、對游牧利益至關重要的跨境市場的位置、遣返十七名匈奴叛逃者，以及更多的黃金貢禮。但是馬克西米努斯和普里斯庫斯都不知道的是，此行還有一個隱藏版的任務：狄奧多西的宦官大臣以五十磅黃金賄賂了阿提拉的大使埃德科，要讓他暗殺他的主人。在君士坦丁堡，他們看著羅馬人和匈人向北騎行，希望第二項任務能夠成功。這段旅程也有些值得注意的亮點，比方說在塞爾比卡，羅馬的使節團在那裡買了牛羊，下令準備一場盛宴。他們從敬酒開始，這批羅馬人向他們的皇帝狄奧多西致敬，而輪到匈人向阿提拉致敬時，羅馬的翻譯官維吉拉斯發表意見，說將人比擬成神是不恰當的。匈人認為翻譯官意有所指，認為他們只能將狄奧多西看作是神，但不可將阿提拉如此比擬，匈人對此感到氣憤難平，場面弄得十分難堪，最後還得送上絲綢和珍珠等禮物，才能平息他們的情緒。而當他們到達奈蘇斯（Naissus或拼音作Niš）時，情況也同樣令人不安，這不僅是因為君士坦丁皇帝的出生地如今已在匈人的控制下。六年前，阿提拉還洗劫這個地方，當地居民幾乎全都遭到殺害，而這裡仍然是一片經過屠殺的場面。普里斯庫斯指出：「一路上都是在戰鬥中喪生者的骨頭，一直蔓延到河岸。」[77]一天清晨，他們到達多瑙河，但他們的心沉了下去，因為他們弄錯方向，以為看到太陽從西方升起。他們將此視為一個跡象，是「不尋常事件的預兆」。[78]他們對自己的任務感到害怕嗎？還是他們對於活在一個可能將一個游牧民族出身的人視為神的時代感到焦慮？

幾個世紀以來，在中國和羅馬這兩個定居者帝國的兩大強權間，市場的存在幫助維持了世界上的某種秩序，即使在游牧世界中也是如此。邊境開放，道路繁忙，匈人和哥特的商人，以及來自斯基泰、匈奴、波斯、帕提亞和其他地方的商人，都攜帶著商品，希望在買賣中獲得利潤。遷徙的游牧民族在這一微妙的平衡中扮演著核心的角色，但畢竟定居者和移居者之間的文化和觀點差異懸殊，就這點來看，他們也增加了在羅馬帝國境內發生貿易爭端和爆發肢體衝突的風險。羅馬帝國有多達三分之一的人生活在城市環境，其餘的國民也有許多人是過著深根於地方的生活。但是，當羅馬帝國在掙扎著要努力養活不斷增長的人口時，帝國的農民只能將農業用地往外擴大，延伸到曾經是牧場的地方，而他們發現與游牧民族合作是有利的。[79] 游牧民族在高地那裡的貧瘠土地上生活，跨越草原和沙漠邊緣，但他們當中也有許多人參與帝國的農業，在收穫時節付出勞力，同時還會在收穫後的田地上放牧綿羊和山羊，讓牠們啃食殘渣。羅馬也效仿希臘，雇用游牧部隊參與一些征戰行動，尤其是游牧騎兵，因為羅馬人並沒有什麼厲害的馬術傳統；北非的努米底亞（Numidian）騎士和亞洲的斯基泰人和薩爾馬提亞人很樂於並肩作戰。

不過到了公元四世紀初，隨著氣候轉變，世界也跟著改變，不僅是在字面上如此，在寓意上也是。冬天變得嚴酷而漫長，夏天則是又乾又熱。歐亞大陸的降雨量遽減，河面的水位變低，甚至完全乾涸，裏海這個內陸海的面積也隨之縮減。隨著乾旱帶來飢荒的威脅，歐亞大陸上的人開始為他們的莊稼、牲口和自己尋找水源。

對於習慣移動生活的人來說，乾旱是一個嚴重的問題，但並非不可克服。因為他們一生中大部分時間都在為了尋找新牧場和新市場而移動，游牧民族比大半的定居者更能適應不斷變化的氣候。但現在部落尋找牧場或水源的距離變得非常遠，許多人被迫要重新尋找據點。匈奴人隨著大批人馬趁勢湧入中國，衝過長城，紛紛東進和南進。而此時的中國也遭逢旱災，甚至連「中國之母」黃河也告枯竭。飢荒逼近得飛快，晉懷帝司馬熾這位「消失的皇帝」，基於很明顯的原因，甚至考慮遷都，直接移動他的朝廷。然而匈奴的動作比他快，搶先到達他身邊。

在一個名叫劉聰的單于的領導下，草原游牧民擊潰了漢朝的帝國軍隊，俘虜了晉懷帝，並且占領他的首都。公元三一三年，在年度的宴會上，劉聰逼迫晉懷帝侍酒。他身邊的晉朝諸侯和臣子對這種失禮的行徑表示憤慨，結果劉聰將他們全部毒死。此舉可能有利於劉聰的政治地位，但貿易世界可不喜歡不確定性。一個游牧民族謀殺了中國的天選皇帝，這個消息沿著歐亞大陸的道路迅速傳播開來，甚至傳到戈壁沙漠東端一座孤獨的瞭望塔上，那裡很靠近標誌著中國邊境的玉門關。在嚴冬中，世界陷入黑暗。現在皇帝又死了，匈奴四處猖獗。當接獲京城那邊傳來的消息後，守軍頓時不知道現在要防守的是什麼？又是為了誰？找不到滿意的答案，他們決議拾行囊，放棄看守任務，離開塔樓。在匆忙中，他們留下原本要往西邊送的郵袋，其中一封信就從公元三一三年起躺在那裡，直到一八九九年才被發現。信紙是折好放在棕色的絲質信封裡，上面覆蓋著粗布，這原本是要寫給某個住在西邊三千多公里外的撒馬爾罕人。「先生們，」作者寫信給他的貿易商：「據他們說，最後一位皇帝從洛陽逃走，由於飢荒，城市和宮廷遭到火災，宮殿被焚燒，城市被毀。洛陽已不是昔日的洛陽。」[80] 現在沒有了皇帝，人人自危，沒有人是安全的，即使連匈奴也不例外。

數百萬人展開遷移，有的向西，有的向東。大批移民從黑海—裏海（Pontic–Caspian）大草原，或稱東歐大草原，進入歐洲，當中夾雜著保加利亞人、阿瓦爾人、佩切涅格人、雅西人，這些人還被迫要穿越伏爾加河、頓河和第聶伯河。每到達一處河岸，基本上都上演著類似的戲碼，部落一直待在東岸直到因為飢餓、人數過多或有來自後方的更大威脅，被迫過河，一直向西。許多人前往多瑙河。

在公元四世紀，無論是東羅馬帝國還是西羅馬帝國，都沒有能力抵抗或容納大量湧入邊境的移民，他們的生活在每個面向上都感受到他們帶來的壓力。在商業方面，這打斷了商品的流通。在宗教上，長期以來多元信仰一直是羅馬帝國的強項，但此刻也受到威脅。公元三一三年，也就是匈奴殺死晉懷帝的那一年，剛皈依基督教的羅馬皇帝君士坦丁宣布：「基督徒和所有其他人應該有信仰自由，能夠依循他們各自的宗教模式。」[81]但這樣的信仰自由因為大量移民湧入而受到挑戰，因為在大多數羅馬帝國人民眼裡，他們都是野蠻人。正如在我們這個時代所發生的，當有難民和移民向北和向西遷移到歐洲和美國時，就會引發保守派的強烈反動。信仰自由，就像行動自由一樣，開始被視為一項弱點，異教遭到禁止，異教的寺廟被迫關閉，他們的收入也收歸國有。此外，還有其他更為直接的破壞性後果。

公元三七六年，二十萬哥特人（Goths）被迫穿越東羅馬帝國在多瑙河的邊界。哥特人最初可能來自波羅的海地區，但在過去的幾個世紀，他們一直在黑海—裏海大草原周圍遷移，這或許可以解釋為什麼一些羅馬作家會將他們與斯基泰人混淆。在許多作家眼中來說，他們全都是野蠻人。當時正在與波斯人作戰的瓦倫斯皇帝（Emperor Valens）既沒有心力，也沒有人力來抵抗這批哥特人的到來，因此他允許這些游牧民族穿越多瑙河，並下令他們定居在色雷斯（Thrace）。但是前來的哥特人數量過多，釀成許多問題，十分類似與我們在二十一世紀歐洲移民危機中所看到的。由於缺乏容納他們的基礎設施，當地管理人員不堪重負，而地方上則出現敲詐錢財的情事，不肖商人收取重金來換取運送或提供補給。隨著移民群體支離破碎，家族分散，食物供應出線短缺，哥特人開始出現反動，在阿德里安堡（Adrianople），也就是今日土耳其境內的埃迪爾內（Edirne）展開對決。這場戰鬥是一萬五千名哥特人對上由羅馬皇帝親自率領的規模相近的軍隊，在一番激戰後，哥特人獲勝，東羅馬帝國的核心軍隊遭到擊潰，瓦倫斯皇帝被殺。至此，又死了一個皇帝。

在公元三七六年迫使哥特人穿越多瑙河的部落就是匈人，他們是來自中亞草原的游牧民族。匈人（Huns）肯定與匈奴（Xiongnu）有所關聯，很有可能是匈奴的一個分支。這兩個部落都起源於歐亞大陸中心的阿爾泰山脈。他們使用相似的武器，擁有類似的家國結構，甚至連匈奴一詞與匈人都有很強的詞源聯繫。就算他們之間真有什麼差別，在哥特人眼中也區分不出來，他們非常懼怕這批東方人，寧願越過邊境，進入羅馬帝國。匈人緊隨其後。

匈人對於羅馬人的描述都沒有存留下來，倒是羅馬人這邊留下許多關於匈人的記載，其中最著名的文本是四世紀時的史學家阿米安努斯（Ammianus）的記載。在一千四百年後，著有《羅馬帝國衰亡史》的史家愛德華·吉朋（Edward Gibbon），將阿米安努斯描述為「一位準確而忠實的嚮導」，稱讚他沒有「放任一己偏見和激情，這些通常會影響到書寫當代史實者的觀感。」82這段話讀來，不僅讓人懷疑吉朋是否真的讀過阿米安努斯的文本，因為下面這段就是這位下筆「準確」的羅馬人對阿提拉和他的人民的描寫：

這群人稱之為匈人，在古籍中幾乎沒有提及，他們生活在亞速海（Azof）之外，在那片冰凍海洋的邊界上，是最為野蠻的種族。他們的嬰兒一出生，臉頰就會被烙上深深印子，這樣在日後時節到時，臉上就不會長出鬍子，這可能是因為有疤痕的關係；因此，匈人長大後，既沒有鬍鬚，也沒有美貌可言。他們長有結實強壯的四肢和粗脖子；身材高大，但腿很短，所以你可能會覺得他們像是兩條腿的野獸。

比他們外表更糟糕的是他們的生活方式。阿米安努斯繼續描寫著：

> 他們都居無定所，沒有壁爐，過著鬆散的生活，沒有固定的生活方式，就像逃亡者一樣，就住在馬車裡，到處遊蕩。他們的妻子在馬車上為他們編織醜陋的衣服，她們在馬車上與丈夫同居，生兒育女，並將他們撫養到青春期。他們的後代在被問及自己的出生地時，沒有一個人可以告訴你確切的地方，因為他可能是在一個地方受孕，在另一個地方出生，然後在更遠的地方長大。

阿米安努斯對匈人的抨擊甚至延伸到他們的穿著方式和食物，他描述他們將生肉放在自己的大腿和馬背之間來軟化生肉，這可能是他史上第一次關於「韃靼牛排」（steak tartare）的描寫。[83]

如果阿米安努斯活在下一個世紀的羅馬帝國，那他這種尖酸刻薄的用語可能還比較合理，因為那是羅馬的懷疑年代，當時匈人只有在談判破裂時才發動戰爭，多次擊敗羅馬軍隊。試想，要是阿米安努斯親眼目睹西哥德人（Visigoths）是如何闖入這個不可侵犯的世界之都，以及在公元四一〇年八月二十四日，他們的領袖阿拉里克（Alaric）對他入城的戰士只有一個禁令：「不能殺人。」西哥德人離開這座帝國首都時，每個人身上都裝戴著財寶。寶藏可以再找，但對這事件的可怕記憶卻一直籠罩著這座偉大的城市，難以消散，即使在四十年後，拜占庭派馬克西米努斯和普里斯庫斯前去與阿提拉談判協商時依然餘悸猶存，他當時統治的「野蠻」帝國的版圖與當年的羅馬帝國不相上下，從中亞橫跨東歐，一直延伸到現在的波羅的海和荷蘭邊境。

普里斯庫斯當時鬍鬚花白，一頭長髮也變得稀疏，不過他的眼睛仍然敏銳，判斷力始終保持的很好；而且他和阿米安努斯完全不同。他之前至少去拜訪過一次匈人，不過他稱他們為斯基泰人，而且他知道他們相當有禮。他記得在他之前造訪時，他遇到一位關押在匈人營地的希臘人。普里斯庫斯原以為這個人會很開心他來付贖金，讓他重獲自由，但他沒有。這位希臘人解釋說，跟匈人在一起，他是一個自由的人，而他之所以和他們待在一起，並不是因為他不能離開，而是因為這是他選擇居住的地方。他也寧願與匈人並肩作戰，因為就連他們一般士兵的待遇都比羅馬軍團的步兵好。即使是在和平時期，跟游牧民族在一起生活也比較開心。身為羅馬平民，他日子過得很苦，因為「稅制嚴苛，而且法律實際上並非制裁所有階級，所以草莽之人會任意傷害他人，而富人階級的違法者不會因為違法而受到懲罰，但是不懂商業的窮人反而會受到法律的懲罰。」[84] 普里斯庫斯從他過去的參訪中還了解到另一件事，那就是匈人對待拜占庭皇帝的使節是以禮相待，充分展現敬重的心意，因此，當他得知阿提拉拒絕親自接見他們時感到很驚訝。後來普里斯庫斯得知埃德科的刺殺計畫，知道拜占庭皇帝案中買通匈奴大使，讓他去刺殺阿提拉，而埃德科非但沒有照做，反而將一切都在阿提拉面前抖了出來。普里斯庫斯明白這樣一個充滿戲劇性和動盪的時刻也是一個機會。拜占庭使節團獲得允許，能夠跟隨匈人首領的隨行人員進行幾天的旅行，但當阿提拉繞道去迎娶另一位妃子時，這批羅馬人就先被送去匈人的首都。他們在匈人領土上旅行時，都受到很好的款待；比方說，在一個村莊，當地人送上「美食款待和美女進行性招待，」普里斯庫斯解釋道：「這在斯基泰人之間是很光彩的事。我們慷慨地將這些女性安排在面前的美食間，但拒絕與她們發生性關係。」[85]

普里斯庫斯這段現身說法的近距離描述非常耐人尋味，倒不是因為這當中透露出多少公元五世紀的外交場景——阿提拉龐大的軍隊，以及他知悉暗殺陰謀，因此使節團徒勞無功，只能返回君士坦丁堡——而是因為他對這位游牧領袖及其追隨者的第一手資料以及他本人的看法。雖然阿提拉是游牧民族的後裔，但他明白所有的帝國都需要一個行政中心，因此他創建一個首都。在這座位於多瑙河東岸的游牧「城市」裡，唯一的永久性建築是為阿提拉他的妃后建造的石頭浴室。阿提拉的「宮殿」僅是一處用木頭建造的亭台，上頭「有些是為了裝飾效果而做的雕刻，然後將木材裝配在一起」，[86]而其他大多數的建築物都是用帆布或毛氈搭建。讓普里斯庫斯深覺不可思議的是，這座城市是阿提拉最鍾愛的，遠勝於他所征服的其他所有城市。但目前尚未找到任何關於它的痕跡。

抵達匈人的首都後不久，大使就前去向阿提拉的王后致意，她在一個柔軟的長椅上迎接他們，她的亭台地板上鋪著毛氈地毯，上面坐著一群正在亞麻布上刺繡的女孩。後來，這批外交官受邀參加在一個大木屋裡舉行的皇家宴會。阿提拉坐在中央的長椅上。他的身材偏矮，胸膛寬闊，皮膚黝黑，長著一雙小眼睛和扁平的鼻子，留著一臉斑駁的黑鬍鬚，頭髮中夾雜著一些灰髮。四十出頭的他，就各方面看來，相貌雖然稱不上俊美，但絕非典型的嗜血野蠻人。在他身後是另一張長椅，還有他睡覺用的凸形床，兩者間以細麻布和精美的繡花織物隔開。阿提拉的兩個兒子坐在他附近的椅子上，長子坐得離他更近些，就在長椅邊上。一排排座位沿著長椅左右兩側的牆壁排開。普里斯庫斯知道，坐在右邊是一種莫大的榮幸，但這次他和他的同伴坐在左邊一排的盡頭。

除了他的儀態之外，阿提拉的行為也給普里斯庫斯留下極為深刻的印象：「他懾人的力量」，他寫道：「就反映在他的舉手投足間。」[87]他想必聽過許多關於這位即將統治世界的人的傳言，說這個超級野蠻人非常嗜血，只有對財寶的慾望能夠超越對血腥的追求，但眼前這男人顯然與傳說中的形像完全不符。「雖然他熱愛戰爭，」普里斯庫斯解釋道：「但他並沒有暴力傾向。他對向他提出建議的人很仁慈，並且充滿睿智地回應，而且對那些他視為朋友的人很忠誠。」[88]他本性簡樸謙虛，明明可以住在宏偉的宮殿裡，但他更喜歡四處漂泊，或是他的木造亭台。他本可以吃「裝盛在銀盤上的精緻菜餚」，就如他身邊每個人所喜愛的，但他更寧願吃木板上的烤肉。他的衣服很樸素，和其他人沒有什麼不同，只是更為乾淨。不論是他身上掛的劍、腳上穿的靴釦，還是馬的轡繩，都沒有像其他斯基泰人那樣用黃金或寶石或任何有價值的東西來裝飾。在普里斯庫斯的敘述中，這位素有「眾神降下的天懲」（The scourge of the gods）之稱的一方霸主其實是個「溫和的」人，[89]一個顧家的人：「當他最年幼的兒子厄納赫（Ernach）前來，站在他身邊時……他靠近他的臉頰，溫柔地看著他。」[90]最後，在這裡，從一個親眼見到他，而且沒有理由美化的人的文字中，我們看見了阿提拉，看到一個顧家的男人。

也許正是因為不受閃閃黃金和定居社會的誘惑，阿提拉才能忠於草原世界的精神和他的游牧血統。他從來沒有在草原上生活過。儘管他可能是在匈牙利大平原出生和長大。不過他依舊過著不斷移居的生活，崇拜天父和其他古老的神靈，維持著古老的草原崇拜，而且會聽從他的薩滿對跡象和預兆的解釋來採取行動。然而，不論他有多麼遵循舊法，無論看到多少次預兆證實神與他同在，他都是選擇向西而不是向東。

隔年，西羅馬帝國的公主霍諾莉亞（Honoria）派她的宦官雅辛托斯（Hyacinth）前去會見阿提拉，試圖與他結盟。她是基於很多理由才會做出這樣的選擇。其中之一是她的兄長瓦倫蒂尼安皇帝抓到她與她的宮務長通姦後，強迫她嫁給一位愚蠢的參議員，如今婚期將至，為了要將自己從這場婚姻中拯救出來，也為了將這個偉大的帝國從她哥哥這個不適任的統治者手中拯救出來，她派宦官雅辛托斯前去拜見阿提拉，提出結盟的提議。為了達成約定，雅辛托斯帶著公主的戒指，這象徵的與其說是愛，倒不如說是這位帝國公主企圖與匈人合作來改造羅馬帝國的務實。

後來，羅馬人和匈人對霍諾莉亞的提議各執一辭，僵持不下。阿提拉堅稱他收到了結婚的提議——將他們的房子合在一起——而且他接受了。阿提拉之後將會發現，霍諾莉亞的母親，就是四十年前羅馬被西哥德人洗劫時所帶走的皇家公主安利亞．加拉．普拉西迪亞（Aelia Galla Placidia），她在公元四一四年的元旦，在納博訥大教堂自願嫁給西哥德國王阿陶爾夫（Ataulf），在婚禮當時，阿陶爾夫還身著羅馬將軍的服裝。阿提拉後來也會知道普拉西迪亞為阿陶爾夫生了一個兒子，名叫狄奧多西，要是他沒有在一年內去世，狄奧多西將會挑戰他的皇位。那時阿陶爾夫已經過世，這位王后又回到羅馬，嫁給當時的皇帝康斯坦提烏斯三世（Constantius III），生下兩個孩子，兩個孩子都活了下來：一個是未來的皇帝瓦倫蒂尼安，另一位就是他的妹妹霍諾莉亞，也就是現在提議要聯姻的公主。對這位匈人的首領來說，與普拉西迪亞的女兒結盟會有很多好處，其中包括帝國規模的嫁妝。阿提拉要求瓦倫蒂尼安交出他的妹妹和一半的西羅馬帝國，這其實在衡量瓦倫蒂尼安到底有多軟弱，儘管他拒絕了，但他可沒有對這件事等閒視之，何以生為帝國皇家最高位階的紫衣貴族妹妹竟然會想要嫁給一個野蠻人。在羅馬，在公元四五〇這個諸事不順的年份，這樣的事情是可能的。總之，皇帝堅稱這個提議是子虛烏有，說霍諾莉亞提議的聯盟是政治上的，而不是要結為夫妻。但當時掌握羅馬帝國統治權的明明是男人，而不是女人，這樣的說詞怎麼可能成立呢？阿提拉以公主的戒指作為求婚的證據，堅持要求與這位公主結婚，以及她的嫁妝。在遭到拒絕後，他和他的盟友：哥特人、法蘭克人（Franks）、勃艮第人（Burgundians）和其他人，進軍高盧（Gaul）。公元四五一年六月二十日，他在巴黎西南部的加泰羅尼亞平原（Catalaunian Plains）擊敗一支羅馬—哥特聯軍。羅馬史家約達內斯（Jordanes）在下個世紀描寫那場戰役，聲稱那天有十六萬五千人死亡，這可能超過了各方人馬的總數，但無論實際喪生人數有多少，這都造成重大後果。在粉碎羅馬軍力的同時，阿提拉也給羅馬帝國帶來難以恢復的打擊。二十五年後，西羅馬帝國的最後一位皇帝被奧多亞克（Odoacer）廢黜，奧多亞克可能是一個匈人，在掌權後，他寧願被稱為國王，而不是皇帝。舊秩序已然過去。

兩年後，阿提拉威脅要進攻君士坦丁堡。在發兵之前，這位現年四十好幾的戰士先抽空慶祝，並且迎娶另一位新娘。據說他在婚宴上大吃大喝，然後和他年輕的新娘一起離開。當新娘隔天早上醒來時，她發現這位「眾神降下的天譴」仍然躺在她身邊：他已經死了，因為某種出血性疾病。阿提拉被放入一個金棺材，然後再放入一個鍍鐵的銀棺材，但迄今為止仍沒發

匈人的鷹。

現他的墳墓。然而，他的傳奇一直流傳著，不斷被講述和重述，首先是在羅馬人之間，然後擴散到整個歐洲，最終成文入書，裝訂在封面之間，保存給子孫後代。

在這一連串故事的開端，全人類都生活在一個移動的世界，當時的人造障礙就跟一叢荊棘、一堆樹枝或者是幾塊堆疊在一起的石頭一樣，並不特別持久，只是保護用的臨時避難所。即使在發展城市的偉大夢想將人吸引到烏魯克、巴比倫、羅馬和許多其他城市後，大多數人仍然住在城牆之外，而其中有許多人，如移民、游牧民族和商人，是過著移動的生活。將各個廢墟連接起來，虛擬出一條歷史的高速公路，讓後世的我們相信，在基督教時代降臨前的一萬年，唯一值得注意的成就是來自定居者。但是從哥貝克力石陣的建造者到加速羅馬帝國終結的匈人，我們知道游牧民族、移民和其他生活在流動中的人，對於人類文明的進展做出了重大貢獻，他們建造人類史上第一座石碑、馴服野馬，並且由此發展出馬車和戰車。

當希羅多德講述波斯國王居魯士的故事時，就捕捉到這兩種截然不同的生活方式，長久以來跳的這支欲迎還拒的舞蹈，當中既有吸引力，也有排斥力。在經過一連串激烈苦戰，取得勝利後，居魯士的帝國從印度河流域一直延伸到地中海，在歸途上，他的一位將軍想起他們在波斯家鄉的艱苦生活，建議他們定居在日子可以過得更為輕鬆的地方。「讓我們搬離家鄉那片狹小而崎嶇的土地，」這位將軍說道：「找一塊更好的土地，一個不同的地方。」

居魯士覺得這個提議不甚完美，因為他相信如果他們生活在一個舒服的土地上，他們就不會再當統治者了。「柔軟的土地」，他向他們解釋道：「培育出軟弱的人。沒有哪個國家可以一邊產出豐富的莊稼，一邊培養出在戰場堅韌不拔的勇士。」[91]亞伯也說不出比這再更精闢的話。但是，如果說過去那幾千年，以及我前面所講的這些故事真的透露出什麼，那就是定居者需要移居者，而移居者也需要定居者。當他們合作時，當邊界、市場和思想開放時，世界就變得更加美好，正如法國克萊蒙主教聖希多尼烏斯（St Sidonius）在阿提拉去世幾年後所指出：「在法國中部鬱鬱蔥蔥的火山土地上，牧場高聳於山頂，葡萄園覆蓋著山坡，低地處蓋有別墅，石壁上建有城堡，森林和空地交錯著，河流沖刷出一片岬角……」這位聖潔的主教意識到，這裡有足夠的空間供牧民、農民和城裡的人使用。[92] 波斯人看出這一點，後來的幾位偉大的游牧帝國的帝王們也看到了這一點。

第二部

帝國的行動

當條件發生一個普遍的變化時，彷彿整個造物都起了變化，全世界都因而扭轉，這就好像是重新再創造一次，創造一個更新的世界。

——阿拉伯歷史學家伊本・赫勒敦（Ibn Khaldun）

N
S
E
W
0 100 200 300 400 500 miles
0 250 500 750 1000 kilometres
S I B E R I A
Lake Baikal
Orkhon Valley
Onon
Amur
Karakorum
M O N G O L I A
Altai Mountains
Gobi Desert
Shang-tu
Great Wall of China
Beijing
Kashgar
Tarim Basin
Taklamakan Desert
Mongol yam (postal route)
Lanzhou
Yellow
Yellow Sea
Chengdu
Yangtze
Delhi
C H I N A
Ganges
I N D I A
South China Sea
Bay of Bengal

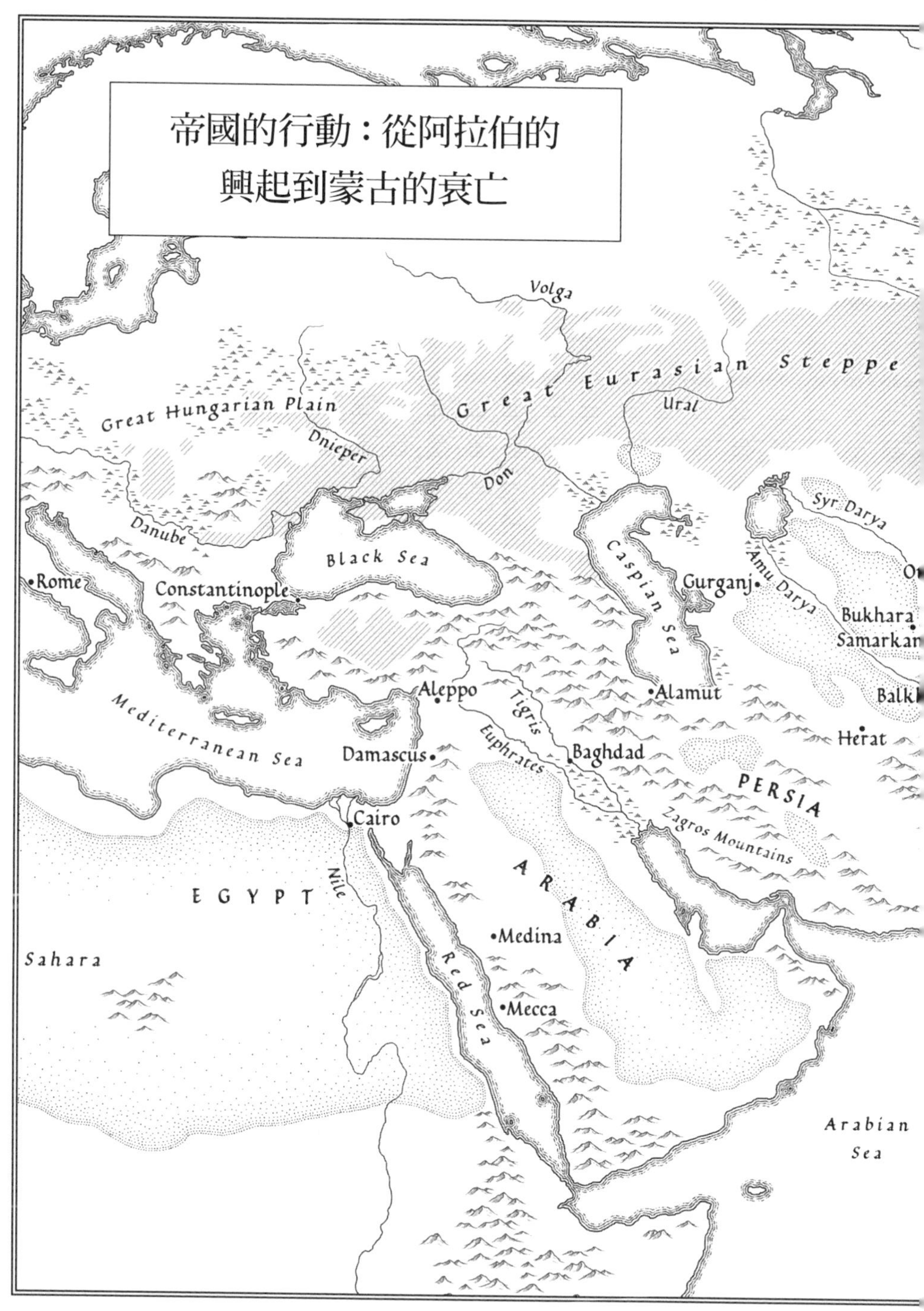
帝國的行動：從阿拉伯的
興起到蒙古的衰亡
Volga
Great Eurasian Steppe
Ural
Great Hungarian Plain
Dnieper
Don
Danube
Black Sea
Syr Darya
Caspian Sea
Amu Darya
Rome
Constantinople
Gurganj
Bukhara
Aleppo
Tigris
Alamut
Mediterranean Sea
Damascus
Euphrates
Baghdad
Herat
PERSIA
Cairo
Zagros Mountains
ARABIA
Nile
EGYPT
Medina
Sahara
Red Sea
Mecca
Arabian Sea

一三七五年：城堡

伊本．薩拉馬（Ibn Salama）的城堡矗立在起伏的丘陵地和峻硬的山谷上，從地中海和白色之城阿爾及爾（Algiers）向南行大約四、五天的旅程就會抵達。它位於阿爾及利亞提亞雷特省（Tiaret）的現代小鎮弗倫達（Frenda）南方幾里處。在這座城堡和大海之間，土地很肥沃，農作還產生了盈餘。因為可以徵稅，所以這裡被稱為bilad al-makhzan，意思是「政府土地」。富饒的北方在古代擁有輝煌的文明，還曾孕育出許多偉人——出生在萊普蒂斯麥格納（Leptis Magna）的羅馬皇帝塞普蒂米烏斯．塞維魯斯（Septimius Severus），統治迦太基的狄多女王（Dido），安東尼和克麗奧佩脫拉的女兒克麗奧佩脫拉．塞勒涅（Cleopatra Selene）則在切爾切爾（Cherchell）周圍綿延起伏的海岸線稱王。城堡的南面是令人生畏的惡地bilad al-siba，意思是「荒廢」，而這片土地確實就如字面上的意思一樣，無法生長孕育出任何東西。這片sahra或稱撒哈拉沙漠是柏柏爾人（Berber）、富拉尼人（Fulani）、圖阿雷格人（Tuareg）、沃達貝人（Wodaabe）和其他流浪部落自由漫遊的游牧國度。雖然這片沙漠超出了政府的控制範圍，但並沒有讓政府失去對它的興趣，因為在向南兩千多公里的地方，穿過岩石、沙子和夾雜其中能夠拯救生靈的綠洲後，就是尼日河（Niger）和廷巴克圖（Timbuktu），那裡有鹽、黃金、象牙、奴隸和其他充滿異國情調的「商品」，全都已準備好要越過這片沙漠前去海岸，或是由人步行運送，或是由駱駝載送。

北非這一地區的族群間存在有鮮明的對比，就像當地迥異的地貌一樣。不過就跟游牧民族和定居者的關係一樣，他們的命運也是交織在一起，密不可分，而且在歷史上大部分的時間裡，他們也相互依存，通常還能和諧相處。正如作家提姆．麥金塔—史密斯（Tim Mackintosh-Smith）所指出的，以阿拉伯文來描述語他們之間的這種臍帶式的關聯最是完美：「阿拉伯語，偏好雙音，最好還有押韻——該隱（Cain）和亞伯（Abel）的阿拉伯文是「Qabil」和「wa-Habil」，這展現出描述「madar」的二元性（wa-wabar），意思是「（住在）用粘土和駱駝毛做的（房子裡的人）」，或是「zar'wa-da」，意思是「播種和擠（奶）」。1

有時族群間的差異大到難以承擔或負荷，打破了彼此情誼，擾亂和諧，造成自相殘殺的局面。發生這種情況時，還有一個緩衝區和一座城堡，可以為任何夾在兩者間的人提供一處避風港。在一三七五年，正是在這樣一座城堡的門口，出現了一位蘇丹的朝臣。與不時來訪的那些要求繳稅或進貢的稅吏、軍官和其他官員不同，這個人是帶著家人一起旅行，還帶來他的圖書館和手稿，而且他希望留下來。

瓦力阿丁．阿布杜．哈曼．伊本．赫勒敦（Wali al-Din Abd al-Rahman Ibn Khaldun）到達伊本．薩拉馬城堡時約四十出頭，當時已是一位傑出的外交官和法官。他的家族發展故事很典型，與那些因為阿拉伯帝國崛起而致富的家族大同小異。他們從今日葉門南部充滿質樸之美的哈德拉馬提（Hadramawti）山谷搬離出來，在七世紀時與第一批伊斯蘭軍隊一起沿著幼發拉底河向北移動。後來，他們跟隨向西橫掃的阿拉伯軍隊前進，最終定居在塞維利亞（Seville），在那裡他們成為在西班牙的穆斯林國家中的安達盧斯（al-Andalus）社群的主要成員。他們的名聲和財富持續增長，直到一二四八年。就跟許多穆斯林家庭一樣，隨著基督教重振旗鼓，伊本．赫勒敦的祖父從貴族變成了難民。他失去了財富和財產，但沒有失去他的聲譽，穿過北非狹窄的水道，突尼斯的貝伊（Bey of Tunis）任命他為財政大臣。

在下一次災難襲來前，中落的家道又再度恢復。然而就在基督教勢力捲土重來的整整一百年後，黑死病席捲了北非，帶走了伊本．赫勒敦的父母、他的老師們還有他的許多朋友。這個少年活了下來，我們對此應該要感到萬分慶幸。不是因為日後他的形像將會印在突尼斯的鈔票上，也不是因為他的名字會出現在各種機構名稱上，從印尼的一所大學、開羅的民主研究中心、突尼斯中部的商務酒店到沙烏地阿拉伯的餐廳，而是因為他在伊本．薩拉瑪的城堡寫的書。

伊本．赫勒敦在柏柏爾人和他們的山丘中生活了四年。面對廣袤的沙漠，豐饒的田地與雄偉的古蹟，他思索著歷史的格局和部落身分的力量，遙想家族故事和自己的經歷，想到安達盧斯莫落後的陰暗，想到黑死病肆虐的慘況，而如今，在三十年後，東方凶殘的野蠻人一如預期地到來，他開始試圖尋找一系列問題的答案，而這些問題時至今日依舊很重要，就跟在十四世紀的那個當下一樣。命運之輪是如何轉動的？為什麼帝王和他們的帝國會有興衰？這是不可避免的嗎？住在城市裡的人和住在偏遠蠻荒之處的人有何不同？為什麼有些人會比其他人更強大？什麼是文明？我們可以對它有什麼期待？

他以寫書來設法回答這些問題，而正如那本書《穆卡迪瑪：歷史緒論》（*The Muqaddimah: An Introduction to History*）的標題所示，這只是一份前言，是在預備他日後三巨冊的《基塔布．伊巴爾：警告之書、起點的收集和歷史訊息》（*Kitab al-Ibar: The Book of Warning and the Collection of Beginnings and Historical Information*）。不過真正展現他天才的傑作就是這本《歷史緒論》，就像馬基維利的《君王論》（*The Prince*）一樣，至今仍影響著我們的思考方式。

到了二十世紀，有位牛津的歷史學家稱此書是「這類作品中最偉大的，古往今來還沒有任何人在任何地方能夠創造出可與其相提並論的作品」，[2]《歷史緒論》為歷史的系統性研究以及我們現在所謂的社會學奠定了基礎。書中列出需要調查的主題和領域，並提出要精進這些研究的方法。書中也包含經濟學，因為伊本・赫勒敦相當敏銳地觀察金融系統的運作，書中最著名的一個段內容是：「在王朝剛開始時，採行低稅率時產生大收益。而到了王朝末期，稅率提高但稅收反而很少。」這想法被二十世紀的經濟學家約翰・梅納德・凱恩斯（John Maynard Keynes）所採用，後來又被亞瑟・拉弗（Arthur Laffer）轉化為理論；並且在談「拉弗曲線」（Laffer Curve）時提到認為伊本・赫勒敦是第一個注意到稅收與公權力之間存在有一反比關係的人。這就解釋了為什麼後來已故的美國總統雷根曾打趣地說道：「我個人並不認識伊本・赫勒敦，儘管我們可能有一些共同的朋友！」

這項成就又因為伊本・赫勒敦的寫作地點而更顯偉大，他不是在亞里士多德的雅典、亞歷山大的古老圖書館，也不是在回教世界重要的高等教育機構巴格達的智慧之家（House of Wisdom）寫

柏柏爾人（Berber）的蝎子符號。

作，而是在十四世紀時動蕩的北非的一座偏遠的城堡中，身邊蔓延的盡是黑暗和困頓，各級政府互相爭鬥，任人民自生自滅。在那個時候，搬家是要冒著遭遇攻擊或感染致命疾病的風險，旅行既困難又危險。大多數人只能在離他們最近的市場或市中心冒險。在歐洲，羅馬人當年自豪地修建和維護的道路，因為乏人養護和缺乏資源，使人只能忍受短途旅行，距離稍長就會成為一種折磨。因此，若真有人選擇旅行，通常都是基於重大的理由，讓他們願意承擔大風險和忍受嚴重的不適感，多半不是前往坎特伯雷（Canterbury）和沃爾辛厄姆（Walsingham）、孔波斯特拉（Compostela）、麥加或耶路撒冷等聖地尋求救贖，就是因為參加十字軍東征。正是在這個大家的日子都過得很困頓，四處都遭到毀滅的時代，伊本・赫勒敦開始做一件以前從來沒有人做過的事，他開始描述人類如何組織自己。最後的成果無異是一套文明的故事，講述著城市和帝國的崛起和其不可避免的衰落，但這些故事可能是多數人未曾聽聞。與西方歷史不同的是，《歷史緒論》並沒有將游牧民族描繪成騎著馬來摧毀一切創造物的野蠻人，而是一股主要的推動力，創造出一代代的江山霸主。在伊本・赫勒敦的世界裡，亞伯的後代是催化劑和創造者，是一股推動社會更新的主力。

全新、非比尋常，而且非常有用

「應該要知道，」伊本・赫勒敦鏗鏘有力地以此開場，而這完全合乎他的內容，「這個主題是全新、非比尋常，而且非常有用。」[3]

他並沒有機會接觸到希羅多德或司馬遷的作品，但他知道已經存在有一些歷史，而且他可以放心地假設他在山上時有其他人在寫歷史。他發現他讀過的大多數歷史都是錯的，有的是因為依賴錯誤的來源，有的是得出錯誤的結論。他沒有時間去接受其他歷史學家樂於接受的公認智慧，為了證明這一點，他提到十世紀在巴格達出生的歷史學家馬蘇迪（al-Masudi）的著作。在他的《黃金草地和寶石礦場》（*Meadows of Gold and Mines of Gems*）中，馬蘇迪描述一座在摩洛哥的撒哈拉沙漠中完全由銅建造且沒有大門的城市：只能翻牆進去。許多人進去了，但沒有一個人出來。伊本・赫勒敦認為這個故事是「講故事的人的胡扯」。[4]但他本人也不總是完全正確。例如，當他寫到與以色列人作戰的古代迦南（Canaanite）統治者亞納（Anak）的兒子歐格（Og）時，他告訴我們歐格非常的高，當他想吃東西時，會去海裡撈魚並「舉起來對著太陽，將其烤熟」。[5]伊本・赫勒敦想知道怎麼會有人這麼天真地相信太陽會產生熱量。「太陽」，他毫不含糊地說：「既不熱也不冷，而是一種簡單、未組合的物質，只會發光。」顯然十四世紀的科學在得到所有答案之前還有很長一段路要走。

伊本・赫勒敦的作品依據的世界觀是：事物並不見得會隨著時間而改善。這是他的中心思想。他沒有看到「人的上升」、向上甚至向下的進展，而是看到了萬事萬物的循環。他的命運之輪轉動，歲月交替，季節輪轉，權力興衰，帝國起落，城市的建立和衰落，人的生死，最後，一切都是塵歸塵，土歸土。就他寫作的時間點來看，他竟沒有提出更多的末世論調，已經算是個奇蹟，那時候偉大的阿拉伯帝國瓦解，安達盧斯谷地淪陷，黑死病造成數百萬人喪生，他看到許多統治者被廢黜，權勢強大的朋友遭到流放或處決後，再加上他繼續面臨的挑戰——尤其是在飽受敵人威脅下，迫使他來到荒郊野外的這間城堡避難。從他在旅途中的所見所聞，從他閱讀的文本以及從早期文明成就中所推論出來，人類的前景似乎與這座城堡南邊的風景一樣黯淡。但是，在他的這本傑作中，有條裂縫貫穿其中，閃爍著希望的光芒，那是來自於游牧民族擁抱多樣性和變化的能力，他們將透過這種能力和他們的能量來讓這世界重現活力。

伊本・赫勒敦早已預見康德關於「地理是歷史的基礎」的這項觀察，而且在他的歷史一開頭就一邊描述世界一邊思考著大地和氣候如何塑造我們的性格和行為。在他的地理分類中，居住在他所謂中間地帶的居民包括有阿拉伯人、拜占庭人、波斯人、以色列人、希臘人、印度人和中國人。在他的描述中，他們天性溫和，主要以四種不同的方式生活：在城市、在郊區落腳務農、放牧以及在沙漠游牧。第一群不言自明。第二群務農者「是指住在小社區、村莊和山區的居民」，[6]包括大多數柏柏爾人和非貝都因人（non-Bedouin）。第三類是放牧牛羊的人，他們需要待在荒地邊緣，要兼顧牧場，也要靠近可以交易放牧產品的市場，這包括柏柏爾人、庫爾德人、土耳其人、土庫曼人和斯拉夫人，以及接待他的城堡主人奧拉德・阿里夫（Awlad Arif）所屬的部落。最後一類是駱駝牧民，他們跋涉到沙漠深處尋找放牧地點，而且，他告訴我們，這是因為母駱駝需要在極端的沙漠高溫環境才能度過生產的危險。必須生活在如此艱難的環境中，他認為這些牧民是「最野蠻的人類……與那些野生、無法馴服的動物和愚蠢的猛獸相當」。他們也可能是喀拉哈里沙漠的桑族獵人、北方冰封大地的因紐特人、叢林中的原住民部落，但對於伊本・赫勒敦來說，「這類人就是阿拉伯人。」[7]

「a'rab」一字在本質上就有些不可避免的游牧性質。在其原始意思中，是專指那些生活在沙漠中的人，是指「badw」，也就是貝都因人（Bedouin），相對於「hadar」，就是指定居者。已知最早使用 a'rab 一字的記錄是在公元前八五三年的一段銘文上，這段銘文記錄了發生在奧龍特斯河（Orontes），就是今日敘利亞西北部附近的一場戰鬥，是亞述人和另一個包括大馬士革和以色列等幾位國王所組成的聯盟間的一場戰鬥；一位名叫金迪布（Gindibu）的首領帶著一千名貝都因戰士也加入這個聯盟，一起參戰。這些騎駱駝的游牧阿拉伯人千里迢迢地從遠方的家園過來，不過他們的一項特質本來就是行動力。確實，有人認為，他們只有「帶上劍，繫上頭巾，騎著馬揚長而去」，才能成就偉業。[8] 不過，那天在奧龍特斯河他們並沒有立下什麼功勞；亞述人獲勝了。

伊本·赫勒敦認為野地裡的阿拉伯人最為頑強，是他心目中的「游牧民族中的游牧民族」，他認為他們「比久坐不動的人更接近善良本性」，因為「其靈魂處於最初的自然創造狀態，已經準備好接受任何可能到來的善惡」。[9] 但他也知道人「是風俗習慣的孩子」。這些人居住在荒郊野外，那裡既沒有高牆也沒有堅固的大門，這意味著他們需要保護自己：這些環境使他們有勇氣，變得更為堅韌，並且會互相照應——這正是《歷史緒論》中的一個關鍵論點。

伊本·赫勒敦認識到游牧民族與自然世界的連結，這迫使他們體認到生存之道：「只有尊重環境才能保證生存——在我們這個環境崩壞的時代，有這樣的認知更為重要。他們與周圍環境和諧相處，因為他們完全依賴周圍環境。他們的生活型態要求他們輕裝便行，因為在遷移時他們必須打包和攜帶所有家產。基於這些原因，他們所擁有的只是最基本的必需品，有時甚至更少，而且不管從哪個角度看，他們的生活都稱不上是舒適或豐富……儘管如此，研究發現缺乏穀物和調味料的沙漠人身體反而更健康，性格也更好……」健康、堅韌和良好的品格讓他們成為「文明和城市的基礎和儲備」。[10]

這種對於「第一人」（first people）所具備的道德和體力的思考並不是什麼原創新穎的想法。柏拉圖在公元前三百六十年曾在《蒂邁歐篇》（*Timaeus*）中提到這樣的概念，他在文中想像城市遭到洪水摧毀，居民慘遭水沖無一倖免，文明因為環境崩潰而面臨毀滅。唯一的倖存者是游牧的牧羊人，他們生活在高地，是批粗野而樸實的人，現在他們下山重新定居在平原上，重建城市。伊本・赫勒敦似乎並沒有讀過柏拉圖，但他讀過十二世紀安達盧西亞哲學家伊本・魯世德（Ibn Rushd）——他在或西方比較廣為人知的名字是阿威羅伊（Averroes，或譯：亞維侯）——以及其他古希臘的典籍。這多少有助於伊本・赫勒敦塑造他的想法，即文明的啟動和更新得靠那些具有善良本性和能量的人，他們理解和尊重自然世界，過著簡便輕盈的生活，四處移動。

在成為「文明和城市的基礎和儲備」前，游牧民族需要有個領袖來召集他們，啟發他們。圍繞在這個有魅力的人身，形成一群體，可能是因為共同的血脈而聚集在一起的大家族或部落，但也可能是基於一個共同的革命思想或宗教信仰而聚集在一起的不同群體。他稱連結這些人的力量為「asabiyya」，音譯為阿薩比亞。這一個字詞，在《歷史緒論》中出現五百多次。而就像阿拉伯語中的許多字一樣，它具有很多樣的意涵，彼此間的關聯也很鬆散，其中包括：除非大腿被綁住，否則不會任意流出乳汁的母駱駝；繫上頭巾；一個狂熱分子。不過與我們的故事最為相關的含義是：社會凝聚力、團隊精神、團體、部落團結。[11]

這麼說來，「asabiyya」聽起來類似於將印歐民族團結在一起的紐帶，可能是因為血緣關係、部落連結、共同信仰或對領導者的忠誠，但無論形成這種結合的「黏合劑」為何，「asabiyya」給了群體一種安全感和相互支持的保證。這正是二十世紀英國探險家威福瑞・塞西格（Wilfred

Thesiger）在寫他與貝都因人一起穿越阿拉伯半島時所清楚表達的觀點：「在需要的時候，人出於本能地支持他的部落同胞，就像他們也會在同樣的情況下支持他一樣。在沙漠裡，在部落框架之外的個人毫無安全感。」[12]「asabiyya」關乎的不僅是個人或集體的生存，伊本．赫勒敦對這樣一份凝聚力轉向外界時所發生的事情更為著迷。當遠離家庭或部落時，這股力量變得比一己之利的總和更為強大，而且有可能成為一催化劑，在重塑歷史、建立或破壞王國和帝國、鼓勵文明或迫使其崩解上發揮作用。他意識到，在一個國家內部，這種群體感的性質，會以一種原始而精明的感知方式來決定其政府和機構的性質。正如一位政治評論家最近所說，這現在可能是「人類生存的基本現實」。[13]這話指向一個不斷變形、轉移、遷移和漂泊闖蕩的存在。

伊本．赫勒敦說：「既然沙漠生活無疑是讓人勇敢的源泉，野人團體會比其他人更勇敢。因此，他們能夠取得優勢並奪走其他國家手中的東西。」[14]伊本．赫勒敦指的「東西」是游牧民族可以奪取的權力、王權、土地和財富。他還注意到，無論有多麼想要擁有自己的權力，一個游牧領袖

伊本．赫勒敦（Ibn Khaldun）。

「除非能團結眾人，否則是無法完全達成他的目標……而這份群體情感導向的目標就是高人一等的優越皇室。」[15]這樣的聲明看起來可能過於簡單，但在伊本．赫勒敦之前完全沒有人提出，也沒有人將其整理成一種理論來解釋國家和帝國的興衰。

伊本．赫勒敦在北非和西班牙曾服務過許多統治者，他們的財富就是透過這樣的過程而增減生滅。以阿爾莫哈德人（Almohads）為例，他們是游牧的柏柏爾人，來自阿特拉斯山脈以南，相當於今日摩洛哥的位置，而凝聚他們的「asabiyya」是由改革宗教學者伊本．圖馬爾（Ibn Tumart）所宣揚的清教徒訊息所塑造的。摩洛哥王朝的腐敗最初在沙漠邊緣造成人民對統治者的怨言，這很快就向北傳開，並成為主流意見。在二十五年內，阿爾莫哈德人建立了一個橫跨北非並進入安達盧斯的哈里發（caliphate），相當於我們所謂的國家。

阿爾莫哈德人的例子說明在適當導引「asabiyya」的力量時，游牧民族就可以取得成就，不過要以伊本．赫勒敦的這套系統來解釋文明興衰時，更為顯著的例子其實就是他自己族人的過去。就跟多數游牧民族的故事一樣，這個故事也是以「在一片開闊土地上和放牧駱駝的牧場」[16]開始，講到部落和貿易路線，以及一位聲稱曾遇到一天使的來自沙漠城市的商人。

七世紀的信使

一個信使在阿拉伯沙漠中騎馬，向東前去幼發拉底河。到達波斯首都泰西封（Ctesiphon）時，他向薩珊王朝的統治者科斯羅二世（Khosrow II）通報一個訊息：他是由一個自稱是「上帝的僕人」派來的，這個僕人呼籲皇帝要改信一個新宗教，「這樣你才可能保持安全（今生和來世）」。這個訊息以威脅結尾：「如果你拒絕接受……你將要為祆教祭司（Magi）的罪負責。」17

當時波斯帝國的財富和力量因長期與拜占庭、西羅馬帝國，以及北方游牧民族的爭鬥而日益減弱，但這時的波斯國王仍然統治著一個從地中海延伸到喜馬拉雅山脈的國家，其中還包括阿拉伯北部的硬地。據九世紀波斯歷史學家塔巴里（al-Tabari）的宣稱，科斯羅比他王朝中大多數的統治者更勇敢、更聰明，而且儘管他的帝國已經衰落，他仍然配得上勝利的帕爾維茲（Parviz, Victorious）這個稱號。科斯羅將此訊息視為侮辱而非邀請，並下令將傳送訊息的使者帶到他面前受罰。當此人聽到皇帝的反應時，他預言阿拉將會摧毀科斯羅和他的帝國。事實證明，這個預言應驗了：後來並沒有將此人帶到皇帝面前，但皇帝確實在他自己兒子的密謀下慢慢地死去，而波斯帝國很快就步向滅亡。

類似的訊息也送去了君士坦丁堡，傳達給拜占庭（東羅馬帝國）的皇帝。與科斯羅不同的是，希拉克略（Heraclius）據說對寫下這訊息的人很好奇，他確實應該如此；因為要不了多久，這整個地區都感受到這個來自阿拉伯的人的追隨者的力量。

穆罕默德・伊本・阿卜杜拉（Muhammad ibn Abdullah）於公元五七〇年左右出生在麥加。儘管他是游牧民族的後代，但麥加人主要的活動是貿易，以及我們現在所謂的宗教旅遊。長期以來，麥加就是個備受尊崇的地方，因當地有神聖的滲滲泉（Zamzam well）和克爾白或稱卡巴天房（Kaaba）——一座十五公尺高的立方體，關於它的傳說非常多。這座天房的屋頂是由三根柱子所支撐，其上有一塊黑色的石頭，據說是一個天使放在那裡的。這塊石頭尚未經過科學檢驗，但一般認為可能是隕石或黑曜石。

穆罕默德年輕時，卡巴天房就按照一處衣索比亞教堂的造型重建。當中安置了三百六十個偶像的雕像，包括基督教的聖母瑪利亞和用紅色瑪瑙雕刻而成的胡巴勒（Hubal）雕像，這是納巴泰人（Nabataean）的眾神之王，長有一對黃金手臂，周圍環繞著七支箭。[18]卡巴天房既是祭祀中心，也是文化中心，[19]整年都吸引著大批朝聖者和貝都因部落前來，在這裡舉行年度的集體聚會。在這些大型部落活動中，會有人前去請求胡巴勒和他的箭以及其他卡巴天房內的諸神的神諭，進行占卜。天房外則是一片混亂，可能有點類似中世紀的基督集市，或二十一世紀埃及的「moulid」（聖日）的場景。會有人在那裡進行交易買賣，分發食物等各類慈善物資，也會有人佈道、舉行結婚儀式，就像他們的印歐祖先在幾千年前所做的一樣，阿拉伯的那些傳奇詩人會以頌讚強大戰士、高尚行為，和絕望愛情的詩句來爭奪榮耀，一較高下。據說獲勝的詩句會被刻記下來，或是繡在長條布上，猶如戰利品般懸掛在天房的屋頂上，讓這些字真的飄揚在沙漠上空。

在那個時候，麥加人是務實的商人，他們歡迎定居者和流動者，接待來自半島各地城市和定居點的朝聖者，同時也會拿自己的穀物、金屬製品和其他定居者所製造的產品，與游牧民族交換羊毛、獸皮、起士和編織物。不過真正讓麥加的家家戶戶變得富有的是國際貿易。起初，他們會放款借錢，徵收通過他們領土的貨物稅。但最終他們自己也組織了的駱駝商隊，向南到葉門，去那裡收購乳香以及從印度、中國和東邊其他地方運來的貨物，然後商隊向北而去，沿路在耶路撒冷、大馬士革、阿勒坡和拜占庭販售商品。

麥加商人穆罕默德在前往大馬士革的這條路線上做生意，而且據信他至少有一次曾北上敘利亞。這段旅途艱辛，生意也不好做，想要餬口謀生並不容易，但據說他拒絕進入大馬士革的城內，因為他相信人類只能進入一個天堂，而他要把自己的那次保留給天上的。大約在他二十五歲的時候，穆罕默德娶了一位比自己大十五歲的寡婦卡迪亞（Khadija），她是個富商，他的前景多少有了改善。憑藉她的資本和人脈，再加上他的努力付出，他們的生意應當蓬勃發展，卡迪亞和穆罕默德以及他們的六個孩子本來可以打下一個阿拉伯貿易王朝，但後來情勢轉變了。拜占庭和波斯間長年累積的衝突正在損害歐亞經濟，讓貿易條件更具挑戰性。來自各國宮庭和平民的資金日益流失，跨越阿拉伯的大篷車和前往麥加的朝聖者數量也隨之減少。這時的穆罕默德年紀大約在四十歲左右，由於生意變差，他待在麥加的時間也多了起來，於是他開始到附近山上的洞穴裡去冥想。在其中一次的靜修中，據說他聽到了一個聲音，來自大天使加百列。「背下來！」天使吩咐道。這時天使的話語傾瀉而出，講了一堆他未曾聽聞的。[20] 這是上帝最後的話語。

天使講完後，穆罕默德（現在成了先知）便將這些話記下來，然後派信使前往阿拉伯及其鄰國，把訊息傳給那裡的加薩尼王朝、拉赫米德和其他國家的領袖，就像他之前將訊息帶給薩珊王朝的科斯羅和拜占庭（東羅馬帝國）的皇帝希拉克略一樣，請他們聆聽這訊息。「走在正確道路上的人就會平安，」據說他曾這樣宣稱：「如果成為穆斯林，你會很安全——上帝會加倍你的獎賞，但如果你拒絕伊斯蘭教的邀請，你將承擔誤導臣民的罪。」[21]

科斯羅和希拉克略這兩位領導人都沒有接受這項邀請，不過許多在阿拉伯的領袖接受了。他們之所以接受，是因為他們真心相信這項訊息，而且當中有許多早已準備好要這樣做。經濟衰退使阿拉伯半島的許多人需要「asabiyya」所提供的凝聚力和歸屬感。對他們來說，先知穆罕默德的訊息直接而簡單：加入「umma」（譯注：音譯「烏瑪」，阿拉伯文，本意為「民族」，引申為「社群」），並宣稱只有一位真神，而穆罕默德是他的先知。這項訊息出現的方式與新生的基督教不同，較為吸引人，因為它沒有階級明確的神職人員系統，這不僅吸引了在麥加和馬迪納（Medina）的定居商人，也吸引那些在綠洲和沙漠中熱愛自由的游牧民族。與猶太教、基督教、瑣羅亞斯德教或納巴泰教的神不同，這位神也確實吸引更多注意，因為祂是以游牧的阿拉伯人的語言來對他們喊話。

伊本．赫勒敦了解卡巴天房和前伊斯蘭時期的敵對詩人，他們「將詩歌作為他們的科學和歷史的檔案，作為他們判斷是非黑白的證據」。[22]應用他的分析系統，他明白了何以先知穆罕默德的訊息會這麼吸引阿拉伯人，以及為何沙漠部落，這批亞伯或哈比爾的子孫們會圍繞在這位具有超凡魅力的領袖身旁，在這裡凝聚出一股團結的力量：「asabiyya」。他也知道他們非凡的軍事成就，儘管他們在半島外的第一次交戰並不如預期。

公元六二九年九月，一支由三千名穆斯林組成的軍部隊沿著往大馬士革的古老貿易道路向北前往穆塔（Mu'tah），這條路就是今日約旦的國王大道（King's Highway）。他們是去為先知的一位使者報仇，他在北上傳達訊息時遭到處決，然而他們這次選擇突襲的時機很不巧。這並沒有如他們期待地嚇到當地一小支非穆斯林的阿拉伯地方軍，而且當時希拉克略皇帝為了重新控制約旦河以東的領土，派出的一支龐大的拜占庭軍隊，這兩支軍隊竟同時抵達。

在此之前，大部分游牧的穆斯林只有面對過其他阿拉伯戰士。全副武裝的拜占庭重裝騎兵和訓練有素的帝國步兵對他們來說是相當嚴重的威脅。後來阿拉伯這一方的說詞又變得得更加誇大，他們說戰場上有超過十萬名拜占庭大軍，但事實上阿拉伯人這一方的人數遠遠超過，而血腥的戰鬥讓大軍越來越絕望。在一位名叫哈立德・伊本・瓦利德（Khalid ibn al-Walid）這位英勇的年輕戰士帶領下，拜占庭大軍的三名指揮官已經倒下。這位後來獲得先知授予的「真主之劍」（Sword of Allah）的新將軍據說在戰鬥中弄斷了九把刀，儘管這說法可能比較會讓人懷疑阿拉伯金屬工藝（或穆斯林《聖徒傳記》）的品質，而不是戰況的激烈程度，總之，他顯然是個勇敢而熟練的戰士和倖存者。在這場衝突結束時，雙方都聲稱獲勝，拜占庭人意識到在他們的南部邊境出現了一股新力量。

據傳聞，先知穆罕默德對他的戰士沒有取得明顯勝利就返回感到憤怒不已。四年後，先知已過世，哈立德・伊本・瓦利德重返戰場，對抗拜占庭和波斯軍隊，而再過四年，他和他的「商隊首領出身的戰術家」同夥，[23]將美索不達米亞、巴勒斯坦，敘利亞和部分的安納托利亞地區都納入他們的勢力範圍。

阿拉伯穆斯林的勢力突然崛起，這改變了當時的世界秩序。到了七世紀初，約莫就是在哈立德獲勝和先知穆罕默德過世後的一個世紀左右，羅馬帝國落入君士坦丁堡的手中，成為他們在巴爾幹的腹地，而在同一時間，阿拉伯帝國的統治範圍從印度河流域延伸到大西洋，疆域超越過去所有的帝國。這個新帝國最引人注目的地方倒不是它的規模，而是打下這片帝國的人，他們是沙漠子民，是游牧民族，他們的移動習慣促成迅速的征服行動。雖然這個帝國的顧問團和將軍群的核心，大多是定居在城鎮裡的人，不過大約有八五％的阿拉伯人和大多數八世紀的穆斯林都是過著移動的生活，或至少仍受到游牧傳統的影響。兵力相對較少的阿拉伯部落軍是第一波伊斯蘭教浪潮的骨幹，他們與「來自不同部族、紀律嚴明的小型士兵團體」，[24]並肩作戰，最後取得重大勝利，在傳統上他們多半是以宗教信仰來解釋這樣以寡擊眾的戰果——因為他們是為阿拉真主而戰，他們確信要是陣亡了，會成為烈士進入天堂。正如一位九世紀的歷史學家對此的註解，當波斯人、拜占庭人、埃及人和其他戰士在這個世界汲汲營營時，穆斯林戰士的願望和期待已經望向未來。[25]不過伊本・赫勒敦認為有其他原因。他將他們的勝利歸功於他們具有的游牧力量：「asabiyya」。他相信，阿拉伯人之所以取得勝利，是因為他們更接近「自然狀態」，而且沒有受到定居生活的束縛。

儘管阿拉伯游牧民族的日常生活在某些情況和細節上與斯基泰人有所不同——尤其是就氣候、阿拉伯半島的規模，以及主要交通工具是駱駝而不是馬——這兩群游牧民族的「asabiyya」還是有許多相似處，還有匈奴、匈人和草原以外的其他人也是，正如撒哈拉以南的游牧民族、法蘭克（西歐）和日耳曼歐洲的流動群體以及那些漫遊在美洲大草原和南美洲的彭巴草原上的游牧民族，他們彼此間都有一些相似處。他們的身分和自我意識受到家庭和部落連結的影響，因為他們的生活是穿梭在自然界中，不時的移動。而他們當中還有些人也認識到在該隱和亞伯之間、在城市和農村間，以及在公民、農民和游牧民之間那種基本而微妙的關係。現在

Khatim，八角星，即「先知的印章」，是《可蘭經》中給先知穆罕默德的一個封號。

阿拉伯人面臨的挑戰是要學習如何在安頓下來的同時還保持他們的「asabiyya」凝聚力，維持這樣一股讓他們獲勝的能量。

城市的問題

匈人領袖阿提拉意識到，帝國的統治者必須要建造一座房子，要有宴會廳和議事廳。儘管他的宮殿是木造的，可以拆除，但相當於是定居的世界，而且聚集在一起就形成了近似於我們所謂的首都。不過阿提拉的個人習慣總是將他帶回到游牧草原傳統，正如他的個人行為依賴種種游牧生活中的試金石——個人榮譽感、名譽價值、信守諾言、忠誠、部落、家庭、戰友團，凡此種種都是自第一批印歐馬車從草原上緩緩駛出並改變世界以來就一直存在的價值觀。曾經親眼見過阿提拉的拜占庭大使普里斯庫斯很驚訝地發現，儘管集大權和財富於一身，但他卻選擇簡單地生活在平原上，而不是在他所征服的眾多城市的其中一座宮殿裡。不過阿提拉仍然繼續前進，他的目光仍然聚焦在更大的獎品。要是他真的實現了自己的野心，要是她沒有在四十七歲的一個新婚之夜去世，要是他真的成功占領了羅馬，也許他就會安定下來。要是真的如此，他將面臨與七世紀和八世紀阿拉伯領導人相同的困境。如何在移動傳統與龐大帝國和一座首都的需求之間求取平衡呢？

第一批的阿拉伯帝國中心主要是對歷史悠久城市的改造，其中最具戲劇性變化的是大馬士革。公元六三四年，戰無不克攻無不勝的哈立德·伊本·瓦利德為他的新宗教征服了這座城市，並在下個世紀初下令建造一座豪華的清真寺，奠定這座城市，即新帝國的首都，權力中心的地位。清真寺的建造地點選在一處很有宗教歷史的地方，以前曾有過一座基督教大教堂、施洗者約翰的墳墓、一座朱匹特的羅馬神廟和公元前十一世紀的閃米特人的風暴之神哈達德－拉曼（Hadad-Ramman）的神廟。每種文明都將自己強加於前者，不過這座新的清真寺的拜占庭風格遠多於阿拉伯的傳統建築，因此很可能會被誤認為是一座教堂。

在阿拉伯人征服大片土地後的最初幾年也建立了一些新城市，而在承繼阿拉伯游牧民族遺產的這個面向上，它們則講述一個不同的故事。在突尼西亞的凱魯萬（Kairouan），——就是來自「大篷車」（Caravan）這個字——起初比較算是一個貿易站，而不是城市。在埃及，阿拉伯軍隊創建了「al-Fustat」，意思為「營地」（the Camp），一座帳篷城市，就在尼羅河上的拜占庭堡壘旁，最終這地方將演變成「al-Qahira」，也就是後來的開羅。然後，在公元七五一年，阿拉伯的哈里發（caliph）——穆斯林國家的統治者——決定在離推測的伊甸園所在地不遠的地方建造一個新首都。這不是一座游牧城市，不過它的起源和精神都還是承繼游牧文化的過去，而且將會從目前與游牧的接觸往來中獲得財富。

定居的人缺乏質樸、堅韌和其他許多讓伊本・赫勒敦欽佩的移居者的特質。他認為他們沒有他在游牧者身上發現的善良本質，因為城市裡的人們已經習慣懶惰和安逸。他們沉浸在幸福和奢華之中。他們將保護他們性命財產的任務委託給統治他們的首長和負責保護他們的民兵。他們在周圍的城牆和保護他們的防禦設備中獲得足夠的安全感。[26]

他總結道，這種依賴使他們變得脆弱，特別是在面對那些「獲得優勢，而且擅長奪走其他國家」的游牧民族時。[27] 而這當然也適用於阿拔斯・本・阿卜杜勒－穆塔利卜（Abbas ibn Abd al-

Muttalib）的家族。

阿拔斯・本・阿卜杜勒—穆塔利卜出生在麥加，是先知的叔叔，也是之前他來往密切的夥伴。隨著穆斯林帝國發展，阿拉伯人再度定居下來，阿拔斯的一些家人最終來到了約旦沙漠中一個名為胡美瑪（Humeima）的商隊驛站。來自附近佩特拉的古代納巴泰人在那裡建造了引水槽和蓄水池提供源源不斷的水，但生活依舊艱難，除了過往貿易的商人，就只有靠放牧駱駝維生的阿拉伯人。不過納巴泰的後代中也有些野心更大的人，在公元七五〇年，也就是阿巴斯去世一個多世紀後，他的曾曾孫奪取帝國的控制權，並以他祖先的名號創建立一個新的哈里發國，即阿拔斯王朝（Abbasids）。

曼蘇爾（al-Mansur）這位阿拔斯王朝的新任哈里發，或許是受到他貝都因血統的影響，在他統治的前兩年，曾四次遷都，最後才決定建立一座新的首都。大馬士革如今成了帝國中心，面向地中海世界，就在與拜占庭邊界處不遠，是個危險的地點。然而曼蘇爾的野心其實是望向在東方的亞洲，因此他更喜歡待在美索不達米亞。這樣的偏好還有另一個原因：帝國需要糧食，正如希羅多德所指出的，若得到適當供水，美索不達米亞可以成為「世界糧倉」。

據說曼蘇爾在為他的新城市尋找位置時，曾在底格里斯河上來來回回航行多次。這不免讓人感到好奇，因為早期的征服者早已勘察過這條河，而且所有人都選在同一塊土地上建城，就在底格里斯河和幼發拉底河緊密相連的地方。這些城市中最晚近的一座是泰西封，是由帕提亞人在公元前二世紀時所建立。曼蘇爾接管這座城時，泰西封是波斯帝國的首都，也是世界上數一數二的大城，擁有約五十萬人口。不過這位新任的哈里發卻選在這座城上游三十幾公里處紮營，搭起帳篷，並且在一群占星家、建築師、詩人和先知的幫助下，制定出他的新城市的總體規劃。

曼蘇爾現在四十歲了。他在約旦的沙漠中出生和長大，成年後大部分的時間都在遷徙中度過，而其中多數時間都在打天下，他「處死了許多人」。[28] 現在他成為哈里發，成為帝王，是地球上最有權勢的人，他想要打造一個神奇的地方，以一座最為崇高的城市來展現他自己。但他的游牧背景告訴他，城市只是一樁騙局，至少在以此來宣揚確定性的企圖上，它們只是偽裝成永恆。他親眼目睹過一些古代偉大城市的廢墟，好比說巴比倫，又好比說吉爾伽美甚的烏魯克（Uruk）——這座偉大的城市曾是八萬人的家園，但現在只是一堆塵土。他早就知道宮殿和城市都不會長久。他最近還發現，連名字都不會：他曾想要將他的新城市命名為「Madinat al-Mansur」，意思是曼蘇爾的城市，不過這個名稱已經有了，是在庫費（al-Kufa）附近的一座宮殿，最後，新首都定名「Madinat as-Salam」，意思是和平之城。就之後這裡引發的大量衝突來看，這名字似乎取得太過一廂情願。最後，基於不是很清楚的原因，它的名稱再度變動，成為巴格達（Baghdad）。

這座城市的平面圖是一個圓圈，由兩條筆直的道路一分為二，形成一個X型，外層的圓牆上開有四個大門。曼蘇爾大言不慚地聲稱是自己獨創出這個設計，但實際上這個構想是出自他的首席建築師哈立德・伊本・巴爾馬克（Khalid ibn Barmak）的手筆，而且靈感來源還有好幾個。建築師本人或許不知道，這個以十字切開的圓圈圖像在古埃及的象形文字中就是代表「城市」。總之，他是在一座圓形樓層的建築中長大，因為他的父親在梅爾夫（Merv），即今日的土庫曼斯坦（Turkmenistan）的瑙巴哈爾（Nawbahar）的一間佛教寺院擔任的住持，寺廟圓形的設計是為了反映佛教曼荼羅，或稱曼陀羅（Buddhist mandala）中心的臍輪。伊本・巴爾馬克也熟悉對位於波斯帝國法爾斯省法拉什班德（Firuzabad）的薩珊（Sasanian）圓形宮殿，因為他曾在那裡擔任兩年的省長。他所設計的圓形首都就是要像佛教曼荼羅一樣具有象徵意義，以宮殿為中心，謁見室上方由一個直徑約四十公尺的綠色圓頂覆蓋，好比帝國巨輪的樞紐。

在關於巴格達的許多傳聞中，有提到那裡的巨大城牆，據說有七、八公里長，外牆約十八公尺高，內牆則有二十七公尺高，具有威懾的作用，以此來確保人民的安全。到底從什麼時候起，人們開始相信城牆可以保護人的安全？特洛伊沒有，羅馬也沒有，烏爾克失守了，巴比倫也是。城中四座城門各有千人駐守，強化這份安全的保障。安全優先是這一切的準則，據說，曼蘇爾曾表示：「這確實是我要建立的城市，我要居住的地方，以及我的後代將統治帝國的地方。」

沒有人比曼蘇爾更清楚，如果他的這條路線、他的首都和帝國要蓬勃發展，他需要的不是牆壁，而是一種流動性，可以讓人來去自如，能夠促進思想交流和自由貿易。巴格達將成為這種流動性的體現，代表移動的勝利，它的圓形牆壁是游牧世界可以圍繞其旋轉的固定點。它的位置選擇是基於生產和交通的考量，這塊平原地力肥沃，能夠確保食物供應。而且由此能夠方便前去帝國在亞洲的各個省分，還能向外延伸到網絡般的貿易道路。巴格達與底格里斯和幼發拉底這兩條河相連，地理位置也很靠近南部的波斯灣和西北部的敘利亞。此外，它也靠近古老的波斯皇家大道，這條大道將地中海和尼羅河與中亞草原、印度和其他之後的市場連接起來。「我們和中國之間沒有障礙，」曼蘇爾已然意識到絲路的可行性。「能夠在海上運送的一切都可以來到我們這裡。」[29]作為一個流動世界的中心，巴格達成了一個充滿財富和奇觀的地方，多年下來，正如曼蘇爾所預測的，這裡成為他後代子孫的家園，其中包括他成就最輝煌的孫子哈倫・拉希德（Harun al-Rashid）。

關於哈倫的形象，相當兩極。在有些人看來，他是個嚴肅的人，滴酒不沾，一生致力於血腥的聖戰，他在位期間曾八度前往麥加朝覲（hajj）。不過在更多人眼中，哈倫愛好享樂，是位歡樂的哈里發，在他統治期間，帝國相當繁榮。這位哈倫英俊高大，雄辯滔滔帶有傲慢之氣，就像是阿爾夫．萊拉．瓦－萊拉（Alf Layla wa-Layla）《一千零一夜》故事集中的那位哈里發。哈倫的祖父很節儉，甚至還有阿布．達瓦尼克（Abu Dawanik）的綽號，意思是「王國裡的最小硬幣之父」，但他也為帝國的財政奠定紮實的基礎，才能讓哈倫一即位就有個富裕的開始，甚至讓他向拜占庭皇帝吹噓「在我的臣民中，即使治裡最小領土的那位，他的歲收也比你整個帝國還要多」。[30]哈倫與他的祖父不同，以慷慨和熱情好客而聞名。據說，在他的婚禮當天，他給妻子送上大量珍珠和紅寶石，然後為她準備有史以來一個女人能享有的最好宴會。宴會期間，客人可隨意取走裝滿銀的金盤和裝滿黃金的銀盤。哈倫這種慷慨的愛傳給他的兒子和繼任者，因為伊本．赫勒敦告訴我們，當瑪蒙（al-Mamun）結婚時，他讓他的妻子布蘭（Buran）坐在用金線織成的地毯上，當中還有繡上紅寶石和珍珠，並給她一千個「風信子」（hyacinths），這個字在當時是用來指紅寶石。皇家膳房在準備婚宴時燒掉大量木柴，需要騾子來回運送十五萬次，還出動三萬艘船來接送賓客往返宴會。伊本．赫勒敦在他位於伊本．薩拉馬城堡的簡樸房間中想像出這一切，並向我們擔保「還有很多其他這樣鋪張奢華的事情」。

也許哈倫既是一位虔誠的朝聖者、聖戰者，也是個一擲千金的浪蕩子弟，因為就某方面來看，他的慶祝方式就跟描寫在《一千零一夜》書頁中的一樣。他是深深地喝著生命之杯的哈里發，樂於招待一小群軍中同伴、歌手、音樂家、舞者和美女。他們喝下大量的席哈（Shirazi）紅葡萄酒和其他酒類，舉辦盛大的宴會，享受著放蕩的生活。他的一位宮廷詩人穆斯林伊本・瓦利德（Muslim ibn Walid）這樣形容：「這種生活是什麼？是愛，是臣服於醉人美酒和美麗雙眸？」[31] 據說哈倫也常失眠，喜歡夜裡微服出巡，在他的首都街上四處遊蕩，陪伴他同行的有大臣賈法爾（Jafar）和他的劊子手，由他來決定合適的賞罰方式，他們會抓奸商，會與詩人嬉鬧，會追逐美麗的女孩，其中有些最終進入了他的後宮，也有些帶著大量珍寶離開。若他真是如此，那他會是一座城市和一個運作順暢的帝國的理想統治者，在其中移居者與定居者取得平衡、部落與城邦和解，所有人都為整體利益而工作。這展現出帝國規模的「asabiyya」。

曼蘇爾將巴格達的市場設置在圓形城牆內，但很快就出現轉變，市場被搬遷到這座宮殿城市南方的新郊區卡爾赫（Karkh）。有個故事透露出市場搬遷並不是因為商人需要更多空間，而是因為一位拜占庭大使對市集的評論刺中了曼蘇爾的痛處，這位大使點出這位哈里發已將他的「敵人」邀請到牆內。大使所說的「敵人」是指外邦人，其中許多是游牧民族，但正是在他們的幫助下帝國得以蓬勃發展，讓各個種族、貨物、知識和思想、信仰、故事、歌曲、表現方式，以及所有其他的文化層面翻山越嶺、乘風破浪而來，沿著山谷、草原和河海進入這個帝國，是在這樣的環境中，阿拉伯文明才蓬勃發展起來。

哈倫知道，伊斯蘭黃金時代的財富和睿智乍現的靈光並不是來自於城牆和邊界所提供的安全，而是來自於移動的人群，這批獲得允許，能夠自由自在地穿梭於從安達盧斯延伸到中亞一帶的帝國領土內。現在世界可以感受到阿拔斯王朝的影響力，從撒哈拉以南，一直下到印度，上到西伯利亞，西到拜占庭邊界，東到中國。伊斯蘭帝國的幾個重大中心都是開放市場，如福斯塔特

（Fustat，即開羅）、撒馬爾罕、巴士拉、大馬士革和摩蘇爾。隨著阿拉伯人漸漸背離歐洲，這時的世界貿易大部分都在當時世界上最大的兩座城市之間轉移：百萬人口的唐朝首都長安和巴格達——到公元七八〇年代晚期人口至少達到六十萬。[32]這種規模的城市即使在當時也不算特別大——羅馬在公元一年的居民可能就有約一百萬。

由於這些交流以及這些民族之間的貿易，巴格達在哈倫這雙號稱鍍了金的手下，果然不負「宇宙十字路口」的美譽。處處是華麗的宮殿和任人恣意享受的花園，激盪出許多奇妙故事，說那裡的樹木會長出金枝，棲息在上面的鳥也自動變成金色的，鳴叫聲音比任何生物都甜美。藝術和科學也蓬勃發展，因為當時砸下的重金吸引了歐亞大陸上最優秀的畫家、陶藝家、歌手和音樂家前來。在阿拉伯，男男女女的詩人和說書人向來就很受歡迎，但現在他們受歡迎的程度達到另一個層次，就好比是我們這個時代的超級巨星一樣，會在新首都的大廳和聚會場所裡吟詠背誦古老的故事，或是創造新故事，使得這段時期成阿拉伯史上詩歌最豐富的時代之一。甚至連皇室公主也會寫詩，其中包括哈倫王儲阿明（al-Amin）的年輕新娘盧巴娜（Lubana）。據說她是她那個時代的頂尖美女，而她有很多東西想寫，因為儘管她集美貌和才藝於一身，她的丈夫更喜歡閹人。當阿明在皇位繼承權的鬥爭中遭到兄弟瑪蒙（al-Mamun）斬首後，已婚但依舊是處子之身的少女盧巴娜寫下這些話：「哦！英雄就這樣在光天化日下死去，遭到他的將官和衛兵所背叛。我為你哭泣，不是因為我失去安撫和陪伴，而是為你的矛、你的馬和你的夢想。我為我的王哭泣，他在我們新婚之夜之前讓我成為寡婦。」

不論說書人和吟遊詩人對巴格達有多少傳頌，在它的成就中最聞名的是「智慧之家」（Bayt al-

Hikmah）。就跟巴格達的許多地方一樣，這座建物也是以早期的波斯建築為藍本，而這在很大程度上又取材自亞歷山大和雅典的機構。在那個時代，這座城市的財富和敞開的大門吸引了來自帝國各省及國外的一些最傑出的人才。若是想要避開首都政治圈，他們也有大馬士革、庫法、巴士拉和花剌子模或呼羅珊省（Khwarazm或Khorasan）等其他學術中心可以選。當時大部分知識都來自古代世界，許多文獻都已從希臘語、科普特語和敘利亞語翻譯過來，特別是在哈倫的兒子瑪蒙寫信給拜占庭皇帝要求「一系列在拜占庭世代傳承的這類古代科學的著作」之後。[33]哲學、數學、法律、先知穆罕默德的聖訓或格言、其他宗教的文本——不論是希臘文、波斯文、梵文還是其他東方語言——全都被翻譯成阿拉伯文。不過智慧之家是所有這些學習的中心，那裡不僅是從事翻譯而已。在這一時期，他們創造或改進了代數、化學、算術和許多其他主題和學科，這是由於阿拉伯和波斯學者轉變了古代知識和理論，而這些日後又影響歐洲的文藝復興和啟蒙運動。

公元九世紀薩馬拉（Samarra）的阿拔斯王朝的一只錫釉碗上的鳥類細部。

阿拔斯王朝的這些學習中心與古老的圖書館和研習室（mouseion）有一個主要的關鍵區別：他們現在並沒有將想法寫在紙上，也沒有記在羊皮紙或莎草紙上。長期以來，造紙的祕密一直受到中國嚴格地控管，是在公元七五一年才傳到西方，並且就跟多數的技術一樣也是因為戰事而傳出來。那一年，阿拔斯王朝和唐朝軍隊在今日的吉爾吉斯坦（Kyrgyzstan）的塔拉斯（Talas）進行一場劃時代的戰役。這場戰鬥的一項結果是建立一條非正式邊界，標誌著中國向西部擴張的極限，而這實際上讓阿拔斯王朝控制中亞大部分的地區及當中的貿易路線。戰役的另一項結果是，一名被擄的唐朝士兵向囚禁他的阿拉伯人展示如何造紙。同樣是在公元七五一年，在阿拔斯王朝統治的撒馬爾罕（Samarkand）就試驗了這項造紙術，到世紀末時，在巴格達已可生產和使用紙張。

定居的光榮時代

正如伊本．赫勒敦所知道的，這些進步是有代價的。在第一代倭馬亞哈里發（Umayyad caliphs）時期，阿拉伯人在住宿方面繼續沿用過去的方式，搭建以皮革和羊毛製成的帳篷。那時只有極少數阿拉伯人不再依循貝都因人的生活習慣方式。當他們要去突襲或參戰時，他們會騎上馬，以駱駝運送他們的游牧家庭，帶上依賴他們的婦女和孩子。因此，他們的軍隊可說是由許多游牧家庭所組成。[34]

但到了阿拔斯王朝的黃金時代，阿拉伯王朝採納吸收了多種定居文化和炫富的習性。人們在城鎮定居下來。他們居住的地方從帳篷變成了宮殿。他們將駱駝換成馬和驢等騎乘動物。[35]

雖然阿拔斯王朝許多人的思想和行為仍持續受到原始的阿拉伯游牧文化所形塑，特別是那些血脈可以追溯到阿拉伯半島的人，但這個帝國變得越來越國際化、多元化，而且逐漸朝定居的方向傾斜，而行政體系則越來越波斯化。

從行動自由、思想自由、語言自由的牧民轉型到定居在城市中的居民，從生活艱難、身家輕便的沙漠人轉變成熱愛奢侈品的公民，這樣的轉變過程迅速而完整。在阿拔斯王朝的巴格達宮殿和那位獲得「真主之劍」的哈立德·伊本·瓦利德的帳篷之間，僅僅相隔一個世紀的時間而已，如今是哈倫治下的帝國，之前則是騎馬和駱駝從阿拉伯前往大西洋、印度河和印度洋及其他地區的阿拉伯部落。也就在這一世紀間，那股讓阿拉伯領導人掌控一個龐大帝國，並讓他們的新宗教成為地球上最受歡迎的那股堅韌能量、力道、奉獻精神以及暴力，全都消散了。隨著領導階層在巴格達安定下來，帝國交由波斯人和其他人進行管理，阿拉伯人開始意識到他們失去了什麼。

這不僅僅是血統稀釋的問題，儘管這也將成為一個關鍵問題：在阿拔斯王朝的三十七位哈里發中，只有三位的母親是阿拉伯人。許多阿拉伯人會覺得他們可能會失去自己的文化、歷史和身分。也許阿拉伯人與他們的過去漸行漸遠是不可避免地。正如十一世紀的詩人兼哲學家麥阿里（al-Ma'arri）所寫：「世界已經將平原人民與山區的女兒混合在一起了。」[36]

伊本·赫勒敦將這種疏離視為造成阿拔斯王朝垮台的一項不可避免的因素。在一篇題為「王朝與個人一樣都有天年」的章節中，他追溯了這道他所觀察到的不可避免的自然壽命弧線：一、建立王朝的那一代人具有堅韌和野性，並因為「asabiyya」而團結在一起。二、一旦建立起權力和權威，他們就開始出現腐敗，「第二代就從沙漠態度轉變為安居文化，從貧困轉變為奢侈和富足」。

[37]這將統治者與其他群體區分開來，導致群體感的消散，而這是最初能夠征服的一大要素。三、等到了第三代，已經完全忘記沙漠生活和堅韌的時期，宛如它從未存在過一樣。他們已然失去了對名聲和群體感的愛好。他們累積的奢侈品達到頂峰，因為繁榮和安逸的生活讓他們非常懂得享受。[38]

伊本・赫勒敦這套關於王朝興衰的架構可以輕易地套用在巴格達的阿拔斯王朝上：一、薩法赫（Al-Saffah）和曼蘇爾建立了王朝和首都。二、曼蘇爾的兒子馬赫迪（al-Mahdi），這位不再騎馬的哈里發安於奢侈和富足。三、馬赫迪的兒子哈倫享受安逸盛世的頂峰。

「到了第四代，」伊本・赫勒敦寫道：「祖傳的威望摧毀殆盡。」[39]事實證明，當哈倫的兒子瑪蒙和阿明為帝國皇位內鬥時，就已處於這個末期階段。各地區效忠不同主人的心態開始發揮作用，引發衝突，阿明獲得巴格達迪斯、阿拉伯和美索不達米亞軍隊的支持，而波斯人和其他東方人則加入瑪蒙這一陣營。這場帝位鬥爭持續兩年，直到瑪蒙殺死了他的兄弟，但各派之間的衝突又繼續拖了二十多年。儘管瑪蒙在巴格達當上哈里發，繼續統治這個帝國，但是在家族、部落和政黨間的團結、凝聚眾人的「asabiyya」，還有穆斯林的社群意識以及伊本・赫勒敦所謂的祖傳威望、身為阿拉伯人的自豪感，全都在巴格達煙消雲散。曾經有個匿名詩人寫下這樣的詩句，或許就是在這個時期：

> 我憎惡巴格達；我厭惡那裡的生活。這是經驗之談，在嚐過之後……

最後的詩句則是以巴格達人的描述作結：

放棄通往尊貴之路，他們在踰越和罪惡中相互競爭。40

失去自尊心的後果是在阿拉伯人間掀起一股懷舊浪潮。這其實已經出現一段時間了——也許是從波斯人和其他許多人取代阿拉伯人擔任重要行政職位開始——而現在這股浪潮激發了學者著手恢復他們的阿拉伯身分。這並不是企圖要像先知時代那樣重建事物：他所激發的宗教已經改變了穆斯林社會，現在具有帝國和國際影響力。在公元八世紀初的前十年，對前伊斯蘭時代的阿拉伯產生一股懷舊之情，這是對語言和價值觀的懷念、這些游牧價值觀隨著阿拔斯王朝的世界變得日益安定，變得農業化和城市化而消失殆盡。在九世紀，即後來所謂的定居時代，這種懷舊情緒促使巴格達和其他地方的學者和詩人著手振興就有文化，許多人認為在迅速帝國化的過程中他們失去了原本的阿拉伯身分。他們確實著手要去恢復它，而他們首先尋找的地方是巴士拉（Basra）。

巴士拉當時已是一個重要的貿易站，因為它就位於阿拉伯河上，這是幼發拉底河和底格里斯河匯流進入波斯灣時形成的一條水道，可以通往阿拉伯和波斯，因此讓這地方同時具有重要的戰略和經濟價值。它今天仍然是伊拉克的經濟中心，也是最熱鬧的城市。由於離阿拉伯最近，這座城市在定居時代的文化意義也變得十分重要。

來自半島的貝都因人在巴士拉外幾里的米爾巴德（Mirbad）進行交易，那裡是一處露天市場。他們紮營後沒多久就會聽到詩人的聲音。因此，在那個時代如果想認識詩人或旅行歌手，米爾巴德是一個不錯的去處。八世紀的阿拉伯詩人，如法拉茲達克（Farazdaq）和賈里爾（Jarir），在他們的族人進行買賣交易時，則是在米爾巴德以詩句彼此侮辱，或稱「打軟架」（flyted）。這種以語言比武的風俗在一世紀後仍然很流行，其言詞交鋒的激烈程度不亞於那些拿武器戰鬥的人。不過在八世紀初期，出現了一點改變，這些你來我往的敵對詩人現在發現聽眾中有來自巴格達的學者，他們認真聽取這些口頭上的較量，希望在當中找到「稀有和晦澀的字詞」，這些在波斯化城市中遺失的古老阿拉伯語。他們也採訪部落中的婦女，希望在貝都因人的日常中仍然沿用城市丟失的詞彙。

隨著這項復興運動的發展，一些更具野心的學者擴大他們的探索版圖，向南延伸到沙漠，甚至是阿拉伯本身。在這些勇敢的研究人員中，最著名的一位是巴士拉《古蘭經》的誦讀者阿布·阿瑪爾·阿拉（Abu Amr ibn al-Ala），他非常熱愛貝都因的詩歌。他以不斷的提問而聞名，正如下面這段對話所展現的：

你來自哪個部落？

來自阿薩德。

公元九世紀伊拉克，阿拔斯王朝（Abbasid）時代，一只帶有光澤與植物圖案裝飾的碗的細部。

阿薩德的那裡？
納德（Nahd）。
你來自哪個地區？
來自阿曼。
你的用語怎麼這麼純粹？
我們生活在一個與世隔絕的土地上。41

這不再是《古蘭經》誦讀者可以說的話，不管是說哪個語言的人都無法這樣說。哈里發或他的阿拉伯家族中的任何人都不能，或是環繞在他周圍的人也不能。這時，伊本．赫勒敦的那個急劇上升和穩步下降的循環還沒建立好。但即使是由游牧民族創造和塑造並且圍繞著圓形城市巴格達旋轉的阿拔斯帝國，也不可避免地會落入衰落和滅亡的命運。

天堂微笑

「世界上的世界不斷從創造輪轉到衰敗，」詩人雪萊寫道：「就像河流上的氣泡，閃閃發光，然後破裂消失。」但這輪轉的循環是從哪裡開始的？季節的循環，年的循環，人群的流動，城市的循環——何時是開始的結束，何時又是結束的開始？雪萊給了我們一條線索：

世界的偉大時代重新開始，
黃金歲月回歸，
大地像蛇一樣褪皮更新，
她的冬季野草已退去：
天堂微笑，信仰和帝國閃閃發光，
就像一個即將消散夢境的殘骸。42

身為朝臣，伊本．赫勒敦可能是道道地地的城市人，但是在柏柏爾地區的一座城堡中寫《歷史緒論》的那四年，足以讓他在季節流逝、孩子成長以及自身衰老的過程中認識到這樣的循環流轉。也足以讓他思考一個在二十一世紀的今天和他身處的公元一三七〇年代同樣重要的問題：如果人類會從蹣跚學步邁向步履維艱的最後一步，如果所有發芽的東西注定枯萎，如果升起的太陽必然會落下，為什麼社會和政治結構不是如此？讓人團結凝聚的「asabiyya」、朝代、文化、文明。所有這些都不可避免地隨著興起而衰落，但它們也可能再次崛起，正如同伊本．赫勒敦早已知道的，要能夠捲土重來的關鍵能量是在那些生活在自然界的流動人口。那是來自於亞伯而不是該隱，來自於恩奇都而非吉爾伽美甚的力量。

游牧民族、獵人和其他生活在自然界的人都體會到這些真理，儘管他們可能沒有特別的認識，只是本能地以月亮盈虧，日升日落，以及從發芽、結果到落下的演變過程來衡量他們的生活。但是渴望權力的人會注意到夢想正在消散，因為那些世界上的世界，也就是雪萊筆下的帝國，從創建以來就不可避免地走向衰敗。

腐敗之所以成為必然，是因為無法移動。城市和圍牆可以提供保護，抵禦自然界的危險和外邦人造成的威脅，但在獲得這種安全的同時也失去了靈活性。當斯基泰人面對強勢而來的波斯軍隊時，他們只需要遠離這股壓倒性的力量：「我們沒有城市，」斯基泰國王讓他的人民搶先在波斯軍隊之前動作，他對此的解釋：「我們不需要擔心你們會搶奪走什麼。我們沒有莊稼，不需要擔心你會毀壞任何作物。」[43]最終波斯人無功而返。當氣候變遷降臨在古代歐亞大草原時，印歐游牧民族就像斯基泰人遭遇波斯軍隊時所做的，搬家走人，尋找新牧場。但是當大多數人都被圍在宮牆之中，要做到這一點就變得越來越難。

正如伊本・赫勒敦所說的，「就是這類東西」，這種在面對衰落時的無能為力與無法適應，壓垮了阿拔斯王朝。最初那股讓他們得以掌權的游牧能量，那股雷霆萬鈞的浪潮，並讓他們建立一個橫跨半個世界以伊斯蘭教為榮耀的帝國，幾乎就在他們定居於巴格達的圓形城牆後面時就開始消散。不論花多少心思，做再多的「記錄」，恢復再多的純正貝都阿拉伯或阿拉伯遺產，都無法阻止這種漸漸衰退的趨勢。為時已晚：他們的「asabiyya」已然消散，少了這份凝聚力，他們在政治和軍事上就顯得軟弱無力——或是遲早會落到這個地步。阿拔斯王朝的哈里發無法指揮調度自己人，失去了他們的忠心，只好開始依賴其他族群的支持和力量，在行政機關中仰賴波斯人，在軍隊中則是波斯人、土耳其人、塞爾柱人和許多其他游牧民族。「到這時」，正如伊本・赫勒敦所描述的那樣——可以從他的用字遣詞中感受這股不可抗拒的態勢的必然性——「波斯人（非阿拉伯人）和委託者在這個國家的各個省分獲得權力。王朝的影響力越來越小，無法再延伸到巴格達以外的地區。最終，德萊木人（Daylam）——生活在裏海以南的波斯人——逼近該地區，加以占領，統治原本的哈里發們。」[44]

我們知道沒有什麼是靜止不動的，正如希臘哲學家赫拉克利特（Heraclitus）所指出的，我們永遠不能踏入同一條河流兩次，因為河流不斷流動，所以發現德萊木人很快就被塞爾柱王朝（Seljuqs）所取代也不足為奇。塞爾柱人是一個突厥部落，跟他們之前的匈人、波斯人和其他部落一樣，也是騎馬南行，離開了裏海的大草原。就這樣，部落一個接一個來，如同波浪一般，在我們現在所體認到的這場人類大遷徙的永恆循環中。推動他們的可能是氣候變化、牧場短缺、人口激增、遭受侵略、受到熱情領袖的鼓動，或者有時只是因為他們有能力這麼做。伊本·赫勒敦對這些游牧民族認識轉變的，有的是來他的閱讀，有的是來自他自己在服事北非王朝和安達盧西亞的倭馬亞人的經歷，他的家人也和這些人有所接觸。不過他這套對命運之輪的特殊看法也很可以輕易地套用在位於今日蘇丹的坦克什（Tankish）的國王們，他們的人民是貝賈（Beja）部落的遷徙牧民。又或

伊拉克壁畫的殘片，年代約為公元 800 年代中期，現收藏於大英博物館。

者是用來解釋中非卡內姆（Kanem）的杜古瓦（Duguwa）的國王們，他們之前住在簡單的蘆葦小屋中，生活方式可能類似於今天尼日的沃達貝人（Wodaabe），又或者是歐洲的塞爾維亞人、斯拉夫人、維京人和薩米人。這也適用於中美洲早期的阿茲特克人，他們一直過著遷移的生活，直到他們的神威齊洛波奇特利（Huitzilopochtli）命令他們尋找一個地方，在那裡有隻鷹棲息在仙人掌上，吃著一條珍貴的蛇。威齊洛波奇特利命令他們在那個地方安頓下來，他們照做了。這個地方就是墨西哥。

伊本·赫勒敦知道，到了第三代或第四代，他們通常就會失去「asabiyya」，因此也失去人民的支持。當他們在牆後安頓下來，為周遭的奢華生活所軟化時，這種情況就注定會發生。這發生在巴格達城牆內。阿拔斯王朝的哈里發和王子們生活在光榮的安全中，但他們的生活與人民分開來了，他們所激發出來的「asabiyya」已然枯萎。

「最後，」伊本·赫勒敦寫到他們偉大的伊斯蘭帝國的遺跡：「是由韃靼人結束了它。」

鐵木真

據說他的族人是黇鹿和藍狼的後裔，在遷徙到歐亞大陸東部草原上廣袤的群山所圍繞的峽谷前，他們曾生活在大水的另一邊。

據說一道神光射到他母親的腹部，就讓她受孕，而鐵木真出生時手上有一個血結。除了無玷受孕這則神話外，我們確實知道他出生於公元一一六二年左右。那時正值十字軍東征，托馬斯·貝克特（Thomas Becket）擔任坎特伯雷的大主教，英國人占領了法國的布列塔尼，而神聖羅馬帝國皇帝斐雷德烈克．巴巴羅薩（Frederick Barbarossa）剛剛洗劫了米蘭，摧毀當地的公共建築，拆除了堅固的城牆。

鐵木真的年少生活，就跟其他許多事情一樣，都充滿傳奇色彩。我們無法確定他呱呱墜地時，手上是否真的有血結，儘管一般都講得煞有介事地，還說這是一個代表他將來要征服大地，血洗戰場的徵兆。但有些事實是確定的。他名叫鐵木真（Temujin），意思是「鐵匠」，這在依靠馬匹的游牧民族中很常見，而且他們在會走路時就教導他們騎馬，會騎馬時就開始射箭。這些游牧民族還有訂婚的傳統，在未婚者年幼時就會就簽下婚約，特別是能讓部落受益的聯姻。而關於這點也有個傳說：當九歲的鐵木真被送到他的新娘博爾特家時，他未來的岳父做了一個夢，夢到一隻鷹隼抓住了太陽和月亮。薩滿在解夢時認為這是鐵木真將統治世界的另一個跡象。但夢並不總能成真，而且這似乎不太可能實現，尤其是當這男孩的父親被敵對的游牧民族殺死，他家的羊群和馬匹都被搶劫一空後。他回到自己的家中，度過幾年極為艱困的生活。據說，在他父親死後不久，他就被俘虜了，並被放入一種把頭固定在外面的木箱裡，讓他無法逃脫，也無法反擊他人對他的羞辱。不過，他還是逃出來了，逃到山上，在那裡由一隻鷹隼餵養長大。他心中復仇的渴望也在此滋養，就是在那裡他立誓要重整旗鼓，恢復家人的財富。

到了一一七八年，鐵木真可以娶他的未婚妻博爾特，當時兩人都還是十幾歲的孩子。但在結婚後不久，她就被另一個游牧部落綁架了。大約有八個月的時間，鐵木真飽受失去她的痛苦，蒙古編年史上記載著他的床一直「空著」，他的胸膛被「撕裂」。就是在故事的這個階段，我們可以套用伊本·赫勒敦關於王朝興衰的觀點，因為鐵木真現在身旁聚集了一群支持者，想要幫他把妻子搶回來。這些人將他當作他們的可汗，他們對他的忠誠就是一股「asabiyya」的開始。到了一一八六年，他二十四歲時，鐵木真的命運發生了逆轉：博爾特為他生下幾個兒子，他殺死了過去羞辱他的游牧首領，他的「asabiyya」越來越強大。

他日後確實成為一個優秀的領導者，提拔和獎勵盡忠職守的人，無論他們的出身與地位，無論他們來自哪個部落，或是他們的宗教信仰，一如他會嚴懲那些他認為應該受罰的人一樣。他對人有很精準的判斷力，具有一名出色戰士的敏銳洞察力。有一次，敵對部落的弓箭手差點射死他，後來鐵木真這一方的人捉到這名射手，並將他帶到鐵木真面前。這人預料一定會被處死，可能還會受到酷刑，也許是活生生的剝皮，或是把他身上所有能開合的部分都縫起來，然後扔進河裡。沒想到鐵木真網開一面，任命他當顧問，而且十分信任他。這個人為了報答他的信任，最後成了鐵木真在草原戰場上傑出而忠誠的將軍。鐵木真可以給予寬厚的友誼，但他是也個可怕的對手，在戰鬥中十分凶猛，儘管不見得每次都會贏得勝利，而且在復仇時毫不留情。他會在廣大的土地追捕好幾個月那些與他反目成仇的人，直到成功追殺為止。

在當部落可汗的二十年間，透過他精明的聯盟手腕，殘酷無情的血腥戰役，再加上他自己堅毅不拔的性格，妻子博爾特的智謀以及接連的勝利、良好的時機和這時期大草原上溫暖潮濕的天氣，鐵木真掌管的人口達到兩百萬。其中絕大部分都是遷徙型的游牧民族，他們的行動一直受到兩股力量所引導，一邊是部落的網絡，一邊是符合自身利益的結盟。在鐵木真的統治下，他們現在有了更大的野心，而且獲得泛蒙古的新身分，這樣的一份身分認同，就是他們的「asabiyya」，是將眾人維繫在一起的祕密。隨著部落逐漸團結起來，或者說至少反對派都遭到壓制的情況下，鐵木真的話成了律法，掌控的區域橫跨一兩千公里的中亞地區，東起中國邊界，西到哈薩克斯坦，南北軸上也有近一千公里，從貝加爾湖一直到戈壁沙漠。

在一二〇六年，中國的虎年，鐵木真召集了一次「quriltai」，即部落集會，或稱忽里勒台大會，以此鞏固他的地位。對蒙古部落來說，這些「氈牆帳篷裡的人」[45]所舉辦的定期集會是一個重要的機會，能夠讓大家團結起來，在不流血的情況下解決彼此的不滿，商定新的規則或法律，同時制定未來的計畫，而這一次，還要承認一個新的領袖。一二〇六年的這場忽里勒台大會是在部落的精神基地奧農河（Onon）的源頭舉辦，這裡靠近今天俄羅斯、蒙古和中國的交界。那裡有著美麗而嚴峻的針葉林景觀，空氣清新，狂風刺骨，西伯利亞落葉松和松樹覆蓋著山谷斜坡。這裡是鐵木真長大的地方，也是他母親過往採集食物的地方，在蒙古編年史中對此景象有一段非常鮮活生動的描述，她在那裡：

將高帽牢牢戴在頭上，
繫緊腰帶，
拉起裙子，
沿著鄂南河（Onan，原文如此），跑來跑去，
採摘海棠和黑櫻桃，
日夜餵食飢腸轆轆的他們。[46]

現在他四十出頭，回到他童年的故鄉，他的九尖白旗立在他的白色帳篷前，鐵木真正在從一個部落首領和蒙古人的大首領轉變為未來世界的帝王。關於他的新頭銜的確切意涵目前仍有爭議——這可能意味著凶猛殘暴，或普世的領袖——不過意圖倒是很明確，正如鷹隼早已看出他這人的性格，這位由眾神派來的成吉思汗（Genghis Khan）將成為世間萬物的主宰。

成吉思汗在接下來的幾週間，「整頓蒙古人民」。[47]他重建了各個家族和部落的連結，將他的戰士組織成九十九個千人團，獎勵那些支持他並且考慮未來幾年再繼續奮戰的人。直到此時，蒙古人在遭遇衝突時大多保持沉默，除非絕對必要，否則盡可能避免區域間的對抗。現在，他們既然稱霸一方，成吉思汗決定把眼光放得更長遠，制定出一個周詳的計畫來擴大他們的帝國。他們將擴展到全世界，首先是東方，然後是西方，這將成為游牧力量影響世界的一大高點。

不過他是為了什麼要打破蒙古傳統，離開他出生的地區呢？為什麼不滿足於對中亞的控制，畢竟這地方已經大到足以容納大多數統治者的野心了？在西方歷史中，經常會將在這個生命轉折點上的成吉思汗與向北進軍高盧和英格蘭的凱撒大帝（Julius Caesar）或侵略捷克、斯洛伐克和波蘭的希特勒相比。若是從這樣的角度來看，擴展版圖似乎是一種政治舉措，背後是對掌控更多資源或獲取收入的渴望或需求。但成吉思汗的這項計畫可沒那麼簡單，不單純是部落首領擔心若停止開疆闢地會發生什麼麻煩。就更廣泛的蒙古人觀點來看，這一舉動甚至不是他本人的選擇。這已成為勢在必行的使命，獲得了認可；這不僅是要宣戰，更是為了實現蒼穹之主，天父騰格里（Tengri）的意志。

成吉思汗是歷史上少數名聲傳播全世界的一位游牧領袖，其名字至今都還在世界各地流傳著，能夠與之並駕齊驅的要算是在他八百年之前的匈人阿提拉和之後一百七十年的帖木兒（Tamerlane）。成吉思汗的名聲似乎更為響亮，至少在西方是如此，這可能是因為長久以來都認定他是最為血腥殘暴和報復心強大的屠夫，殘忍地任城市燃燒，在歐亞大陸上留下一片片的焦土，可能造成兩三千萬甚至是四千萬人喪命。這些都不見得是錯的，儘管學界對這些數字仍有爭議，而且難以找到任何方法來證明。不過就像我們在認識這個人和他的人民時所做的一樣，還有更多需要考慮和更正的地方。經常有人把他描寫成一個脾氣暴躁的野蠻軍閥，但從史料中他精心策劃的記錄來看，他完全不是這樣的人。世人對他的印象是復仇，但當他查訪當年綁架他年輕妻子博爾特的部落時，在整個追殺過程中，他的作為並沒有比荷馬筆下的希臘英雄號召一千艘船前去特洛伊營救海倫時還要多。

不僅如此，還有關於他性慾的傳說，宣稱他在世界各地播下他的種子，因此在今天有很高的比例的男性都攜帶他的DNA：每兩百人中就有一位，這些全都淹蓋了他的成就。而這才是我們應該認識的。他創造了一個比羅馬帝國大兩倍多的帝國。他的措施斯後來造就了「蒙古治世」（pax Mongoliana），這樣的和平時期所產生的變革至少能夠與「羅馬治世」（pax Romana）相提並論。他也有受人愛戴和開放的一面。最重要的是，一反大家對他的偏見，他龐大的帝國是根據法治來管理的。在蒙古律法的一端，謀殺和通姦會被判處死刑，但是在另一面，他們的律法容忍甚至鼓勵信仰自由：在廣大的蒙古人管轄的領土內，一個人享有宗教自由，可以毫無罣礙地當個佛教徒、穆斯林、儒家思想奉行者、瑣羅亞斯德教、猶太人、基督教徒、萬物有靈論者或是毫無宗教信仰。

愛德華・吉朋在誇誇其談地覆述上面這些偏見時，也對於對蒙古人接受信仰自由的態度感到震驚不已，他寫道：「辛吉斯（Zingis，原文如此）的宗教最值得我們驚嘆和喝采。」吉朋知道，亞洲在成吉思汗的統治下，因為開放邊界和信仰自由而蓬勃發展起來，與此同時，採行君主制的法國正在派遣軍隊鎮壓他們和天主教廷的教皇所認為的異端邪說：這次在法國南部的十字軍征討至少導致有二十萬的基督徒喪生，真實數字也許是這個的五倍。「歐洲的天主教審判官，」吉朋寫道：「他們可能是受到一位野蠻人立下的榜樣所迷惑，他預見到哲學的教訓，並根據他自身的律法建立了一套純粹的有神論的完美寬容體系。」48

就像一群鳥

無論是靠神的恩典還是「asabiyya」的力量，在一二〇六年於奧農河畔舉辦這場重要的忽里勒台

波斯神鳥西摩格（Simurgh）或鳳凰，出現在伊本・布赫提舒（Ibn Bakhtishu）十三世紀的插圖動物寓言《論動物的用途》（*Manafi'al-Hayawan*）。

大會的十年後，成吉思汗成為了整個遷徙世界和大半中國地區的主人。蒙古戰士在馬鞍上的時光最是快樂，就他們在草原上放牧或狩獵的生活經常需要騎馬來看，這也是很有道理。騎在草原小馬身上——牠們不需要飼料餵養，在草地上吃草就很快樂——帶著複合弓，他們的機動性在開闊土地上特別強，因此十分具有殺傷力。但在其他類型的戰爭上，他們就略遜一籌。圍城對所有人來說都很艱困，但游牧民族還得面臨額外挑戰，要為他們的馬尋找牧草，當蒙古騎士帶著好幾匹馬出行時，這問題變得更加嚴重。就是基於這個原因，再加上其他的，蒙古人經常對不用圍攻就投降的城鎮特別寬容。這也解釋了為什麼他們會摧毀那些反抗他們的城鎮，就像多數中國的城市一樣，其中包括當時的中央首都大都，也就是今日的北京，這座城市在公元一二一五年時曾被夷為平地。這種對反抗他們的城市的無情摧毀並不是源自於蒙古人對血腥的熱愛，而是為了遏阻其他城市抵抗的手段。

成吉思汗在控制肥沃的黃河氾濫平原後，便將他大部分的軍隊從中國調度到西邊，進入中亞。在這裡所發生的，就跟在其他地方一樣，有野蠻的場面也有寬容的時候，還有非凡的成功。最後，就是連最有可能會起身強烈反抗的維吾爾族都臣服於他的治理。

對這位征服者來說，與維吾爾人結盟的意義相當重大，特別是因為他們過去曾統治過現在蒙古領土的大部分地區。隨著他們的勢力減弱，維吾爾人定居在塔里木盆地以北的塔克拉瑪干沙漠的上緣，在那裡他們控制了絲路沿線的一條主要貿易通道。在貿易往來中接觸到東西方的影響和思想，維吾爾人也欣然接受了多種宗教，包括佛教和景教。他們的領導人現在與即將興起的勢力結盟，展現出自己在政治謀略上的精明；他們是第一批與蒙古人結盟的外族。至於在成吉思汗眼中，他則認為維吾爾人可以為他的人民增廣見聞，提供一個較為複雜的世界觀，因為迄今為止蒙古人都過著與世隔絕的生活。維吾爾人的識字率也異常高，可以在這個新帝國中擔任抄寫員、行政人員、記錄員和教師——成吉思汗自己的兒子就是由一位名叫韃靼湯加（Tatar Tonga）的維吾爾人來輔導。在維吾爾汗國（Uighur khanate）的支持下，蒙古人繼續西進，前往維吾爾人的鄰國，希望能和花剌子模的蘇丹進行外交談判，取得類似的成功。

大汗現在正學習抑制他的草原本能，不要將農田轉變回牧場，這是一種早期的野化形式。他那些曾在中國宮廷工作過的顧問幫助他了解讓定居者繼續按照原本生活方式的好處，尤其是這會產生出貿易物資，帶來財富。正是為了要建立這種貿易管道，成吉思汗才會與花剌子模的沙王阿拉丁·穆罕默德二世（Ala ad-Din Muhammad II）聯繫。在公元一二一八年，他派遣使節團送禮給這位沙王，其中最引人注目的是一塊在中國開採的大金塊，需要出動特別的推車才能運送。除了禮物外，蒙古使節團還提出一些提議，若是這片穆斯林的西部區域可以提供糧食和布料，成吉思汗可以開放他們進入蒙古和中國市場，以這樣的商機當作回報。成吉思汗指示他的使者要告訴花剌子模的沙王：「我是東方的君主，你是西方的君主！願我們長久地生活在友誼與和平中……並且（願）你我土地上的日常用品能運到彼此的土地上，互通有無。」[49]除了使者團之外，成吉思汗還資助了一個由五百隻駱駝裝載貨物的貿易團，他還特別選了穆斯林商人參加，以表達對花剌子模人感同身受的尊重。最後，僅派出一百名蒙古騎兵的輕裝護衛隨行，畢竟這看來不大可能會出什麼問題？

這批大篷車進入花剌子模後的第一站是奧特拉爾市（Otrar），位於今日的哈薩克斯坦。奧特拉爾坐落在錫爾河上（Syr Darya），即古老的雅克薩特河的一片綠洲，標誌著亞歷山大大帝的帝國最北端，長期以來一直是草原人民和商隊城市間的重要貿易站。這座城的城主是沙王穆罕默德的親戚。當大篷車到達時，他下令將整群人扣押。目前還沒有查到他此舉的動機，究竟是因為對外國人有敵意，特別是對蒙古人，還是想要牟取他們的財物，又或者只是奉命行事。不管動機為何，整個貿易代表團都被冠上間諜罪的罪名，指控他們意圖監視沙王。由於這項指控是城主提出的，這些蒙古人無法對這樣的指控或死刑提出上訴。不過，在這類重大事件中偶爾都會出現的插曲，這裡也有一個倖存者：一名駱駝伕在城主的士兵逮捕貿易團時外出方便。沒有人注意到他離開了，等他回來時，他看到了發生的一切。

這名駱駝夫從奧特拉爾逃了出來，匆匆越過邊境回到蒙古可汗的宮廷。當成吉思汗聽到他的敘述時，他的反應異常平靜。他沒有誓言要血腥復仇，而是給了花剌子模一個彌補的機會。出於對花剌子模宗教信仰的尊重，他派了一名穆斯林特使和兩名蒙古人，要求懲處奧特拉爾的城主，但沙王穆罕默德似乎有其他想法。他再次處決了蒙古人，然後將其他穆斯林剃掉鬍鬚，加以羞辱，並將其遣返回他們的主人那裡。

或許沙王穆罕默德是受到他最近接連在軍事上的勝利所鼓舞，這些成功的戰役為他拿下大半昔日的波斯帝國，如今他有大批精良的軍隊，還有許多防禦嚴密的城市。他當然知道蒙古人較不擅長攻城方面的戰略和技能。也許蒙古人第二次遭到侮辱後仍然悶不吭聲這一點也讓他更為得意忘形。不過到了一二一九年，成吉思汗一舉率領高達十二萬人的軍隊越過邊境。

西方歷史通常將成吉思汗和他的蒙古部落描繪成嗜血殺手，說他們的樂趣是不分老小地活剝人體，將其開腸破肚，還會燒毀城市和破壞農田。但在《蒙古祕史》（*The Secret History of the Mongols*）這本蒙古人的正史中，卻展現出強大可汗性格的另一面，提到成吉思汗在聽聞花剌子模侮辱使節團消息時的回應，他問道：「我的『金轡繩』怎麼能被打破？」這條「金轡繩」指的是成吉思汗和那些對他效忠者間的連結。蒙古人認為這種連結是神聖的，因為這得到神的認可，因此一旦它被打破，就必須修復，必須恢復秩序。所以，用他們自己的話來說，蒙古人要去：

報仇雪恨，
報復這樣的待遇……50

《蒙古祕史》記載著，在成吉思汗出發前，他的一位妃子建議他要考慮自己的存亡安危，要想想萬一他遭遇不測時，要由誰來接替他成為大汗。她告訴他，你不是不朽的，所以：

你的身體，就像一棵巨大的老樹，
將會倒下，
你要把你的子民託付給誰？
你的身軀，就像柱子的石基，
將會崩塌，
你要把你的子民託付給誰？51

於是成吉思汗便找來他的四個兒子，一同商議好繼承事宜，然後他們就出發了，準備復仇雪恥，恢復秩序。

沙王穆罕默德知道蒙古騎兵和弓箭手在開放戰場上的殺傷力最強大。據說他曾表示過，這些蒙古軍「勇敢無畏，在戰場上的勇氣、堅定以及矛刺和劍擊技巧所向匹敵，沒有一個部族是他們的對手。」[52]但他也知道他們是游牧民族，在進行圍城攻擊時總是特別辛苦。不過，有件事他不知道，而且他的間諜也從來沒有回報過：蒙古的指揮將領在與中國的戰事中學到了很多。在向花剌子模發兵的大隊遷徙軍中，有一萬人具有特殊的攻城戰技。由牛車拖曳的大篷車隊延伸到地平線之外，在朝向奧特拉爾的草原上隆隆作響，攜帶著巨弩和可以發射火箭的弩砲，還有其他拋擲上高牆的燃燒彈，用來投擲人類大小岩石的彈射器，製造攻城塔所需的所有材料，以及用於攀爬牆壁的梯子。

沙王穆罕默德在這段期間也沒有閒著，他開徵額外的稅款來加強城市防禦，還雇用傭兵來補強他的軍隊。近來戰役頻頻告捷，又為他的帝國增添了重要的領土，還納入了撒馬爾罕（Samarkand）和塔什幹（Tashkent）以及費爾幹納河谷裡的城市。但他也有誤判的時候，比方如在向巴格達進軍時，他大部分的軍隊都喪生在扎格羅斯山脈的大雪中。因此，虛張聲勢的花剌子模在蒙古大軍的決心和戰術前毫無招架之力也不足為奇。他們的軍隊被擊潰，死傷慘重，而這才是開始。在一二〇八年落入沙王穆罕默德手中的撒馬爾罕迅速成為花剌子模的政治首都和絲路上一處重要貿易中心。伊斯蘭世界的大城布哈拉（Bukhara）則是帝國的宗教中心和學術避難所。古爾甘傑（Gurganj）因其位於南北和東西向貿易路線上的樞紐而累積了巨大財富。在每座城市前，蒙古將領都會停下來要求城市首長打開城門。而且總是提出一樣的條件：只要歸順蒙古並且進貢——通常是金幣——那這座城市和它的人民就會安然無恙。但是所有的首長都相信他們的城牆可以承受蒙古軍的攻擊，因此都沒有投降。

於是箭頭和燃燒的石球日以繼夜地如滂沱大雨而下，直到攻破城牆，或是填平護城河，再不然就是衝破城門。開戰的第二年，即公元一二二一年，蒙古人在古爾甘吉，將河流改道，利用水流的力量破壞城牆。然後派出第一波突擊部隊，隊伍中許多是用來當作肉盾的花剌子模囚犯。在最初的血戰之後，才換蒙古戰士上場，而最後的結果總是血腥和混亂。當城市淪陷或即將失守時，城裡的長老和伊斯蘭教會的教長或稱伊瑪目（imam）會前來求和。這時的他們通常已經有足夠長的時間思考他們之前拒絕歸順的後果。工匠和藝術家會被送往東方，那裡需要他們的技能，美女則被送給許多貴族，或送到後宮，或被士兵強姦，或兩者兼而有之，而其餘那些來不及逃離或躲藏的人，則遭到屠殺，數以萬計的人，有時甚至數十萬人的死於刀劍之下。這個說法是城市失守時所發生的一種可能狀況。不過更有可能發生的是，只有那些抵抗並躲在城堡或清真寺中的人遭到屠殺，而且成吉思汗「沒有以任何方式打擾（其他）居民」。[53]這不是在說那些倖免於難的人生活就很容易，因為他們有可能會被徵入蒙古軍隊，或是被拉去當苦力。

在花剌子模確定發生的屠城暴力有部分是為了要殺雞儆猴，向東邊的中國傳遞一個訊息，那裡仍然有抵抗蒙古人前進的阻力，同時也傳到北方的俄羅斯，西編的波斯和阿拉伯，乃至於歐洲。這是一則向世界傳達的訊息，讓他們明白抵抗蒙古人是徒勞無功的。鐵木真相信他是藍天之主派來的，派他來統治全世界，全都納入他的帝國版圖，儘管大多數人在面對他的進攻時都認為他只是另一個征服者。如果光是上天的旨意還不足以說服大家與這位世界的新主人結盟，過去血腥的幾年間死去的人數或許就更具有說服力。這一點，再加上中亞最富有的省分如今成荒地，肥沃的農田重新變成荒野，以及一些最強大的城市被夷為平地，一些阿富汗人的榮耀消失了，連帶灰飛煙滅的還有波斯的中心地帶的，包括傳說中的地下運河。數十萬，也許是數百萬人，在蒙古大軍來到前就被迫逃離。阿拉伯編年史家伊本·阿瑟爾（Ibn al-Athir）寫出多數人的心聲：「如果我的母親從未生下我，如果我早點死，如果我完全被人遺忘，那該多好啊！」他認為，蒙古軍來襲的這場「災難」所造成的後果比過去發生的任何事情都來得嚴重，而且似乎對穆斯林的打擊最慘烈。「反基督者」，他繼續寫道，至少只會殺死敵人，但蒙古人「誰都不放過」。54

阿瑟爾的說法顯然經不起考證。有大量死傷的血腥，但也有網開一面的寬容，特別是對蒙古人有用或有價值的人。據說在圍攻基瓦（Kiva）城之前，成吉思汗傳了一個訊息給蘇菲教團的創始人謝赫·納吉姆·丁·庫布拉（Shaykh Najm al-Din Kubra），請他開放一條安全通道。但謝赫拒絕這項提議，說他寧願壯烈犧牲，當一個烈士，不過據說他去參戰時允許他的門徒離開。他最終被斬首，他的遺體安葬在他的家鄉古爾甘吉。但從這則故事可以看出，作家誇大了嗜血的部分，他們之中大多數人都沒有目睹他們所描述的事件，但樂於激起對蒙古人的偏見，許多阿拉伯、波斯和歐洲作家都將他們描寫為野蠻人。

不管死傷人數究竟有多少，蒙古人的入侵肯定會造成混亂。而這些混亂促成了變化，其中有些反而成就了人類史上的偉大事業。在這大批逃難避險的人群中，有一位名叫巴哈·烏丁·瓦拉德（Baha ud-Din Walad）的人，他來自現在阿富汗北部的巴爾赫（Balkh），他是一位神祕主義者和法學家。就跟花剌子模的許多人一樣，巴哈·烏丁寧願冒著生命危險離開家園，他的一些弟子也追隨他的腳步，和他一家人往西邊移動。他們首先前往巴格達，然後從那裡前往麥加朝聖，之後向北穿過肥沃月灣，進入安納托利亞中部，希望能藉此遠離蒙古人的勢力範圍。在旅途中，巴哈．烏丁遇到了一位名叫阿塔爾（Al-Attar）的蘇菲派傑出詩人。據說阿塔爾看到這位旅行者和他十幾歲的兒子向他走來時，表示他可以看到一片海，後面接著一片大洋。這片「大洋」是巴哈．烏丁的兒子賈拉勒．烏丁（Jalal ud-Din），要不了多久，他就會因其所寫的神祕詩歌而聲名大噪。蘇菲派和許多其他人都將稱他為「Mevlana」，意思是「我們的主人」，不過他比較知名的稱號是魯米（Rumi）。

魯米明白在萬物的循環中，本質上就蘊含著危險。但與相信無法逃脫命運之輪轉動的伊本．赫勒敦不同，他在這份回歸的承諾中找到了解脫和安慰，魯米敦促他的追隨者換個角度來看待事物，「超脫時間的循環」。

游牧帝國

他們仍然是游牧民族，但是到了公元一二二三年，在經過四年的向西征討後，蒙古帝國的版圖一路從高加索和裏海海岸延伸到朝鮮半島和太平洋，綿延七千兩百多公里。那時，成吉思汗本可以在

一隻老虎，取自一塊伊兒汗國（Ilkhanid）瓷磚的細部，收藏於洛杉磯藝術博物館。

他所占領的眾多宮殿中選一個落腳，也許是在古爾甘吉、撒馬爾罕或其他許多現在納入他的帝國並且在傳出有所謂大屠殺事件後再次繁榮興盛起來的大城市。他本可以征服君士坦丁堡或羅馬，輕而易舉地拿下「世界皇帝」的頭銜。他本可以效仿阿拔斯王朝，建立一座新首都。但他通通都沒有做，他選擇了游牧民族的道路，回到了他在鄂爾渾河谷（Orkhon Valley）的夏季牧場，回到一個古老而熟悉的營地：「Qara Qorum」，也就是「黑帳篷」。

今天在黑帳篷——更為流通的名稱是哈拉和林（Karakorum）幾乎看不到什麼遺跡。那裡經過一波又一波的征服者的摧殘——最晚近的一次是二十世紀後期俄羅斯所支持的蒙古共產黨——將時間和氣候造就出來的輝煌游牧城市夷為平地。不過從一二二三年開始的三十年間，這裡一直是蒙古帝國的權力中心，其地位正如在十九世紀和二十世紀某些時期的倫敦一樣，是當時的世界之都。儘管帝國裡有許多網路更緊密、更富裕的地方也很適合建立行政中心，但成吉思汗選擇了哈拉和林，這個決定再度提醒我們他的判斷力有多好。

這片谷地為雄偉的山丘環繞，蜿蜒的鄂爾渾河穿過其中。此處擁有理想的微型氣候，為蒙古馬和牛群提供了可靠的肥美牧場。但也許對成吉思汗來說，最重要的是，這裡一度是游牧民族的聖地。一千年前，這片山谷曾是匈奴的故鄉。在他們之後，游牧的戈克突厥人（Gokturks）將其定為首都，到了八世紀時，維吾爾人也將其選為首都。維吾爾人在哈拉和林西北二十五、六公里處的窩魯朵八里（Ordu Baliq）建立了一個大型中心，作為市場和皇家住所，傳說當時架滿了金色的帳篷。現在無法考據在鄂爾渾河谷中是否有任何一塊岩石具有宗教意義，或是曾經在這裡看到某種跡象或預兆，但一定是基於某種原因讓這片谷地成為東部草原游牧民族的家鄉，長期以來不論在物質上和在精神上都是。而現在它屬於蒙古人。

選在鄂爾渾河谷登基有助於這位新皇帝強化他的部落身分與他的「asabiyya」。與巴格達的阿拔斯王朝的歷代哈里發不同，在這個新首都，蒙古可汗與他的人民生活在一起。就像八百年前匈人阿提拉可能會做的一樣，他給一位中國智者（譯注：金末元初全真道道士丘處機）寫信：「我生活在蠻荒的北方……吃穿都和放牧牛馬的人民一樣。我們都有福同享有難同當。」成吉思汗描述他過的生活裡沒有他所謂的那種「過度激情」，而這一點得到了證實，前去首都的外來遊客看到大汗的飲食和的宮廷一樣，他們都是吃野兔、鹿、野豬、土撥鼠或羚羊，如果那天有打獵的話，不然就是吃鄂爾渾河裡的魚，或是他們養的羊。

儘管自一二〇六年的忽里勒台大會以來的二十年間，成吉思汗積累大量的財富和權力，但哈拉和林的大半地區依舊是個游牧蒙古包營地，在他到來前會搭建好，一旦他離開就會拆除，就像在一二二六年那次的情況。這次他向東前往黃河，以鞏固對中國腹地的控制。第二年他回到哈拉和林，而這一次他將會永遠待在這裡，因為，正如《蒙古祕史》所記載的：「他升天了。」[55]

就像他的一生有很多傳聞繞著奇，成吉思汗的死因也是眾說紛紜。一個說法是他發生游牧民族最常出的意外：從馬上摔下來。在一份西藏編年史的記載中，則是說他在與他所攻擊的中國西夏的一位公主發生性關係後死亡，因為她在她的陰道裡藏了一把刀片，導致他流血致死。[56]不過更有可能的是，如馬可波羅所記載的，他是死於戰傷。

到這個時候，蒙古人早已制定出挑選大汗的完善程序，這在一定程度上是民主的：隔年，也就是公元一二二九年，王子和貴族參加在克呂倫河上的科德烏阿拉爾舉行的忽里勒台大會，在哀悼成吉思汗的同時，也要投票選出繼任者。雖然沒有硬性規定，但蒙古傳統傾向由最小的兒子來繼承。不過這次的選舉並沒有賦予他統治整個帝國的權力。因此，即便成吉思汗最小的兒子托雷（Tolui）控制了蒙古家園時，帝國的其餘部分則由他的兄弟瓜分，一個統治河中地區（Transoxiana），另一個統治東部領土，另一個統治遠西地區，即現在的俄羅斯。兩年後舉行了第二次部落會議，這一次所有的王親貴族同意由統治東方的窩闊台（Ogodei）獲得大汗的頭銜。

窩闊台是成吉思汗的第三個兒子，他是個精力充沛的人，熱愛生活及享樂，其中包括狩獵和飲酒。在接下來的十年間，他將在多次戰役中俘獲的工匠和手工師傅組成一個建造團隊，將哈拉和林從一個蒙古包營地轉型成一座永久的帝國城市。建造出堅固的結構，並加以裝飾，在鄂爾渾河谷內地勢較低和較為寬廣的地方耕種，而這座城市的糧食供應也因為建立好聯繫中國的定期交通路線而得到保障。

基督教世界的大多數人都將蒙古人看作是游牧的野蠻人，為他們貼上墮落、野蠻和殘忍這類顯然過於誇張的標籤。但無論事實上有多野蠻，蒙古人這時已經成了世界的主人，這就是為什麼會有一堆歐洲國家派大使團前去東方的原因。除了想要分一杯羹，共享蒙古帝國創造的巨額財富外，這些歐洲大使背後還有其他重要的動機。

首先是因為一二四一年的入侵讓他們記憶猶新，當時窩闊台命令蒙古軍隊進入歐洲。羅斯公國（Rus principalities）、匈牙利和波蘭遭受重創——據說在蒙古人越過多瑙河後，匈牙利有一半的人口都在這場戰役中喪生——而第二支蒙古縱隊則一路奮戰，直抵達爾馬提亞海岸。維也納沒有大規模的野戰軍隊準備好對抗東方入侵者，已然暴露在危機之中。所幸冬天來了，征服維也納一事不得不等到春天。蒙古軍隊撤回多瑙河，在匈牙利大平原上建立了他們的冬季營地，這裡非常適合放牧他們的馬匹，也方便為春季戰役收集情報。但春天到時，他們依舊沒有展開軍事行動，這讓許多基督徒相信是上帝出手救了他們。但實際上還有另一個原因。一二四一年十二月，窩闊台離開哈拉和林去打獵，和他的同伴在鄂爾渾河谷上方的山丘上騎馬。打獵結束後，他們大肆慶祝，一夜狂歡和酗酒。到了第二天，也就是十二月十一日的早上，他過世了。由於要選新可汗時所有的蒙古王子必須在場，因此他們暫緩對歐洲的入侵，將軍隊留在匈牙利平原的冬季營地，返回鄂爾渾河谷。正如一位英國歷史學家所指出的，拯救岌岌可危的西方基督教的並不是上帝，而是蒙古的民主制度。[57]

還有另一個原因讓歐洲統治者紛紛派使節進駐哈拉和林，他們希望說服蒙古領導人將他們的軍隊轉向中東，因為他們之前派去東征的十字軍無法鞏固在那裡的基督教世界，而馬穆魯克人（Mamluks），這批來自高加索的奴隸士兵卻控制了埃及和大部分聖地。教皇和歐洲信奉基督教的國王拋開他們對亞洲游牧民族的古老偏見，希望這些亞洲游牧民族會基於共同的理由來對抗共同的穆斯林敵人。他們之所以會這樣想，可能是因為在歐洲很多人誤會窩闊台是基督徒。成吉思汗和窩闊台都是承繼偉大草原傳統的泛靈論者，他們唯一崇拜的神就是天父，或稱騰格里（Tengri），同時也將日月地水視為神聖的。與他前幾任的大汗一樣，新當選的貴由（Guyuk）也歡迎所有宗教，因為宗教自由仍是蒙古社會的基石。然而，歐洲並沒有這樣的包容性。英格蘭此時正在驅逐猶太人並取消積欠他們的所有債務。哈拉和林有大量基督徒的消息讓西方一些人相信，在這些游牧的野蠻人中一定有一位基督徒祭司王。而根據他們的說法，這人名叫約翰長老（Prester John）。

至少在此之前的一個世紀，在歐洲中的宮廷中就已經有人提過約翰長老或約翰祭司王的名字。

在一一四五年，敘利亞主教前去羅馬，與教皇尤金分享亞洲基督教神父王崛起的好消息。據這位主教的說法，約翰長老現在希望能效仿他的祖先們，也就是前往耶路撒冷的東方三博士。基於這個原因——光是這原因也足夠了——他準備協助十字軍。同一時間，一封據稱來自這位祭司王本人的信也在羅馬和君士坦丁堡流傳，聲稱他確實「在財富、美德和權力各方面都超越了全世界所有的王」。或許真有這樣一封信，但令人驚訝的是，人們對此深信不疑，即使當傳言變成：「那片土地上的河裡流動的是牛奶和蜂蜜；所有的毒藥都不會造成傷害，聒噪的青蛙也不會呱呱叫。在草叢中也沒有蝎子和蛇爬行。」[58] 這種誇大不實的傳言是一個跡象，顯示出歐洲對於蒙古人出兵相助的期待有多迫切，以及他們在中東反對穆斯林勢力的軍事活動有多失敗，這一切使得歐洲的基督教領袖們寧願相信這些流言，想要把貴由汗和約翰祭司王當成是同一個人。為了要說服他加入他們的這番事業，歐洲大使冒著生命危險前往哈拉和林，有些人耗時數月，有的甚至要數年的時間。正是從這些使節那

一四十三世紀繪製的馬，取自《動物特徵之書》（*Kitab Na't al-Hayawan*）。

裡，我們獲得了關於這座游牧首都生活最為鮮明生動的第一手資料。

只有神知道

第一個官方大使是馬斯特．菲利普（Master Philip），教皇亞歷山大稱他是「醫師和我們的友人」。在教皇的指示下，他於一一七七年十月從威尼斯啟航，越過巴別塔，去給教皇「在基督裡虔誠的兒子，傑出而偉大的印第安國王」送信。[59]但這趟教皇第一次授意的遠東傳教之旅以失敗告終，馬斯特．菲利普在巴勒斯坦海岸登陸後，隨即前往內陸，但之後再無音訊。他的失蹤更加強化一些歐洲人對游牧民族的偏見，認為他們都是野蠻人，不過東方基督教祭司王的神話依然持續著。

五十年後，聖地的十字軍討論一份關於大衛王的報告，這是一份匿名文件，其中提到「印度的基督祭司王，被主派去鎮壓異教徒，摧毀穆罕默德的教義」。[60]不久之後，開始流傳起一則沒有人知道是從哪裡傳來的預言，提到大衛王和約翰長老都會騎馬去擊敗異教徒。十字軍就這樣輕信這則傳言，因此斷然拒絕阿拔斯蘇丹提出的和平條約，準備進攻開羅，儘管在埃及和近東等幾乎所有地方他們都遭到痛擊。這次的失敗結束了第五次十字軍東征，但神話和誤解仍然流傳著。

兩年後，即公元一二二四年，一支龐大的軍隊在喬治亞和俄羅斯各地肆虐。[61]匈牙利國王寫信給教皇說，這些陌生人在他們面前帶著十字架，因此他推測這「應當是大衛王，或現在更流通的說法約翰長老」[62]已經前來與穆斯林作戰。這樣嚴重的錯覺深植人心，因此當有報息傳來，說這位奇怪的國王屠殺了二十萬基督徒後，匈牙利人還在幫他解釋，認為這些死者可能是喬治亞的希臘東正教徒，所以約翰長老只是在淨化教會。當時的編年史家諾夫哥羅德（Novgorod）的頭腦比較清醒些，捕捉到對此的焦慮和困惑感，「為了我們的罪孽，未知的部落來到了，沒有人知道他們究竟是誰，不知道他們是從哪裡冒出來的，不知道他們的語言是什麼，也不知道他們是什麼種族，他們的信仰是什麼；但他們稱他們為韃靼人。」＊那究竟韃靼人（Tartars）是誰呢？「只有神知道。」[63]不過，最終歐亞大陸上的每個人都會知道，這些人不是什麼來自東方的神話般的基督教王國的人。他們是成吉思汗的蒙古人，在東歐留下了到此一遊的印記後，就離開他們占領的土地和城市，回去家鄉。而這一點也讓歐洲人感到困惑，不僅是關於這些野蠻人的身分，還有他們到底所為何來。

當時認為蒙古人的行為特徵就是野蠻，但這一點並沒有阻止教皇和歐洲君主向東方派遣更多大使。在第一位教皇特使失蹤五十年後，又有一支傳教隊前往東方，準備與可汗協商，團隊裡選的都是有經驗的老手，包括匈牙利修道士瑞卡爾塔斯（Riccardus）和朱里安（Julian）、多米尼加修士阿瑟林納斯（Ascelinus）、波蘭修士班尼迪克特（Benedict the Pole）和聖昆廷的西蒙（Simon of Saint-Quentin）。另外還有教皇派的特使皮安諾卡爾皮尼的約翰（John of Piano Carpini），日後他帶回來許多關於蒙古人生活的描述，極具啟發性。與此同時，蒙古人也派使者到西方。其中一位派遣到西亞的蒙古指揮官鼓勵歐洲的基督教國王繼續他們的十字軍東征，並暗示現在的蒙古的可汗是約翰長老的孫子，現在已經改信基督教，與他們有共同的事業。

然而，貴由並不是基督徒，顯然對一些大使的傳教行為感到惱火不已。在一二四六年，他致信給英諾森四世（Innocent IV），提到教皇特使建議可汗改信基督教一事。「您的這份提議，」可汗寫道：「我們不明白。」他非但沒有接受這份宗教邀約，還再度強調自己對「永恆天空」的信仰。貴由稱自己是「所有偉大人民的大汗」，然後要求「偉大的教皇和所有國王必須親自前來向我們致敬」。64

此時，法國的路易九世派一位多米尼加人安卓・隆居摩（Andrew of Longjumeau）去東方，有部分也算是對這封信的回應，這次帶去的禮物包括一塊真十字架的碎片和一個用於慶祝彌撒的紫色攜帶型帳篷。隆居摩一行人到了大約是前往哈拉和林的中途，也就是現在的哈薩克斯坦，這時他們改道進入山區。改道的原因是貴由駕崩，他的妻子想要讓他們的兒子當選大汗，而他認為來自歐洲君主的大使應該有利於孩子的登基。隆居摩帶著年輕人的一封信回到法國，信中感謝路易的禮物，並暗示他寄更多的禮物過去。顯然這位年輕的可汗將這些禮物視為法國國王屈服於蒙古勢力的跡象，不然路易好端端地為何要來進貢呢？

這段期間前往哈拉和林最成功的西方人是一位堅韌不拔的佛萊明方濟會修士威廉・馮・魯斯布魯克（Willem van Ruysbroeck），或是如他在英語世界為人所知的名號「布魯克的威廉」（William of Rubruck）。他曾經與一位後來封聖的法國國王一起參與十字軍東征，而當隆居摩向法王路易報告時，他也在場，因此他得知在蒙古的中心有基督教奴隸，而他們沒有教會的支持，他認為他可以改變這一點。他還聽說這些游牧民族在宗教方面相當寬容，正是在這樣的樂觀情緒——

＊　韃靼人（Tartar或拼寫為Tatar）係指蒙古人以及居住在伏爾加河谷和克里米亞的（Crimea）人。

還有禮物——他於一二五三年在黑海啟程，就在蒙古繼位一事告一段落，確定由成吉思汗的另一個孫子蒙哥（Mongke）當選大汗。就這樣，威廉修士帶著《聖經》、「水果、麝香葡萄酒和美味餅乾」[65]、一封法國國王的信，以及他敏銳的眼光和不可動搖的宗教熱情上路，希望能用這些來贏得這位世界的新主人加入基督教。

這段通往弗萊明筆下的「另一個世界」的旅程相當漫長，行程也很慢，因此有足夠的時間來記錄他經過的地方和他一路上的見聞。在威廉修士這份對中亞的詳細描述中，有許多史上第一份資料，包括裏海的大小和流入量，頓河和伏爾加河的河道，證明希臘人和羅馬人所說的塞雷斯（Seres）就是中國（現在確定塞雷斯是指亞洲的絲綢生產地區，包括中國和印度），並且首先描述西藏，這是蒙古人納入版圖的新土地。當時歐洲的許多人仍然相信，正如一千七百多年前的希羅多德所相信的，遠東有龍，有獨眼人，還有一些長有山羊腳的人，他的這份描述具有革命性的意義，而且一直到十九世紀才有人超越。[66]當中詳述這些游牧民族如何搭蓋住所，他們用木棍圓形房中，上面覆蓋著白氈，當中有些相當寬敞，有九公尺寬，而其中最大的，甚至可以停放牛車，還有他們的帳篷開口一定朝南，而主人總是坐在北方。他還寫道，這些游牧的野蠻人夏天時穿著中國絲綢，到了冬天則是穿上皮毛大衣，並且在褲子中填充絲綢。他們從維吾爾人那裡學到古粟特文字，又跟藏傳佛教徒學習經文。他也是第一個描述佛教普傳密咒中六字真言「嗡嘛呢叭咪吽」（Om mani padme hum）的西方人。

威廉修士的噸位不輕，從他在旅途中所帶的甜酒和餅乾來看，他也喜歡療癒型食物。漫長的哈拉和林之行的第二階段似乎成了一種苦行，因為蒙古嚮導幾乎讓這些歐洲人整天移動，只允許他們在晚上停下來吃飯。而且只提供烤羊肉，蒙古嚮導在晚餐時還會提到前方的路程有多恐怖和艱辛，以此折磨大家的胃口。

蒙古人並非沒有對威廉修士起疑心。在蒙哥被選為大汗後，權力中心從成吉思汗家族的一個分支轉移到另一個，當時的氣氛很緊繃，尤其是這位新可汗會除掉任何威脅到他帝位的人，甚至連隆居摩之前見過的皇室遺孀都遭到處決。不過，隨著與哈拉和林的距離越來越接近，他聽到新可汗渴望與歐洲統治者建立更密切的關係，這讓他鬆了一口氣。

威廉修士和他的同伴花了將近一年的時間才抵達哈拉和林。蒙哥大汗選在首都外不遠的地方紮營，因為他似乎和他的祖父成吉思汗一樣，比較喜歡住在帳篷裡。十二月下旬，修士一行人已經筋疲力盡，又十分寒冷，而且他們的體重比前一個冬天離開巴勒斯坦海岸時要輕得多，這要歸功於艱苦旅程中的糧食配給。大汗得知他們不是官方的法國大使感到很失望，但仍然允許他們留下來，因為他們或許可以分享一些有用的資訊。在他們獲得覲見前，皇帝的首席文士曾詢問過他們關於他們的國家、他們的旅程以及世界上的新聞。文士或他的主人會相信他們所聽到的一切嗎？這一點我們無法得知，不過這位好修士肯定相信他所聽到的，因為除了他提供給我們的這些確鑿事實外，還有些怪誕奇譚。我最喜歡的一則故事是他對生活在中國東部生物的描述，說牠們有人類的特徵，但不到一個手臂高，而且腿不能彎曲。牠們也嗜酒，但對酒精沒有耐受度，所以中國獵人會留下蜂蜜酒來誘捕牠們，這些小動物會喊著「親親」（Chin, chin），然後在喝下酒後昏倒在地。修士對此完全買單，還繼續活靈活現地描述，在失去意識後，獵人就會在這些生物的脖子上劃一道傷口，打開一條靜脈，從中抽出幾滴血。這些血液用來當作紫色染料，而這些生物就叫做「欽欽」

（Chinchin）。

在抵達一週後，威廉修士終於獲准覲見可汗。在護送他到營地的路上，他的腦中想必是千頭萬緒。他身邊全是游牧民族，光是他們的外表就具有十足的威嚇力，讓人嚇得講不出話來，更別說是舉起劍或盾牌的時候，他們驍勇善戰，奪走了數百萬人的生命，在西方要嚇唬孩子時，只要在耳邊輕輕說聲他們的名號就足以讓孩子安靜下來。而在此際，他即將要去面見他們的領袖，外界對他的傳言似乎集結了所有定居者對游牧民族抱持的偏見。

在獲得會見可汗的許可前，這位修士遭到徹底的搜身，看他是否身上藏有武器；即使是在蒙古的權力中心，還是會擔心有阿薩辛派（Assassins），或稱「刺客組織」的人前來，之前已經有激進的什葉派教派的追隨者殺死了許多知名人物，至今仍未抓獲。在走過搜身的安檢程序後，沉甸甸的帳篷襟翼被拉到一邊，這為歐洲人走進了他所謂的「另一個世界」。這個蒙古包很大，掛著金帛，燃燒著柴火和糞便，為冰冷的冬天增加一點暖意。蒙哥坐在靠近蒙古包中心的一張鋪著華麗織物的沙發上。他的身材矮小，看上去年屆中年，長著平扁的鼻子，身上披著海豹皮，身邊圍繞著很多女人。他做出的第一個姿勢，當然是以蒙古人的方式，是請他的客人們喝一杯。他們會喝什麼？是葡萄酒、米酒、馬奶酒還是蜂蜜酒？正是在這場會面的開端，威廉修士發現他的翻譯對蒙古語了解得很少。光是連問他們比較喜歡哪種飲料，也超出了口譯員的能力範圍，更別說是在他喝醉之後，一切都變得難上加難。在覲見結束時，這些歐洲人得知他們可以待在這裡跟蒙古人一起生活兩個月，直到寒冬過去，屆時他們可以更舒適地踏上歸途。這或許是蒙古人體認到歐洲人的脆弱和這段旅途的艱辛。在三月下旬的棕枝主日（Palm Sunday），他們仍然待在可汗隨行人員的帳篷中，當時威廉修士和他的同伴為一些沒有長出春芽的樹木祝福。在那之後，大汗的朝臣和這批歐洲訪客終於往首都堅固的泥牆靠近。

可汗的新住所最能展現出哈拉和林從一個大型蒙古包紮營地變成帝國首都的轉變。興建在河邊的萬寧宮（Palace of Ten Thousand Tranquillities）與之前可汗接待歐洲人的那個掛著金毯的蒙古包截然不同。威廉修士描述這裡是蒙哥開「酒會」的地方，在這些全國性的場合上，他會在公眾面前展現他的慷慨大度，以強化他追隨者的向心力，或是「asabiyya」。宮中湧進大批蒙古貴族，此時蒙哥會論功行賞，宣布官職的晉升，頒贈頭銜、領地、毛皮和金幣給他的同伴。正是在這些聚會上，他們分享收穫——這就像二十一世紀的股東從他們投資的公司獲得利潤一樣，只是蒙古人分享的是他們成功創建帝國所產生的利潤，這是「在大汗直接管轄下的地區的稅收和貢品」，67 這些將在忽里勒台大會上和其他部落集會時分發。

從另一位亞美尼亞人的日記中，我們得知這些聚會進行的相當愜意和順暢，他寫道：

> 只要一逮到機會，他們就大吃大喝，但在無法這麼做的時候，他們也很節制……在要喝馬奶酒或葡萄酒時，他們當中會有一個人先拿起一個大碗，然後……將酒灑向天空，往東西南北都灑過。然後灑酒的人先自己喝下，再提供給貴族。68

為可汗的眾多客人供酒的是這座宮殿最顯眼的擺設：一棵巨大的樹。這棵樹就在宮殿的入口處，它不需要任何祝福來鼓勵它發芽開花，因為這是用純銀打造的，對十三世紀這樣一位慷慨而嗜酒的統治者來說，想必這是他夢寐以求的終極擺設。這顆銀樹是由法國金匠大師威廉·布契爾（William Buchier）所打造的，他在蒙古遠征時遭到俘擄，但後來自願留在哈拉和林，很有可能是因為他不想放棄這個能在世界上最富有的宮廷工作的機會。布契爾的技能肯定得到了豐厚的報酬，儘管威廉修士對這位金匠佣金的估計可能有些誇大，折算下來在今天將超過一千四百萬英鎊。不過他對這棵銀樹細節的詳實描述倒是令人信服。這顯然是一件奇觀，它的四根樹枝象徵著天堂的四條河流，每條河流都流淌著不同的酒精。根部由四隻銀獅守護，它們的嘴裡流出馬奶酒。在上方的樹頂上放置有酒槽，當有任一個酒槽快要流光時，就會引發一尊銀天使吹響了角，這時僕人便會接到添酒的訊號，帶來更多裝在山羊皮囊中的酒。

蒙哥或許統治過世界上最大的帝國，但他仍然是一個游牧民族，只有在出入鄂爾渾河谷時才會留在首都和他的宮殿中。也許他已領悟到伊本·赫勒敦所發現的道理，知道城市會構成威脅帝國存亡的風險，城市裡的誘惑可能會破壞族人的凝聚力，瓦解他的「asabiyya」，甚至讓游牧民族失去他們的身分。不過哈拉和林與其他城市不同，那裡沒有明顯的宮殿區，而且貧富並存，有的窮人住在宮殿裡，有的在茅屋裡，四扇城門既不是根據它們所面對的方向，也不是根據在那裡生活或死去的名人來命名，而是根據該地出售的商品來命名。西有綿羊，東有糧食，南有牛車，北有馬。這一點提醒我們，這座帝國首都仍然是一個市場。

在其他方面，哈拉和林類似於任何時代的帝國首都，當地居民的種族多樣性反映出帝國的巨大影響力，那裡有蒙古人、中國人和土耳其人、匈牙利人、阿蘭人、魯塞尼亞人、喬治亞人、亞美尼亞人、阿拉伯人和許多其他人，大家在這座城市的小巷裡擦肩而過，在小酒館裡共用一張長椅。

成吉思汗曾經在他征服的城市中尋找木匠、珠寶商和其他技術熟練的工匠，並將他們送回蒙古。在這一「求才」過程中，他和他的繼任者不僅聚集了一批獨特的人群，還聚集了豐富的資源來建造和填裝他們的新首都，就像之前大流士召集工匠來建造波斯波利斯一樣。哈拉和林有一個供中國工匠和商人使用的區域。在另一個區域，則是由西方來的金屬工作坊，在那裡製造劍、馬鐙、大鍋、軸環和箭頭以及紡錘，這些工具顯示蒙古人有在紡羊毛和編織自己的地毯。窯爐燒製屋頂瓦片和尖頂、雕塑、盤子、盤子和玻璃。珠寶商用金、銀和寶石製作精美的物品。無論珠寶商來自哪裡——剛提到的那位巴黎金匠威廉只是眾多珠寶商中的一位——他們都是根據古老的傳統在工作，因為考古學家後來在哈拉和林發現了這一時期的黃金和其他珠寶，它們的風格和製作技術與一千年前的斯基泰人無異。

在哈拉和林，思想和信仰的融合就像當地的製造商和貿易商一樣繁雜，如果要說有什麼細節能夠

在伊朗伊斯法罕省的卡尚（Kashan）市出土的公雞造形壺，收藏於德黑蘭國家伊斯蘭博物館，年代為1220年。

捕捉到這個地方的精神，以及當時的帝國，那就是沿著小巷可以找到的一系列宗教建築。在城裡主要的十二個宗教場所中，有一間清真寺、一間佛寺還有一間景教基督教會，一些可汗家族中的皇室成員也改信了這些外來宗教。即使是大汗本人在得到威廉修士的祝福時也很高興。就是在這樣的氛圍中，他把宗教自由的觀念發揮到極致，讓景教為他祈禱，讓佛教僧侶念誦咒語，讓穆斯林教長伊瑪目誦經，進行他們的回教禮拜（salat），但他始終堅持信仰大地的聖潔，充滿了精靈和精神，他相信他的巫師、占星家和占卜師，相信他們會在星星的運動和野獸的內臟中為他找到意義。而且就跟許多蒙古人一樣，他或許仍然相信屬於他們的榮耀早已在一個夢中預言過，在那場夢裡，一隻鷹隼用一對爪子抓著日月，而這個預言的某部分即將成真。

淚水會告訴你

約莫在威廉修士離開歐洲，展開向東的這段漫長旅程時，蒙哥的一個弟弟旭烈兀（Hulagu）率領著一大群游牧民族從哈拉和林出發。這兩兄弟的母親曾是基督徒，旭烈兀後來則信奉佛教，但現在他是鄂爾渾河谷中過著游牧生活的泛靈論者。據說蒙哥曾在他弟弟的額頭上看到關於征服、管轄、王權和財富的跡象。也許是為了讓他遠離哈拉和林，蒙哥派給旭烈兀一項遙遠的任務，要他去西亞和美索不達米亞那裡鎮守邊疆，維護蒙古的權力，就像他派他們的另一個兄弟忽必烈（Kubilai）去征服中國一樣。如果說立下汗馬功勞的榮耀還不足以推動旭烈兀取得戰勝的決心，再加上他自己的未來想必一定就夠了，因為蒙哥已經答應旭烈兀讓他統治所征服的任何土地。

旭烈兀的第一次重要交戰是在波斯西北部對上伊斯瑪儀里派尼查爾分支（Nizari Isma'ilis）。這個激進的什葉派教派是由一位大師所領導的，據說這位大師給他的追隨者下藥，並承諾他們將會進入天堂並得到年輕貌美的處女的青睞，然後再派他們去殺死政治對手。這些高手通常被稱為「阿薩辛派」（hashishin），這在阿拉伯文中是指吸食大麻者，儘管他們更可能是基於宗教信仰而行事。一個多世紀以來，阿薩辛派這個字衍生出英文中的刺客（assassins）一字，因此在英語世界會以「刺客組織」（Assassins）來指這群人，他們在中東是一股獨立的勢力，有時會與十字軍並肩作戰，但有時也會與他們的穆斯林對手站在一起。他們的行動既不是出於宗教，也不是出於種族，而是出於政治權謀：他們只是為生存而戰。他們與世隔絕的高地國家很平靜，那裡大約有五十座城堡或據點保護著他們，但他們周圍的世界變得越來越不穩定和血腥，有部分就是這批刺客組織所造成的，他們的刀刃或毒藥讓情況變得更加嚴重，這奪走了耶路撒冷一位基督教國王和一位族長的生命，十字軍騎士中的黎波里的雷蒙（Raymond of Tripoli）、巴格達的兩位哈里發、開羅和大馬士革的蘇丹，以及一位伊斯法罕的卡迪（qadi），即法官。不過，他們也不是每次都會致人於死，正如十字軍中的「長腿」愛德華（Edward 'Longshanks'）就逃過一劫，撐過刺客的毒刺，之後成為英格蘭國王，在位三十三年。就連偉大的阿拉伯領袖薩拉丁的帳篷也曾被他們突破，在他就寢之處的桌子上以一把毒匕首留下了一條訊息。蒙古人也知道所有關阿薩辛派的這批刺客——這就是為什麼威廉修士在會見大汗前要先被搜身的原因。如果旭烈兀要在過去波斯帝國的土地上建立蒙古霸權，他就必須先消滅這批隱形殺手。

阿薩辛派在敘利亞和伊朗最為偏遠的地方建立了基地，其中最重要的一個據點位於波斯西北部厄爾布爾士山脈（Elborz）的加茲溫（Qazvin）附近。他們在山頂和一塊巨石的基座上建造出阿拉穆特城堡（Alamut Castle），那塊巨岩就這樣孤獨地矗立在肥沃的山谷邊緣，宛如一顆劃破天際的鋸齒。今天的遺跡看上去仍令人印象深刻，城堡直接切入山頂，在其上方建造，還配備有外部防禦工事、深井還有一些深度相同的儲藏室，可以讓食物保持低溫——這是我的導遊在帶我參觀時說的，而這裡也成了讓阿薩辛派可以放心交談的地方。這座城堡的名字在波斯語中的意思是「鷹巢」，挑選這樣的稱號真的非常貼切，毫不誇張，因為這些行動敏捷的殺手就像猛禽一樣，汲取自然環境中的力量，建立出這樣一個絕佳的防禦據點。

站在阿拉穆特碉堡的最高層俯瞰下面那片狹長而陡峭的懸崖，望過厄爾布爾士山脈那片鬱鬱蔥蔥的山谷，很容易想見住在這樣一個地方是多麼令人敬畏。也很容易想像當這批刺客們看到旭烈兀和他的族人到來時會感到多麼絕望，他們的人數因為當地可汗的附庸的支持而增加，儘管巴格達的阿拔斯王朝哈里發選擇不回應他們的召喚。

旭烈兀十分謹慎地接近阿拉穆特，想辦法要對付這樣的敵人和那座被認為是堅不可摧的據點。他先從那個地區裡他們防守比較弱的要塞下手，在其中一處找到二十六歲的伊瑪目·魯克恩·丁·庫爾沙（Imam Rukn al-Din Khurshah），他是這個教派的新任大師。在俘虜這位伊瑪目後，旭烈兀說服他規勸其他據點的阿薩辛教徒投降，在體認到勢必失敗的結果後，他照做了，或許也是希望能夠保住自己的生命。精采的阿薩辛派刺客故事就這樣戛然而止，最後連阿拉穆特城堡也投降了，寫下一個不太光彩的結局。他們將這位大師送往哈拉和林。雖然曾保證過他的安全，但後來仍遭到處決。當時與旭烈兀在一起的當代波斯歷史學家志費尼（Juvaini）將這一切描述為對「撒旦巢穴中的異端」的神聖懲罰。

志費尼還為後代記下一筆，說蒙古人「過來燒殺擄掠一番後就離開」，[69]但這顯然與事實不符，因為蒙古人並沒有摧毀這裡的一切，就跟他們在巴格達以及占領的其他地方一樣，他們的行事恰恰與西方傳說相反。在拆毀除阿拉穆特的防禦碉堡前，已經保全了圖書館，並將當中的藏書送往東方。與阿薩辛派共處的一些學者也受到禮遇，其中最著名的是身兼數學家、哲學家和占星家的納西爾丁·圖西（Nasir al-Din Tusi），他是第一個討論三角學的人。旭烈兀聘請圖西擔任顧問，後來還將他安置在可汗的新首都馬拉赫（Maragheh），也就是今日的伊朗，還在那裡為他建造了當時世界上最先進的天文台。馬拉赫天文台是當時最精密的天文台，之後建造的天文台都以此為範例，包括十五世紀在撒馬爾罕、十六世紀君在士坦丁堡和十八世紀在印度的天文台；但它可不是可汗賞賜的玩具。在馬拉赫，圖西能夠製作更準確的天文表，這對旭烈兀賴以下決定的占星預測至關重要。

巴格達人可能不會騎上馬加入蒙古人行列，但他們確實為阿薩辛派的垮台歡呼，而他們開心的原因可能就算在今天也會引起共鳴：阿拔斯王朝的哈里發是遜尼派（Sunni），他們在山區早就與狂熱的什葉派有些過節。不過他們的歡樂很短暫。在前一年，於設拉子（Shiraz）誕生的一位那個時代的偉大詩人薩迪（Saadi）寫道：「豹群已然丟失了牠們的豹性。」[70]一二五八年，豹群開始向美索不達米亞遷移，牠們餓了。

旭烈兀致信給巴格達的阿拔斯王朝的哈里發穆斯塔西姆（al-Mustasim），在信中他寫道：

> 毫無疑問，您已從將領乃至小兵那裡聽聞蒙古軍隊從成吉思汗時代到現在對世界及其人民所施

加的懲罰，讓花剌子模王國（Khorezmshahs）、塞爾柱帝國（Seljuks）、德萊木（Dailam）的君主、阿塔貝克（Atabeks）和其他以雄壯威武著稱的各王朝的君主們都遭受這份屈辱，感謝永恆的神。既然巴格達的大門過去在面對這些種族來犯時從來沒能守住……那這座城市是要如何抵擋像我們這樣軍力強大的人呢？[71]

旭烈兀的論述邏輯相當具有說服力，但讀到此信的這位哈里發仍然不為所動，反而提出警告，說要是巴格達人民為了戰鬥團結起來，蒙古人將會遭受像上帝之手一般的「正義憤怒」所打擊：

> 我會讓你們從雲端高處落下，
> 我會像獅子一樣把你扔到最深的地方。
> 我不會在你的國家留下一個活口，
> 我會讓你的城市、土地和帝國化為火焰。

還有什麼比這個年輕的蒙古王朝更能說明伊本・赫勒敦的命運之輪，它現在具有強大的「asabiyya」這樣的凝聚力，旺盛的游牧能量，威脅要推翻腐敗的舊王朝，它的「asabiyya」在經過幾個世代的定居後早已消散？

大規模的蒙古軍隊出現在巴格達周圍時，穆斯塔西姆已在位十六年。這位哈里發有許多負面評價，說他低能、軟弱、吝嗇、虛榮、無能和懦弱。他在狩獵中尋求刺激，在後宮裡享受樂趣，但對管理帝國剩餘的部分則興趣缺缺，他的統治完全沒有讓帝國走向輝煌時代。[72]更糟的是，他的議會對於要如何應對游牧民族的挑戰有很多分歧的意見。多年來因為經費不足，阿拔斯王朝的軍隊早已萎縮，這讓他們的城市失去了防禦能力。許多人認為他們別無選擇，只能投降。其他人則回想起第一個哈里發的榮耀和他們的阿拉伯血統，他們敦促穆斯塔西姆起身戰鬥。

旭烈兀的大部分軍隊是蒙古戰士，包括那些遠近馳名的蒙古騎兵，以及亞美尼亞人與喬治亞人，另外還有安條克（Antioch）派出的一支分隊以及精銳的中國攻城軍。旭烈兀描述他的軍隊人數「像螞蟻和蚱蜢一樣多」，估計約是十萬到三十萬在之間。就算只有十萬人，這數字也應該讓那些對戰勝充滿憧憬與幻想的巴格達人產生懷疑，自問他們能堅持多久。

與他們野蠻游牧民族的形象相反，蒙古人並不想摧毀巴格達，這就是可汗向哈里發發出最後通牒的原因。「歸順我們，」他在信中大力疾呼：「這樣你和你的家人就可活下去，你的城市會繁榮，你的人民會發達。蒙古帝國也將因此興盛。」

但旭烈兀知道哈里發一定會抵抗，於是用了看似可能直接出自伊本．赫勒敦手筆的口吻寫道：「你現在完全受到對偉大事物、財富和驕傲的熱愛以及對短暫幸福的幻想所誘惑，因此根本聽不進這些善意的話……現在你唯一能做的就是為戰爭做準備。」[73]但即使在備戰上，哈里發也難盡全功，阿拔斯軍隊中有許多人都先溜了，有些甚至直接投奔蒙古人。

一二五八年的一月中旬，穆斯塔西姆的將軍派出兩萬人的部隊穿過底格里斯河，準備來場先發制人的突襲。沒想到蒙古人早已經準備好迎接他們的到來。在一場典型的游牧民族的戰略行動中，蒙古軍撤退了，將阿拔斯軍隊引離城市，到達比他們預期更遠的地方，這時蒙古工兵打破堤壩，將整片平原淹沒。大部分的遠征軍都被淹死。旭烈兀迅速搶占優勢，占據著名的圓形城牆外的陣地。過了十二天後，他的攻城車和攻城錘開始進攻城門和城牆。在慢慢地打破障礙時，各式各樣的彈射器將石塊和油罐拋進城市，從蒙古複合弓上射出來的大量箭頭如雨而下。其中一些箭上綁有字條，那是要給城中的法官、酋長或稱部落首領（sheikhs）和商人，紙上承諾放過他們和所有尚未拿起武器的人；就跟以往一樣，蒙古人試圖盡量減少傷亡和進入城市所需的時間。與此同時，他們在流經這城市的底格里斯河上下游建造浮橋，切斷叛逃者的後路。

在戰爭敗勢底定但尚未結束前，穆斯塔西姆派一個代表團去見蒙古領導人。他的兒子們和大臣帶來奢華的禮物和投降的提議。但按照蒙古習俗，和談的時間是在戰爭開始前。一旦開戰，就必須分出一個勝負，一方徹底毀滅才能告終。在派出代表團後不久，哈里發的總指揮連同一旁的七百名衛兵就遭到俘虜。「哈里發是受他的命運所帶領的，」這位總指揮官為其主人辯護，這句話也可能出自任一位蒙古領袖的口中，但無論是辯解還是請求，都無法挽救這位指揮官和他手下的生命。

開戰十二天後，第三十七任的哈里發和先知穆罕默德的繼任者穆斯塔西姆走出這座曾是地球上最偉大城市的大門，他的兒子們和許多皇親貴族緊隨其後：他們的城牆無法保護他們。他們在旭烈兀的營地投降，但這並不能保證他們的安全，因為這不是蒙古人處理戰犯的方式。根據旭烈兀自己的說法，他們約將二十萬名巴格達人帶出這座城市，加以處決，不過有一位同時代的史家認為實際數字是這個數字的四倍。哈里發的一千名太監和他後宮的七百名嬪妃也遭到處決。在這之後，旭烈兀允許他的手下洗劫巴格達，放任他們隨心所欲地強姦或殺人。接著就放火燒毀這座城市，包括智慧之家在內。這座偉大的圖書館歷經幾個世紀的動盪，仍是當時世界上最大的知識寶庫之一。關於它那天的命運仍然存有爭議，畢竟在拯救阿拉穆特城堡的阿薩辛圖書館後，旭烈兀會想要摧毀更大、更重要的巴格達圖書館的館藏似乎很矛盾。

至於投降後被關押在蒙古營地的哈里發的命運也是眾說紛紜。波斯和阿拉伯的資料顯示，旭烈兀禁止給他食物，直到他開口乞食，而這時給他送上三盤，一盤裝滿黃金，一盤裝滿銀子，第三盤則裝滿寶石。據說當他抗議這些不是食物時，旭烈兀責備他。「既然你知道這些不適合吃，為什麼還要儲存這麼多呢？有了這些，你或可送出禮物來安撫我們，還可以與其他人聯合起來，你還可以籌組一支效忠你的軍隊來抵禦我們的侵害。」[74]或許在那一刻，穆斯塔西姆會想起他之前寫給這位蒙古領導人的信。「王子您忘記了」，哈里發在圍城戰前的信中寫道：「從東到西，所有向阿拉敬拜的人，無論是國王還是乞丐，無論老少，都是為這個宮廷服務，組成了我的軍隊。」[75]這是理應會發生的，要是這位哈里發有在意民心所向的得失，關注他的「asabiyya」。不過正如伊本・赫勒敦所理解的，這位哈里發就跟他的許多先人一樣，與那些本來可以保護他的人民分開生活，任憑當初那股建立阿拔斯王朝權力的集體感情消散。

按照蒙古刑罰，拒絕投降是死罪，但旭烈兀對於讓先知的後裔流血還是感到不安。也許他的遜尼派顧問曾警告過他這可能會招致可怕的後果，儘管在阿薩辛派的阿拉穆特據點倖免於難的什葉派占星家納西爾丁圖西提醒可汗，斬首約翰長老後並沒有產生任何不良後果，在伊瑪目阿里或侯賽因（Hussein）死後也沒有。甚至連處死阿薩辛派大師伊瑪目・魯克恩・丁・庫爾沙後也確實沒有發生任何不幸。

據說，旭烈兀不想讓他的手下承擔殺死這位哈里發的後果，而且他也認為砍下這樣一個人的頭是錯的，於是這故事有一個不同尋常的結局。穆斯塔西姆，這位忠實的王子和最後一位哈里發，與他的兒子和王儲人一起被捲進地毯裡，然後讓蒙古馬，或許是哈里發自己的馬，一次又一次在地毯上踩踏。這個故事可能是子虛烏有，但也許它確實發生了，因為對於一個背離游牧根源的統治者來說，死在草原小馬的蹄下也算是死得其所。把他裹在地毯裡也是恰如其分，因為這正是游牧社群必備的用品。

在他失去知覺之前，穆斯塔西姆是否曾有過片刻的清醒？他是否明白他的問題出在哪裡，是否看到旭烈兀以及伊本·赫勒敦所看到的？他是否後悔讓他的人民放棄流動的生活方式，或是他們被宮殿誘惑並且任憑城市生活方式將其軟化？而當哈里發慘遭踐踏時，旭烈兀是否有片刻的反思，他會思考要為自己儲備什麼嗎？他最終會決定要安頓下來嗎？

在哈里發死後，旭烈兀清空了阿拔斯王朝的大金庫，將其一分為二。當中的寶物多到足以和他的哥哥大汗分享，有一部當代的編年史描述他們因為「金銀珠寶、紡織品和珍貴衣服以及金銀盤子和花瓶的重量壓得他們都倒下了，因為他們只搬運帶走這兩種貴金屬，以及寶石、珍珠、紡織品和衣服。」[76]將一半的寶藏運往哈拉和林給蒙哥後，旭烈兀將其餘的運往烏爾米亞湖（Lake Urmia）的沙希島（Shahi Island），就在他的新首都馬拉格（Maragheh）附近。旭烈兀很快就會跟這些金銀財寶相聚，因為七年後他便與世長辭，公元一二六五年，在游牧民族舉辦的最後幾場盛大的葬禮中，他與一群陪葬的馬和大量他辛苦征討來的寶藏一起埋葬。

火燒巴格達時，旭烈兀的一名指揮官向他的可汗報告，指出讓這座城市繼續運作比較符合他們的利益。對於安定下來的哈里發來說，巴格達代表著安全、權力、穩定，摧毀它等於是在向他的人民宣告，哈里發無法抵禦游牧民族的力量。但這位指揮官指出，對游牧民族來說，巴格達是一個市場和集會點。

旭烈兀被說服了，派士兵去撲滅大火，清理城中腐爛的屍體。也許是為了向他母親的宗教致敬，並提醒蒙古人從崇尚宗教自由，旭烈兀將其中一座哈里發殘存下來的宮殿交給景教的主教，同時還撥給他一塊用於建造新教堂的大塊土地。倖存的居民交由波斯歷史學家志費尼治理，他開始重建城市和居民生活的艱鉅任務。在面對哈里發政權的垮台、巴格達失去伊斯蘭大城的威望，還有他們的歸屬感、「asabiyya」以及他們的共同事業的終結，許多人對此感到悲痛不已。

「哦！想要尋求巴格達新聞的人啊！」那個時代的詩人伊本・阿比・尤斯爾（Ibn Abi al-Yusr）感嘆道：「眼淚會告訴你的」：

留在這裡已經沒有任何好處，心愛的人都已離開。
哦！薩烏拉的訪客，請不要來這裡。
巴格達不再是避難所；沒有人在這裡了。
哈里發的王冠、偉大的紀念碑，全都燒成灰燼。[77]

塔木加（Tamgha），或稱旭烈兀（Hulagu）的印記。

與此同時，旭烈兀繼續向西進軍，往地中海沿岸前進。從敘利亞到埃及，進入肥沃月灣，這片富饒的地中海農田目前是由馬穆魯克人（Mamluks）控制，他們當中有許多人都是出生在蒙古領土的邊緣。馬穆魯克人將十字軍推到海岸，但基督徒仍然控制著從的黎波里（Tripoli）到雅法（Jaffa）的主要港口。旭烈兀的出現想必增加這場曠日費時的十字軍東征長戲的複雜性。他是根據牧草的供應情況來選擇行軍路線，他首先帶領他的蒙古軍隊從巴格達向北，沿著肥沃的幼發拉底河和底格里斯河谷前行。從那裡他向西移動——阿勒坡和大馬士革都拒絕歸順於他的要求（不像霍姆斯（Homs）直接投降）並且遭到摧毀——他正準備繼續向南，對抗強大的穆斯林馬穆魯克軍隊。

要是他真的去了，可能會擊敗馬穆魯克和十字軍，掌控那個地區，而這將會改變歷史的進程，與中東甚至是歐洲的命運，一切可能會大不相同。然而，在南進之前，蒙哥於公元一二五九年八月去世，就像十八年前窩闊台去世時一樣，當時分散在匈牙利平原上的蒙古王子都得回去奔喪，旭烈兀這次也得返回中亞參加新任大汗的選舉。少了他，兵力減弱的蒙古軍隊陷入困境，並於一二六〇年九月在拿撒勒（Nazareth）附近的艾因賈魯特（Ayn Jalut）遭到馬穆魯克領導人貝巴爾斯（Beibars）重創。馬穆魯克人在戰事告捷之餘繼續將蒙古軍往東北方逼退，直到亞塞拜然（Azerbaijan），之前旭烈兀曾在此建立了他的軍力基地。到了一二六〇年冬天，貝巴爾斯已經控制大半的肥沃月灣，並在開羅當上蘇丹。日後有一位馬穆魯克繼任者的頭銜其實更為適合現在的他，因為他確實「懲罰那些強大而駭人的反叛者，並且成為法蘭克人、韃靼人和亞美尼亞人的獵手」，最後還有一個同樣匹配的稱號是「從強盜那裡搶回城堡的人」。[78]

一二七一年

在巴格達淪陷十三年後，以及旭烈兀英年早逝六年後——有顆彗星預言，將會有一名少年從威尼斯出發，前往忽必烈大汗的宮廷。就是因為他，還有其他旅人，今日的我們才得以認識龐大蒙古帝國的重要成就，這個帝國是建立在行動自由和宗教自由這兩個支柱之上。

馬可波羅（Marco Polo）與他的父親和叔叔一起旅行，他們都是在歐亞大陸上行走的商人，過往的經驗讓這條路走起來比較沒那麼艱辛，但也沒有加快速度：這孩子花了二十四年的時間才回到威尼斯。但返鄉三年後，他捲入與敵國熱那亞之間的海上爭端，最終被俘虜監禁。不過事後看來這樣的強制隔離算是好事一樁，因為他就此有很多時間來整理他的旅程故事，還讓一個獄友將它們寫下來。由於他的這段旅程非比尋常，再加上他的冒險經歷被撰寫和出版，馬可波羅成了有史以來最著名的旅行家之一，現在甚至連他故鄉的機場都以他的名字命名。然而，這樣一份歐洲中心的敘事到底有什麼值得大驚小怪的地方？據說在那個年代，即使一個處女頭上頂著一個金碗，也可以穿越浩瀚的游牧帝國，不用擔心她不夠身強力壯，也不用害怕生命和財富不飽。既然如此，那一群武裝的歐洲人還有什麼好怕的？

在哈里發垮台後的一個世紀裡，歐亞大陸被相互競爭的遷徙部落所統治。馬可波羅的遊記仍然很重要，不僅因為這當中有精采的故事，也因為這提供關於世界新主人的資訊，詳細而豐富。

在新任的蒙古統治者的領導下，生活與成吉思汗時代很不一樣。大汗忽必烈離開哈拉和林，選在汗巴利克（Khanbaliq），也就是今日的北京建立他的冬季基地。在夏天，他仍然喜歡待在鄰近涼爽的草原上，因此選在北京以北約三百五十公里處的上都（Shang-tu），他定居在一個美麗的地方，周圍環繞著松林丘陵，還有獵鷹在其中築巢。山谷裡有肥沃的牧草供他的馬匹使用，當地土壤也適合農業生產。用詩人柯勒律治（Coleridge）的話來說，忽必烈下令建造「一座莊嚴的歡樂穹頂」，一座夏宮，這當中鍍金的房間和華麗的樓板會讓人看得「欣喜若狂」。[79] 最後的這幾個字是出自馬可波羅的手筆，他曾看過這地方，而不光只是想像而已。在柯勒律治筆下的這片世外桃源，有聖河阿爾孚（Alph）流過。而在馬可波羅的上都，花園裡有蜿蜒的小溪和草地、噴泉和小溪，全都圍在二十五、六公里長的圍牆內。

蒙古人現在管理著世界上最大的帝國。元朝的創始人忽必烈是中國第一位非漢族的統治者。旭烈兀是統領著伊爾汗帝國的總督，該帝國從印度河向西延伸至博斯普魯斯海峽，包括波斯、美索不達米亞和安納托利亞。成吉思汗的另一個兒子察合台（Chagatai）的後裔則統治中亞的核心——包括絲路沿線的城市：布哈拉、撒馬爾罕、喀布爾以及遠至阿爾泰山脈的東部地區。他們的堂兄伯克（Berke）則統治著欽察汗國又稱金帳汗國（Golden Horde），這是一個由蒙古人、突厥人和其他部落組成的聯盟，他們控制著裏海以北的大片原始印歐草原。將這些汗國加總起來，蒙古的版圖東起中國臨海，西至喜馬拉雅山脈，橫跨現在的俄羅斯大部分地區，向下穿過伊朗和伊拉克，一直延伸到幼發拉底河，東西綿延約六千四百多公里。在一個世紀間，當歐洲國家相互交戰，同時還向聖地發起六次皆以失敗告終的十字軍東征，蒙古人則開放他們的市場，歡迎各路人馬在他們的土地上進行貿易和移動。世界就是在這一過程中受到他們的改變。

他們也喜好策略性聯姻，而且就跟十九世紀歐洲王室透過血緣相聯，蒙古領導人也建立起一血脈網絡，將他們和蘇丹、國王與皇帝聯繫起來，聯姻範圍從位於波斯和伊拉克的伊兒汗國（Ilkhanate）的韃靼、中國元朝的皇帝、金帳汗國的可汗、埃及和敘利亞的馬穆魯王國的皇帝、拜占庭皇帝、特拉布宗（Trebizond）皇后，以及薩伏依（Savoy）、布倫瑞克（Brunswick）和熱那亞的國家議會。

生活在這個游牧大聯盟中的居民，從東部的元朝漢人到西部伊兒汗國的土耳其人和波斯人，他們的族群非常歧異多樣，就跟他們稱之為家園的這片土地一樣，但他們現在也有許多共同點，特別是都受到成吉思汗立下的律法所規範。關於成吉思汗在一二〇六年忽里勒台大會上頒布的《大雅薩》（*Great Yasa*），或稱《成吉思汗法典》，一直存有爭議。[80]但無論是否蒙古人真有一套成文法，很明顯的是，從十三世紀早期開始，蒙古的王子們就是按照一套公認的價值觀行事，這套律法是為了要同時管理生活在馬蹄上和城市中的子民。宗教自由賦予基督徒、穆斯林和佛教徒與泛靈論的草原人民相同的地位。而行動自由顯然是為了滿足每年要逐水草而居的牧民的生活必需。貿易自由，這個在我們時代令人擔憂的大問題，對游牧民族來說一直都是不可少的。最大的變化是，現在這些全都收編在一個龐大的帝國之內。

保護這些權利往往是游牧民除採取攻擊行動的催化劑，就像是匈人阿提拉前往羅馬帝國抗議關閉邊境市場，或是匈奴懲罰漢人關閉長城沿線的貿易站。根據這些原則來運作，再加上歷任蒙古大汗與他人合作的強烈願望，世界上最接近無摩擦貿易（frictionless trade）的狀態就這樣流動起來，而且其規模達到過去無法想像的尺度。這樣的蒙古治世甚至比羅馬治世更為平和，透過貿易方式將世界連接起來，讓許多人變得非常富有，包括那些被蒙古人選為收稅員的各地原住民。

蒙古政權提供的穩定性和安全感讓巴格達淪陷後的世紀成為絲路的黃金時代。在馬可波羅講述這許多人讓人懷疑其真實性的傳說故事的五十年後，義大利和東方之間的貿易已變得司空見慣，甚至有個佛羅倫斯的商業代理人佛朗切斯科・巴爾杜奇・佩戈洛蒂（Francesco Balducci Pegolotti）寫了一本《貿易實務》（*Book of Descriptions of Countries and of Measures Employed in Business*）。佩戈洛蒂本人的經商範圍從來沒有超過亞美尼亞的東邊——他可能甚至沒有到達那麼遠的地方——但這一點並沒有妨礙他將從黑海到中國的路線納入他的國際貿易指南中。「從塔納（Tana）——黑海東部的亞速——到契丹（Cathay）（中國）的路，無論白天還是黑夜都非常的安全，」他愉快地建議他的讀者，然後補充道：「這是根據走過的商人所言說。只有當商人……死在路上，屬於他的一切都將充公，歸給他死亡地點的領主……」[81]

這樣看來，上路的風險似乎足以被所賺取的財富抵消，部分原因是當時的運輸費用很低。根據佩戈洛蒂的計算，一個義大利商人帶著價值兩萬五千弗羅林金幣的貨物出發，請來兩名僕人協助，外加一名譯員身兼嚮導、翻譯和代理人，連同自己往返的旅費和他的貨物運往中國的費用，總共所需的經費不超過四百弗羅林。蒙古可汗祭出降低關稅和免除國際貨物地方稅等優惠條件，這讓東西方的貿易變得更具吸引力。[82] 通過黑海港口的貨物關稅也保持在較低的費率，可能不超過貨物價值的三%；相比之下，這時過境埃及可能會被徵收三〇%的稅。因此，黃金、珍珠、香料、特殊藥材、樂器、金繡錦緞織物和大馬士革的鋼鐵，這些全在受到蒙古人保護的粗大動脈裡，從中東流入歐亞大陸。交易的品項有來自俄羅斯的白銀、琥珀、毛皮和戰士，高麗的水獺皮和紙，歐洲的羊毛、劍和玻璃，內沙布爾（Nishapur）和大不里士（Tabriz）等中亞城市的紡織品，還有數不盡的絲綢和成箱的瓷器等等，以及各式各樣來自中國的其他商品。全球貿易從未如此吸引人，也從未如此成功。

蒙古人在十三世紀時採用了古老的波斯皇家道路或羅馬的信使系統，廣設驛站，隨著驛站網絡的擴大，消息的傳播也比以往任何時候都來得快。他們拓寬河流，挖井，鋪設和維護路線，最引人注目的是，在沿著離開首都的主幹道上，每隔四、五十公里就會蓋一間驛站，若是在人煙稀少的區域，間距可能會拉寬到六十五公里左右。可汗在每個驛站安排有飼養員，他們必須在那裡耕種，並飼養一群可以用於接力的馬。這些可不是破敗的商隊旅館，也不是長有跳蚤的蒙古旅舍：馬可波羅稱此是「皇帝、國王或任何凡人能夠留給時代最輝煌和最偉大的證明」。[83]他估計，整個帝國約設有一萬座驛站「都佈置得很華麗」——當中似乎包含鋪有絲綢床單的「華麗床架」，這是由一個大家族來維持，他們也種植糧食來養活自己，服務旅行者。驛站養了約二十萬匹馬，供帝國傳令兵和使者騎乘。

這當中的一些細節可能有誇大之虞。馬可波羅習慣在他的許多估計值後面多加一個零，不過他仍然捕捉到創造這套信使系統並保持其順暢運行的付出和資金，這也說明蒙古可汗對於連接他們現在所控制的這一大片土地的連結的重視。而且他們成功了。在蒙古統治下，設有攜帶橢圓形令牌的使者，稱為「gerege」或稱為「paiza」，持有令牌者可以在整個帝國旅行，享受驛站的設施以及當地統治者的保護和支援。令牌有三個階層：黃金、白銀或木頭，會根據不同材質提供不同級別的服務。持木牌者可享有食物和一匹新的坐騎。持金牌者則會得到一場盛宴款待，還能在鋪著絲綢床單的好床上度過一個夜晚。除了絲綢床單之外，這裡還有另一個重點，這與歐亞大陸上東西間的貿易方式有關。

一千年前的羅馬治世幫助中國的絲綢和瓷器在地中海附近開拓市場。但是那裡看不到中國商人的身影，因為當時貨物比人更容易移動。但如今已經鋪設有維護良好的道路，還提供有住宿、安全保障以及低關稅帶來的高利潤，整個由蒙古控制的歐亞大陸似乎都在不斷地變動，在北京／汗巴利克發現威尼斯人與他們的宿敵熱那亞人搶生意也不足為奇。就像在埃及和英格蘭北部會看到蒙古人，在哈拉和林有法國銀匠在工作，以及來自盧卡和錫耶納的商人在大不里士熱烈的討價還價。

不過這龐大的帝國帶動的不只是貿易和商人。基督教牧師分散在整片歐亞大陸，這意味著宗教的影響力也沿著各種絲綢之路傳遞開來。當時在歐洲廣為流行的一則傳奇是聖巴拉姆（Barlaam）和聖約薩法特（Josaphat）殉道者，這是基督教依照佛陀生平所改編的，這也是東方信仰向西傳播的證據。技術、文化、科學、技能和習俗也更容易地穿越亞洲山脈以及戈壁沙漠和塔克拉瑪干沙漠的南北部，在其間轉移。有時這會產生令人驚訝的後果，好比說氧化鈷的利用，這是一種明顯無害的物質。

在波斯早已有好幾個地方在開採鈷礦，至少從十世紀就開始，波斯的陶工一直在加熱鈷礦來製造氧化鈷，用來給玻璃上色，並且當作是陶器上釉前的基色。納入蒙古版圖後，波斯的陶器也被銷往中國市場，連同這種乾燥後的氧化鈷彩塊。中國陶藝家隨後開始嘗試這種波斯藍或稱「穆罕默德藍或回教藍」（Muhammadan blue）。同時，他們還嘗試蔓藤花紋和「伊斯蘭」圖案，也將其繪製在精美的白瓷碗上。這些中國的「回教」碗和花瓶隨後又被運回西方，在波斯和埃及市場出售。

當波斯陶藝家看到中國人做的器皿，並且發現他們的商品廣受歡迎時，他們便複製中國的這些複製品，並沿著貿易路線出售。這些波斯複製的「中國回教」鈷色瓷器後來影響到奧斯曼土耳其的陶藝家。在伊茲尼克和其他地方，他們將中國圖案複製到碗、罐子和瓷磚上，但在鈷藍色設計中添加了艷麗的橙色鬱金香，創造了現在可以識別的土耳其器皿。這條鈷藍仿製生產鏈還進一步往兩個方向延伸。在十七世紀，荷蘭陶工將這些波斯／中國設計複製到他們自己的台夫特錫釉陶器上，並在地中海附近出售。一個世紀後，明頓（Minton）和斯波德（Spode）等知名英國瓷器也受到台夫特瓷器和中國原件的成功的影響，創造出日後稱為柳紋瓷器（Willow Pattern china）或藍柳（Blue Willow）的瓷器，至今仍在許多地方生產，廣受歡迎。

要在歐亞大陸追尋鈷藍這染料的移動軌跡確實是有可能，而且這故事很令人著迷，但若要追尋同樣廣泛流傳的思想、信仰和知識的移動路線就很困難了。歐亞大陸各地的人現在得以用前所未有的方式來相互聯繫，「穆罕默德藍」當然不是唯一在東西方之間來回激盪出來的產物。在蒙古人的統治下，從黃海到地中海之間的商隊旅館和驛站裡講著各種語言，一座搖擺的巴別塔就此出現在他們的談話和交易中，無論他們是否意識到這一點，他們正在推動一場思想和閒談、習俗和行為的革命，而這最終將會促使世界轉型，滋養出歐洲後來的文藝復興。

在這股趨勢所帶來的變化中，有些僅是地方性的，而且規模相對較小：例如，大汗本人的宗教信仰，在十字軍東征期間，歐洲領導人曾對此抱以厚望。忽必烈從小就是在萬物有靈的信仰中成長，跟他的祖先一樣崇拜古老的草原諸神。在他二十幾歲，尚未掌權前，接觸到一批西藏聖人，深受影響，他們也鼓勵他皈依佛教。儘管堅持宗教自由是蒙古文化的核心——信不信隨你，信什麼都可以——儘管騰格里教、瑣羅亞斯德教、基督教和伊斯蘭教在整個帝國傳播，但大汗成為佛教徒的事實還是有其重要性，更不用說是之後來還有可汗改信伊斯蘭教。

還有其他的轉移和轉變的跡象，比較讓人驚訝的是，這些竟然是展現在蒙古人對精英管理的想法上，在他們的民主制度中——由各部落的領袖選出一共同領導人，還有在蒙古人對其法典的信任所產生的力量中，無論這些律法是否有被寫下來，以及在對備位大汗（至少是男孩）的普遍教育的故事中。當大張的紙首次傳到西方時，確實引起了一片驚訝，就像公元一二九一年首次在波斯發行紙幣一樣——這在中國已使用數百年。當時的歐洲有許多讓人感到不可思議的變化，比方說在一三三一年，愛德華三世（King Edward III）首次舉行他任內的倫敦錦標賽，當時在齊普賽德（Cheapside）的開幕式遊行中，有十六名騎士身著類似韃靼人的服裝並帶著類似韃靼的面具騎馬入場，看起來就像是韃靼人（蒙古人），這樣的著裝或許是受馬可波羅遊記的啟發。另一個例子，在十七年後，同一位國王為他的騎士團委託製作新的嘉德勛章（Order of the Garter）時，要求徽章上要有蒙古風格的金繡布料。此外，歐洲女性開始模仿蒙古女士的扮相，戴上「boghta」，音譯孛哈，又稱罟罟冠、孛黑塔，這種頭飾源自於古代薩卡和斯基泰婦女所戴的高錐形帽子。蒙古的罟罟冠最初是由約五、六十公分高的錐體製成，由木頭和樺樹皮立起的框架所支撐，覆蓋以毛氈。隨著帝國創造財富，蒙古貴族變得富有起來，罟罟冠的圍布變得更精緻，改以絲綢或錦緞來取代毛氈，還用珍珠和羽毛裝飾。在歐洲，這些頭冠激發出圓錐帽（hennin）、僧帽（capuchin）和一系列華而不實的頭飾，豪門世家的女士就這樣戴了這些頭飾好幾個世紀。

從某些方面來看，這一切的發生其實並不真的讓人意外，因為至少從十三世紀初，甚至更早的時代，東方這個概念就一直在轉變歐洲的想像。正如法國歷史學家喬治．杜比（Georges Duby）所指出的，這股蒙古崛起迫使歐洲人體認到，這「世界遠超過他們先人所想像的，不僅更大，更多元，而且也沒有那麼柔順；到處都是沒有接受上帝話語的人，他們拒絕傾聽，也不容易以武器征服。」[84]這項認知主要是來自於三項特別重要的發展。首先是歐洲想像力的解放，這種自由在那個時代歐洲興建的大教堂的造形和企圖上展現得最為精美，從沙特爾（Chartres）和坎特伯雷（Canterbury）到西班牙的布爾戈斯（Burgos）和布達佩斯的馬蒂亞斯（Mathias）大教堂，這些建案都是在慶祝蒙古入侵的結束。它們的結構展現出某種新的世界秩序，大教堂的巨大尖頂指向天空，內部充滿光線，興建資金來自於貿易，而這樣的工程能夠成真，還要動用到承繼自阿拉伯學者的數學。第二項發展是接受游牧的蒙古人較為強勢的事實。正如杜比所解釋的，「當事實明擺著協商和歸順那些無法戰勝的王國對自己更為有利，為什麼還要堅持與所有的異教徒、專業的戰士戰鬥呢？」[85]但也許最重要的是，因為這樣的臣服會導致轉變，不只是歐洲而是全世界，正是蒙古的力量和他們統治大半亞洲地區的事實激勵歐洲人拓寬視野，向東看往印度，並且向西看到大西洋的另一側。瓦斯科．達伽馬（Vasco da Gama）以及克里斯托弗．哥倫布（Christopher Columbus）等探險家，之所以出海探險也是因為中亞游牧民族控制陸路的貨物束縛。

蒙古治世下的文化交融，也將改變歐亞大陸的另一端。中國素來就有與世隔絕的名聲，偏向將自我封鎖在王國之內，但如今，在由來自內陸、以馬為主的草原游牧民族的可汗統治下，搖身一變，成了一個超級海軍大國。忽必烈汗最初認為他的新四桅帆船艦隊，將能夠協助他強化對日本和韓國等臨海鄰國的攻擊。但當這項計畫失敗後，他重新調整這些船隻的用途，打造出可能是二戰前世界上最大的艦隊。[86]這支新的商船海軍非常成功，讓中國得以控制中國海和紅海之間的東方海上貿易。馬可波羅也因此而受益。這位義大利人花了四年時間走陸路前往中國，但當他和他同行者回國時，他們在十四艘中國船隻的護衛下，從廣州駛往波斯海岸，將交通時間縮短了一半。

新的中國帆船相當於海上絲綢商隊。每一艘船配有三百名船員（這可能是另一種馬可波羅的誇飾法，儘管他確實親眼看過），還有六十間客艙供商人和他們的貨物使用。海上貿易產生高額的利潤，就是連抵抗忽必烈軍事攻擊的國家例如印度各省，越南、柬埔寨、高棉人、泰國的素可泰和清邁國王，也準備好承認忽必烈的主權，以便加入他的海上網絡。蒙古人透過海線和絲路，刺激出世界上最接近全球貿易網的商業活動，在歐洲和東方創造財富。而這情勢又反過來促使許多歐洲人再次調整其心態。直到這個時間點，東方在歐洲地圖上一直是個充滿可怕怪物、單足怪胎和野蠻部落的地方。但隨著東西貿易的成功，現在的東方成了一個擁有巨大財富的地方，那裡的道路、市場、安全性和許多其他方面都比歐洲先進。

在歐洲人心中，統治中國的可汗住在一個鍍金的宮殿裡，當中充滿享樂的設施，周圍環繞著歐洲君主只能羨慕的迷人光彩。一位與忽必烈同時代的伊兒汗國的大臣兼史家拉希德·阿爾丁（Rashid al-Din）講了一個關於大汗的故事，

> 有一天，當他（忽必烈）在哈拉和林掌權後，走進金庫，看到裡頭堆放了將近十萬條（銀）。「我們儲存這些會得到什麼好處？」他問：「我們必須時時派人守衛它。向大家宣布，每個想要銀條的人都可以來拿一條。」於是城裡的人，無論地位高低，不分貧富，全都衝進金庫，每個人都分到這樣豐厚的賞賜。[87]

這聽起來像是童話故事，但這當中確實有些真實的環節，因為忽必烈的行為與當時或現在的歐洲銀行家並沒有什麼不同，他們都認識到必須保持資本流動，並且會提供種子資金，希望企業能夠因此盈利。但這不僅只是單單在施捨資本而已。正如一位學者所說，白銀就跟其他奢侈品一樣，「最好是將其視為非物質事物的容器或媒介。在蒙古人的觀念中，再分配的循環會帶來幸福。」更何況忽必烈當時分配的是「維持社會秩序和修復社會失序的關鍵」。今日很難重新建構出中世紀蒙古人對集體幸福的定義，不過可以確定他們相信事物循環不息是共榮共福的關鍵。[88] 而在往後的一個多世紀，他們確實過得很幸福並且獲得大量資本報酬，因為貿易路線一直繁忙，市場也是一片欣欣向榮。不過，伊本·赫勒敦知道好景無法持久。它不會持續下去。

忽必烈汗死後四十年出生的伊本·赫勒敦，在阿爾及利亞一處安全而偏僻的地方寫作，將這份蒙古崛起描述為草原的爆發。這是他那個時代最偉大的一則故事。他知道這個帝國是如何發展的，在成吉思汗死後如何分

馬可波羅的韃靼人造型。

裂，以及他的子孫是如何繼續開疆闢土。他也知道大汗家族不同血脈間的緊張關係，現在他將用他們的故事當作實例，來證明他的朝代循環理論。

他定義出一王朝從興衰到衰落的五個步驟：「第一階段是成功推翻所有的反對派，從前朝手中奪取王權。」這需要靠「asabiyya」達成。第二階段是鞏固領導者手中的權力和王權，收回他團體中他人的權力——這裡的目的是「削弱那些與他共享這份群體感的人對權力的渴望」。第三階段，領導人安於和平與奢華的生活，頒布法律，大興土木，裝備精良的軍隊，慷慨對待本國人民和外國使節。

接下來是志得意滿的階段，新任統治者模仿前任作為，與他的皇室同僚和平相處，並且「認為背離傳統將導致他權力的毀滅」。最後是政權瓦解，「統治者將祖先的積累浪費在享樂和娛樂（寶藏）上」。[89]

就王朝興衰的五階段來看，伊本·赫勒敦歸納的結論是：「神才是最好的繼承人。」此話確實有道理，但成吉思汗有孩子，很多個孩子。

成吉思汗死後的一個世紀裡，他的繼承人統治的範圍涵蓋從中國到近東的陸地和海洋，在歐亞大陸上找來技術最好的藝術家和最優秀的人才，建造起壯觀的紀念碑、繁榮的城鎮和城市，讓人摸不清他們的游牧起源。有些地方會因為嫉妒或疑心而出現動亂，這時可汗們仍然能在整個帝國中維持足夠的秩序，繼續東西方的貿易往來。不過伊本·赫勒敦早已列好這裡不可避免的進程，描述在一三三〇年代和一三四〇年代如何因為城市腐敗和他們的「asabiyyas」潰散而導致欽察汗國解體，在波斯的伊兒汗國如何因一系列內戰而分崩離析，以及位於中亞的汗國如何分裂成兩個截然不同的王國。最近才稱霸全球的游牧世界，以其特有的方式塑造了這世界，但它已然失敗，正如伊本．赫勒敦所寫的，成吉思汗後裔的統治就這樣「結束了」。但事實證明他這話錯了，因為之後還會有更多的成吉思汗的後代出現。不過在這之前，一場災難降臨了，對蒙古人來說這比內部分裂更嚴重，而對歐洲人來說，這造成的災情比蒙古人還致命。

沒有什麼能讓我感到高興

當偉大的摩洛哥旅行家伊本．白圖泰（Ibn Battuta）在一三三〇年代訪問克里米亞時，在阿爾卡法（al-Kafa）港仍然可以感受到游牧民族的「來回往返」。南邊是土耳其人，北邊是羅斯人（Rus）和蒙古人，西邊是基督徒，蒙古治世為阿爾卡法帶來財富和前所未有的開放文化。在這裡的碼頭上，可能會遇到熱那亞人、威尼斯人、希臘人、亞美尼亞人、猶太人以及來自各部落的蒙古人和突厥人。正如伊本．白圖泰的傳記作者所描述的，在這裡的房屋中，「伊斯蘭的醫師會研究基督教苦行者的禁食習慣；（而）在亞美尼亞的修道院教堂中，一處聖水池可以成為伊斯蘭的祈禱場。」90

阿爾卡法港之所以很重要，是因為它讓熱那亞人和他們的威尼斯競爭者能夠容易進入大草原的邊緣，那裡的防禦部署相對良好，而且只要一段很短的海上航程就可以到達地中海。貿易使阿爾卡法港成為伊本．白圖泰筆下世界上「最著名的」港口之一，他估計當他在那裡的時間見到有兩百艘貨船和軍艦停在港口，就像他在中國的最大港口所看到的一樣多。他還描述鎮上的精美集市，不過他忘了提及這裡也是當時黑海最大的奴隸市場。阿爾卡法港也是北非人第一次聽到教堂鐘聲的地方，「沒人警告我會聽到這聞所未聞的鐘聲」。91在恐慌中，他靠著清真寺尖塔頂上傳出的古蘭經誦經聲來擋住這即將來臨的恐怖，「不過並沒有什麼惡靈降臨在我們身上」。但是在他造訪此地的十二年後，惡靈降臨了。

當地造幣廠發行的硬幣完美地體現這個地方的雙重性質，一面用阿拉伯語刻上游牧可汗的銘文，一面印有熱那亞聖喬治銀行的印章。在一三四〇年代，當欽察汗國的可汗賈尼・貝格（Jani Beg）將歐洲人趕出其他黑海貿易站時，兩者間的競爭變成了衝突。一三四五年，可汗開始長時間的圍攻，迫使他們離開阿爾卡法港。

那個時代在皮亞琴察（Piacenza）擔任公證人的加布里艾勒・德・穆西（Gabriele de' Mussi）寫道：「眼看這批韃靼異教徒從四面八方湧入，突然間就占領了卡法市，並在那裡圍困了基督徒近三年。在那裡，他們被一支龐大的軍隊包圍著，幾乎無法呼吸，好在還可以運送食物進去，帶給他們一線希望。」

秋天從一個意想不到的角落出現，這時圍攻義大利人的戰士一個接一個地死去。「但是看啊！」德穆西繼續寫道：「一種疾病降臨在……韃靼陣營，每天造成數千人死亡。就像箭雨從天而降，擊碎了韃靼人的傲慢……」92

這樣的想法——蒙古人遭受天譴，這是來自神的懲罰——在接下來的幾年裡還會重複出現幾次，不過每次的原因不同。隨著死亡人數的增加，蒙古人採取一種可能對他們來說很實際的方式來因應辦法，但這給所有人帶來可怕的後果。他們收集許多戰士的屍體，裝進攻城彈射器中，然後將遺體發射過城牆，丟到城市中。他們就這樣發明史上第一次的生物戰，不管是否真有此意圖。城內開始堆積起「死山」和腐爛的蒙古人屍體，空氣和水都受到汙染。當情況遭到無法忍受時，健康的歐洲倖存者登上他們的船，離開阿爾卡法港、蒙古人和這場瘟疫。或者至少他們是這樣相信的。但不幸的是，在那些搭船逃離的人當中……有幾個水手也感染到致命的病毒。有幾艘開往熱那亞，有些則前往威尼斯和其他基督教地區。當水手們到達這些地方，與當地人接觸後，彷彿為他們帶來了惡靈。93

惡靈其實是鼠疫桿菌（Yersinia pestis），比較為人熟知的稱號是黑死病，是世界上最具破壞性的疾病。疫情最初爆發的確切地點仍然有爭議——即使在今天，也沒人願意承擔這樣的惡名——不過它可能是在一三三一年首次在中國北方出現，當時爆發的疫情奪走該地區九成人口的生命。但它也可能來自歐亞大草原，那裡素來有「世界最大瘟疫盆地之一」的稱號，94 而且那裡的環境條件也是致命細菌繁殖的理想地點。無論從哪裡開始，它都沿著絲路傳開——這是聯合游牧世界較不受歡迎的層面——透過老鼠、駱駝和人類以及在食物和衣服上出沒的跳蚤所攜帶。在一三三五年，它奪走阿布．薩伊德（Abu Said）的性命，他是統治旭烈兀創建的帝國的最後一個後裔，伊本．白圖泰曾稱他是「神創造出的最美好的造物」。在伊塞克湖（Lake Issyk Kul），即今日的吉爾吉斯斯坦周圍，也爆發致命感染，那裡有三塊墓碑提到死者是在一三三八、一三三九年間死於瘟疫。

從一三四六年阿爾卡法港疫情爆發到一三五〇年疫情解除時，這場病就像死亡天使一樣席捲全球，奪走七千五百萬人的生命。其中兩千五百萬人在歐洲，占當地人口的三分之一。當時的義大利觀察家德穆西聲稱這疾病是由熱那亞人傳播的，但這主張是錯的。他們在一三四六年逃離阿爾卡法港時，固然有帶著病菌，但即使沒有他們，這病菌也早已掌控局面，能夠輕易沿著貿易路線移動，這比透過商隊偷渡者來傳播更為迅速。到了一三四七年，病菌已經摧毀了特拉布宗、君士坦丁堡、大不里士和巴格達等近東城市。次年，病菌量激增，繼續向南傳播到麥加，再從開羅和亞歷山大穿過北非到突尼斯，然後進入歐洲。首先到達西西里島，然後是威尼斯、熱那亞、馬賽，進入西班牙，然後穿過法國。次年六月，又越過英吉利海峽，進入英格蘭。據一位同時代的消息人士稱，英國的黑死病是由一個加斯科人傳入，最初是出現在多塞特郡韋伊河畔的梅爾科姆里吉斯（Melcombe Regis），或稱韋茅斯（Weymouth）。

每個人都遭到黑死病的折磨，儘管某些游牧民族的痛苦可能少一點，因為傳播鼠疫的跳蚤似乎不喜歡馬。在威尼斯，有高達四分之三的市民死亡。一些埃及城鎮失去了九成以上的居民。農民死了，卡斯蒂利亞國王（King of Castile）、亞拉岡女王（Queen of Aragon）、拜占庭王子以及法國和英國的公主也都死了。英格蘭的人口在瘟疫開始時有約七百萬，在五十年過去後，僅剩兩百萬。

大家遭受病菌荼毒的方式也大同小異。義大利作家喬瓦尼・薄伽丘（Giovanni Boccaccio）在瘟疫來襲時年僅三十五歲（他倖存下來），在他的傑作《十日談》（*The Decameron*）提到，他的家鄉佛羅倫斯當局清除「大量垃圾和糞便」，禁止病人進入城市，並頒布許多關於公民如何保持健康的指示，但他們仍然失守了。「在一開始病發時，」他解釋道：「男性和女性的腹股溝和腋窩都出現腫脹，有些像蘋果一樣大，有些形狀像雞蛋，有些很小，有些很大。」受感染的人通常活不過三天，而大多數的動物則是立即死亡。薄伽丘記錄一三四八年三月至七月這段期間，佛羅倫斯至少有十萬人死亡。他還提到，「大批人放棄了他們原來的城市家園、他們的親人，他們的父母，他們的財物，前去農村……彷彿上帝的憤怒只針對那些不幸處於城牆內的人。」95

與薄伽丘同時代的詩人彼特拉克（Petrarch）在疫情襲擊他居住的帕爾馬（Parma）時，年僅四十四歲。他失去他的贊助人和許多朋友，還有他的心上人蘿拉，他知道「這世上已沒有什麼能讓我開心的了」。96在給他兄弟的一封信中，他想知道：「怎麼會有這樣從未聽聞的事情發生？歷史上從未記載過，房屋空置，城市廢棄，鄉村也遭到遺忘，空地無法容納所有的死者……」97

我們現在對這可怕的疾病有很清楚的認識，知道致病菌種、傳播途徑，以及為什麼致死率這麼高的原因，就像我們現在每個人都知道爆發大流行時有多恐怖一樣；但在十四世紀，沒有人知道是什麼導致了這些死傷，而這讓他們可以自由地發揮想像力來猜測。薄伽丘和彼特拉克認為這樣「慘烈的死亡」是因為神的憤怒，許多人都贊同他們的看法。這會是世界末日嗎？如果是的話，有可能透過祈禱、獻祭，或是改變他們的行為或穿著來延遲，甚或是完全避免嗎？避開社交會有幫助嗎？還是他們應該夜夜狂歡？他們應該禁慾還是縱慾？所有的方法都試過了。亞維農的教皇顯然相信這是上帝的旨意，並鼓勵教徒懺悔，而蒙古可汗則是轉向他的占星家諮詢，占星家指出這是因為土星、木星和火星合相所造成的。整個歐洲都響著教堂的鐘聲，希望靠著鐘聲驅走疾病。基督徒和穆斯林紛紛開始折磨自己的肉體，有的鞭打自己，有的禁食。在北非海岸和近東地區的人則是祈禱和禁食，希望真主能夠不辜負他那九十九個名字當中的「al-Karim，寬容」。但是祂沒有。

黑死病雖然為伊本．赫勒敦的生活和他所居住的世界蒙上一層陰影，但也可能為他提供撰寫《歷史緒論》帶來重要且深遠的靈感。一三四八年，在他十七歲時黑死病奪手他的父母、老師和許多朋友的生命。他在《歷史緒論》中寫道：「一場毀滅性的瘟疫襲擊了東方和西方的文明，導致國破家亡，生靈塗炭……它吞噬了文明中的許多美好事物，任一切灰飛煙滅盡……城市和建物遭到遺棄，道路和路標跟著荒廢，村莊和豪宅空無一人，王朝和部落日漸虛弱。整個有人居住的世界都發生了變化。」[98] 世界和包括他自己在內的每個人都是，正是這種普世變化激發了他的想像。

他在接下來三十年思忖著黑死病的起因和後果，基於此以及他對北非宮廷生活的認識、他自身家族財富的興衰，以及散布在北非的廢墟遺跡，他找到了寫他的歷史的動力，因為——而這是關鍵——萬物循環的想法帶來希望，但不是我們以為的進步，而是透過更新：「彷彿整個造物都起了變化，全世界都因而扭轉，這就好像是重新再創造一次，創造一個更新的世界。因此，在這個時候應當要有人將這一情況系統性地來記錄下來。」[99]

這就是為何他會前去伊本・薩拉馬城堡避難的原因。而這個場地顯然與他的心境很調和。四年來，他「在靜修中受到啟發，話語和想法像鮮奶油一樣源源不絕地湧入腦海，直到完成作品。」[100]

由麥克・沃爾格穆特（Michael Wolgemut）繪製並發表在 1493 年的《紐倫堡紀事報》（*Nuremberg Chronicle*）上的《死亡之舞》（*The Dance of Death*）的細部。

一三七八年底，伊本・赫勒敦離開這片山丘，引發一系列的事件，最後不可避免地朝向一則預言的實現。二十年前，他二十六歲在摩洛哥當學者時，伊本・赫勒敦在菲斯（Fes）的大清真寺（al-Qarawiyyin）遇到一位先知。先知談到「在沙漠的西北地區將出現一個強大的人，一群住在帳篷裡的人將戰勝各個王國，推翻各地政府，成為大半有人居住的世界的主人。」[101]他還預言：這位年輕學者將成為這個人和他輝煌事蹟的見證人。

離開城堡後，伊本・赫勒敦回到了地中海沿岸，前去他在突尼斯的老家，解決與哈夫斯王朝哈里發的分歧，並在繼續寫作的同時再次開始教書。但他的回歸激起了往日對手的競爭之心，包括朝臣和這城市的一些重要學者，甚至連大清真寺中權力強大的伊瑪目都起了嫉妒心，這讓他覺得他必須離開。但說起來容易做起來難，他身為朝廷大臣，不可能要來就來說走就走。最終他想出的辦法是請求哈里發允許他去麥加朝拜，即使朝中有些人懷疑他的動機不單純，但這個請求很難拒絕。在一三八二年底，他乘船前往埃及的亞歷山大港，計畫在開羅定居下來並派人將他的家人接過來。

埃及的首都已遭到黑死病肆虐，在原本的五十萬居民中，有二十萬人被奪走性命。根據埃及史學家厄爾—馬克里齊（al-Maqrizi）——後來也將成為伊本・赫勒敦門生——的說法，這時的情況非常糟糕，「一個人可以輕鬆自若地從西門（Bab Zuwaylah）市集一路走到凱旋門（Bab el-Nasr），完全不會遭到推擠。」[102]在開羅著名的中央大街上沒有擁擠的人群，這真的很令人震驚，不論是在當時，還是在今天。但正如伊本．赫勒敦早已了然於胸的，災難往往是機遇，每一次的衰落最終都將伴隨著振興，當他到達開羅時，這座城市正在復甦。街上人山人海，這座城市的活力、宏偉和精緻讓他不知所措。他將其描述為「世界的大都市，宇宙的花園，民族的聚集地，聚集各色人種的蟻丘，伊斯蘭教的門廊，皇室的寶座，一座以宮殿和拱廊裝飾的城市……星月爭輝，百家齊放。」[103] 而且他們還有一個由新的蘇丹，前一年賽義夫．丁．巴庫克（Sayf ad-Din Barquq）奪取政權，現在占領薩拉丁城堡上的舊宮殿，在那裡他可以隨時監看他的首都、尼羅河和金字塔，這些全都可進入他的視野中。

巴庫克是切爾克斯人（Circassian），出生在黑海和裏海之間，他在黑海的一個奴隸市場——可能就是阿爾卡法港——被賣掉，運往埃及。他一生的大部分時間都在當兵，而現在，五十多歲的巴庫克正在為保護他的國土而戰。這場鬥爭展現了他最無情的一面，因此，除了開羅的榮耀，伊本．赫勒敦也注意到這裡的危險，沒

畫在一個十四或十五世紀盤子上的船，收藏於突尼斯的西蒂卡山艾爾賈利希（Sidi Kacem al-Jalizi）博物館。

有什麼比與脾氣暴躁的統治者發生衝突更為致命的。巴庫克曾刑求一名富有的公民，將他綁在架子上，讓他吐露出財物的去向，還將另一位釘在駱駝的鞍座上，任其死在蹄下。但巴庫克也可以慷慨大方，尤其是對那些有用的人，他知道伊本・赫勒敦擁有他需要的人格特質和經驗。在他抵達開羅的頭兩年，蘇丹任命他擔任開羅的大法官。儘管這項任命之後沒有持續，但蘇丹對他的尊重始終如一，還繼續請他擔任宮廷顧問和歷史學家，後來他於一四〇一年抵達大馬士革。就是在那裡，先知的預言將會實現。

蒙古復興

黑死病破壞了絲路。重大死傷讓亞洲的經濟和市場萎縮，就像在歐洲一樣。雪上加霜的還有英國金雀花王朝（Plantagenets）和法國瓦盧瓦王朝（Valois）的百年衝突，以及蒙古各個王朝間的長期鬥爭，這全都造成不穩定的世局。王國和帝國四分五裂。在西亞，蒙古人的崩潰造成了權力真空，吸引來突厥部落和其他游牧民族，他們從大草原西部伺機而入。在中國，忽必烈的百年蒙古王朝被來自中國東部、僧侶出身的朱元璋所推翻，但這個中土王國再次選擇閉關自守，希望靠長城將游牧民族和其他野蠻人拒之門外，於是將近三千五百艘中國商船艦隊的索具被拆下，船身也跟著鑿毀。蒙古可汗的黃金時代已然黯淡失色。正如一位英國中亞專家所言：「曾經連接太平洋和地中海的交通，這時一點一滴地開始斷裂和停滯。」[104] 在伊本・赫勒敦看來，這樣的衰退是不可避免的，就如同他在菲斯聽到的預言一樣，當時那則預言說，游牧領袖會從草原上崛起，聚集他的團隊並全面掌控住定居者的世界。

當這位身兼法官的學者遇到帖木兒（Timur）這位新的征服者時，他儼然已是東方霸主，掌握著亞洲，身後有一支所向匹敵的軍隊，內心則充滿著雄心壯志。蒙古軍隊再次控制昔日的波斯帝國、德里的蘇丹國，以及印度、美索不達米亞和阿富汗的大部分地區。然而帖木兒還沒有準備好安定下來。他以成吉思汗為榜樣，打算恢復蒙古帝國的舊日榮光，而這意味著他還需要征服近東和中國。

但他不是成吉思汗。一方面，帖木兒出身卑微，這就是為什麼即使在經過三十五年艱辛的騎馬征戰，還獲得諸如吉星合相之主（這是指他出生時眾星的排列展現出吉兆）、世界征服者、七界不敗之主，神之戰士，人間神影等稱號，他只稱自己為阿米爾，也就是首領或英文中的領主（lord）。他從來就不是可汗或哈里發。據說在他出生的那天晚上，在撒馬爾罕附近的某個地方，有人看到一頂頭盔在天空中飄揚。當頭盔落地時，燃燒的餘燼覆蓋在整片平原和城市。這位新生兒張開雙手時，手掌上沾滿鮮血，占卜師對此的詮釋是，他將成為一名士兵、小偷、屠夫和劊子手。他的傳記作者在他過世後不久寫道：「事件為此定調。」帖木兒在他努力奮鬥，成為摩洛哥先知預言中提到的「大半定居者世界的主人」的過程中，確實經歷過占星師所言的所有這些角色。

他的開始很簡單，屬於一個四處遊蕩的游牧部落。他顯然很懂馬，有人描述他，「對馬的結構瞭若指掌，一眼就能分辨馬匹的好壞」。[105] 他還偷過羊，因為就是在偷羊的時候，他的臀部中了一箭，使得他的右腿瘸了。他在那個時代，算是高個子，身高大約有一百七十三公分，長有寬大的肩膀；雖然在馬鞍上看不出來，但他是個殘疾之人，這就是為什麼後來的人會稱他瘸子帖木兒

（Timur-i Lang, Timur the Lame），而在英文中最後演變成坦伯萊恩（Tamburlaine）這號人物。

後來十六世紀的英國劇作家克里斯托弗．馬洛（Christopher Marlowe）又為他量身定做了另一個標籤，「神的鞭子和憤怒／世界上真正唯一讓人恐懼和害怕的」。馬洛將帖木兒描述成斯基泰人和成吉思汗的繼承人，在一開頭，就以他這位坦伯萊恩大帝的承諾開場：

> 我們將引領你走向戒備森嚴的戰爭帳篷，
> 在那裡你將聽到斯基泰人坦伯萊恩的聲音，
> 以駭人的話語威脅著世界，
> 並用他的征服之劍橫掃諸國。[106]

馬洛是個同性戀、無神論者，也許還當過間諜。身為一個伊麗莎白時代的社會反動者，他可能會欽佩帖木兒的「越軌行為」，甚至是他的游牧主義。[107]但正是透過他所塑造的嗜血殺手形象，帖木兒流傳下來，並長期影響我們的觀點。在世人的心目中，或至少在西方人的腦海裡，帖木兒的形象就是建立在這樣長久以來的偏見之上，甚至超過古人對斯基泰人的焦慮感，這是因為他造成的破壞，奪走的生命，也是因為他任由旗下戰士殘忍地將受害者的頭骨堆成巨大的金字塔，下令將他們彈射進遭圍攻的城牆內，造成血流成河，並且讓許多曾經偉大的城市化為灰燼。帖木兒在歷史上以典型的野蠻人之姿登場，這有部分是來自於馬洛的文筆，但有更多原因是來自於他對待敵手，也就是奧圖曼土耳其的蘇丹貝亞茲德一世（Beyazid I）的方式，他的形象在世人的記憶中就與這些事蹟牢牢綁在一起，而不是他的一些更出色的成就。貝亞茲德一世聲稱安納托利亞的部分地區曾效忠過蒙古人，這引起帖木兒的不滿。在這兩支游牧部隊的對決中，帖木兒的軍隊擊敗土耳其人，最後還活捉貝亞茲德。

大部分關於這場囚禁的史料和文章，就像其他關於帖木兒的文章一樣，都帶有對游牧民族的古老偏見。可以肯定的是，貝亞茲德被帖木兒囚禁九個月，最後在囚禁中死去，他的遺體被送回布爾薩（Bursa），以皇室規格隆重下葬。而那些不太可靠的傳聞則包括，帖木兒將貝亞茲德關在籠子裡，在他往東移動時，會將他關在籠子中拖行，就在他這位勝利者得身後。克里斯托弗·馬洛以一則道德故事來呈現這個關於籠子的傳聞，彷彿這種禁閉是奧圖曼帝國為其野心所付出的代價。他還誇大了帖木兒的野蠻，並在貝亞茲德身上找出一種高貴情操。不過馬洛之所以發展出這條故事線，可能是因為那時英國和奧圖曼帝國之間重啟貿易活動帶來相當的利潤。正如愛德華·吉朋在《羅馬帝國衰亡史》中所指出樣，與許多歐亞草原上的古代統治者一樣，帖木兒的主要目標既不是滿足嗜血的慾望，也不是為了要限制對手：「征服世界和建立君主制是帖木兒（原文如此）雄心壯志中的首要目標。」

另一項同樣重要的抱負是「活在未來時代的記憶和尊重中」。[108] 自從第一位印歐領導人聚集一群兄弟，在大草原上圍繞著營火，讓他們宣誓效忠，並承諾他們無論生命有多短暫，如果他們勇敢戰鬥，他們的名字將世代相傳，後世子孫在圍著營火時會繼續覆誦他們的名聲與事蹟。阿基里斯在特洛伊戰爭期間之所以重返戰場就是為了光榮的名聲。若是要為某項事業獻出生命，那麼至少可以希望有人在死後會談起你。英雄崇拜是最重要的。但是帖木兒還確保他的後代緬懷他時會有別於大多數其他游牧統治者。比頭骨金字塔和城市廢墟更持久、更確定而且更切實的是他在提倡藝術方面的努力。英國紳士學者和美學家羅伯特・拜倫（Robert Byron）體認到這一點，寫下「帖木兒復興」（Timurid Renascence）。[109]在一九三〇年代，拜倫遊歷大半個帖木兒帝國，在那裡尋找伊斯蘭建築的起源。他將帖木兒描述為「尋找王國的盜賊」，但他也理解帖木兒想要生活在世人記憶中的渴望是如何展現在帝國的建設中，以及這種願望如何迎來了一個人文主義時代。*

帖木兒先從小處著手，在大地上留下他的印記。為了紀念在今日哈薩克斯坦與欽察汗國領導人（一位成吉思汗的後裔）的早期戰役，帖木兒讓人在一塊玄武岩上以維吾爾語和阿拉伯文粗略地刻下十一行的文字。上面寫著：

> 羊年，在七百黑托克馬克（seven hundred black Toqmaq）之國，春日滿月之際，圖蘭蘇丹帖木兒率領二十萬大軍，以家族之名行軍，尋求托克塔米甚汗的鮮血。行經此處，他豎立起這塊石頭，作為標誌。「願上帝伸張正義！如果上帝樂意！願上帝憐憫世人！願祂記得我們並祝福我們！」[110]

這塊石碑在一三九一年時雕刻成一個「標誌」，雖然帖木兒後來花了四年時間才打敗他的對

* 愛德華・吉朋也有類似的看法，比方說他在成吉思汗的法典與啟蒙運動哲學家約翰・洛克（John Locke）的著作間看到「獨特的一致性」。

手，但這塊石頭仍豎立在那邊，當作紀念。其他更令人讚嘆、更雄偉和屹立不搖的紀念物則是在帖木兒推動復興活動後出現。

帖木兒任命文士記錄他統治時期的民事和軍事交易，他有充分的理由這樣做。他對自己即將創造的歷史充滿信心，他知道歷史會善待他，因為這是他授意所寫的歷史，或者說是為他而寫的。因此，據說他「身邊經常陪同有戴頭巾的領主、賽義德（先知穆罕默德的後裔）、烏里瑪（伊斯蘭教的學者）和法學家，以及有學問和智慧的人、維吾爾族的巴赫什（文士）和祕書」。他的一位傳記作者聲稱這些文士記錄並「見證了國王陛下的一舉一動，以及發生在這地方和臣民身上的一切」。[111]在一三九三年，巴格達大屠殺中倖存下來的歷史學家尼扎姆·阿爾丁·沙米（Nizam al-Din Shami）改服事帖木兒，並且一直在這位征服者的身邊，雖然他不是唯一見證帖木兒統治的人，但他的《勝利之書》（*Zafarnama*）是第一份由蒙古人自家陣營出品的歷史記錄，而且確實達到帖木兒所預期的效果，成為「時間長流中的一塊紀念碑」。[112]但這當中沒有對帖木兒進行任何批判分析。另一位證人艾哈邁德·伊本·阿拉布沙（Ahmad Ibn Arabshah）在為帖木兒寫傳記時，則採取一個截然不同的角度來看待他和他的作為。一四〇〇年帖木兒和他的大軍開始圍攻大馬士革時，伊本·阿拉布沙才十一歲，這場圍城戰奪走他一些家人的生命，也讓他變成奴隸，跟隨軍隊向東行進。因此，他對帖木兒生平的描述缺乏客觀也不讓人意外。當中章節的標題將帖木兒稱為暴君、騙子、惡棍、惡魔、暴君、毒蛇和私生子，由此可見這位作者對其主角的感受。

從這些記載以及來自伊本·赫勒敦和外國大使的記錄，我們知道帖木兒並沒有完全依循成吉思汗的苦行簡樸原則。他一生大半時間都在移動，也很樂意睡在毛氈或帆布下。但在他先人過著簡樸生活的地方，帖木兒卻極盡奢侈之能事，當他不出外征戰時，就鋪張地準備皇家盛宴，大吃大喝，他的許多帳篷、亭台樓閣和宮殿都裝飾著精美的瓷磚，並襯有金織品、絲綢和貂毛，連他的桌子都是用金銀製成的。拜倫描寫到帖木兒、他的妻子比比．哈努姆和他的家族，「將波斯文化轉移到他們自己的歡愉上，他們在乎的是此世的享樂，而非來世的幸福」。基於這種對現世的喜愛，他們創造出一些非凡而美麗的東西。而那些「東西」，不僅只是複製波斯文化或建築，打造出一個蒙古副本。拜倫對此做了完美的結語，「來自中亞的全新思想作用在這古老的高原文明上」。而其中一項作用，產生了一種完美的結合，這是「基於波斯唯美主義散發出的游牧能量所孕育出來的」。古波斯文明再加上游牧能量所孕育出來的下一代就是「帖木兒復興」。

成吉思汗避開他所占領的大城市，但帖木兒採取路線比較偏向定居者，他大興土木，並且雕梁畫棟地費事裝潢，沒有什麼地方比撒馬爾罕更輝煌的了，他喊出：「誰懷疑我們的力量，就來看看我們的建築。」有個故事可以展現出撒馬爾罕在帖木兒的心中的份量，這位征服者因為當時著名的波斯詩人哈菲茲（Hafez）寫的詩句而震怒：

若是設拉子的土耳其能滿足我的心願，
我願放棄撒馬爾罕和布哈拉，
待在當中最貧窮的地方。

帖木兒想知道，哈菲茲怎麼敢為了這種窮鄉僻壤而離開帖木兒的大城？對此，詩人回答說：

「唉，君主啊，你知道的，我痛苦的根源正是來自這城市的輝煌。」據說帖木兒十分欣賞這位詩人的才智與鎮定，不僅放了他，還賞賜給他禮物。

這個故事幾乎可以肯定是杜撰的，但這確實顯示出撒馬爾罕在帖木兒的心中有多重要。據說他對這座城市的愛就像一個老人疼他年輕情婦的方式一樣。[113] 而且這座城市位於澤拉夫尚（Zerafshan）河畔的山丘間，離他那「令人愉悅的」的出生地凱什（Kesh）也只有八、九十公里的路程，就是在這個地方，他和顯然影響他藝術視野和帝國運作的妻子比比·哈努姆大筆揮霍他們從新征服的領土所獲取的資源，建造宮殿、花園、清真寺、陵墓和集市。正如伊本·阿拉布沙所寫的，帖木兒聚集各方高手到撒馬爾罕，收集一切的果實，因此在那個地方集結了具有各種巧妙手藝和稀有工藝的頂尖高手，全都是身懷絕技的能人。在凱什，帖木兒下令蓋了雄偉輝煌的「白宮」（Ak Saray），專供他避暑遊憩，而當中的圓頂是由在花剌子模和波斯抓獲的工匠負責裝飾。他還在那裡下令建造墓地，當中最引人注目的是他鍾愛的長子傑漢吉爾（Jehangir）的安息之地，他在二十歲時從馬背上摔下來。帖木兒非常看重這項建案：這是他的心血之作。

他還鼓勵生產攜帶型物品，創造出這類商品的新黃金時代，游牧民族總是十分喜愛這些物品，因為中亞城市生產精美的紡織品、地毯、陶瓷、珠寶和金屬製品。英國詩人詹姆斯·埃爾羅伊·弗萊克（James Elroy Flecker）筆下的那條通往撒馬爾罕的黃金之路並非毫無依據，憑空捏造。這股熱潮有部分是受到來自明朝商品的高品質和設計所激發。據伊比利半島上的卡斯蒂利亞王國（Castilia）外交官羅·哥澤來滋·克拉維約（Ruy González de Clavijo）的說法，中國首都距離撒馬爾罕的路程僅需六個月，儘管其中兩個月要穿越他所謂的沙漠國度，那裡只有逐水草而居，趕牲口的游牧族群。商隊跟著他們的腳步穿過這片廣闊而崎嶇的地區。在這位西班牙使節即將抵達帖木兒的宮廷前，一支包含八百隻駱駝的商隊完成一段艱苦旅程，回到首都，帶回來中國的絲綢、麝香、鑽石、紅寶石、珍珠和大黃，俄羅斯的皮革和亞麻布，印度的肉桂、肉荳蔻、丁香和許多其他香料。帖木兒使撒馬爾罕擠身十四世紀的大型貿易都市，而西班牙使節克拉維約也與其一起留名，成因為記載這座城市的優秀編年史家。

克拉維約於一四〇三年五月離開加的斯（Cadiz），擔負著與這位亞洲偉大酋長（amir）建立良好關係的責任。他不是第一個歐洲大使，甚至也不是第一個卡斯蒂利亞王國派來的大使：之前來的使節團在撒馬爾罕受到歡迎，當時大使們帶著各式各樣的禮物返回卡斯蒂利亞，包括兩名基督徒婦女（其中一位大使最後還娶了她們）。想到未來會有一樁美好親事等著自己，是否能讓克拉維約堅持這段長達十六個月的前進亞洲之旅？隔年九月，他終於到達撒馬爾罕。他第一次覲見皇家是在心悅園（Baghi Dilkusha），當時帖木兒坐在一處可以稱為門廊的地方，後方就是園裡最美麗的宮殿入口。他席地而坐，不過不是在地上，而是在一個高高的平台上，前方有一座噴泉，

往下掉的帖木兒頭盔。

水柱向後噴射到空中，噴泉下方的水盆漂浮著紅蘋果。殿下坐在一張看似厚塞的小墊上，上面覆蓋著繡花綢布……他穿著一件沒有任何刺繡的素絲斗篷，頭戴一頂高高的白色帽子，帽冠上展示著一顆巴拉斯紅寶石（玫瑰尖晶石），其上還飾有珍珠和寶石。114

克拉維約對帖木兒、他的宮廷和他接受的熱情款待，與劇作家馬洛的想像形成鮮明對比。這次的會面是場十五世紀的盛宴，菜色令人眼花繚亂目不暇給，挑大樑的是烤全馬和烤全羊等大菜，一旁還有以黃金盤裝滿的蜜瓜、甜桃和葡萄。有歌曲表演和遊戲。當然，因為他們是蒙古游牧民族，所以有很多的酒和發酵的馬奶酒。不過克拉維約不愛喝酒，他更喜歡加糖的馬奶，他認為這是夏天的「絕佳飲品」。115

在克拉維約的遊記中，唯一暗示這位偉大領主的黑暗面的描述是他可能在一場皇室婚禮中，奪走高達一千五百萬條人命。撒馬爾罕的整個貿易人口——那些賣東西和珠寶的人，以及出售各種商品的小販和商人——都被「鼓勵」出城，向蒙古部落騎兵展示他們的商品。他們收到必須留下的命令，「直到他們得到殿下放行的許可」，116 而這時間可能比他們預期的要長，因為帖木兒隨後下令在貿易攤位中間設置絞刑架。他不僅要「讓慶典上的所有平民感到滿足和享受，還打算對那些得罪他和做壞事的人提出警告，殺雞儆猴。」第一個被帶出來審判和接受絞刑的人是撒馬爾罕的市長。眾多為他求情的大領主也很快就在他遺體身邊擺盪。這位來自卡斯蒂利亞的使者觀察到，上吊的絞刑是專門用來處死有地位的人，儘管偶爾也會倒過來吊腳，直到他們死去。只有普通百姓會遭到人被斬首，因為「他們認為斬首是很可怕，很不光彩的……」117

帖木兒這樣決絕強硬的鐵腕統治帶來一個好處，穿越亞洲大部分地區的旅行再次變得很安全；

因為懲罰變得如此簡單和極端，克拉維約指出，「整個國家現在都處於和平狀態」。穩定總是會暢旺貿易，特別是在有這樣一位大酋長的贊助下，他雖然是穆斯林，但仍然堅持蒙古人對宗教自由的尊重，他的游牧背景讓他明白開放邊界和輕鬆流動的重要性。貿易路線又再次蓬勃發展起來，也許更勝以往。在絲路東端的明朝正進入中國創意產業最活躍的一段時期。而在西方，威尼斯和熱那亞的海軍力量促進了黎凡特（Levantine）——泛指東地中海地區——沿岸和歐洲之間的人員、思想、商品、信仰、知識和金錢的流動。

大馬士革

伊本・赫勒敦並不想前往大馬士革，但整個環境與情勢迫使他動身。他的贊助者巴庫克蘇丹在這位學者抵達開羅十七年後去世，儘管馬穆魯克人的王位繼承應該是以選舉來進行，但最後是由他十歲的兒子納斯爾・法拉吉（al-Nasir Faraj ibn Barquq）繼任。許多人從這位年輕國王的晉升中看到了機會，包括伊本・赫勒敦的競爭對手，他們很快就削弱他的地位，以該市的一位法官來取代。帖木兒也看到了機會，抓住馬穆魯克變弱的時刻，派出軍隊沿著敘利亞北部繞行。阿勒坡試圖抵抗，於是他摧毀這座城市，並用他敵人的頭骨堆成一座金字塔，以兩萬張面孔凝視著那些膽敢反抗蒙古的人，這是一個嚴峻的警告。

一四〇〇年，帖木兒將他的軍力轉向世界上最古老且持續有人居住的城市：大馬士革。這時這座伊斯蘭帝國的第一座城市已不再具有任何重大的政治意義，但依舊有戰略價值，它是通往埃及馬穆魯克的最後據點。帖木兒的軍隊包圍城牆，並架起六十座巨大的彈射器。帖木兒對自己的軍力充滿信心，但他還是希望透過外交方式來解決——以及大家對阿勒坡屠城的記憶——這樣會更有效，更節省。

伊本．赫勒敦還是得到法拉傑這位新任馬穆魯克蘇丹的青睞，就像之前他的父親巴庫克那樣器重他，儘管他失去法官一職，但仍然以他的歷史長才和對伊斯蘭法律的掌握而聞名。所以當這位年輕的蘇丹準備帶領馬穆魯克軍隊前往大馬士革面對蒙古人時，他請求這位學者陪同他一起出征。伊本．赫勒敦這時一定有想到，這可能是當年聽聞那則預言的應驗時機，他將前去見證一位偉大征服者的到來。

馬穆魯克軍隊於一四〇〇年十二月抵達大馬士革，讓當地民眾和許多從阿勒坡、安泰普和帖木兒占領的其他城市逃去那裡的難民歡欣鼓舞。伊本．阿拉布沙描述這支由埃及人領導的軍隊是如何「填滿平原，使大地閃閃發光」。[118] 但這閃光並沒有持續多久，因為在一四〇一年初，蘇丹聽聞有推翻他的陰謀，於是返回開羅，將大馬士革留給它的命運。伊本．阿拉布沙通常都他將最精闢的言詞保留給帖木兒，但在談到年輕的馬穆魯克蘇丹倉促退出時，他寫道：「這證明了帖木兒的真知灼見，他否認他們（馬穆魯克人）知道如何統治和管理一個國家的能力。」[119]

不過伊本．赫勒敦並沒有一同返回開羅。相反，他在一間於十二世紀成立的古蘭經學校（Madrassa al-Adili）安頓下來，校舍是座堡壘建物，就在奧米亞大清真寺（Umayyad Mosque）附近。他門外的景象可是一點都不鼓舞人心。大馬士革的巨大城牆最初是由羅馬人建造，之後經過多次修復，最近一次的強化工程是薩拉丁為了抵抗十字軍而進行。堅固的大門已放下柵欄，糧食儲備的很充足，水源也都填滿，城堡也加強戒備。但伊本・赫勒敦估計牆外的蒙古大軍有一百萬人。只要大馬士革的軍事指揮官和文官體系的領導人出現些分歧，大馬士革人民反抗蒙古大軍的微小機會就會立即煙消雲散。軍方主戰，但城裡的長老卻想要談判。伊本・赫勒敦屬於後者。在大清真寺舉行會議後，法官和知名人士同意派代表團前去會見這位大征服家。

帖木兒熱情地接待他們，保證他們的安全，並再次要求他們打開城門，讓他的一位酋長來統治這座城市。帖木兒說他聽聞伊本・赫勒敦這位偉大的學者從開羅來了，還問道是否可以與他會面。

現在牆內的緊張局勢不斷攀升，對於要如何走下一步產生激烈的分歧。伊本・赫勒敦擔心起自己的生命安全，因為大家都知道他傾向於降和，屈服在勢必獲勝的蒙古軍下。擔心那些主戰的大馬士革人可能會在蒙古人之前找上他，他決定離開這座城市去找帖木兒。在一月十日這個寒冷的早晨，他在一群法官的協助下翻過城牆。一出城，帖木兒的一名代表就在外面接應，帶他到大酋長的謁見帳篷。這場景彷彿如劇作家馬洛所想像的「前方是戒備森嚴的戰爭帳篷，在那裡你將聽到斯基泰人坦伯萊恩的聲音，以駭人的話語威脅著世界。」

伊本・赫勒敦寫道：「當他們宣讀我的名字時，前面還加上了北非馬利基法官（Maghribi Malikite Cadi）的頭銜，儘管他早在開羅時就已被拔官，不再是正式的法官。就這樣一次罕見的會面開始了——正如歷史學家羅伯特・歐文（Robert Irwin）所言，這場面相當於拿破崙與歌德的會面，或是亞歷山大大帝與亞里士多德相坐而談的那一刻[120]——預言應驗了，一位偉大的征服者遇到一位能把他們的事蹟與時空脈絡連結，向他們，還有後世的我們，解釋這些成就的意義。這也可能是這位學者失去理智的時刻，就像他周圍的許多其他人一樣。

伊本・赫勒敦與帖木兒的第一次會面並沒有什麼可怕的地方，因為那時是進餐時間，「酋長斜靠在他的手肘上，一盤盤的食物從他面前經過，他一個接一個地把食物發送給在他帳篷前圍坐成一圈的蒙古人。」[121]學者對他熱情地問候，鞠躬並親吻帖木兒伸向他面前的手。帖木兒給伊本・赫勒敦的食物不是那些端上來的菜色，而是讓他自己帳篷製作一盤義大利麵、通心粉和牛奶。伊本・赫勒敦似乎很喜歡，這給酋長留下深刻印象，因為許多非蒙古人並不特別喜歡這種菜色。伊本・赫勒敦之所以喝下它，可能比較多是基於恐懼而不是胃口，因為他告訴我們他「克服了恐懼」，也許是因為另一名法官剛剛遭到監禁，還得交付贖金。「基於這種恐懼，我在腦海中編造一些要對他說的讚美言詞，吹捧他和他的政府，以便奉承他。」[122]他從真相開始，解釋說他為了見帖木兒，已經等了三、四十年。

「你是宇宙的蘇丹和世界的統治者，我不相信從亞當到我們這個時代的人類中有出現過像你這樣的統治者。」然後，他繼續解釋游牧能量和「asabiyya」，以及帖木兒如何能掌握到比他前人更多的這份凝聚力。他省略他的循環歷史論，也沒有解釋包括帖木兒在內的每個王朝最終都難逃衰亡垮台一事。

甜言蜜語確實奏效，帖木兒顯然對這次的會面很滿意，但他之所以想見這位學者還有另一個原因。他向他詢問北非的現況，特別是從埃及到突尼斯和菲斯的道路、地況、港口等等。伊本・赫勒敦在這當中看到得救的機會，提出他可寫下一份在本質上可說是軍隊入侵手冊的書。這時因為有消息傳來而打斷他的講話，一個城門打開了，法官和長老都站在門外準備投降，以換取安全的承諾。帖木兒「因為膝蓋問題」無法自己站立，所以旁人將他抬了起來。「放在他的馬上；他握住韁繩，在馬鞍上筆直坐下」，朝大馬士革走去，「樂隊在他周圍演奏，直到空氣與他們一起震動。」123

伊本．赫勒敦自行回到城裡，回到他在宗教學校的房間。他花了三天時間為帖木兒寫下馬格里布（Maghreb）的情況。他的良心一定被自己這番作為所造成的後果而刺痛，因為他隨後還寫一封信給西方的蘇丹，警告他要提防這位蒙古征服者。三天後，他回到帖木兒的營地。他與帖木兒共度一個多月，坐在他的右側，親眼目睹他的慷慨和殘暴。他會親自參與辯論，有一次，一名向哈里發請求索賠的人來請求帖木兒的支持，他要求伊本．赫勒敦來做出判決。他對當前的局勢看得很清楚，當圍攻、投石機、龐大的軍隊和嚴冬都產生影響時，當大馬士革人民接受以他們的財富——「整個金庫」——換取帖木兒的大赦時，保障安全的承諾其實只適用於城市的部分居民。他親自懇求保護法官和其他學者的安全，但其他許多人就沒有這麼幸運了，當派去與帖木兒談判的一位使者開始大加奉承時，這位征服者嚇阻他：「你在撒謊，因為我是神的鞭子，是上帝派來懲罰你們的，因為除了我之外，沒有人知道補救你們罪孽的方法。你們很壞，但我比你們更壞，你還是閉嘴吧！」124

支付賠款後，城市中傾向於談判的法官與主戰的軍方間不斷積累的緊張關係爆發了。當帖木兒的士兵認為衝突即將結束而開始慶祝時，一些大馬士革的士兵相中一個容易下手的目標，展開攻擊。根據一份報告，他們殺了一千名蒙古戰士，並且加以斬首，這無疑是在報復之前在阿勒坡所發生的。帖木兒立即對此因應，而且是不成比例的報復。

「如狼群肆虐成群的羊，」伊本．阿拉布沙這樣描述韃靼人出擊的情景，儘管這個場景是從游牧生活中借來的，但卻無法捕捉到降臨在大馬士革的悲劇氛圍，好比說帖木兒帳篷上方飄揚的旗幟，據說從象徵溫和的白色轉變成憤怒和鮮血的紅色，最後又變成毀滅的黑色。「他的長矛、他的盾牌、他的馬、他的盔甲、羽毛和冠羽威脅著死亡和地獄，」正如馬洛所言。

整整三天三夜，大馬士革人遭到蹂躪、強姦和屠殺。在洗劫一空他們建築物內所有的財物後，就放法將其燒毀，風將火勢帶到讓這個城市跳動的心臟，即八世紀的奧米亞大清真寺。這是倭瑪亞伊斯蘭帝國（Umayyad Islamic Empire，或譯：伍麥葉王朝、奧米雅王朝）建造的第一座偉大紀念碑，過去這裡曾建有一座大教堂和幾座早期寺廟，是個從有人居住以來就在進行崇拜的地方，但現在卻著火了。伊本．赫勒敦寫道：「火焰升到了屋頂」，建物的鉛熔化了，天花板和牆壁倒塌，金色的鑲嵌壁畫碎裂，白色大理石在高溫下裂開。

拿下大馬士革後沒多久，帖木兒就宣布他要離開。也許他會向正在強化城牆的開羅進軍。或者，他會再次北上。伊本．赫勒敦認為這是請求帖木兒允許他返回埃及的時刻。

在這次的覲見中，帖木兒提出一個在伊本．赫勒敦一生中都不會預料到的問題，他問這位學者有騾子嗎？如果有的話，是隻好騾子嗎？當伊本．赫勒敦說牠很好時，征服者要求跟他買下來。

「願上帝幫助你，」這是一個混合有恐懼和諷刺的回答：「像我這樣的人是不會賣東西給像你這樣的人。」帖木兒對騾子這份「禮物」的回報就是同意伊本．赫勒敦的離開請求。似乎也是在伊本．阿拉布沙要動身離開的這個時候，其他許多大馬士革的博學之人、有技術的工匠以及長相美麗的人都開始長途跋涉，向東前往撒馬爾罕。帖木兒甚至將這位學者推薦給他的一個兒子，「他正準備去展開旅程……為他的牲口去到春天的牧場。」[125] 但伊本．赫勒敦表示他比較想直接往海岸走去，僅管這個決定很快就讓他後悔了，因為他在巴勒斯坦的采法特（Safed）附近遭到襲擊，搶走他攜帶的所有財物，唯一剩下的就是他自己的思想和記憶。

帖木兒沒有跟著伊本．赫勒敦往開羅的道路前進，也沒有根據伊本．赫勒敦的洞見向北非進軍。相反地，他將部落向巴格達移動，並且於一四〇一年的仲夏展開不可避免的圍攻，以及隨之而來在這酷熱時節不可避免地流血。伊本．阿拉布沙詳細描述這場大屠殺的細節，具體說明蒙古人如何將這座和平之城變成伊本．阿拉布沙所謂的「投降之家」（house of surrender）時，這位吉星合相之主下令，讓每個士兵都帶回兩顆巴格達人的項上人頭給他。只有清真寺、醫院和大學機構裡的人倖免於難。最後，當他的手下用砍來的九萬顆頭顱建造出一百二十座塔時，禿鷹在夏季嚴酷的熱浪中盤旋於這座悶燒的城市上空，帖木兒則是前往八世紀遜尼派法學家的阿布哈尼法神殿（Abu Hanifa），向真主祈禱。

次年，帖木兒擊敗奧圖曼帝國的蘇丹貝亞茲德，並攻破士麥那（Smyrna）這座位於安納托利亞半島愛琴海濱的一座古希臘城市，長久以來他們一直成功抵抗十字軍和奧圖曼帝國。那時，他本可以向西推進歐洲。畢竟還有誰能阻止他？奧圖曼人最近擊敗歐洲的聯合十字軍，現在蒙古人

十五世紀帶有葉狀設計的帖木兒瓷磚細部。

又擊潰奧圖曼人。他們再加上盟友，這支大軍勢不可擋。但也許是受到星辰排列的指引，也許是因為他認為歐洲沒有任何值得為之奮鬥的東西，至少沒有像當時的中國那樣大聲呼喚他——也或許是因為他還不想破壞利潤豐厚的歐洲貿易——帖木兒選擇打道回府。在撒馬爾罕，他在家鄉城外的草地上召開慶祝為期兩個月的忽里勒台大會——卡斯蒂利亞王國的外交官羅·哥澤來滋·克拉維約生動地描述這次部落集會，包括處決一些城市長老的場景。次年年初，也就是公元一四〇五年，時年六十八歲的帖木兒決定前去東方完成他的使命，占領中國。但經過幾週的行軍，才到達奧特拉爾，就是之前成吉思汗派的商團和使節遭到暗殺的邊境城市天候突然大變，這場所有人記憶中最嚴酷的冬天讓蒙古軍隊陷入停頓。狂風呼嘯，冰雹飄落，大雪紛飛，天氣變得十分寒冷，帖木兒手下的一些人甚至凍僵在馬鞍上，這似乎是種游牧民族獨有的死法。在題為「那位驕傲暴君的垮台」的這一章中，伊本·阿拉布沙對這個迫使他和家人以及和無數人流離失所、淪為奴隸的人所寫下的最後一筆，多少讓他感到有些寬慰。這位來自大馬士革的人寫道，隨著氣溫驟降，帖木兒儘管身上裹著皮草，但他仍然很冷，於是他下令上酒，想要靠著阿拉克中的酒精來取暖，但並不見效，隨著大寒的持續，這位年邁的征服者，漸漸失去了力量，最後，如伊本·阿拉布沙所寫，帖木兒「像被勒住脖子的駱駝一樣咳嗽」，[126] 然後死去。

命運之輪的轉動

帖木兒的龐大帝國之所以能運作，靠得是作為樞紐的貿易城市，特別是絲路沿線的希瓦

（Khiva）、布哈拉、巴爾赫，以及德里和木爾坦等南亞權力中心，還有近東的巴士拉、巴格達和阿勒坡。不過帝國最重要的中心樞紐還是馬沙德（Mashad）、赫拉特（Herat）以及最為重要的撒馬爾罕，帖木兒在這些城市中投入大量的時間、精力和巨額資金。但是，儘管這些城市的重要性和雄偉壯觀顯而易見，但帖木兒的帝國在他生前和死後仍然保持游牧民族的特性。這可以從許多地方看出來，包括他們的部落結構和傳統，定期召開部落集會和遷移，帖木兒選擇住在帳篷和馬上，他的軍隊組織架構的方式，他最喜歡的妻子比比·哈努姆還有其他女性在部落中持續享有決策權以及處理事務的權力，重視自由貿易，以及各地首長皆鼓勵行動自由和宗教自由——這促使佛教、基督教、伊斯蘭教和其他宗教在帝國內的傳播。

帝國的開放讓大量財富流經歐亞市場，從中國流向北歐，也讓許多人致富。這種財富最明顯的跡象就展現在留存至今的一些精美紀念碑上。蒙古的酋長們也有投資在科學上，儘管今天西方很少關注他們這方面的成就，但他們的科學家應當與我們所認可的科學家並列——例如，帖木兒的孫子烏魯貝格（Ulugh Beg）就是位傑出的占星家，月球上還有一個隕石坑是以他的名字來命名，應當受到類似伽利略等其他科學家的尊重。在亞洲，帖木兒也支持詩人、藝術家和各種美麗物品的創造者，這些都是文化開展的一個重要部分。

然而，帖木兒的逝世並沒有引起廣泛的哀悼。當他去世的消息傳到埃及時，馬穆魯克的酋長們正忙著另一場權力鬥爭，權力平衡在不同陣營間傾斜轉變，他們幾乎沒有時間再去管其他地方的事。在位的蘇丹，現年十九歲，被廢黜後又復位，在他垮台期間輕率地歡呼者現在都原形畢露。在這種狂熱的氣氛中，伊本·赫勒敦曾短暫地回復法官一職，但很快又遭到解聘，因此在帖木兒去世時，他又開始書寫，在他的手稿上沉思著文化的興衰，以及游牧民族如何能夠創造出這樣強大的新運動，但只要一定居下來就無法維持。

他知道，正如一位詩人後來所寫的那樣，帖木兒和他的同類是某種解決方案。但他也知道命運之輪會轉動。因此，儘管上天在對蒙古人微笑，儘管他曾看到他們的「信仰和帝國閃閃發光」，[127] 但他知道在帖木兒死後命運之輪將繼續轉動，他的偉大帝國將成為一些人逐漸消失的夢想，以及許多其他人的噩夢。

他不知道的是，可能有一天命運之輪會完全停止轉動，這時候世界將會由超越「asabiyya」的形勢所塑造，游牧民族將會變得無能為力，會從讓人恐懼和憎恨轉為一個令人著迷，甚至是欽佩的主題。

取自十五世紀波斯天文學家阿卜杜勒─拉赫曼·蘇菲（Abd ar-Rahman al-Sufi）所著的，《恆星之書》（*Book of the Images of the Fixed Stars*）中的圖像，收藏於紐約大都會博物館。

第三部

恢復的行動

再大、再全面的圖像也沒有比「移居者」與「定居者」、「部落」與「種族」間的對比來得鮮明。從來就沒有過。而這種一分為二的對照似乎確實存在於歷史的核心。

——提姆・麥金塔許・史密斯（Tim Mackintosh-Smith），《阿拉伯人》（*Arabs*）

過去是不可預知

如果你用過手機或電腦，在網路搜尋過網頁或社交媒體，又或者是你穿過牛仔褲或西裝，聽過桃莉．芭頓（Dolly Parton）、披頭四（Beatles）、阿姆（Eminem）或阿黛爾（Adele）的音樂，那你就算是活在這世界的主流，無論是否有意，你都在使用美國和英國的觀念或發明，唱著他們的歌曲，或依循他們的著裝規範。十四世紀的歐洲人也是如此，他們採用技能和觀念想法的發展同樣受當時世界上最有權勢的一群人所影響，他們是游牧民族。但後來他們怎麼了？

蒙古的可汗們在歐亞大陸建立帝國時發揮了非凡的力量，他們強化和控制了連接中國和印度通往地中海的路線。而他們的軟實力更是不容小覷，產生更為深遠與長久的影響力。他們之所以能開創這樣的局面是因為促進開放市場和全球貿易，這是游牧民族堅持移動和遷移所產生的必然後果。他們重新分配資本，創建新企業並幫助舊有企業蓬勃發展。他們支持宗教自由和特定的民主制度——儘管規模相當有限。然而，到了十七世紀，游牧民族已從歐洲人的視野中消失，尤其是蒙古人。到十八世紀時，「nomad」這個英文字已經很少有人使用，就是連在推出第一部英語詞典時還因為它太罕見而被認為不值得收錄。在蒙古崛起和理性時代這段期間到底發生了什麼？游牧民族是如何消失的？是什麼讓游牧民族和移居的生活方式在世界上變得不再重要？

在前面，我們追尋了世界上一些最偉大的帝國和文化繁榮的成就，現在我們知道游牧帝國不僅只有帳篷和牲口，不是只會造成斷垣殘壁和頭骨金字塔。我們追溯了兩千年來他們的軍事優勢的發展弧線，從古代的斯基泰、匈奴一直到蒙古崛起的時代，我們知道他們攻城掠地的行動，不是為了搶奪什麼，而是為了實現一個神聖的願景。我們知道，除了軍事能力之外，游牧民族還非常重視他們在自然界所扮演的角色，即使這只是出於餵養他們動物的需求。也許正因為如此，他們對他們認為塑造世界的自然力表現出敬意。他們向這些自然力祈禱、獻祭，並且認定這是給他們帶來幸福的關鍵核心。

我們知道，各國的歷史版本都傾向於講述自身的成就和所實現的願景。無論是在中國還是美國、英國、歐盟還是世界上的其他地方，學校所教授的歷史都忽略了人類故事中很大的一部分。但是我們所屬的時代以及身處的時代正在恢復一些在過去觀點中遭到扭曲的東西，從馬的馴化、馬車和戰車的發展，乃至於橫跨亞洲的郵政和貿易路線的鋪設，游牧民族社會結構的演變以及對個人自由的捍衛。試想，要是移除游牧民族和所有其他簡便生活不留痕跡的人，這世界會變成什麼樣？少了他們，在認識人類何以為人的路上會變得更為困難，也更難理解我們在自然界中的位置。

但這真的有關係嗎？難道那些游牧民族不是氣數已盡，用完他們所有的伎倆和解決方案嗎？

伊本·赫勒敦認為命運之輪，並不像階梯那樣，這樣的轉動更適合用來象徵國家和帝國的興衰，單純反映出其中的循環，如日月星辰等天體的運行，如發芽落葉以及花開花落的季節變換，如女人的月經、動物世界的週期性遷徙，以及從出生到死亡的人類週期。在伊本·赫勒敦的命運之輪上，帝國之所以崛起，是因為有「asabiyya」，將游牧民族的能量引導到那些有魅力的領導人身上。當帝國創始人的後代因為長久的城市生活而變得軟弱，耗盡他們的「asabiyya」後，這帝國的命運之輪便開始向下轉動，就此走向衰落。回首過去兩千多年，這位偉大的學者明白，游牧民族之所以打造出非凡成就，是因為他們很接近所謂「第一國」（first state）的狀態，他們輕裝簡行、思想自由、來去自如，而且深諳順應自然循環之道。這也讓他們能夠擊敗定居者。但他沒有想到的是，這個輪轉會有結束的一天，循環的時間會停止。

伊本・赫勒敦認為世界不一定會隨著時間過去而進步，這個觀點曾經很普遍。世人之所以廣泛接受這樣的觀點，是因為它完全符合另一個信念：世事確實週而復始，每一次的上升都會導致下降，每一次的進步都會導致衰退。這種循環論一直到伊本・赫勒敦死後的幾個世紀裡才受到挑戰。不過在我們探討游牧優勢的終結和科學革命時代之前，應該要先審視一下從帖木兒帝國的廢墟中崛起並倖存到現代的三大游牧勢力。

大土耳其人

伊本・赫勒敦曾計算過，一個王朝需要一代以上的時間才會招致其自身的衰亡，但帖木兒王朝並不符合這一點，而且在其他許多方面也展現出個例外之處。帖木兒死後三年——不久前伊本・赫勒敦才與世長辭，他被

帖木兒的玉質護身符，上面刻有象徵長壽的柏樹等植物。

抬出開羅的勝利之門，埋葬在北部墓地——帖木兒的繼任者皮爾・穆罕默德（Pir Muhammad）就遭到朝中大臣謀殺，這個偉大的帝國就這樣開始瓦解。從帖木兒帝國的碎片中崛起的新勢力將會塑造我們的世界，而且所有這些勢力都起源於游牧民族。

即使在帖木兒在世時，奧圖曼土耳其人也早就因他們所養的牲口和自身的野心而想要爭取更多空間。就像他們的強大對手蒙古人一樣，他們也是歐亞游牧民族，因為偶爾出現的嚴峻冬季，或是遭到另一個遷徙部落的威脅，他們不斷地被迫向西移動，穿過大草原。為了尋找牧場以及開拓新市場的機會，在九世紀時，他們搬到美索不達米亞平原，在那裡他們在馬兒身上射箭的技能很受用。不久之後，在阿拔斯王朝的巴格達就很常見到這些土耳其騎兵，就像斯基泰弓箭手成為古代雅典的特色一樣。而這樣的傭兵服務所造成的一個結果是他們在阿拉伯人的引導下，進入伊斯蘭教。進入阿拔斯王朝後，他們還從波斯人那裡學會要如何管理一個帝國。在十四世紀初，一個名叫奧斯曼（Osman）的土耳其貝伊（bey），也就是首領，從這樣混合交融中出線，在安納托利亞的布爾薩市附近懸掛起自己的旗幟，即將創建一個在接下來的六百年統治近東、東歐和北非大部分地區的王朝。

奧圖曼的歷史學家在描述奧斯曼的起源時相當籠統晦澀：「他擁有的土地籠罩在神話中，」其中一位這樣說：「而且他不會向土耳其安納托利亞名義上的蒙古宗主進行會報。」[1]就血脈來看，奧斯曼是游牧民族的後裔，儘管領導層所產生的某些工作限制了他的一些行動自由，但與他的前人一樣，他避暑時偏好搭在牲口間的帳篷而不是宮殿。奧斯曼的獨立和自由精神，以及他在勢均力敵的人群中鶴立雞群的姿態，吸引了大批見風轉舵的折衷派追隨者。他的asabiyya包括土耳其游牧民、蒙古和阿拔斯王朝的難民、投機者、戰士、穆斯林神祕主義者、不滿拜占庭的反動者和一個名叫科斯・米哈爾（Köse Mihal）的希臘人，他是在黑海附近，在君士坦丁堡以東一兩百公里處的一個小部落的首領，人稱沒鬍子的邁克爾（Michael the Beardless）。[2]就跟安納托利亞的許多官員一樣，長期以來他們遭到拜占庭的領主們所忽視。奧斯曼來到這裡招兵買馬，米哈爾很快就成為他旗下最有價值的新人，不僅加入了奧斯曼的軍隊，還改信伊斯蘭教，並且說服其他基督教的總督渡河過來加入他們的行列。他還創建了一支新的Akinji，即非正規騎兵部隊。米哈爾，就跟最初受到奧斯曼感召的其他asabiyya一樣，都是被奧斯曼的活力、包容性以及對所有「有經之人」（People of the Book）都很慷慨的伊斯蘭教義觀所吸引。

奧斯曼於一三二六年去世，當時他的奧圖曼軍隊占領了他們的第一座城市布爾薩，他也被埋葬在那裡。在接下來的六十年內，他的繼任者控制了安納托利亞的西半部和拜占庭帝國在歐洲的大半領土。在一四五三年五月二十九日，他們取得最佳戰績，占領了聖城君士坦丁堡，也稱為新羅馬。在這之前，他們已經進行圍城戰很長一段時間，但等待是值得的，因為此時這座城市成為了這個帝國的首都，可以當作是連接帝國東西部的橋樑，在東半部是傳統的游牧牧場，而在西半部則是超越巴爾幹山脈游牧場地的野心。在重新命名為伊斯坦堡（Istanbul）後，這座城市不再僅是一座聯繫的橋樑，它也開始展現出伊本・赫勒敦之前就警告過的作用：城市經常會消耗掉游牧民族重要的游牧能量，瓦解他們asabiyya間的連結。雖然在精神上和實務上，帝國仍然保持游牧民族的風俗，但皇室與他們的大臣、門衛、後宮和僕人全都一起定居在華麗的托普卡匹皇宮（Topkapi Palace）裡，在圍牆後面，而宮中每個人的工作都讓他們的皇帝更難想起牆外的發生。

一如過往，帝國的游牧生活還是受到地形地貌所支配。奧圖曼帝國在歐洲大半的省分位於巴爾幹半島（Balkans），巴爾幹這個字彙在突厥語系（或稱土耳其語系）中的意思是「樹木繁茂的山脈」，也就是適合放牧的山脈。喀爾巴阡山脈（Carpathians）、品都斯山脈（Pindus）和其他東歐山脈的條件最適合游牧民族，儘管亞洲的安納托利亞（Anatolia）有農業，但大部分土地都是涵蓋在托魯斯山脈（Taurus）和本廷山脈（Pontic）之間。因此，當奧圖曼帝國的領導階層和他們的政府決定安頓下來時，他們大多數的臣民，依舊只能在夏季的高地牧場和冬季的平原間移動，別無選擇。帝國這時還控制著許多島嶼，也是在夏季時可以容易而愉快地到達，但到了冬季則是被強風和冬季暴風雨所隔絕。歷史學家傑森・古德溫（Jason Goodwin）表示：「從十月到隔年四月，這裡的山脈和海洋都關閉了，就像晚上的集市一樣；帝國半睡半醒，宛如一隻冬眠的野獸。」[3]

游牧部落就跟帝國的地形一樣多變。在歐洲西部有東正教基督教團體，包含布萊克瓦拉赫人（Black Vlachs）、跛腳瓦拉赫人（Limping Vlachs）、阿羅蒙人（Aromanians），他們在巴爾幹半島各地遷徙，睡在山羊毛帳篷裡，說著混合有拉丁文和古希臘語的語言。就是在他們的來往互動間，創造出所謂的「巴爾幹半島的實質本質」，英國旅行作家派翠克・雷伊・弗莫（Patrick Leigh Fermor）對這個地區瞭如指掌，他將這裡描述為「由汗水、灰塵、燒焦的角、血、nargileh*——煙霧、糞便、斯利沃、葡萄酒、烤羊肉、香料和咖啡組成的綜合體，點綴著一滴玫瑰花露和一縷熏

* 水管。

香。」4

帝國的遠東是屬於安納托利亞的庫德人（Kurds）和約魯克人（Yoruks），這些字彙有「走路、步行」之意。他們和其他許多生活在他們之間的游牧部落都享有一共同的身分，這包含兩個要素：一是他們都會進行季節性遷徙，第二項是他們都是蘇丹的子民。但是要成為帝國的一份子是要付出代價的。每年，游牧者都必須對國庫做出貢獻，要按牲畜的數量繳納稅金給蘇丹，而且為了要擴大皇家軍隊，因為每個游牧家庭都必須要送兩個兒子去蘇丹的軍隊，即使家裡需要他們來養家，來剪羊毛，甚或是帶領遷徙的隊伍。即使當他們沒有任務時，游牧士兵仍然在奧圖曼中心地帶與歐洲和亞洲的中心地帶之間形成一個移動的緩衝區，繼續為他們的皇帝服務。他們都很清楚這一切。不過，奧斯曼的牧民們還在不知不覺中完成了一項重要的服務。

在伊斯坦堡、埃迪爾內（Edirne，也譯作：愛第尼，或稱哈德良堡或阿德里安堡）、布爾薩或是其他有清真寺、宮殿和集市的輝煌城市中，已經找不到

奧斯曼（Ottoman）陶瓷上流行的鬱金香造型設計。

奧圖曼帝國身分，他們的asabiyya的基礎。這也不在他們的哈里發那裡，這是領導穆斯林烏瑪（ummah），即民族或社群的權利，這是一五一七年在征服埃及和漢志聖地（Holy Places of the Hejaz）後，冷酷大帝塞利姆（Emperor Selim the Grim）所聲稱的權利——最後一位阿拔斯王朝的哈里發向塞利姆大帝獻上他所擁有的先知穆罕默德的劍和斗篷。他們的身分基礎可以在帳篷裡和馬匹上找到，也存在於王朝創始人奧斯曼的游牧血統中。幾個世紀以來，奧圖曼帝國歷代的蘇丹可能是以一種自覺的方式來調節這樣相互排斥的衝動，還是會提到他們的游牧歷史，即使這早已遠離它的內心生活。例如，在十六世紀當奧圖曼帝國的勢力達到頂峰，最是輝煌之際，蘇萊曼大帝在接見前來向他致敬的匈牙利國王約翰．西吉斯蒙德（John Sigismund）時，選擇的地點不是在托普卡匹皇宮，或是一座富麗堂皇的宮殿，而是在一個宏偉的帳篷前。記錄這一時刻的藝術家將蘇丹放在一個上方頂著金色圓頂，外面鋪著錦緞外罩的帳篷前的一個寶座上，腳下鋪著華麗的地毯，腳邊擺放著花。這是一個給居住在宮廷裡的居民所用的帳篷，不過也還算是一個帳篷。

讓我們向前跳躍幾個世紀，在阿拔斯時代安定下來，當時的哈里發派出學者團向南前往巴薩拉，前往沙漠尋找仍然在游牧的阿拉伯人時，他們在沙漠深處放牧駱駝，與世隔絕，沒有受到城市的誘惑，奧圖曼蘇丹也起而效尤，派出歷史學家和藝術家團隊，出外收集他們游牧根源的證據。即使他們早已不是過著流動的生活，但是游牧思想對於他們的身分認同仍然非常重要。

半個世界

波斯蘇菲派（Persian Sufi）的謝赫．薩菲．阿丁（Sheikh Safi ad Din）的家族血統與奧圖曼王朝的創始人奧斯曼的家族淵源一樣晦暗不明，兩者都消失在大草原上。但就跟土耳其人一樣，我們知道這位謝赫（意指酋長、部落長老、伊斯蘭教教長）的人民肯定是游牧民族，是最近從安納托利亞來的。十四世紀初，當奧斯曼召集追隨者，加入到他的旗下時，薩菲．阿丁也在創造自己的asabiyya。他以卓越的身心修練和行奇蹟而聞名，以虔誠而為人所稱，同時也以他的政治敏銳度和貿易技巧而聞名，他很快就成為了自己的蘇菲教團的教長。他的追隨者被稱為薩法維耶教團（Safaviyya），總部設在裏海附近的阿爾達比勒（Ardabil），就在伊朗西北部他的出生地，他們最初以戴著有十二條黑色流蘇的紅色帽子而聞名，每一條代表什葉派的一個伊瑪目。但到了一五〇〇年代初期，他們開始因為追隨者的數量增加，以及勢力強大而聞名。隨著帖木兒政權的崩解，謝赫的後裔伊斯梅爾（Ismail）在伊朗西部、底格里斯河和幼發拉底河盆地以及亞塞拜然建立了薩法維王朝。接下來的幾代更為成功，還獲得游牧部落聯盟的支持，有來自阿夫沙爾（Afshar）、薩姆盧（Shamlu）、羅姆盧（Rumlu）、泰凱爾利（Tekelli）、祖爾卡達（Zulqadar）、卡扎爾（Qajar）和許多其他部落——伊斯梅爾沙王的薩法維後代在波斯開創了一個以游牧為主的新黃金時代。

薩法維王朝的早期統治者依舊以他們的游牧傳統和古代波斯統治者為榜樣，抵制單一首都的想法。他們寧願在廣闊的國土上四處遊走，在一連串的宮殿和圍牆花園中休息。但與奧圖曼的蘇丹們一樣，在十七世紀初情況生變，在阿巴斯沙王（Shah Abbas）統治期間，他選擇在伊斯法罕

（Isfahan）為他的帝國建立首都。憑藉一股熱情和焦躁的精力，這位新沙王建造出一座花園城市，為他的新首都贏得了「半個世界」的稱號。他在遠東和歐洲締結貿易協議，歡迎外國使節、貿易商、珠寶商和工匠前來，促成當地經濟的蓬勃發展。今日的我們便是從這些訪客留下的記錄，得知在這座市周長有近四十公里的城內，有一六二座清真寺、四十八座宗教學校、一八二間商隊旅館和大約一七三個浴場——相比之下，這時的倫敦大多數人僅有每年春天會沐浴一次。阿巴斯沙王找來三百位中國陶藝家，將他們安置在城內，日後看來這真的是明智之舉，因為中國在一六五九年便關閉外貿市場，帶有波斯藍與中國圖案的伊斯法罕陶瓷在西方成為當時中國瓷器的搶手替代品。阿巴斯沙王還提高了這座城市的編織能力，促進紡織品和地毯的生產。波斯的絲綢貿易也集中在他的新首都。大部分的貿易是由亞美尼亞人處理，他們在新焦勒法（New Julfa）郊區的紮揚德（Zayandeh）河對岸定居。

阿巴斯沙王的市中心是一處廣場maidan，名為Naksh-iJahan（按字面直譯是「世界的形象」）。廣場周圍環繞著集市、商隊旅館和作坊，由一兩層樓高的拱廊將廣場圍住，間或會有宮殿和清真寺的外牆插入，這片宏偉的廣場是舉行遊行、公眾集會、年度駱駝獻祭和祭祀的場所。游牧民族的馬球比賽也在這裡進行，兩對圓頂大理石柱當時就充當是球門柱，當球隊踢球時其間的灰塵便會揚起，這些柱子至今仍然存在。（現在不鼓勵在這廣場上玩馬球，但仍允許馬車進入。）

在伊斯法罕的薩法維建築群令人讚嘆的一些特色在於他們利用草原的原始力量的方式，並且將其與當地的情感相結合，這與阿巴斯沙王同時代的蘇萊曼大帝在伊斯坦堡興建的華美建築有異曲同工之處。正如過去所發生的那樣，最好的結果通常是在移居者和定居者間取得一平衡的連結來達成，儘管以許多不同的方式。

伊斯法罕是一片綠洲，坐落在扎格羅斯山脈令人望之生畏的紫色山峰和卡維爾鹽漠（Dasht-e Kavir）廣袤的荒野間。其他大部分地區，不論是山區、平原還是沿海地帶，都最適合進行放牧。因此，無論阿巴斯沙王和他的薩法維後裔在重建伊斯法罕想要在表達他們的野心時創造什麼，他們都無法逃避這樣一個事實，他們打造的新波斯帝國自始至終是一個以游牧民族為主的聯盟，這個帝國一直持續到十八世紀。

新蒙古人

「在八九九年（一四九四年六月）的齋月，在費爾幹納省（Fergana），我在十二歲時成為國王。」[5] 一位名叫巴布爾（Babur）的年輕王子如此寫道，他是帖木兒的曾曾孫，還聲稱從母系血統那裡繼承到成吉思汗的血脈，也就是說，他以自己的游牧血統為榮。

雄偉的費爾幹納山谷位於帕米爾山脈和天山山脈之間，中間有錫爾河流過，目前分為烏茲別克斯坦、塔吉克斯坦和吉爾吉斯斯坦三國。這個區域在當時就和現在一樣，是中亞最肥沃的地區之一，同時生養著定居者和游牧民族。在那裡他們養出一些亞洲最好的馬，包括所謂的「天馬」。古代中國人正是因為受到這些馬的誘惑而想要西行，他們相信這是一種神獸，會流血汗，而且是最棒的戰馬。費爾幹納谷地的馬對巴布爾來說也很重要，因為儘管他的生活受到波斯文化的影響，他也喜歡打造花園、喝酒和吸鴉片，他是帖木兒家族的王子，這意味著他注定要在馬鞍和衝突中度過他的一生。

巴布爾一生中大部分的時間都有寫日記的習慣，在其中記錄了「確切發生的事情……寫出每一件事的真相，而且只寫每個事件的真實……我在父親和兄弟身上所看到的每一個善惡，並記錄親戚和陌生人所犯下的每一個過失以及展現美德的事蹟」。[6]從這段文字可以清楚看出，巴布爾的回憶錄會直接了當地向我們揭示過去。而它很快就顯示出古老的印歐游牧方式仍然存在。

他需要確保王位並且贏得人民的認可。
他渴望自己的事蹟流傳人間。
他相信宗教自由。

而且他堅信女性在生活和對權力的爭取上與男性不分軒輊。「就戰術和戰略而言，」巴布爾承認，「很少有女人能像我的祖母艾珊・道拉特・畢吉姆（Esān Dawlat Begim）一樣。她很聰明，擅長規劃佈局。大多數的事務都是在徵詢她的意見後解決的。」[7]

十七世紀波斯（Cuerda Seca）使用乾繩技法上色圖釉的瓷磚細部。

在接下來的二十年裡，巴布爾因為坐視鄰國烏茲別克人的勢力日益壯大，他和盟友的關係變得薄弱，失去了一系列王國，儘管也有贏得一些。巴布爾最初統治著費爾幹納谷地，但當他向撒馬爾罕進攻時，失去了對自己大本營的控制權。之後又失去了撒馬爾罕。在一五〇三年，年僅二十歲的他在喀布爾自立為王，之後這裡就成為他的基地，一直效忠於他，而到了二十幾歲時，他已控制住包括撒馬爾罕在內的帖木兒帝國在中亞的核心地帶。然後在一五二六年，也就是蘇萊曼大帝擊敗匈牙利人，並且揮軍進入布達佩斯的那一年，已經四十出頭的巴布爾將他的軍隊調向南邊，轉往印度，以完成他的使命。呼應著梵文經典《吠陀》，他寫道：「只要留下名聲，就算喪命，我也心滿意足。」[8] 在帕尼帕特（Panipat）這個地方，巴布爾的兩萬名軍隊戰勝了洛迪皇帝（Lodi）的十萬大軍，光榮地贏得名聲。這場勝利開啟了他通往德里和阿格拉（Agra）的道路，並實現了巴布爾控制欣德（Hind），即印度的野心。

巴布爾參觀德里的堡壘、一些陵墓和花園，以此

帶有佩斯利（渦旋）花紋的莫臥兒（Mughal）印版。

來慶祝他的勝利。「行程結束後，我回到營地，上了船，喝了烈酒。」[9] 儘管巴布爾的游牧精神讓他馬不停蹄，但他創建的王朝莫臥兒（Mughals）——衍生自蒙古（Mongol）一字——則選擇落腳下來，從拉合爾（Lahore），法塔赫布爾西格里（Fatehpur Sikri），然後到最著名的阿格拉（Agra），以及最後的德里，他們一直在那裡統治著印度，直到一八五八年英國將最後一位皇帝流放到緬甸。在所有這些地方，他們都建造出美麗奢華的建物，而且經常會引水進入，打造出涼爽的區域，花園的佈置以反映自然界為主，還會搭建出他們標誌性的亭台，看起來就像是一石頭帳篷。

這個以水、享樂和自然界為主題的花園正是莫臥兒王朝壯美的縮影，[10] 在十七世紀的繪畫中，描繪了一個男人盤腿坐在一個高高聳起的金色寶座上，靠在橙色的墊子上，身後有一條河流過，映襯著遠處的綠色山丘。王座放置在一塊以棕色和藍色為主的花卉地毯上——這也是一種花園設計——上面坐了四個男人。四人都戴著頭巾，其中三人配戴著匕首，一個戴著珠寶。王位上的人是帖木兒，坐著的四位則是巴布爾和接下來繼位的三位皇帝，他的兒子胡馬雍（Humayun），孫子阿克巴爾（Akbar）和曾孫傑漢吉爾（Jehangir）。這幅畫是由傑漢吉爾的兒子和繼承人沙傑（Jehan）汗王委託創作的，他在位期間，莫臥兒王朝的輝煌事業達到了頂峰，泰姬瑪哈陵（Taj Mahal）這類古蹟就是最佳見證。這幅畫顯示出皇帝的血脈是來自蒙古野蠻人帖木兒和他壯麗的游牧土地。然而，這幅畫也展現出，自帖木兒時代以來所發生的許多轉變。當年為蒙古人打下江山的特質已不足以讓他的後代子孫或是其他任何地方的游牧民族在世界上留下自己的印記。

統治

奧圖曼帝國、薩法維帝國和莫臥兒帝國多少在西方歷史上引起共鳴，納入討論，但其他人卻沒有——例如奈及利亞的博爾努人（Bornu），中亞的準噶爾人（Zhungars），甚至是北美的拉科塔人（Lakota）——這也許是因為他們的國家所具有的戰略地位，又或許是因為之後的殖民歷史。這三個帝國，現在分別演變成土耳其、伊朗和印度，從孟加拉灣延伸到奧地利邊境，從近東向西穿過北非。他們橫跨絲路的中段，將歐洲與遠東分開，大約在一七〇〇年時，透過東西向的貿易而致富——當時的莫臥兒王朝控制了全球近四分之一的貿易。在這些帝國的文化中，游牧仍然占有一個重要的部分，而且都與季節循環保持著某種關係，尤其是因為他們的穆斯林統治者的生活和聖日都是按照月亮起落的陰曆來行事。

這些帝國的力量鼓勵一些歐洲人探索其他貿易路線的可行性，並將他們的殖民野心轉向其他地方。歐洲將目光轉向西方有很多原因，主要是因為對黑死病的恐怖記憶揮之不去，這股探究冒險精神激發出歐洲文藝復興，新的商業提案以及船舶設計和導航技術的改進。在十五世紀穿越大西洋的克里斯托弗・哥倫布（Christopher Columbus）以及穿越好望角的瓦斯科・達伽馬（Vasco da Gama）等事蹟都鼓勵著歐洲探險家、貿易商、士兵和傳教士向西和向南橫渡大西洋，進入美洲和非洲，尋找新市場以及通往印度和中國等舊市場的新路線。無論到哪裡，他們都帶著必須面對游牧力量的古老恐懼。但是，歐洲海上強權的崛起減輕了這份擔憂。沒多久，發現之旅的商業前景就會壓過這份恐懼感。而能夠克服這一點，主要是因為那時歐洲各地廣泛傳播著嶄新的看法和思維。這些新的方式，以及它們所激發的種種創造，最終將導致剩餘的游牧力量黯然失色。

十七世紀歐洲人的一些言行和文字在今天看來似乎稀鬆平常，但在當時卻充滿革命意味。這場知識革命的其中一位領導者是英國人法蘭西斯·培根（Francis Bacon）。培根年輕時就展現出早熟與天賦，在十幾歲就獲得進入劍橋的三一學院的許可，在他二十歲生日前還被選為國會議員。日後他將成為一名政治家、總檢察長、英格蘭大法官和伊麗莎白一世的法律顧問——最初是擔任女王的顧問，並且因此而被提升為聖奧爾本子爵（Viscount St Alban），維魯蘭男爵（Lord Verulam）。但與許多其他革命者不同的是，隨著年齡增長培根變得更為激進，他一直到六十歲，也就是一六二〇年，才出版了他偉大的哲學著作的第一卷《新工具或解釋自然的一些指導》（*Novum Organum or True Suggestions for the Interpretation of Nature*）。

次年，即一六二一年，培根的政敵在爭鬥中獲勝，迫使身居要職的他承認二十三項貪腐指控。當時，他形容自己好比「一根斷了的蘆葦」，即便如此，那根蘆葦也已經吹響革命的曲子。《新工具》呼籲要「在適當的基礎上全面重建科學、藝術和所有人類知識」，培根認為這是必要的，甚至是最為基本的，因為歐洲的知識進步已經停滯不前。也許這對歐洲來說是一個必要的發展，但在游牧世界卻造成極端的後果。

為了向他的讀者展示尋到這種新資訊和新認識的靈感來源，培根這本書的標題頁上印著兩根古典造型的柱子，在其間有兩艘船經過。這是一個隱喻，但也是一種表現，宣示新的海洋時代的到來，這將讓陸上的游牧民族相形失色。培根論點的關鍵在於，舊的地中海世界早已超出它的智力界限，正如它正在超越它的物理界限一樣。他堅信現在是把亞里斯多德和希臘哲學家拋在腦後的時候，去尋找新的思維方式，這更適合這個正在形成的新世界——也就是今日的我們所認識的這個世界。在種種激發這種新思想的元素中，培根提到了從東方游牧帝國傳入歐洲的「發明的力量、效應和後果」。他在前言中提到：「我們應該要注意，印刷術、火藥和指南針這三項都是先人所不知道的。」這三者全都是在中國發明出來的，然後被阿拉伯人、蒙古人或其他游牧民族所採用，接著再由歐洲人所改造——通常是擴大規模，最後產生了改變世界的後果。「這三者改變了整個世界的面貌和狀態，」培根寫道：「首先是文學，然後是戰爭，最後是航海；並由此衍生出無數的變化。」這些變化所產生的後果是雙向的，在某些方面對某些人有幫助，但卻會傷害到許多其他人。

培根並不是唯一一位體認到自己正處於新時代尖端的人。在這個時代，伽利略正在研究行星的運動，挑戰教會認可的地心論，即地球是宇宙旋轉中心點的觀點。不久之後，法國哲學家布萊斯．帕斯卡（Blaise Pascal）則寫道：「我們的本性在於運動。絕對的靜止就是死亡。」[11]帕斯卡的兩句短語似乎是在鼓吹一種游牧、流浪的生活，基於這個原因，在我們這個時代，它們幾乎被視為一種座右銘*——繼續前進或坐以待斃——就跟他那個時代一樣。

這種對運動的呼籲很適合前工業資本主義的新時代，正如它在成吉思汗、帖木兒和忽必烈帝國中很適用一樣。當培根、帕斯卡、伽利略和其他許多人正在與那些既有的舊思想所造成的現狀進行鬥爭，意識到有必要推進知識的邊界時，由倫敦富有的股東所資助的東印度公司的雇傭軍則在與荷蘭和法國作戰，爭奪印度市場，企圖獲取更大份額的利益。其他的歐洲人也起而效尤，其中許多是由我們所謂的風險資本家所資助的，他們在可以到達的任何地方建立貿易站或製造廠，這些地方都先後成為殖民地。不過這些都比不上培根這本書出版前一年所發生的事來得重要，當時有一〇二名清教徒分離教派者（Pilgrim Fathers）乘坐一艘名為《五月花號》的船橫渡大西洋。他們原先期望能在麻薩諸塞州的普利茅斯（Plymouth）建立一個新家園，沒想到卻在另一個地方登路，這片土地在過去一萬二千年中一直屬於萬帕諾亞格人（Wampanoag）——字面直譯是「照到第一道光的人」。

培根認識到，有三種截然不同的雄心壯志在推動這些新事業——這些既適用於十七世紀，也適用於二十一世紀的我們所屬的時代。有些人是受到野心所驅使，想要擴大自己的權力，培根認為他們「庸俗而墮落」。有些人試圖擴大其國家或帝國的邊界或影響力，他對這些人的評價稍微好一點，說他們「較有尊嚴，也不那麼貪婪」。還有像他這樣的人，想要擴展人類理解的總和。他相信「這樣的野心」，僅限於藝術和科學，因此「比前兩者更健全、更崇高。」12

指南針。

* 如布魯斯・查特溫（Bruce Chatwin）和其他作家。

倘若你有和培根一樣的能力和野心，並且身處十七世紀初的世界，而且你和他一樣都知道這些發現之旅的事蹟，並且熟悉使這一切成真的新技術，如果你也了解這個新的全球市場的運作模式以及支持它的資本流動，如果你具有「健全而崇高的野心」，意圖擴展知識的邊界，那麼你就會相信——正如二十世紀多數人所相信的那樣——人類是無所不知、無所不能，而且也應當百無禁忌地探索下去。在這樣令人目不暇給的種種可能性中，培根找出既重要又緊迫的首要任務：揭示自然界的運作方式。[13]

培根認為，人類在被逐出伊甸園的那一刻，便失去了對自然界的控制。他寫道：「墮落的人同時失去他的純真和對造物的控制。」[14]最後這句值得重複一遍：對造物的控制。對自然的控制。

培根同時代的大多數人，就跟歷史上大多數的人一樣，接受他們是自然界中一個重要部分，而且與萬物平等的想法，大家都跟動植物和太陽底下的其他一切一樣，受到相同的定律和力量所支配。他們之所以這樣相信，是因為他們知道自然界的定律超出了他們的理解範圍，而且這背後的力量也不是人所能控制的。日曬、風吹、雨落、雪降。偶爾還會出現冰雹、彩虹或彗星。有時，天空出現的奇怪景象，連鳥兒都不及反應。由於這些和其他自然現象，人類只能接受各種不同時期的到來，從豐饒到匱乏，從乾旱到飢荒，從利潤到虧損。早在哥貝克力石陣建成之前，人類就曾希望能夠以祭品來安撫大自然的統治力量。騰格里和其他草原諸神，世界各地諸多泛靈論中的神靈，半人半羊的牧羊人、羊群和自然衝動之神潘恩（Pan），還有塔木茲（Tammuz）和西佩托特克（Xipe Totec）以及羅馬的薩坦（Saturn）和穀物女神克瑞斯（Ceres）都是古代的收穫和豐饒之神，另外還有其他與自然世界的奧祕有關的各種神祇，之所以創造出這些神，全都是為了提供一個焦點，一隻耳朵，好來聽取人的祈求，保護他們免受災難，也聽取他們在豐收時的感謝。《舊約》中的上帝為這種古老關係帶來一個新維度，一種人類與自然界之間的新動態。第一份英文版的《聖經》早在培根出版他的《新工具》前的一個世紀就出版，當中提到人類受到的獎勵或懲罰都來自祂的旨意，就像祂將亞當和夏娃逐出花園，後來又獎勵亞伯並懲罰該隱一樣。從這一點來講，只需要再延伸一點，就可以單純地將農作歉收或城鎮淹水解釋為神對人的懲罰，也許是因為他們的所作所為，或者是他們在某方面無所做為。風調雨順一切順利時，就是上帝或眾神在對我們微笑。難怪會有這句俗話：「人類一思考，上帝就發笑」（Man plans, God laughs）。

培根和一些他的具有革命情懷的同好反對這樣的想法，他們不認為人的興亡取決於某種凌駕於我們之上的某種東西。相反地，他們相信，如果他們投入研究，就可以了解在這世界上運作的種種力量，去認識一艘船之所以在海上遭到擊毀，或安然入港的力量，還有那些帶來豐收的水和陽光背後的力量，或是因為大風，少雨和酷暑導致莊稼枯萎的力量。他們也知道，在理解之後就可以控制，甚或是扭轉局面，他們知道他們可以贏得對自然世界的統治。但要做到這一點，人類必須進行實驗。我們必須挖掘土地，熔化金屬，解剖植物，凝視天空，瞇起眼睛往顯微鏡裡看去。透過培根所謂的「探究」（inquisition）過程，人類將「恢復掌控自然的權利，這是份神贈與給人類的禮物」。[15]

培根和伽利略都敦促他們的讀者要觀察自然界，以此來形成論點，取代古老的觀念。他們大聲疾呼，告訴大家只要仔細觀察，花上足夠的時間，沒有什麼是人無法企及的。此外，雖然他們可能沒有意識到這一點，但在展開這樣探究工作的同時，就沒有什麼是神聖的。這些新技術和方法產生的知識將挑戰天主教會和社會中的正統思維和信仰，就像愛因斯坦的相對論、粒子加速器和合成病毒在挑戰今日我們的思維一樣。培根和他同時代的人認為，這一挑戰是不可避免的，如果人要奪回控制權，勢必就會發生這種情況。但當時他們沒想到，也未曾有人提出的是，這麼做是要付出代價的。

可愛的懶散，一七五三年

全球人口：約七．五億；游牧人口：未知

若想要知道奪回對自然的掌控權會將人類帶往何方，可以先往前跳躍一個多世紀，穿越大西洋去到新世界的新英格蘭區，尋找費城這座快速發展的城市，然後去找位於市場街的班哲明．富蘭克林（Benjamin Franklin）的家。富蘭克林是一蠟燭和肥皂鍋爐製造商的兒子，最初從事印刷和出版的工作，他實現了我們公認的美國夢。靠著技巧、運氣和認真努力，他從出版業賺到了足夠的錢，讓他得以選擇要如何度過他之後的人生。他累積的財富讓他不需要再去工作，他本可以多花點時間去游泳，這是他最喜歡的運動，或者去打高爾夫球，這是新世界的新運動。他也可以坐在門廊的搖椅上休息、閱讀、思考，也許還可以寫點東西。但「勤奮」是他賴以生存的十三項美德之一，他從不會讓自己閒著。除了從商的興趣外，他還創建了公共圖書館、費城消防局、美國殖民地第一家為窮人服務的醫院、美國哲學學會以及後來成為著名的賓夕法尼亞大學的一間學院。他還花了數

年時間進行電的實驗，發現了避雷針和可以儲存電荷的電池。但到了他四十七歲的時候，他的思緒轉向人類流浪漂泊的問題時，他卻陷入了某種僵局。

那年春天，也就是在一七五三年時，富蘭克林寫信給他在倫敦經商的友人彼得．柯林森（Peter Collinson），他的業務是向美洲殖民地出售布料和其他商品，並為富蘭克林提供電力實驗的設備。在這封信中，富蘭克林闡述了他對定居社會的本質、工作的好處以及流浪生活的誘惑的看法。在這封信中，他捕捉到過去——以及現在——許多定居者與移居者間的問題的本質。

富蘭克林首先想到的是他最近與一個「特蘭西瓦尼亞的韃靼人」（Transylvanian Tartar）的談話，他可能是生活在黑海以西的成千上萬個過著游牧生活的一個突厥人，他前來美國一探究竟，想要了解現況，以及未來的可能。有一天，這位訪客問道，為什麼世界上有這麼多人「繼續過著漫不經心的生活，拒絕生活在城市裡，拒絕培養他們看到的這些文明人類的工藝」。

富蘭克林還沒來得及回答，韃靼人就自顧自地回答起來。他用蹩腳的英語來推論：「上帝為了天堂而造人，祂造人是要他生活愜意懶散；但人惹上帝生氣，上帝把他趕出樂園，吩咐他工作；但人不愛工作；想要再回去天堂，想要懶散地活著；所以全人類都熱愛懶惰。」若是法蘭西斯．培根聽到這樣的推論，會表示讚同。著名的植物學家卡爾．林奈（Carl Linnaeus）也會同意，這位在大西洋對岸的瑞典人聲稱人類的不幸始於他離開原來的熱帶家園，那裡食物豐富，四處晃蕩的狩獵採集者可以生存壯大。[16]但對富蘭克林來說，這是一個謎。

而這也讓他陷入一個兩難的困境。一方面，富蘭克林是一個堅定的培根信徒，他相信人類，尤其是定居的人，應該試著奪回對自然的掌控。這其中隱含著一種雄心壯志，即要奪回在墮落前失去的一切。但富蘭克林也拒絕懶惰，顯然會駁斥人生來就是要無所事事的觀點。他自己的職業道德最終使他成為美國的開國元老和美國獨立宣言的簽署人。富蘭克林相信我們生來就是要忙碌的，在他的推論中，我們每天早上起床去工作是為了獲得經濟保障，就像他過去所做的那樣——他稱此為「免於照顧和勞動的必要性」的自由——或者是因為我們害怕貧困。

但富蘭克林越寫下去，就越對安定生活的樂趣和好處感到懷疑。在信的結尾，他在想韃靼人講的是否也有幾分道理——但只是也許而已。不過，要是我們真的天性懶惰怎麼辦？倘若真是如此，我們如果活得像許多美洲原住民至今仍喜歡的方式，在野外過著移動漂泊的生活，日子會不會更輕鬆、更愜意？

富蘭克林認識一些在費城和其他地方收養美洲原住民孩子的定居者，這些人把他們當作自己的孩子那樣撫養長大，他與柯林森分享了他們這段試圖「文明化我們美洲的印第安人」的經歷。在他看來，文明化意味著讓他們從他所認為戶外的流浪生活中的野蠻殘暴中恢復過來。這意味著用人造布代替動物皮毛，讓他們穿上衣服，教他們讀書寫字、算術和學習其他對定居生活有用的技能。

富蘭克林意識到，實現這一目標的主要障礙在於，這些技能在野外毫無用處，因為「他們生活中所有的需求幾乎都來自大自然的『自發生產』，在獵物豐富時，只要從事少許勞動——如果狩獵和捕魚可以稱為勞動的話。」也就是說，就跟其他地方的游牧者和狩獵採集者一樣，美洲原住民在養活自己和家人這方面可以比定居者來得輕鬆許多。這就解釋了為什麼，儘管「他們經常來拜訪我們，看到藝術、科學和密集型的社會為我們帶來的種種優勢」，但這些流浪的人依舊不想投身於此，居住在一個定居型的社會中。

「他們並不缺乏自然理解力，」他在給柯林森的信中寫道：他們並不愚蠢，「但他們從未表現出絲毫要改變生活方式，來效法我們的傾向，也完全不打算學習我們的任何技藝。」為什麼會這樣？富蘭克林唯一能找到的解釋是，美洲原住民必定天生就受到「安逸的生活所吸引，想要享有免於照顧和勞動的自由」。行筆至此，故事開始往陰暗處探尋。

野蠻、流浪的「印第安人」並不是唯一天生懶散的人種。富蘭克林知道有許多被美洲原住民俘虜的定居者在與他們生活一段日子後來就不願返回家園；那些被贖回來的人很快就溜出定居點，跑去尋找流浪者。有個男子的故事特別為人傳誦，他獲得釋放，從「囚禁」中回來後，受到當地人歡迎，還獲得了一大塊地，好讓他安頓下來。這個人在他的莊園中工作一段時間後，明白要讓農場運作需要付出多少努力，於是決定簽下一份讓與契約，把他所有的財產都交給他的兄弟，然後拿起他的槍和一件外套，回到了野外。富蘭克林也體認到，女性重返流浪生活的可能性更高，因為她們似乎在原住民那邊找到了在定居點所缺乏的自由，其中包括與丈夫離婚的權利。

富蘭克林隨後分享了一則在建立殖民地的定居者與六部落組成的易洛魁聯盟（Six Nations Iroquois）會面的故事，在這場會談中，英國專員解釋了他們的學校是「在指導青少年，他們會在那裡習得各種語言、藝術和科學……若是印第安人願意接受這個提議，英國人會接受六個他們當中最聰明的小伙子，以最好的方式來教養他們。」美洲原住民討論了這項提議，但一位長者提醒族人，他們已經有些孩子接受過這種教育，等到他們回到家鄉時，他們「一無是處，因為他們沒有學到殺鹿、捉海狸或驚嚇敵人的真正方法。」[17]所以他們禮貌地回絕了這項提議，並提出一個他們的版本。易洛魁族地長老們寫道：「如果英國紳士派十幾二十個孩子去奧農達哥（Onondago），那麼大議會將著手安排他們的教育，以真正最好的方式撫養他們，教導他們成為男人。」這項提案不可避免地也被定居者拒絕了。

但是，讓定居者的孩童學習如何在大自然中闖蕩究竟有什麼壞處呢？答案在於定居者對於「文明」的理解。在查爾斯．達爾文建立他的演化論的一個世紀前，北美的這批定居者並不認為他們處於伊本．赫勒敦的那個興衰循環中，而是不斷進展的文明的一部分。他們相信，比起美洲原住民的那種「漫不經心地四處闖蕩的生活」，他們安穩的生活方式更加文明。也就是說，他們認為自己更高一等，過著更豐富的生活。在這樣的認知中，他們為什麼要讓自己的孩子去學習如何追蹤動物，或是去認識各種植物、樹葉和漿果的特性？

富蘭克林對此的回應反映出定居者對游牧民族的古老偏見，這是城牆內的公民對那些生活在牆外者的偏見。在寫下「在他們的國度裡沒有人耕種田地」時，他和他的定居者同伴很可能是在呼應羅馬歷史學家阿米阿努斯．馬爾切利努斯（Ammianus Marcellinus）對東

易洛魁人（Iroquois）的創世神話，當中提到是在烏龜的背上創造出地球。這是一隻烏龜造型的捕夢網。

方人的恐懼。

不過富蘭克林並不是個蠢蛋，他知道定居者花費了很多時間在滿足那些「無限的人工欲求」，而那些在大自然中遊蕩的人「要得很少，而那些都是自然的需求，而且很容易滿足」。

那是對伊本・赫勒敦過去提問的精湛總結，指出定居與移動生活中的不同需求，這是農業和放牧或狩獵的差別，是定居在城鎮或城市中會造成人類精神腐敗但在自然中過著移居生活的人則不會。

在這封寫給英國友人的信的結尾，富蘭克林筆鋒一轉，又往另一個方向思考，他想知道為什麼人會決定安頓下來，過著定居的生活。他們是如何發展出這樣的生活方式，過著這種包含他自己在內的「親密社會」（close society）的生活？他找到的答案是，他們和他們這樣的生活「不是出於選擇，而是出於必要」。

彷彿這是不可避免的，我們最終都應該生活在城市裡。

就好像游牧者和其他過著「漫不經心的漂泊人生」的人一樣，最終將不可避免地定居在牆內。

好博士

一七五五年，也就是富蘭克林寫信給柯林森的兩年後，在倫敦出版了一本《英語詞典》（*A Dictionary of the English Language*）。這部詞典的範圍和涵蓋的詞源解釋非比尋常，「例句是選取自傑出作家的句子，以此來說明字彙的不同含義，這些例句為語言史和英文文法定調」。[18] 這本詞典等於是望向十八世紀中葉英國的一扇窗戶，透過它我們可以看到當時的人如何看待游牧民族。

這本字典的作者是山繆・強生（Samuel Johnson）博士，他來自米德蘭茲（Midlands）鎮，那是在利奇菲爾德（Lichfield）一帶，這個區域的地名源自於凱爾特語／盎格魯—撒克遜語，意思是「灰色樹林旁的公共牧場」。即使在十八世紀，牧民仍然在利奇菲爾德周圍的高地和低地間放牧，因此我們可以假設強生博士對他們多少有些認識，儘管他選擇在他這本宏大的學術著作中省略nomad這個字彙。

關於強生博士其人有兩種看法。其一是他是個資金拮据的人，在暱稱為「寒士街」的格拉勃街（Grub Street）謀出路，他答應為一群倫敦書商編寫一本字典來「振興英語」。這前後花了他九年的時間來編撰，完成的時候，他「希望取悅的大多數人都已入土」，其中包括他心愛的妻子泰蒂在內。另一種觀點則是來自他的傳記作者詹姆斯・博斯威爾（James Boswell）這位在愛丁堡出生的人認為強生博士是個機智的人，十分好酒色，而他的頭腦，就「好比是羅馬的那座巨大的圓形競技場」。[19]但這兩個觀點都沒有解釋為什麼他不認為nomad（游牧民族、移居者、流浪者）一詞值得列入他的字典中。我們知道他從來沒有把目光投向撒哈拉沙漠，也沒有在空曠地區或戈壁沙漠漫遊，但在他的字典中有收錄desart，意思是「荒野、孤獨、荒蕪的國度、無人居住的地方」。

Barbarian／野蠻人這個詞也是如此，它的解釋是不文明的、野蠻的、沒有同情心的，引用莎士比亞的話來說，是個「外來者」（foreigner）。

Wanderer／流浪者則是指「因為職業而四處漂泊的人，如商人，同時也指在所有地方都沒有土地或辦公室的人」。[20]

不過在N開頭的字彙這一區，在nollition（不情願）和nomancy（以構成名字的字母來占卜命運的藝術）之間（名詞），既沒有nomad（名詞），也沒有nomadic（形容詞）。儘管在他的家鄉，在利奇菲爾德的周遭明明有人過著游牧生活。在他的字典中也沒有transhumance／季節移牧這個詞。甚至連migration／遷移都沒有資格進入。*

博斯威爾提供了一條線索，解釋何以強生在收錄字彙到他的字典時會出現這些遺漏，他指出，強生的選字明顯展現一種隨機的特性。在前三版中，並沒有civilise／文明化這個詞，但是，正如博斯威爾所說，「我提醒過他一個他漏掉的詞：side即人際關係中的一方，如父親這一方的，以及母親這一方的。於是他把它加了進去。我問他humiliating／羞辱算是個好詞嗎？他說，他知道這字經常使用，但他不認為這是英文。他不承認有civilization／文明一字，只承認civility這個字眼」。[21]

當強生最後加入上civilise／文明化時，他將其定義為「從野蠻和殘暴中恢復；學習規律生活的藝術之指導」。[22]他沒有告訴我們誰可能需要從野蠻和殘暴中「恢復」，但可以肯定的是，包括遷徙者和流浪者在內的nomad勢必名列其中。這顯然就這個詞在使用時的意思，在強生博士的這本字典出版兩年後，在世界的另一端，中國清朝的乾隆皇帝向他的游牧鄰居宣戰。準噶爾

* 當nomad這個詞最終收錄英文字典時——這是在一八二七年，當時女王的榮譽牧師托德（H. J. Todd）為強生的這本傑作推出增訂版——就是一個帶有負面含義的字眼：「粗魯、野蠻、居無定所，以及為了放牧而遷居」。

人（Zunghars）是東蒙古部落的聯盟，他們的帝國版圖與一千四百年前的匈奴不相上下，從長城以西和以北延伸約四千公里。乾隆皇帝給帶兵將領的諭令是：「此等賊人斷不宜稍示姑息，惟老幼羸弱之人，或可酌量存留……前此兩次進兵皆不免過於姑容……」[23]這一道皇帝旨意最後導致六十萬人死亡，不僅摧毀了準噶爾汗國，也摧毀了整個文化，是那個時代最嚴重的種族滅絕行動。這位皇帝並不愛與戰，但與背棄文明的野蠻人作戰是他必須達成的天命。對於清朝的中國人來說，這是一場決定性的勝利，北喬治亞大學的提摩西．梅依（Timothy May）教授指出：「直到一七五七年（以及他所謂的準噶爾種族滅絕）後，對游牧民族的恐懼才從這些閉關自守的大國領袖的頭腦中完全消退。」[24]

超越自然的東西

強生博士所說的「規律生活」在幾個世紀前根本是難以想像的。那時的規律生活要求歐洲的基督教國王請求游牧可汗與馬穆魯克和其他穆斯林勢力作戰，希望能夠一石二鳥，一方面

山繆．強生（Samuel Johnson）博士。

擊敗他們長久以來的敵人，一方面又能分散這些野蠻人進攻歐洲的注意力。但到了十八世紀，關於亞伯的想法以及這些對游牧民族所懷抱的理想一併遭到摒棄，規律生活的概念再度受到歐洲優越感，還有地中海再度成為世界中心的幻覺所強化。發現新大陸，再加上從那裡流入歐洲的財富，又繼續培養這種宏偉感，不過重新發現古代世界也在這種幻覺中發揮了一定的重要作用。這在很大程度上要歸功於挖掘工人和學者的研究，其中最具影響力的莫過於約翰・約阿希姆・溫克爾曼（Johann Joachim Winckelmann）這位風格獨特的德國人。

溫克爾曼於一七五五年移居羅馬，也就是強生博士出版字典的那一年，他前去梵蒂岡研究雕塑，順便環遊整個義大利半島，參觀壯觀的宮殿收藏和龐貝的挖掘工作。他最有影響力的作品《古代藝術史》（*The History of the Art of Antiquity*）是在他抵達羅馬九年後出版，這本書將這股新發現浪潮所引起的興奮感引導到古埃及人、伊特魯里亞人、希臘人和羅馬人的藝術傳統的描述上。他在這本書中，表明應該將藝術史視為一條上升的線，是一系列的修正和改進，從遠古時期的原始、野蠻的作品開始，然經過古埃及的洗禮，最後在古希臘達到頂峰，他的這種論述在當時十分激進，因為這是第一次有這樣線性的看法。人們第一次認識到並非所有的古希臘藝術都達到相同的標準，這當中幾個不同的階段，雕塑從早期基克拉迪（Cycladic）的風格化人物一直發展到古典時期後期才臻至完美。

溫克爾曼特別選擇了一座雕像來代表希臘藝術，也就是所有藝術的理型，那就是阿波羅神的形象。這座雕像的名稱是「觀景殿的阿波羅」（Apollo Belvedere），那是十五世紀在羅馬南方幾里處挖掘出來的，最終安放在梵蒂岡，至今仍保存在那裡。這位不知名的雕塑家以比人還大的比例來呈現神的形象，高二・二五公尺，用白色大理石雕刻而成，健壯的軀幹被打磨得光滑完美，幾乎是赤身裸體地站立著，身上只穿了一雙涼鞋，和一件披在肩膀和手臂上的長袍。他手上握的可能是弓的殘骸，他的頭轉向左邊，似乎是在看他剛剛射出的箭。文藝復興時期的學者在這座雕像中看到了自然界中所有的和諧之美。但在上個世紀的知識革命之後寫作的溫克爾曼對此卻有不同的看法。他在雕塑中看到了最美麗的自然，「但也有某種超越自然的東西，即它的美具備有某些理型……這些圖像全然是來自頭腦的創造。」[25]「超越」自然，這就是在過去一個半世紀中人類對自然世界的統治，這是多麼的美麗，多麼有力！法蘭西斯・培根至少會贊同這一點，儘管他可能會對溫克爾曼的結論感到失望，即「我們要變得偉大的唯一途徑就是模仿古人，如果有可能模仿的話。」[26]培根渴望發現一個新的思想世界，但溫克爾曼則希望歐洲透過模仿過去，重新找回昔日光彩，站在巨人的肩膀上。

這兩人可能會對一件事的看法一致，那就是進步感。溫克爾曼和他的同僚將藝術史描述為一條穿越物質文化的道路。在十八世紀後期回首過往，他們在回顧中塑造出歐洲文藝復興這一想法，這是一場在歐洲獨自出現的神奇運動，而且他們巧妙地掩蓋了那些生活在東歐的人對此的影響和貢獻，其中包括游牧民族。這種對藝術和思想史的選擇性看法，就像之前提過的那條歷史大道一樣，剝奪了那些不願建造紀念碑或根本不建造，或者他們的殘骸——例如斯基泰人美麗而高度複雜的珠寶——還在等待發現或辨認。

在他的判斷中，溫克爾曼確實認為藝術史的軌跡不是循環的，而是線性的。線性發展，就像線性時間一樣，將進步熱線連接到其中，並將其用一條線縫合起來，這條線的一端往回延伸到初始的創造，也就是我們都是野蠻人的時候，一端延伸到末日，我們全都將文明化的時候。目前，按照溫克爾曼的想法，有些人文明化的程度比其他人更高，而大多數的文明人都是歐洲人。在溫克爾曼發展他這套理論的同時，倫敦的策展人正在籌劃世界上第一個國家博物館：大英博物館（British Museum）。最初的核心收藏品是傑出植物學家和收藏家漢斯．斯隆爵士（Sir Hans Sloane）捐給國家的「自然和人造的稀有珍品」，這將會免費開放，提供給「所有好學和有好奇心的人」欣賞，儘管事實顯然並非如此。斯隆，一如培根，他相信只要研究這個世界，就可以理解這個世界，儘管他並不總是對的：在八萬件物品、四萬份書籍和手稿、三萬兩千枚硬幣和獎章以及兩百五十卷他收集的壓印植物標本館中的植物中，還有一些尖尖的小石頭。斯隆將這些標記為「精靈箭」（elf arrows），但它們顯然是燧石，年代可追溯到公元前四千年到五百年之間，可能是游牧者所用的。它們絕對不是精靈使用的。不久之後，很快就會有一條看不見的線將這些燧石和其他東西貫穿起來。這條線沒有串起游牧民族和精靈，而是在支持一種非常特定的文化發展，這種文化彷彿是神所規劃的，從古埃及到希臘和羅馬，再

十八世紀的標本獵人送到大英博物館的極樂鳥，為了避免損壞羽毛，牠們的腿都被移除。在倫敦，這些鳥被視為不斷飛行的天使。

到文藝復興時期的歐洲，最後則是達到較為完美的狀態，即大英帝國。

進步的代價

進步的代價是什麼？又要如何計算？應該要納入象徵性的成本嗎？人類要付出多大的代價？地球又要付出多少呢？在大多數的例子，以及許多層面上，十八世紀的普遍進步所造成的成本仍然難以量化。但我們可以知道某些旨在推動社會進步的具體計畫的成本——例如，詹姆斯・庫克（James Cook）船長耗時四年的第一次航行，這是在溫克爾曼發表他的那本偉大著作之後——我們可以知道它在大英帝國的擴張和游牧勢力的衰落中發揮的重要作用。

「下午兩點起航，」這位四十歲的皇家海軍軍官在一七六八年八月駕駛他的船離開英格蘭時在日誌中寫道：「船上一共有九十四人出海。」他的指示是航行到太平洋，找到前一年歐洲人首次看到的大溪地這座島。之所以會安排這樣充滿雄心壯志的航行，其實是為了要觀察「金星凌日」（Transit of Venus）。英國那時的星相學家已經明白可以透過觀察金星經過太陽前方的時間來推算我們的星球到金星的距離，由此還可以首次計算出太陽系的大小，朝著理解自然世界又邁出了一步。要觀測或計算金星凌日已經很不容易，但最大的挑戰是這個現象每一〇五年才發生一次，這就是為何會出動英國海軍參與的原因。

位於泰晤士河畔的德普特福德（Deptford）皇家造船廠的船長奉命要去找一艘合適的船隻，並加以裝備。他選擇了一艘三桅的東海岸採煤船，這是一艘緩慢、堅固且平底的貨船，他收購的價錢是二八四〇英鎊，相當於今天的五十萬英鎊，並將其更名為《奮進號》（*Endeavour*）。然後他又花了兩倍的錢把船拆解開來，加上護套和填縫，並添加第三層甲板。這些都是真實的數據，是可量化的財務成本。接著，他為這艘船配備了十門大砲和一系列先進武器，並在船上裝載了當時最尖端的科學儀器，然後是幾隻豬和雞，還有一隻乳羊和其他遠洋航行所需的物資。詹姆斯·庫克負責指揮這艘船，但在科學事務上，他會聽從他最傑出的乘客，英國博學家和植物學家約瑟夫·班克斯（Joseph Banks）。

四年前，班克斯繼承了一筆財富，搖身一變成為英國的富豪。當時有許多像他這種身家寬裕的年輕人會前去地中海待上幾個時節，甚或幾年，來頌揚他們的財富獨立慶祝，等到返鄉歸國時，則帶著一身經歷世事的外表、故事、一些藝術品和古董來裝飾他們的豪宅，也許還有一點梅毒病毒。有人問他為什麼不讓自己放縱一下，班克斯答道：「每個傻瓜都會這樣做……我的大旅行將是一場環球之旅。」[27]為了實現這一目標，他支付了自己和七名助理的旅費，一起與庫克展開一場「只有天知道會持續多久，也許是一輩子」的旅行。[28]由於他對植物學最感興趣，因此他們的航行也將是一場在全球尋找植物和其他自然史上的奇珍物種的旅行。他們返回英國時將帶回來豐富的收穫，超過所有人的大旅程：三萬株以上的植物，其中大約有一千四百株在過去的西方是不為人知的，另外還收集到來自陸海空的一千種生物。

在海上航行八個月後，他們於一七六九年四月抵達大溪地，受到島民的歡迎。他們在那裡建造了一個天文台，繪製了行星凌日圖，然後啟程離開，繼續往南太平洋進行這趟發現之旅。在一七七〇年四月，他們到達了庫克最終稱之為植物灣（Botany Bay）的地方，即現在的澳洲雪梨。

他們是在秋天的一個星期天登陸，那天吹著南風，天空一片晴朗。《奮進號》在下錨處輕輕晃動。能見度很好，庫克可以看到海灣南北兩端的小屋，以及小屋前的婦女和兒童，還有冒出濃煙的火堆。庫克和班克斯把小船放下來，船員將它們划向岸邊。

那裡沒有指著他們的大砲，也沒有城牆或城門阻擋他們的到來。或許正因為如此，再加上他們在大溪地受到熱烈歡迎，因此這批英國人認為他們這次上岸也會受到歡迎。班克斯記錄道：「然而，我們誤判了。」29 看著登陸艇的原住民顯然很不高興，「當我們接近時」，庫克寫道：「除了兩個似乎決心反對我們登陸的人外，他們全都離開了。」這位探險藝術家後來將這些男人畫了下來，在他筆下，他們肌肉發達，幾乎是赤身裸體，嘴唇、耳朵和鼻子上都裝飾著塞子，手上拿著劍、矛和盾牌。他們是達拉瓦爾（Dharawal）原住民，其中一些是游牧民族，而這一直是他們的土地。

庫克回憶道：「我下令停止划船，以便與他們交談，但我們和圖帕亞（Tupaia）一句都聽不懂。」圖帕亞是船上的嚮導和翻譯，但由於他來自七、八千公里外一座太平洋小島，沒有理由會說達拉瓦爾語。班克斯描述了「他們如何用一種刺耳的語言大聲對我們喊叫。」

當他們接近海岸時，既是宗教領袖也是嚮導的圖帕亞勢必了解到達拉瓦爾這片土地的神聖本質。庫克船長命令他的手下將成袋的釘子和珠子扔到金色的沙灘上。這種善意的姿態是為了讓氣氛緩和，但達拉瓦爾人揮了揮長槍，堅持外人不應該登陸，因為雖然他們無法向這些入侵者解釋，但這是一塊神聖的空間。庫克隨後「在兩個（男人）間開了一槍，但這完全沒有產生任何效果，只是讓他們退到放著一堆飛鏢的地方，其中一人拿起一塊石頭向我們投擲」。30

庫克的第二槍似乎擊中了兩個男人中較為年長的那一位，雖然可能沒有傷害到他，但他反而去取盾牌，當歐洲人登陸時，達拉瓦爾人開始投擲長矛。雖然他們沒有射中，但此舉激起了英國人的進一步射擊，迫使這些原住民撤退。入侵者登陸後，他們沿著海灘走到小屋，發現有四、五個孩子躲在盾牌後面。還有一些獨木舟，庫克將其描述為這是「我認為我見過最糟糕的獨木舟了」。他們沒收了能找到的所有長矛，儘管班克斯認為這些長矛是用來釣魚而不是防禦的，不過他們還是留下了珠子和布作為禮物，然後就回到他們的船上。

要是達拉瓦爾人能夠書寫，關於這場登陸事件，他們會講出一個非常不同的故事。謝尼・威廉斯（Shayne T. Williams）博士的祖母是達拉瓦爾人，她對這場交換的看法是這樣的：

> 如果……你從我們的角度來看同樣這次的相遇，你就會明白，兩個達拉瓦爾（Gweagal，原文如此）人正在努力履行他們對保護國土的神聖責任，不讓那些沒有得到同意的人進入。在我們的文化中，未經同意，不得擅自進入另一個文化的國度。同意總是經過協商而得來的。而協商不一定是透過直接對話，這通常是透過儀式來進行靈性層面的交流。31

最後這句話很重要，因為它暗示了航行和進步所要付出的成本中的另一個面向。

庫克是皇家海軍的一名軍官。班克斯是一位富有的科學家，他將自己的財富用於知識的全球化，企圖改善全世界許多人的狀況，特別是在他自己的國家。這兩人都博學多才，深諳世事，不過他們都沒想到他們所瞄準的人只是不想要他們在那裡登陸。他們無法掌握這次相遇在靈性層面上的意涵，這是法蘭西斯・培根鼓吹掌控自然所造成的直接後果。幾個世紀以前，大多數的歐洲人都還相信地方和物體都具有靈性，若他們也有先人的泛靈想法，就會明白那片沙灘，就和任何地方的土地一樣，都有自己的生命力。他們會知道，如果外人要登陸，需要先安撫祖靈。但他們只是靠著培根提到的三項發明，由指南針引導他們，由書籍提供資訊，然後再用槍支和火藥在沙灘上開出一條路來。想像一下這會在達拉瓦爾人的想法和心靈上引發多大的混亂。

第二天他們又回來了，再次玷汙這處神聖的空間。這一次，岸上的人全都不見了。英國人發現他們的「禮物」原封不動地躺在當初扔下的地方。

班克斯本人完全就是走掌控自然界這一路線的，在經過植物灣這次的遭遇後，他顯然沒有理解到他和他的同伴對當地人所造成的侮辱或傷害。在他對這場短暫造訪的描述中，他提到了一片廣闊而空曠的土地，即使在晚上可以看到海岸線上閃爍著一連串的小火光，這些火光都來自人堆出來的營火，是讓他們能夠輕裝便行，過著移居生活的要素，他們的廣泛知識不在圖書館裡，而是在故事中，在世代傳承的祖先夢想中。在班克斯眼裡，澳洲可能根本沒有文明人。

梔子花（Gardenia taitensis），大溪地的國花。

倒是庫克這位粗獷不拘的海軍，對這次短暫的相遇產生更為敏感的反應和複雜的想法。班克斯很快就會建議英國政府將這片土地當作殖民地，這將是走定居路線的該隱子孫的又一次勝利。庫克對此的想法可以在他們駛入珊瑚海（Coral Sea）時寫的日誌中找到。「實際上，」他提到達拉瓦爾那批狩獵採集者時，呼應著富蘭克林對美洲原住民的看法：「他們比我們歐洲人幸福得多；他完全不熟悉在歐洲如此受追捧的餘裕與必要的便利，他們對此一無所知，過著開心的日子。他們生活在寧靜祥和中，沒有受到不平等條件的干擾。」32 這是另一個對移動中的輕盈生活的呼喚，期待能過著與自然界保持平衡的生活。這是對游牧民族的另一種本能的致意。

庫克對於這些「不覬覦豪宅華屋，也不奢求家用品等等」的人的評語讓人意外地聯想到歷史學家費利佩・費爾南德斯—阿梅斯托（Felipe Fernández-Armesto），他在討論歷史時所體悟到一件事，認為歷史是在穿越各個廢墟時挑選出來的道路。如果你的主要目標是確保自身文明的存續，這位歷史學家解釋道：「最好的辦法是不要開展文明」。費爾南德斯—阿梅斯托認為，這樣看來，班克斯的殖民建議並不符合英國的最佳利益。最成功的社會——因為他們倖存下來——是採行移居生活的狩獵採集社會，就像是這批原住民。他們成功的原因早已不是什麼祕密：他們之所以能存活下來，是因為他們「與自然並存，並沒有試圖加以改變、摧毀或重建」。33

真正的農業革命，或是說為什麼我們會懷念游牧生活

一六七一年，也就是法蘭西斯・培根的《新工具》出版的五十年後，盎格魯—愛爾蘭哲學家兼

化學家羅伯特・波以爾（Robert Boyle）提問道：「當我們看到木材被風車推動的鋸刀鋸開，銼刀被小型儀器切割，甚至是由發動機織成的絲襪……我們可能會忍不住讚嘆，這工作做起來是多麼方便，機械裝置可能會讓引擎取代人類工作嗎？」[34]培根相信科技會讓人類主宰自然，而歷史證明他是對的。當波以爾寫下這些話時，紡織仍處於家庭手工業的規模，我的意思是，這是在家裡的小屋或帳篷裡進行，紡織工人可能也要梳羊毛和紡線。這些人本來可以擁有一小塊土地——種植足夠的蔬菜和養雞等其他動物——再不然，他們就會像在扎格羅斯山脈的巴赫蒂亞里人一樣，帶著牲口四處遊蕩，在遷居移動中完成他們的紡紗、編織和地毯製作。也就是說，他們會像該隱和亞伯的子孫後代一樣，在生活數千年後，直到發生真正的農業革命。瑞士哲學家和步行者讓─雅克・盧梭（Jean-Jacques Rousseau）以一句話精煉地總結將人類逐出樂園和以農業解決溫飽後長久以來所產生的問題：「對任何一個人來說，從擁有足夠兩個人享用的食物似乎變得有利可圖的那一刻起，平等就消失了，這時有了財產的概念，工作成了必須，廣闊的森林變成了微笑的田野，並且需要人類用汗水澆灌。」盧梭毫不懷疑我們會因為對農業的依賴而付出的巨大代價。而且將繼續下去：「奴隸制和苦難……與莊稼一起發芽和成長。」金錢統治著歐洲世界，正如勤勞工作不可避免地導致工業化一樣，就這樣新資本主義又導致新機器的發明，這些機器可以完成許多人的工作，而且速度更快。

其中一台機器是由一位英國人發明的，他曾進入牛津大學就讀，因為學管風琴而輟學，然後又改變主意學習法律。在取得法律學位後，傑斯羅・圖爾（Jethro Tull）結了婚，並帶著他的新婚妻子展開他們的歐洲巡禮之旅。回到英國後，圖爾沒有去倫敦從事法律工作，反而依循那個時代的風潮，整頓他家的土地，致力於農法農具的改善。提高農業效率就是要讓農務更快、更省力。他研發出許多設備，其中最成功的就是用馬來拉的種子機。自從在一萬一千多年前馴化小麥以來，農人一直是手工播種的，有時是隨意亂撒，有時則是要將每顆種子一一放入單獨的孔中。圖爾的機械播種機消除了所有這些工作，這意味著可以更快地播種並減少勞動力。

播種機的獨創性和效率超過了其他發明，但說起變革性，沒有一項發明比得上英格蘭西北部棉織工詹姆斯．哈格里夫斯（James Hargreaves）的創造。哈格里夫斯的生意需要有穩定的棉紡供應，但紡紗是另一項勞力密集性的家庭手工業。為了加快這一過程並確保棉紡供應的規律性，哈格里夫斯於一七六五年設計出「珍妮紡紗機」（Spinning Jenny），這一台機器能夠同時紡好幾個輪子。除了圖爾的播種機和一系列將其他勞力密集工作機械化的發明外，珍妮紡紗機讓英國製造商能夠以比歐洲競爭對手更低的成本生產更多的紡織品。成功孕育出更多的成功，這些創意過程激發了一系列機械化，然後是在我們這個時代的數位化，虛擬辦公室、線上會議、雲端存儲以及透過一個握在手中的薄薄螢幕與世界另一端的人見面和交談的能力。但在這一漫長的發展過程中，有些路線構成比紡織機更嚴重的問題。

波以爾提到的「機械裝置」不僅只是改變生產力和生產量，還引發了一場社會革命。珍妮紡紗機就是一個例子，由於機器對於大多數以前的紡紗小屋來說太過龐大，想要投資紡紗業的人需要建造特殊的「珍妮屋」，雇用紡紗工。大多數的新廠房都不是蓋在傳統上紡紗的農村，而是在更靠近勞動力和交通樞紐的城鎮。結果，那些一直以來都在家工作的人，而這通常是在農村裡的，現在卻得前往最初被稱為製造廠（manufactories）的紡紗廠，後來則簡稱為工廠（factories）。最終，他們不得不搬到城市，或另謀出路。這種工作模式的轉型改變了國家和每個人的前景。

這種轉型導致地球上的人口數量大幅增加：在一七五〇年至一八五〇年的這一百年間，人口大約從七・五億增加到十二億，大約增加了六〇%。[35] 在同一時期的英格蘭和威爾斯這兩處首次爆發社會革命的地方，人口幾乎成長了三倍，達到一千八百萬左右。＊[36] 這種人口成長帶來的一項後果，至少在英格蘭，是大多數人的土地減少了。一方面是因為現在人變多了，另一方面也是因為圈地。在英格蘭，地主一直在圈地，至少從黑死病時期開始，當時他們還能去開發沒有反對者的土地。到十八世紀，英國政府支持土地圈地，因為大面積的土地更適合圖爾的播種機和其他最近的發明，因此支持者認為圈地會提高生產力。反對者——而且有很多人——無法反駁增加糧食產量會導致價格下降的這個論點，因為當時似乎沒有人理解生物多樣性的必要性。

但對消費者而言，生活開銷並沒有因此變得更便宜。其實正好相反，農業產量的增加確實幫助了一些人，讓他們變得非常富有，但卻剝奪了許多農場和家庭工人的生計，迫使他們前往城鎮找工作。這個過程一直持續到今天——許多巴赫蒂亞里兒童都成為這個過程的一部分。正如山繆・強生的餐友，愛爾蘭作家奧利弗・戈德史密斯（Oliver Goldsmith）在一七七〇年所感嘆的：

> 有一段時間，
> 在英格蘭的悲痛開始之前，
> 那時每一塊土地都供養著其上的人；
> 對他來說，輕鬆勞動就能豐收，

大地只提供生活所需的東西，
一分不多。[37]

曾經有過一段時間，機器變得越來越複雜，資本日益積累在精英手中，勞工的政治權力卻漸漸限縮。當科學和工業在重塑世界之際，在改變我們對生而為人的意義的理解的時代，這似乎很適合這種情緒。正是在這個時代，英國政府授權在澳洲建立第一個歐洲人的定居點，為當地原住民帶來苦難，在這個時代，「亞洲通」瓊斯發展出他的語言理論，即梵語、希臘語、拉丁語、凱爾特語和波斯語都「起源於一些共同的來源」，一種游牧語言，他將這些稱為印歐語。這也是阿爾比恩麵粉廠（Albion Flour Mill）的時代。

對一七八六年生活在倫敦的多數人來說，阿爾比恩麵粉廠就是現代性的代表，就像二十世紀中葉的帝國大廈，或是今天的自動駕駛電動車、生物燃料飛機或三D列印機一樣。蓋在倫敦泰晤士河畔的黑修士橋（Blackfriars Bridge）旁的這棟七層磨坊，是當時世界上最先進的工業建築。在一個世代的時間裡，倫敦的人口增長了三分之一，超過一百萬人，其中許多人是因為新市場和工廠的工作機會而離開他們的土地，進入城市。阿爾比恩不僅是另一個工業化帶來的機會，這也是在實現對未來的承諾。在此之前，倫敦的玉米和小麥一直是靠風車或水車來碾碎。在阿爾比恩高聳於泰晤

* 世界人口在過去一百年中成長兩倍。

士河上的新古典主義優雅外觀的背後，是由巨大的新型蒸汽機來產生動力。這座機械磨坊可以每週運作七天，日以繼夜的運轉，每小時研磨超過二五〇公斤的玉米或小麥。駁船只能在漲潮時靠近工廠的地下室，不過推車則可以隨時裝卸。甚至連穀物的轉移和麵粉的運輸過程也都機械化了，這就是在一座代表機器戰勝人力的磨坊中應該有的場景。套用廠房設計的一位工程師的話，它是「一個國家目標」，[38]就其規模、效率和壯觀程度來看，在當時的工業化世界中沒有一樣能與之相提並論。

就所有象徵意義來看，這座磨坊就像當時的這類創新一樣，是透過資本驅動來尋求利潤。每個人每天都要吃麵包，因此這可以獲得巨額利潤，這解釋了為什麼當時有一位工廠的合夥人被告知，無論來訪的貴族和女士有多麼迷人，都不應該讓他們參觀這座建築，因為他們並不是潛在客戶。阿爾比恩的工人在裝載、研磨、篩分、裝袋和移轉麵粉的每一步驟中都比其他過時的風力和水力驅動的競爭同業來得快，而且更便宜。這讓投資的一切得到最大的回報。這座工廠的建造和設備成本約為兩萬英鎊，相當於今天的三百萬英鎊，但光是第一年的銷售額就達到十萬英鎊（相當於今天的一千五百萬英鎊），當時它仍處於產能不足的狀態。當然，這是一項投機冒險，總是會有失敗的可能性，可能會丟失那筆錢。這就是在盛大開幕五年後所發生的。一天晚上，從磨坊的一扇窗戶可以看到橙色光芒閃動。那是一團火焰。阿爾比恩著火了。

大火一發不可收拾，造成毀滅性的後果，當它在幾天後燒完時，工廠的屋頂已經倒塌，當中最先進的發動機也被摧毀。年邁的日記作者霍勒斯．沃波爾（Horace Walpole）可能是這座首都裡少數從未聽聞過阿爾比恩的人之一，他提到，在他家花園裡看到有一半燒焦的穀物散落，這裡離火場有好幾里遠。正如他所言，實際上當時煙灰瀰漫全城，火場還吸引很多人前來圍觀。有些人驚恐地站在那裡，但顯然有許多人很開心，在黑修士橋上載歌載舞起來。民謠歌手整晚都待在那裡，試圖用文字捕捉當下的情緒，到了第二天早上，在大火繼續燃燒之際，他們已將詩歌摺頁排版、印刷好，並在街上兜售：

現在人們開始聊天，
談著業主做了這些與那些
但很少有人為此悲傷
哀悼付之一炬的阿爾比恩磨坊。39

不過就是在兩年前，巴黎的巴士底獄也才被燒毀，變革之風正席捲整個歐洲，到處都有煽風點火的跡象，因此在這片歡慶聲中傳出阿爾比恩失火並非偶然的謠言也很自然。有人說，這場大火是由競爭對手的工廠、無政府主義者或只是想要更便宜的麵粉的人所放的——這些留言還激發出另一首民謠：

你看麵包的價格如此昂貴，
大家都希望它會便宜一點，
這樣人們都可以吃飽，
又能為我們的磨坊廠帶來更多的工作。40

不過儘管謠言滿天飛，工廠失火的原因其實是基於一些平淡無奇的小疏漏，只是某個機械零件上的油不夠，在運作之際產生火花，點燃這個地方。

大家對這一時代奇蹟遭到毀壞的種種反應，展露出不同的擔憂。最明顯的當然是工業革命的速度和規模。不過也有其他人擔心工業化對生活、幸福感以及生而為人的意義所構成的威脅。住在離工廠只有幾步之遙的詩人威廉．布萊克貼切而傳神地表達出這些顧慮與擔憂。

火災發生時，布萊克才三十出頭，他過去從他位於蘭貝斯（Lambeth）的家穿過泰晤士河的路上就會經過阿爾比恩，每週都會經過幾次。他並沒有將這座工廠視為進步的紀念碑，而是認為它體現了許多工業化的問題。在這些重塑社會的新力量和機器中，本質上就具有不人道的層面，他鏗鏘有力地寫道：「在我們隆隆作響的磨坊中，為了獲取阿爾比恩之子的麵包，生者和死者都將被碾碎。」[41]

阿爾比恩之子正在打造一個遍布世界的帝國，一個日不落國。憑藉著指南針、印刷品和火藥，在布萊克所謂的「這些黑暗的撒旦磨坊」和工業革命的其他發明的推動下，大英帝國及其歐洲競爭對手日益勝出，古老的游牧帝國，以及後游牧帝國漸漸地失去光芒。儘管早在有歷史記載之前，游牧民族就一直在塑造世界，而且影響深遠，從馴養馬匹、發明馬車，到激發出高貴英勇的情操以及兄弟情誼的觀念等，但是當帝國的歷史學家在寫人類的故事時，不是完全忽略游牧民族，就是像羅馬歷史學家那樣，把他們描述為野蠻人。因此，當英國政治家和歷史學家托馬斯．麥考利（Thomas Macaulay）在布萊克創作他這首詩三十年後在下議院站穩腳跟時，議院裡的那些尊貴的議員沒有一個敢挑戰他，因為他提醒他們，大英帝國的一項使命的就是要保護自身及其殖民地免受「野蠻入侵者的襲擊」。

在一次冗長而迂迴的演講中，麥考利提到了帖木兒、阿提拉和其他游牧國度的領袖，體認到英國的霸權可能不會持續下去，「權杖可能會從我們手中消失……（而且）可能會有難以意料的事件擾亂我們最深層的計畫。」但他知道，「有些勝利之後並沒有遭到逆轉……（而且）會有一個避開所有自然衰敗原因的帝國。這些勝利是理性超越野蠻的和平勝利；而那個帝國是我們的藝術和道德、文學和法律的不朽帝國。」42

麥考利的這番演講完美地表達出十九世紀歐洲人在區分定居者和移居者時最常見的方式。他們之間的差異不是通過比較習俗或生活標準，也不是像美索不達米亞人和羅馬人那樣注意到游牧民族的食衣住行，他們吃生肉、不洗澡，餐風露宿，而且死後也不會埋在墳墓裡。也不是考慮到哪種生活方式對自然世界的破壞性小，因此對所有人賴以生存的地球的未來更好——這種衡量方式要到很久很久以後才會發生。麥考利只是簡單地將這些游牧的野蠻人描述為沒有藝術、道德、文學、法律或理性的人。英國議會的尊貴議員似乎都沒有對此提出異議。

倫敦的阿爾比恩（Albion）麵粉廠。

天命，一八五〇年

全球人口：十二億；城市人口：七五〇〇萬；游牧人口：未知

十九世紀大多數的波斯人都過著移居的生活，有的在放牧，有的在經商。在土耳其，奧圖曼蘇丹很久以前就將他的馬鞍換成了沙發，並且待在蓋有許多亭台樓閣的城牆內統治著他帝國內不同背景的子民，其中有很多仍然過著游牧生活。游牧民族在莫臥兒位於印度的汗國中漫遊，就像在非洲大部分地區那樣，儘管卡內姆－博爾努這個偉大帝國早已分崩離析。在阿拉伯，一位名叫穆罕默德・伊本・沙烏地（Muhammad Ibn Saud）的游牧部落酋長在改革派宗教學者穆罕默德・伊本・阿卜杜勒・瓦哈布（Muhammad Ibn Abd al-Wahhab）的指導下，擴大了他的asabiyya，建立一個新的阿拉伯國家。在澳洲的七十五萬原住民中，有高達九成在約瑟夫・班克斯的第一艦隊帶來定居者後的十年內死亡，那些存活下來的人，則繼續在大地上四處遊蕩，夢想著他們的國家，一如在我們這個時代一樣。在一個被大英帝國包圍的世界裡，上千萬的游牧民族在各地漫遊、狩獵和聚集。但日後將證明麥考利的信念是對的，歐洲的藝術、道德、文學和法律將戰勝「野蠻部落」，特別是在北美洲，在麥考利向議會發表演講十多年後，一位前英國公民殖民地創造了一個兩個詞的短語，至今仍在世間回響著：昭示天命（Manifest destiny）。

天命神授的這種想法是由成吉思汗提出來的，而追隨他的游牧者也了解其意涵。一位美國記者約翰・奧蘇利文（John O'Sullivan）也提出這樣的主張，他在一八三九年寫道，他的美國同胞注定要將這場「偉大的自由實驗」一路推向太平洋，穿越後來所謂的狂野西部——這用語毫無誇張之意。「這是我們的崇高命運，」奧蘇利文的論調就跟蒙古可汗一樣，他跟他的讀者解釋：「而且按照自然界永恆且不可避免的因果定律，我們必須完成這項使命。」[43]

班哲明．富蘭克林在一七七六年簽署《獨立宣言》時提到人人生而平等，擁有相同的生命、自由和追求幸福的權利，這是「不言而喻」的真理。富蘭克林也是美國憲法的簽署人，這部憲法堅持「不論是奴隸制，還是非自願的奴役……都不應存在美國境內，或是任何他們管轄的屬地。」[44]我們現在知道，富蘭克林曾在他賓州的家中有過兩名男性奴隸，但後來釋放了他們，直到他一七九〇年去世前，投注了很多時間和精力來推動所有奴隸的自由和教育，並且為定居者、拓荒者和美洲原住民制定一項法律。不過他協助擬定的宣言和憲法只適用於美國。因此，當這個國家的公民向西跨出國境後，便不再受制於這套規範，而且似乎經常把自己家鄉的價值觀拋在腦後。

對於這些向西的拓荒者來說，令人不安的事實是，當朝聖之父渡海上岸時，他們發現的這個世界並非一個全新的世界，也不是了無人煙的處女地。正如澳洲在英國殖民者到來之前屬於當地原住民，南美洲大部分地區屬於其上漫遊的民族，中亞地區屬於蒙古人、土耳其人和其他游牧部落一樣，北美長期以來也是許多游牧部落和定居部落的家園。這些來自歐洲的人並不是真正的先驅。用麥考利的話來說，他們是野蠻的入侵者。

「我們是進步的國家，」記者奧蘇利文寫道：「是享有個人自由、普世選舉權的國家。」他可能會補充一點，他們也是武器的國家。打著進步的旗幟，歐洲定居者進入了這片他們本來可能不予理會的領土，進入美洲原住民的領土，他們的速度比之前更快，距離也比以往更深遠，而這全都是因為他們手上掌握有先進的武器。早在一七〇〇年代中期，長管肯塔基步槍的射程和準確度就能夠讓射手大展身手，讓紐約州北部的一名神射手可以在不被發現的情況下殺死一名英國將軍。遠程射擊與面對一個騎在馬背上拿著劍或背著弓的人完全是兩回事，而這是在接下來的一個世紀裡所看到的連串事件中的一個步驟，在美國會有發明家發展出殺戮器具的機械化，就像之前英國發明家將農業用具機械化一樣。首先是加特林機槍（Gatling gun），這種手搖武器每分鐘可以發射兩百發子彈。緊追在後的是馬克沁機槍（Maxim gun），射擊速度是加特林機槍的三倍。其後連發式的溫徹斯特步槍取代了肯塔基步槍，而山繆．柯爾特（Samuel Colt）的多彈膛轉輪手槍則改進了老式手槍的速度和準確性。美國製造的武器變得越來越致命。

在提到美洲原住民部落時，通常會將其想成是單一群體，彼此間的同質性很高，但他們若真的團結起來，那也只是為了對抗定居者的侵占，而且即使是在這樣的狀況下，他們之間都還存在分歧。在歐洲人到來之前，美洲原住民就經常因為狩獵權而起衝突，比方說蘇族人（Sioux）會把克羅族（Crow）趕出他們的水牛獵場；又或是因為文化差異而起爭執，比如說定居部落與游牧部落之間的戰鬥。蘇族、達科他、科曼奇和其他游牧部落的優勢在於他們的移動能力、他們在行走或馬鞍上思考的習慣，以及他們適應環境的技巧和利用他們對大地的認識與熟悉度。但是美國武器的「進步」使這些部落與世界其他地方的游牧民族一樣陷入災難，處於劣勢。

美洲原住民並不是唯一對美國人實現其天命時所要付出的代價感到不滿的人，亨利．大衛．梭羅（Henry David Thoreau）也是。梭羅最為人熟悉的事蹟就是他在麻州波士頓附近的康科德（Concord）的樹林裡度過兩年零兩個月。二十多歲時，他在瓦爾登湖（Walden）畔為自己建造了一座簡陋的木屋，並設法「僅靠自己的勞動謀生」。這房子和他打算靠自己勞力謀生的承諾來自他的一項實驗，企圖以此向他的定居者同胞證明他們在追求財富的過程中被誤導了多少。他在《湖濱散記》（*Walden*）的一開頭就攻擊那些「不幸繼承了農場、房屋、穀倉、牛和農具」的人，以此來談他的小木屋實驗。然後，便呼應盧梭的講法，並納入受到美洲原住民啟發的靈感，他表示：「如果他們出生在開闊的牧場，由狼來餵食會更好。」

「人，」他繼續寫道：「即使在這個相對自由的國家，僅僅是因為無知和錯誤，就汲汲營營地投入生活中過度粗糙的勞動，因而無法採摘更美好的果實。」[45]

就像他之前的帕斯卡和盧梭，梭羅認為在室內度過的時間是一種死亡的形式。「我無法保持我的健康和精神，」他堅稱：「除非我每天至少花四個小時——而且通常不止——在樹林、山丘和田野間漫步，完全擺脫世俗的束縛。」他至少確實有意識到他有機會選擇自己的生活方式是多麼幸運，而且他認為機械師、商家店長和其他無法自由行走的鄰居「應該因為沒有在很久以前就自殺而獲得讚揚」。不過在他的這份確信中有一個要點，他和他的同時代人需要花更多的時間「在森林裡，在草地上，在玉米生長的夜晚」。他提出警語，要是他們不這樣做，將會失去與自然世界的聯繫，或者是他所謂的「我們這個巨大的、野蠻的、徘徊的母親」。[46]野蠻一詞跳了出來。

梭羅在瓦爾登湖的實驗遭到不少批評，有人指出他與波士頓的距離很近，而且他的母親還會突然過來，幫忙燒飯洗衣，這多少降低他自食其力的程度。不過這絲毫不減損他實驗的重要性，也沒有減損他呼籲追尋簡單生活的緊迫性。梭羅利用自己的時間，在野外收集他能收集到的任何東西，並且自己種植一些食物，梭羅認為他每週只需要工作一天多一點就能養活自己。如果這個計算是正確的，那麼他利用時間的效率甚至比古早的狩獵採集者還要高。就算他花費的時間是他聲稱的兩倍，他仍然每週有五天的時間在廣闊的天空下長時間行走，觀察他周遭的世界。

對自然的熱愛，對移動的需要，對真正要付出的代價的認識——正如現在的「反滅絕」（Extinction Rebellion）這類全球性環保運動提醒我們的，必須要計算這個時代要付出的環境成本——再加上梭羅對「文明生活」的不信任，這一切似乎讓梭羅成為當地游牧民族及其生活方式的理想擁護者。但他在面對美洲原住民的困境時卻產生與此相當矛盾的反應。「那白人來了，臉色蒼白，千頭萬緒」，他在展開湖濱實驗前寫道：

> 帶著沉睡的智慧，就像火堆一樣，他很清楚自己所知道的，這不是猜測，而是計算……要建造一棟經久不衰的房子，一座有框架的房子。他買了印第安人的鹿皮鞋和籃子，然後買下他的狩獵場，最後忘了他埋得有多深，把他的骨頭犁了起來。而這裡的城鎮記錄，陳舊破爛、年代久遠、飽經風霜的編年史，包含了印第安酋長的印記，一個箭頭或一隻海狸，以及讓他失去狩獵場的那幾句他講出的致命的話。[47]

這段文字裡有滿腹悲愴，但也有實用主義的色彩，因為梭羅體認到這就是將來要發生的。在他的《印地安筆記》（*Indian Notebooks*）中，他把定居者與印地安人的衝突描寫成另一個版本的該隱和亞伯的衝突，也不可避免地延續這份古老對峙的後果。「『偉大的靈』給了白人一把犁，給了紅人一把弓箭，」他寫道：「並透過不同的途徑將他們送到這世界，每個人都以自己的方式謀生。」[48]

但是白人出現時，不僅帶著一把犁：還有一種使命感，以及殺傷力越來越大的武器，還有不惜一切代價來達成這一使命的決心。

在白人到達北美洲之前，約有一千萬的原住民生活在那裡，並非所有人都是游牧民族。經過幾個世紀以來的談判和壓迫，這片土地上的定居者和移居者已各據一方：西北高原有平頭人（Flatheads）和內茲珀斯人（Nez Perce），大盆地裡是肖肖尼人（Shoshoni）和派尤特人（Paiute），西南方則是納瓦霍族（Navaho）和梅斯卡萊羅族（Mescalero）的地盤，大平原則分屬於科曼奇族（Comanche）、夏延族（Cheyenne）和威奇托族（Wichita），東北方是切羅基族（Cherokee）、肖尼族（Shawnee）和莫希干族（Mohican），東南部則是奇克索族（Chickasaw）和阿拉巴馬族（Alabama）另外還有許多其他部落。這裡就跟世界上其他地方一樣，主要是由地理因素來決定誰住在哪裡。

夾在西部大片山脊和東南部沼澤地帶間的大平原是美國地理的一項主要特徵。這片宛如海洋般的巨大草地，好比歐亞草原的雙胞胎，從加拿大的北極圈附近一路延伸到墨西哥灣和北迴歸線，從五大湖區一路向西延伸到洛磯山脈，綿延數千里。平原的核心就是成群的野牛，至少在美洲原住民眼中是如此。這些毛茸茸的短角巨獸是草食性的，每年都會長途跋涉數百里，尋找草地，躲避酷暑與寒冬。牠們到哪裡，人就亦步亦趨地跟著，獵殺牠們，取其皮肉。美洲原住民與這種動物的互動關係，乃至於與萬物賴以維生的生態圈，全都達成了一種微妙的平衡。但是當十六世紀歐洲人來到這片大陸時，這種平衡發生了變化。

西班牙征服者在企圖征服墨西哥的行動中，將他們的馬匹運往大西洋的另一岸，這對那些一萬年前曾在北美漫遊，然後被獵殺滅絕的生物來說，可說是一次愉快的回歸。而且這也是一次成功的回歸，因為有些西班牙馬逃脫了人類的圈養，回到野外繁殖。他們飼養的馬群變得非常多，很快就開始與野牛爭奪草地，不過野牛最後的下場更加戲劇性。正如數千年前印歐人在歐亞大草原上所做的，美洲原住民也學會騎馬，而且就跟在歐亞大陸上所發生的，騎馬帶來新的可能性，讓人得以在大平原上進行更廣泛的游牧活動。有了馬術和弓箭，美洲原住民很快就變得像過去的蒙古人一樣，具有致命的殺傷力，而且有一段時間他們成為平原的領主。然後定居者來了。

在歐洲人到來之前，北美大平原上約有五千萬頭野牛，[49]甚至有可能是這個數字的兩倍。十九世紀初，當托馬斯．傑佛遜總統派偵察隊前去探勘密西西比河一直到太平洋沿岸的這片國土時，他的先鋒隊員者劉易斯（Lewis）和克拉克（Clark）描述了「眾多奔跑的」野獸讓「整片平原變暗」的場景。平原和野牛是大多數美洲原住民故事中的主角，在他們的儀式視這些巨大的動物為神獸。儘管會獵殺野牛和食用牠們的肉，但依舊抱持敬重之心，會透過吟唱來安撫牠們的靈，因為原住民希望，也相信歌聲會使死者的靈魂平靜下來，並保持自然的平衡。但前來開墾和定居的人，因為需要大量的水牛皮，而打破了這之間的平衡，就像十七世紀和十八世紀在洛磯山脈和西北部因為海狸和其他動物的毛皮需求大增所造成的破壞一樣。這群「眾多奔跑的」野獸受到威脅。

如果真的只是讓天命來決定，或許這一切都不會發生，但當定居者帶著犁、武器和美元抵達時，增加了他們自身的機會，其中包括總統托馬斯．傑佛遜（Thomas Jefferson）向法國政府支付的一千五百萬美元，換取他們在「北美的財產」。一八〇三年的路易斯安那購地案（The 1803 Louisiana Purchase）讓美國得以控制密西西比河流域，這是地球上一塊非常肥沃的土地。但這樁買賣有個大問題：這片土地其實並不屬於法國人。那裡仍然是當地部落的家園，包括拉科塔的蘇族，他們當時是這片大陸上最強大的一群人。

在購買這塊地的三十年後，美國的第七任總統安德魯・傑克森（Andrew Jackson）簽署了《印第安人遷移法案》（*Indian Removal Act*），表明根據之前的買賣合約條款，這片土地現在已經「屬於」聯邦政府，並且以此為法源，賦予地方政府和前去拓荒的定居者驅趕美洲原住民的權利。在他們的家園被奪取後，美洲原住民得到的補償是一片美國政府歸類為「無組織」的西部領土。此舉遭到大多數美洲原住民的反對。他們當中有一些人甚至提出法律訴訟，將他們的案件提交到美國最高法院，而最高法院裁定傑克森總統的法案不適用，因為原住民族享有自主權，因此不受美國立法的約束。總統承認他有義務遵守法院的裁決，但他明確表示他不會執行這項裁決。許多其他人也追隨總統的這條路線，因此無論是主權還是具有法源的合法主張都無法保護這些原住民族，他們遭

美洲野牛從十九世紀的約 6 千萬頭減少到 1889 年的 541 頭野生動物。保育工作幫助恢復其數量，現在野外約有 3 萬 1 千頭。

受誘惑、哄騙、欺凌，最終被迫離開他們的祖傳土地，只能繼續往西移動，完全不顧他們的生活或生計。例如，在一八三九年，有成千上萬的切諾基人被迫在嚴冬時節往密西西比河的西邊移動，這段旅程最後奪走了四千條人命，現在他們走的這條路被稱「眼淚小徑」（Trail of Tears）。[50]而之後還有更多的血淚，在小巨角戰役（Little Big Horn）、傷膝河戰役（Wounded Knee）和其他大大小小美國軍隊為了「安撫」偉大的印地安民族而發動的約莫一千六百次[51]衝突、戰鬥和爭戰，企圖將他們從他們的土地上「移除」，而且在很多時候這些都是他們的土地，甚至連美國法律也是這樣認定。

美洲原住民，不論是過著移居生活，還是定居生活，在面對聯邦政府時都處於極大的劣勢，這場鬥爭的結果毫無疑問以慘敗告終。要不了多久，就有一位美國作家大言不慚地寫下，「在引入文明的祝福後，這片大陸上的原住民幾乎絕跡」。[52]

自然的黑暗面

在切羅基人走上他們的眼淚小徑的六年後，梭羅在瓦爾登湖旁建造了他的小屋。到那一年，也就是一八四五年，定居者在這片大陸上建立起「聯盟」，涵蓋一半以上的面積，建造出城市，並且在大西洋和密蘇里河之間鋪設了長達數千里的鐵路，同時還砍伐了大片森林以便發展農業。佛羅里達州成為聯邦中的第二十七個州，德州在這一年的年初本來還是一個獨立的共和國，但國會很快投票通過將其吞併，西北部的奧勒岡州仍然有部分是由英國占領，而墨西哥則聲稱擁有西部的其他地區。不過在這一年結束時，美國總統波爾克（Polk）呼籲要積極向西方擴張，記者約翰·奧蘇利文在《美國雜誌》（*United States Magazine*）和《民主評論》（*Democratic Review*）上寫道：「神分配給我們的天命是遍布這片大陸，讓每年增加的數百萬人在其中自由發展。」

天命，再加上要支持不斷增長的人口，定居者對土地和資源的渴望日益增長，這吸引他們繼續向更深遠的西部探尋。梭羅在樹林裡建造小屋的那一年，有位紐約企業家呼籲美國參議院要資助一條通往太平洋的鐵路。由於當時遭遇到強烈的反對，所以延宕了一段時間，但在一八六二年還是通過《太平洋鐵路法案》（*Pacific Railroad Act*），那一年梭羅去世。但即使在十年前，大家也已心知肚明，覺得繼續向西鋪設鐵路將相隔近五千公里的海岸連結起來是勢在必行，這可將東西來往的旅程從幾個月的時間縮短到不用一週。這是不可避免的，因為這不僅是為了提高效率，也攸關以工業化力量來掌控自然世界和荒野，攸關一個不安分的定居者組成的國家對安分守己的移居者的國度的統治，而鐵路既有先遣的作用，又具有象徵的意味。

「事實是，」梭羅在他的《印地安筆記》中寫道：「白人的歷史是進步的歷史，而紅人的歷史是積習難改的鬱積故事。」[53]就算是伊本·赫勒敦本人來動筆，也寫不出更好的結語。

原住民的文化在梭羅眼中也許停滯不前，但與美國的大多數人不同，他仍然想要去了解「他們是怎樣的人」。[54]在他的十一本筆記中，寫滿了他自己累積的知識、故事、歌曲和觀察，還有一些從已經印刷的書籍和摺頁中抄寫的段落，這可說是十九世紀關於美洲原住民最大的知識庫。不論他寫這些的原因是什麼——也許是為了將來寫一本「印地安專書」所做的研究，以便為後代保留他能收集到的所有知識？也可能僅是出於他的好奇心？——他的筆記本顯示「紅人」有一套截然不同的世界觀。梭羅記載，美洲原住民「是以冬天而不是夏天來計量他的年歲。他的年不是用太陽來衡量的，而是由一定數量的月所組成的，他的月不是用日數來衡量，而是用夜晚。他捕捉到大自然的陰暗面。」梭羅沒有提到——因為他不知道——曾經有一段時間，所有的人類都用月亮而不是太陽來衡量他們的生命。我們其實都是陰暗面的孩子。

無論梭羅對美洲原住民有多麼著迷，他都認為他們的生活方式不可避免地會消失，就像世界上許多其他人事物一樣，從那時起，他對那些他沒有完全經歷過但即將要失去的東西感到懷念不已。

「白人」想要「改善」的衝動最終會讓他們占領整個大陸。梭羅在他的文章《行走》（*Walking*）中對於進步的西行運動的想法感到雀躍不已，儘管這完全省略了美洲原住民，但西部仍然是狂野的，仍然需要「贏得」，原住民部落的力量仍然強大，正如一位歐洲哲學家所言，在那之外的平原和山脈，「不是歐洲人記憶中的夜晚，而是世界和人類的早晨」。[55]這些獵人和游牧民族生活在那個「世界的早晨」中，正如梭羅本能地體認識到的，也正如伊本．赫勒敦所觀察到的，他們生活在人類的最初狀態。耕種的定居者處於第二種更進階的人類狀態。「獵人的種族」，梭羅在他的筆記本中記錄了一段可能是從伊本．赫勒敦那裡抄來的話，「永遠無法抵擋農夫種族的入侵」。[56]尤其是當這批農夫種族，除了鐵鍬和犁頭外，還拿著槍，而且是搭乘鐵路到達的，這些宛如是培根願景的具體實現，即由科技所驅動的統治。

鐵路之於梭羅，就像高科技之於今日的我們，這是一種衡量進步的標準。正如電腦和手機改變了我們生活的每個層面，從準備食物到家庭溫度調節，乃至於生病時的評估和迷路時的指導——只要我們的電池還沒用完耗盡——鐵路也改變了十九世紀中期美國人的日常。美國的第一條鐵路是在梭羅十幾歲時鋪設的，等到他在二十多歲時自食其力地在小屋裡生活時，鐵軌已是常態。鐵路之多，還有一條由一千名愛爾蘭工人鋪設的一條支線，僅從瓦爾登湖往外延伸五百公尺，即一百「桿」，發動機的高音哨聲打斷了他的日子，穿過樹林和田野，警示像他這樣的步行者，這些鐵馬正在把商人、銀行家和戀人帶到城裡。然而梭羅仍然不為所動。

梭羅之所以對鐵路興趣缺缺，有部分是因為他認為這是一樁糟糕的交易。他對此進行了一番計算，若是沿著軌道走，他可以在一天結束前，步行到約五十公里外的菲奇堡。選擇坐火車的朋友當然會比他先到，但梭羅走路只需要皮鞋一雙，而他的朋友需要買一張九十美分的車票，也就是一天的勞動工資。把那個工作時數算進來，再加上火車的旅程，這就比梭羅步行的時間還長。梭羅向他的朋友保證，我們可以像這樣環遊世界，步行者將永遠領先。「不是我們在消耗鐵路，」他警告說：「是鐵路在消耗我們。」

他的計算可能會讓人覺得他弄錯了重點。但這不僅僅是關於時間和金錢。梭羅擔心鐵路的影響。它所代表的工業和它所承載的不安定的世界，這些都在重塑搭火車的人的生活，以及

美洲原住民象徵和諧的符號，這是世界上應該存在的平衡。

像他一樣那樣生活在鐵軌所經過的土地上的人的生活。在這方面，以及在其他方面，他的想法都領先於他的時代。事實證明，他的擔心是對的。

美利堅帝國

誰能權衡在美國人努力實現其天命時所付出的代價？自然世界要為此付出多少？那些依賴自然界的游牧民族呢？還有今日的我們以及未來的世代？誰會願意來進行這項計算？一直到今天爭論還在持續著，這不僅是關於過去一個半世紀在北美所發生的。目前正在權衡美國實現天命後所帶來的巨大成就與自然界和原住民因此而付出的代價。這項計算很困難，在某些方面甚至是不可能的，不過還是有些可量化的成本。例如，美國最近承認了五七四個原住民部落。承認這些人意味著承認（即使不接受）他們對土地或賠償的要求。加州州長蓋文．紐森瑟姆（Gavin Newsom）就是走在這條路線上的一位，他在二〇一九年六月正式為該州過去對待美洲原住民的方式道歉。「那就是種族滅絕，」這位現任州長在談到第一任州長的言行時這樣評論，他在一八五〇年曾說過：「在這兩個種族之間，將會持續發動滅絕戰爭，直到印第安人的種族滅絕。」[57]不過印第安人的種族仍然存在，儘管減少了很多，但今天，有一位二十一世紀的州長，站在沙加緬度河邊的一棵老橡樹下，四周環繞著當地部落的領袖，承認：「這就是種族滅絕樣，我們過去發動了抄家滅族的戰事。沒有其他描述的方式。這就是在歷史課本上需要呈現此事的方式。」

不過在重寫歷史書籍時，也出現了各種說法，有人說問題出在一八三〇年代的《印第安人遷移法案》，其他人則指出是一八〇三年的路易斯安那購買案。我則認為至少要回溯到一七五〇年代，當時班哲明．富蘭克林和他的友人無法理解過著這種「漫不經心的生活」的吸引力，當然也就無法明白其價值，甚或是再往前推到一六〇〇年代初期，當法蘭西斯．培根大力疾呼要掌控自然之際。

瑞士哲學家尚—雅克．盧梭很喜歡講一則美洲原住民酋長前往倫敦抗議的故事，他指出那些英國定居者侵占了他們的土地，並且干擾他們的生活。盧梭沒有說明確切的日期，因為在那段期間曾有過好幾次的拜訪，而舉行帕瓦（pow wow）——北美印第安人為議事、祈神或慶祝所舉辦的儀式、祈禱會和會議——似乎仍然為原住民帶來希望，讓他們相信可以有權利隨心所欲地生活和漫遊，就像他們長久以來所過的日子那樣。不過盧梭所講的那則故事很可能是發生在一七三〇年的仲夏，當時有七位切羅基酋長前去英國拜訪。切羅基人並不像居住在平原上的印第安人那樣過著完全游牧的生活，但他們之中有許多人確實會在夏季和冬季的家園間移動。

在倫敦待了幾天後，這些酋長應邀前去溫莎堡拜訪國王，據倫敦媒體報導，他們穿著最好的禮服長袍前往。其中有一位長老身穿一件猩紅色的外套，其他人則身著纏腰布，身後掛著馬尾，臉上和肩膀上塗著紅、藍、綠三色顏料，頭髮上綁有彩繪羽毛。他們攜帶弓箭。出生在德國的喬治二世和他的朝臣則是頂著假髮，穿戴貂皮和珠寶來迎接他們，現在實在是很難想像究竟是哪一方受到的服裝衝擊比較大。在覲見的最後，喬治國王誓言，兩國人民的友誼就如青山常在，綠水長流，伴隨每一次的日升日落。切羅基人隨後向國王贈送了他們特別從家鄉挑選的禮物：象徵英勇的四張敵人頭皮、幾根象徵榮耀的鷹尾羽和一頂由負鼠皮製成的帽子。盧梭提到喬治國王不知道要如何回禮。他可能對這些禮物也難以感到什麼熱情。他有想過要給他們一千幾尼（guineas）當作回禮，但光是錢還不夠，再加上那條選來當作禮物的紅布也不行。「王室在他（酋長）眼前放了上千件東西，讓他找一樣喜歡的禮物。但劍似乎很重，鞋子看來很緊，衣服顯得可笑。然後酋長發現了一條羊毛毯子……」酋長把毯子裹在肩膀上，認為它「幾乎和獸皮一樣好」。盧梭推想酋長「當時應當不會說出下雨時它會同時披上這兩件的話」，[58]而且他認為英國國王收到的禮物其實更好。在這點上他確實是對的，因為獻上負鼠皮帽等於是承認喬治國王是切諾基的酋長，這賦予了國王陛下的臣民可以利用這片土地的地位和權利，直到河流乾涸，太陽不再升起。這樣一來，英國人將繼續破壞原住民過著游牧生活的權利，並且最終導致一場劃時代的戰爭，一邊是那些仰賴與自然界維持平衡關係的移居者，另一邊是那些相信科學和宗教能讓他們掌握一切的人。

一八七六年六月，拉科塔族、蘇族和平原族的印第安人聯盟在蒙大拿河邊與美國第七騎兵團作戰，地點是在他們所謂的肥沃草原（Greasy Grass）。印第安人之所以選擇在那個夏日開戰有很多原因，不過主要是他們決心要保護南達科他州的黑山（Black Hills），避免這塊地方受到拓荒者的騷擾。這地區長期以來一直公認是大蘇族保留區（Great Sioux Reservation）的一部分，而且對當地的部落來說，這裡是一塊聖地，但一八七四年有人在這片山區開採到金礦，於是美國政府派軍隊將當地人遷出。兩年後，雙方決定攤牌。

蘇族是最後幾個生活權利獲得保障的原住民族，他們能夠在熟悉的範圍內漫遊、放牧和狩獵，他們知道那裡每一種植物的生長季節和特性，每種動物的習性，但如今定居者打算在這些土地上飼養牲口和開墾土地，還要開採金礦。不過即將到來的戰鬥不僅是攸關草地和開放土地，也不只是關於合法的所有權，無論這些有多麼重要。

定居者相信這片土地是屬於他們的，因為這是他們的天命，因為最近在遙遠的一個白人聚集的房間裡通過的法案賦予了他們這項權利。拉科塔的酋長坐牛（Sitting Bull）則相信這片土地屬於他的族人。他還認為，他和他的人民屬於這片土地，他們認為這片土地是神聖的，他們有責任保護它，他們的心情與反應就像在澳洲植物灣遇到庫克船長和班克斯前擾亂他們聖地的原住民一樣。在開戰前，坐牛先祈禱、唱歌和抽煙，然後他將裝滿煙草和柳樹皮的鹿皮袋埋在土地裡，紀念這塊地的眾靈。知名的拉科塔戰士瘋馬（Crazy Horse），則在自己的身上撒了山谷的乾土塵，把長長的草編進頭髮裡，並且用野牛糞火燒掉藥袋裡的一些材料，讓煙霧傳達到眾神那裡，這樣祂們便會聽到他的祈禱，保護這塊土地的神聖。這場戰鬥是關於歸屬感的，不論是對這些勇士來說，還是對那些向他們衝來的騎兵而言。

喬治．阿姆斯壯．卡斯特（George Armstrong Custer）中校團長率領第七騎兵團進入小巨角（Little Bighorn）河谷，準備懲罰這些沒有按照美國政府命令搬到保留區的「最初的美國人」（First Americans）。卡斯特知道他的人數較少，但他低估了對手的規模——他的一九七名士兵最終將面對多達兩千名戰士——而且他也低估了這些戰士的能力和決心，或許更重要的是絕望，因為這時他們當中有許多人都相信與其繼續綁手綁腳地過日子，倒不如戰死沙場。卡斯特可能還低估了他們的武器。他覺得沒有必要運送加特林機槍過來，甚至指示他的士兵不用帶他們的軍刀，這使得他的騎兵只能使用標準的陸軍單發柯爾特手槍來攻擊。他們面對的一些勇士手持戰斧和弓箭等傳統武器，射出多達一萬支箭。而且，部落中的一些人已經開始採用新科技，配備有溫徹斯特連發步槍。

卡斯特原本計畫要穿越小巨角河，前去襲擊印第安人的村莊，但沒多久他就遭到猛烈炮火的攻擊，被迫撤退到附近的山頂。正是在那裡，他和他的騎兵部隊以及許多前來營救的士兵遭到殺害。這是美國軍隊在一個世紀的衝突中最慘痛的失敗，而且發生在一個非常戲劇化的時間點上：軍隊遭到屠殺的消息於一八七六年七月三日傳到華盛頓特區，正是慶祝美國脫離英國，正式獨立的一百週年前夕。

大眾的反應很激烈——軍隊遭到屠殺證實了大家認為這些原住民行為野蠻的想法——而軍方的反應是明確的。許多印第安人在軍方的報復行動中喪生。倖存者被迫進入保留區，在那裡他們遭遇到更多的悲劇：隨著進步的祝福，開拓者和定居者帶來了痲疹、水痘和其他美洲原住民無法抵禦的疾病。加州州長在談到將發動「抄家滅種的戰爭……直到印第安人種族滅絕」時，並沒有誇大其詞。十九世紀初，加州有二十萬名美洲原住民，但到本世紀末只剩下一萬五千名。

美洲原住民、游牧民族和其他人，並不是實現天命的唯一受害者。他們所認識和滋養的世界，他們所崇拜的動物和神靈，也都將隨之消失。而當中在美洲大草原上漫遊的龐大野牛群的消失是當中最受注目的戲劇性變化——要知道在歐洲人到來之前，那裡至少有五千萬頭野牛，甚至可能是這個數字的兩倍。但是到一八八六年，也就是小巨角之戰的十年後，野牛群幾乎消失，就是連史密森尼博物館的首席動物標本剝製師威廉・霍納迪（William Hornaday）都得動身往西部去，才可能為博物館尋找令人滿意的標本，當時只有在那個地方還有機會能找到。霍納迪沿著鐵路向西行，然而，在幾個月的狩獵過程中，只發現了二十幾隻野牛。隔年的情況變得更嚴重，美國自然歷史博物館的其中一位創始人博物學家丹尼爾・吉勞德・艾略特（Daniel Giraud Elliot）決定出外獵殺一頭野牛來當作博物館的藏品。但是在三個月的捕獵活動後，他甚至連一隻都沒看到，就打道回紐約了。野牛和許多依賴牠們生存的游牧部落都瀕臨滅絕。

現在先跳回幾年前，一位名叫卡爾瑪・群培（T. T. Karma Chopel）的人前去參觀猶他州格林河（Green River）畔的大片空地。群培是西藏流亡議會的成員。他也很熟悉在廣袤的歐亞高地上的生活型態以及游牧生活。當他望向河對岸和廣闊空曠的這片紅色岩石和紅色沙漠——耕作無望，但可能放牧——對他來說有個問題似乎很明顯：「你們的牧民在哪裡？」

同一枚硬幣的兩面

自從游牧民族的可汗統治歐亞貿易和貿易路線，以及大汗忽必烈指示國庫要分配國家積累的財富才能讓資本不斷流動的日子以來，歐亞大陸發生了很大變化。十九世紀是人群加速定居在城鎮的時代的開端。在這個新時代，美洲原住民帝國和他們的聯盟遭到毀

象徵智慧的烏鴉。

滅，而在俄羅斯南部邊境、中國長城西側以及歐洲列強擴張殖民地的非洲，所有這些地方都將征服游牧民族視為一種進步。游牧民族是流浪者、漂泊者、移民、無業游民、無家可歸者、牧民、獵人、採集者、高貴的野蠻人，所有這些不受歡迎的人，他們所剩的日子應該屈指可數。所有這一切都是因為在當時是以貨幣財富和外力來衡量文化和文明的價值，而不是根據它們是否得以存續，或者是否尊重自然世界。那些受到看重的，只是因為他們將自己的遺囑留在宏偉的紀念碑上，而不是在親朋好友或部落聚會時分享的故事或記憶中。

查爾斯．達爾文在他的《人類起源》中寫道：「在未來的某個時期，若是以世紀來講，應該不會太遙遠，人類中的文明種族幾乎肯定會消滅並取代全世界的野蠻種族。」達爾文當然不會是在縱容種族滅絕一事，但他不是唯一一個確信自己屬於文明種族的人，而且還繼續在文明化，他也不是唯一一個預測他和他這類人會占上風的人。

在一篇題為「種族滅絕」（The Extinction of Races）的論文中，倫敦人類學學會（Anthropological Society of London）的一位研究員在一八六四年指出：

> 在過去一百年來，夏威夷人減少的比例高達八五％。塔斯馬尼亞的原住民幾乎就要滅絕了。毛利人每十四年就減少大約二五％，在澳洲，就像在美國一樣，在白人進步之際，整個部落就這樣消失了。[59]

這學會的另一位成員預測，非洲黑人必定會死絕，因為「弱者勢必會被強者吞噬」。[60]

查爾斯・達爾文在閱讀他的研究同好和演化論的競爭對手阿爾弗雷德・羅素・華萊士（Alfred Russel Wallace）的《人類的起源》（*The Origin of Human Races*）一書時，在一處特別有意思的段落上畫線做記。華萊士在這裡聲稱，如果人類社會要進步，強者必須吞噬弱者，這可說是一種血祭的形式，透過這種做法來加強和完善人類的血統。三十年後，英國首相薩里茲伯里勛爵（Lord Salisbury）在他的一次演講中回應了這個觀點，他提到，「可以將世界上的國家大致分為存續的和衰亡的」。[61]游牧民族也在衰亡國家之列。

對游牧民族的征服與對自然的掌控齊頭並進。培根在四百年前所構想的計畫到二十世紀初時成真了，這主要是受到一系列足以改變世界的科學發現所推動，尤其是以燃燒化石燃料來當作動力的內燃機。到了一九二〇年代，服務人類交通數千年的馬讓出牠效率最高的交通

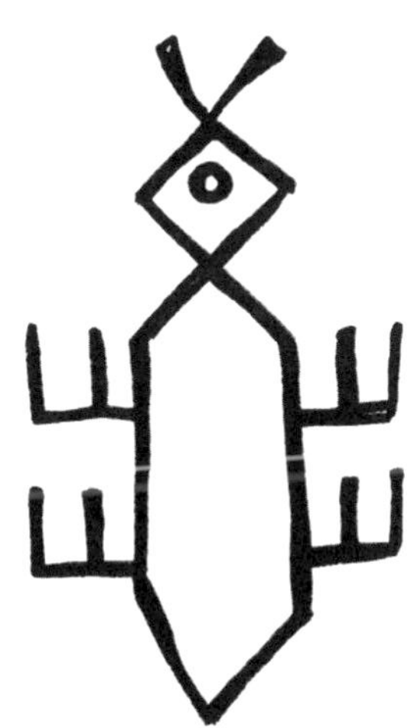

吉拉獸（Gila Monster），因其力量強大，而且能夠在沒有食物或水的情況下長時間生存，因此受到美國西南部落（如霍皮族和納瓦霍族）的崇敬。

工具的頭銜，被移到賽馬場，改作休閒娛樂之用，汽車成為首選的交通工具，至少在城市裡。進步是無情的，就像這時對移居者的社會和自然界的征服一樣，都是無法避免的。

自然與城市

古羅馬在鼎盛時期大約有一百萬的居民，這樣的人口規模與八世紀時位於大歐亞草原走廊另一側的中國（唐朝）的帝都長安——今日陝西省的西安市——大致相同。一個世紀後，阿拔斯王朝的巴格達可能還多出幾十萬，就像十三世紀的杭州——當時世界上最大的城市一樣。幾千年來，這便是一座城市能夠持續運作和生存的人口最大值，直到十九世紀才出現有人口超過兩百萬的城市。那座城市是倫敦，大約在一八四五年達到這樣的人口數，也就是梭羅在瓦爾登湖畔建造他的木屋的那一年。在接下來的三十年間，又有二二五萬人搬到這座大都市，到一九〇〇年，這裡已成為近六五〇萬人的家園。在二〇二〇年時則有約九三〇萬。

這座城市以勢不可擋的姿態爆發出指數級的成長，這是受到金錢和權力的誘惑、工業的需求，再加上數百萬人的希望所推動所致，有數百萬人離開他們的土地前來這座城市，尋找許諾的工作以及生活好轉的機會。倫敦在工業革命中執牛耳的地位，所以才有這樣的成長，而在這裡發生的很快就會在其他地方重演。一次世界大戰開始時，芝加哥、東京、柏林和巴黎的人口都超過了兩百萬，而紐約的人口剛剛超過六百萬，很快就會追過倫敦，成為世界上最大的城市。而這時之前在城市中所發生的陸續也在數千個地區城鎮發生。在十九世紀初期，大多數英國人都在務農，但到了一八七〇年代，有一半以上的人搬到了市中心，想要在那裡尋求更好的生活。這樣的人口變化伴隨而來一件意想不到的事情，由於在工業化的世界裡，科技理所當然地顧及所有層面：移居到城市的人數越多，與自然世界的聯繫越少，反而對荒野產生更大的夢想，彷彿那裡不僅是他們的來源，也是他們的所屬，在那裡他們才可以完整。

古代雅典和羅馬的作家曾幻想著阿卡迪亞（Arcadia）和其他可以過著輕鬆閒適田園生活的地方，而現代詩人、小說家和散文家也同樣樂於放任他們的心思去偏遠地方遊蕩。「以大自然為師」，英國浪漫主義詩人威廉・沃茲華斯（William Wordsworth）這樣敦促世人，而許多人也都樂於接受大自然的教育。有人問二十世紀作曲家奧利維耶・梅湘（Olivier Messiaen）為什麼他的音樂不是根據古典音樂的常規節奏，而是基於他所謂的「自然共振」（natural resonance），即他在自然界的運動中發現的模式，他解釋道：「我是給那些居住在城市，從未聽過鳥兒鳴歌的人寫的。」[62]

所有這一切都隱含著一種揮之不去的感覺，彷彿城市生活中有所缺少或匱乏。人類打造的第一批城市已經貼切地展現過這個問題，因為這些城市是由其城牆所定義的——特別是烏魯克這座城，當時偉大的吉爾伽美甚國王曾敦促他的訪客「爬上烏魯克的城牆，來回走動！調查它的地基，檢查它的磚砌！有磚塊不是在烤箱裡燒製的嗎？七聖賢有好好地在其地基中嗎？」毫無疑問，這堵牆和包圍在其中的建築都相當宏偉。荷馬的百門之城底比斯以及遭到希臘人燒毀的特洛伊高門也是如此，還有在以色列人吹響號角之前的耶利哥（Jericho）以及許多在這時期前後的其他城市。但是無論在哪裡，在什麼時代，城門和牆壁都發揮著相同的功能：將人限制在其內部，在那一個地方，同時將他們與外面的一切隔離開來。游牧民族則屬於牆外，他們的運動就像是梅湘提到的「自然共鳴」，只不過是以另一種形式在整個自然界中運動。即使人口增加，城市擴張到城牆之外，依靠地圖上的自然特徵或界線當作城市邊界，它們仍繼續發揮作用，就好像那裡仍然受到城牆的束縛，將其中的生活與外面的一切隔開。中歐作家約瑟夫・羅斯（Joseph Roth）非常出色地捕捉到這樣的狀態。

羅斯是一九二〇年代在威瑪政權下的柏林最成功的一位記者。儘管德國在一次世界大戰戰敗後得面對種種嚴酷的條件，但首都柏林的人口在二十五年間增加了五〇％，在羅斯撰寫他那篇文章時，柏林已經是約四百萬人的家園。在一篇刊登在《柏林博森日報》（*Berliner Börsen-Courier*）的文章裡，羅斯描述了他去尋找大自然的一天，他穿過城市後，看到「一匹馬，被套在一輛馬車上，低著頭盯著牠的鼻袋，對於馬最初是誕生在沒有馬車的世界的過去一無所知。」[63]

羅斯繼續描述了咖啡館和商店，一個拿著指甲銼的瘸腿傷兵，一條追著球跑的狗，然後「在城市

我的狗莎夏（Sacha）在蘇塞克斯郡的溫切爾西海灘上奔跑。

的邊緣，在這個據說可以發現大自然的地方」，卻因為看到一個女人在大自然中散步感到惱火，因為在他看來，「這根本不是大自然」，因為她在看的，「是一種圖畫書裡的大自然」。

羅斯對眼前的一切發生看得很透徹：「自然……不再為自己而存在。它的存在是為了擔負一項功能。在夏天，它提供我們可以野餐和小睡片刻的樹林，可以划船的湖泊，可以曬太陽的草地，可以讓我們陶醉的日落，可以徒步旅行的山脈，以及可以作為短程旅行和一日遊的景點。」

我們現在知道，大自然的任務不僅只是讓人開心而已。將其簡化為娛樂休閒，我們等於是參與了一個破壞自然界所依賴的基本平衡的過程，而這也攸關到我們的存續。我們已經破壞了生物圈的基礎。這樣一份破壞自然的焦慮感，再加上對於更為古老、溫和的生活方式的懷念，在某種程度上解釋了為什麼在羅斯發表他這篇長篇大論在德國媒體的幾年後，有兩名美國退伍軍人和一位非常英國的小說家出發前往波斯。

我們過去的祕密

厄內斯特．秀德薩克（Ernest B. Schoedsack）和梅里安．庫柏（Merian C. Cooper）在歐洲為《紐約時報》工作時，覺得是時候朝新方向前進了。他們兩人都二十多歲，完好無傷地度過一次世界大戰，雖然庫柏曾被蘇聯俘虜而受苦過。在戰後樂觀情緒的影響下，他們成立了庫柏－秀德薩克製作公司（Cooper-Schoedsack Productions）並宣布他們將製作所謂的「自然戲劇」（natural drama）影片。這間製作公司的座右銘是「遙遠、困難和危險」，這也是他們希望影片看起來的樣子。[64]

十年後，這兩個朋友將會因為製作《金剛》（*King Kong*）這部影史上相當成功的電影而聲名大噪，不過他們的第一部電影講的是游牧民族的遷徙故事。來自愛荷華州的秀德薩克個頭很高，但卻有個「矮個子」的綽號，他回想當時，講到：「我們原先認為這將是關於庫爾德斯坦（Kurdistan）」。他們募集到一萬美元的資金，獲得一萬呎的膠卷。另一位退伍軍人出身的記者瑪格麗特・哈里森（Marguerite Harrison）也加入了他們的行列，她過去幾年在俄羅斯和中國為美國政府從事間諜活動，最後在莫斯科惡名昭彰的盧比揚卡監獄（Lubyanka Prison）待了十個月。秀德薩克對於哈里森加入他們一起旅行之事感到不悅，儘管他後來將她形容為一個「優秀、勇敢、喜歡冒險的女人」，但他認為她只是為了要收集故事材料，好講給「她的女子俱樂部的女士們聽，讓她們興奮不已……她就是不適合在這種影片裡。」[65]但他並不知道，她提供了他們一半的資金，要是沒有她的錢就不會有影片。總之，這三人一同前往伊斯坦堡。

這部無聲電影的第一張片頭，就像是法蘭西斯・培根坐在那裡跟我們講話：「聖賢告訴我們，我們的祖先，古老的雅利安人，如何在亞洲一處遙遠的地方崛起，然後開始征服地球，一直在太陽的道路上行進。」然後提醒看影片的美國觀眾他們的昭昭天命：「我們是那場大遷徙的一部分。我們仍然是面對西方的旅行者。」

那為什麼要去東方呢？為什麼要離開伊斯坦堡，穿越安納托利亞、敘利亞和伊拉克？字幕對此加以解釋，說他們希望在東方找回「我們自己過去的祕密」，找到「仍然生活在種族搖籃中的我們的兄弟——一群早已被遺忘的人」。

他們原本打算拍攝庫德族牧民的遷徙，但「在走了幾個月後……將書頁往後翻了又翻——不斷地往回溯好幾個世紀」。[66] 直到抵達波斯，「我們才到達第一章，到達起點」。按照他們的理解，這個起點是巴赫蒂亞里（Bakhtiari）的游牧民族，他們仍然過著「古老的部落生活，住在帳篷裡，放養牧群，就像三千年前一樣」。[67]

巴赫蒂亞里的遷徙場面是每個電影製作人的夢想。在美索不達米亞平原邊緣的冬季牧場和扎格羅斯山脈高處的夏季牧場間，有將近五萬的男女老少準備要在這綿延兩三百公里的險峻地形中放牧約五十萬隻動物。這並不是因為他們想要這搬遷，儘管他們當中的許多人可能是如此：他們之所以要遷徙是因為他們不得不這麼做。部落還在平原上時，影片的字幕解釋道：「這裡已經找不到什麼綠色的東西，牲口會死去，然後是女人、孩子和男人。」這部古老的戲劇帶來了令人驚嘆的視覺效果和最大的賭注，因為游牧民族得面臨嚴酷的環境、他們得穿過激流，爬上高山，還要走過高山上積的厚厚的雪層。

這一尋找牧場的史詩般的探索並沒有讓人失望。在一位名叫海德爾汗（Haider Khan）的英俊有魅力的部落首領的帶領下，巴赫蒂亞里人看起來就像是人類史上第一章會出現的種族，他們是那樣的粗獷、強韌和堅定。婦女背著搖籃走路，老人騎馬或騾子。傳說是從伊甸園裡的小溪流出的卡倫河（Karun river），現在變成了會造成洪水氾濫的激流，由於沒有橋樑，巴赫蒂亞里人不得不臨時搭建木筏，或是用充氣的山羊皮製作的氣船來渡河。他們將動物趕入湍急的河水中，希望牠們能靠求生本能來到達對岸。有些淹死了，但大多數都成功過去了。

最終，這群人來到了四千公尺高的札爾德峰（Zard Kuh）——意思是黃山——在那裡他們還得攀登「將近六百公尺的陡峭冰雪層」，才能到達一個山口，過了之後便是「應許之地」——是充滿「牛奶和蜂蜜」的草之國。在這些高地上，雪已經融化了，山谷裡開滿鮮花，正如我之前所看到的。夏天很快就會到來，生活會變得輕鬆些。在「巴赫蒂亞里路」上走了四十八天後，巴赫蒂亞里的領袖莫爾泰扎．庫裡汗（Morteza Quli Khan）迎接了這些美國人，招待他們到他位於伊斯法罕路旁的大型鄉間別墅夏萊姆薩宮（Shalamzar Palace），那是在一處充白楊樹蔭下的山谷中。這位可汗也曾過著年度大遷徙的生活，但在擔任波斯首相幾年後，他便不再與高山、帳篷和牧群為伍。幾天後，約莫是在一九二四年的六月底，庫柏、舍德薩克和哈里森到了在德黑蘭。他們與海德爾汗和巴赫蒂亞里的王子阿米爾．張（Amir Jang）一起去拜訪美國領事羅伯特．英布里（Robert Imbrie）少校，這些游牧民族在他面前簽署了一份文件，確認這些美國人是第一批完成遷移的外國人。穿過了札爾德峰。影片到此結束。

巴赫蒂亞里（Bakhtiari）地毯上代表天佑和不朽的孔雀圖案。

《草》於一九二五年一月在紐約的探險者俱樂部（Explorers' Club）首映。異國情調的主題吸引來很多觀眾，再加上前不久才有一部關於阿拉斯加的因紐特人的影片大獲成功，*派拉蒙影視（Paramount Pictures）購買了《草》的版權，並在兩個月後於電影院上映。票房十分熱烈。

為何關於游牧民族到店影會吸引到美國人的想像力？——這可能會讓人覺得納悶難解，不過當時正值咆哮的二〇年代中期，在經歷繁榮與蕭條後，這是美國財富翻倍的十年。當新的財富在改變美國生活的本質時，《草》上映了。早在一九〇〇年，每十個美國人中就有四個居住在城市中心，尤其是消費主義高漲的大城市。這也是進入汽車黃金時代的開端：電影在紐約上映的三年前，紐約市的消防部門讓最後一輛消防馬車退役。但即使在機器取代馬匹速度較為緩慢的廣袤鄉村，也有人開始權衡新技術帶來的無形成本。在這種社會、經濟和科技劇烈變革的脈絡中，巴赫蒂亞里游牧民族的故事以及他們上山對抗嚴峻自然環境的故事對當時的美國人來說，無異是一劑良藥，就如同隔年在一位極富才華的英國作家身上所發生的一樣。

地理浪漫主義

《草》在紐約首映後的第二年，波斯國王乘坐著由六匹馬拉著的玻璃馬車穿過德黑蘭。這是一

* 《北方的納努克》（*Nanook of the North*）。

位新國王，正在前往他的加冕典禮的路上，身上披著一件鑲滿珍珠的斗篷，頭戴著一頂新王冠，中間鑲著閃閃發光的「光之海」（Darya-e Nur）——世界上最大的粉紅鑽石。城市的街道上擠滿了圍觀者，商家和居民在他們平坦的屋頂上掛著地毯，以慶賀這位推翻了一百五十年來卡扎爾（Qajar）政權的新統治者的到來。加冕典禮後，他成為新的巴列維王朝（Pahlavi）的第一個國王李查汗（Reza Shah）。

英國外交官哈洛德·尼科爾森（Harold Nicolson）和他的作家妻子維塔·薩克維爾—韋斯特（Vita Sackville-West）也在加冕典禮的賓客中。那時她才剛到伊朗。現場還有一群「狂野的人物，就像在圖畫中會出現的」，薩克維爾—韋斯特這樣描寫他們：「帶著盾牌和武器，騎在粗野的小馬上，在拉勒薩爾河上閒逛，完全不在乎他人的眼光。」這些是巴赫蒂亞里各地部落的可汗。她在日後將其旅程集結成兩本書中的第一本裡繼續加以描寫：「這些部落和地毯，讓德黑蘭漸漸褪去其偽劣的歐洲外觀，最終呈現出一個讓人想起馬可波羅筆下的絕代風華。」[68]

那年夏天，在新國王掌權後，薩克維爾—韋斯特、她的丈夫和幾個朋友前往扎格羅斯山脈。他們帶著三名僕人、三名保鑣、一個聖芭芭拉的木製小雕像以及為了滿足這位作家所謂的「地理浪漫主義」的意圖，就這樣驅車前去。[69]山上的積雪已融化，高地牧場正冒頭出來，巴赫蒂亞里人展開了遷移的行動。

薩克維爾—韋斯特曾想和他們一起行動，但山勢嚴峻且環境嚴苛，而且在山坡地上的交通比她原先設想的更讓人眩暈，夜晚的冰冷也讓人感到不舒服。在從城市出發的幾天後，水泡和瘀傷很快就迫使她騎上騾子，尼科爾森承認他討厭山，他的妻子則補充說道她痛恨帳篷。然後他們遇到了一些趕牲口的游牧民。

「對我們這些來自歐洲的人來說，」她寫道：「聽著波斯牧羊人呼喚他的山羊和綿羊有一種詩意；但對波斯牧羊人來說，這只是生活日常，是要讓許多令人厭煩的動物移動而已。」[70] 她明白，在一個地方看來浪漫的，在另一個地方或另一段時光中，不過就是日常生活中難以逃脫的現實。

有數以千計的（山羊和綿羊），在巨石之間相互推擠、跳躍、奔跑。當中有些跛了腳，但那又如何呢？這是現實，不是浪漫；不管有沒有跛腳，都得繼續前進。在陽光變得太熱，導致原本就稀少的牧草枯萎前，他們還有三百多里路要走。於是牧羊人拿著棍子驅趕羊群。「哦——」，牧羊人喊著——聽起來像是沒有聲調的單音，在波斯的群山間聽起來很奇怪——哦。然後一片如海浪的羊群洶湧而來，在我們的騾子旁激盪澎湃著。羊毛的刺鼻氣味向我們襲來。一群男子緊隨其後，身穿藍色亞麻大衣，頭戴著黑色氈帽，手上拿的棍子砰然落在毛茸茸的羊背上。哦。這時太陽已高掛天空，變得十分炙熱。碧綠的

營火。

河水在陽光的照耀下在峽谷中閃爍著。遠處的雪山像脊椎一樣伸展開來。一位老婦人步行走過，肩上扛著一頭軟趴趴的小驢。一個孩子路過，杖打著他的羊群和一群孩子——年輕的負責照料幼小的。哦——。然後是一批新的綿羊和山羊，帶動了路上的巨石。這條路真得好崎嶇！我們的進展是多麼緩慢！來吧，來吧！哦——。[71]

比這一路遷移的艱辛或美麗風景更讓她印象深刻的是他們簡樸的生活。沒有馬達，沒有輪式手推車——確實在這走來令人眩暈的斜坡上，這些也派不上什麼用途——一切都是基於尋找牧場的需要和通過這片壯麗山河的難度。他們每個人天一亮就起身——就像現在一樣——然後一直工作到黃昏。每個人都知道可以在哪裡找到清澈的泉水，裝載少量家當到馱畜身上，認識牧群中的每一隻動物，也知道接下來要宰殺哪一隻當作為食物，每天都要生火，搭帳篷，然後睡覺。

她發現這種游牧生活的簡約樸素具有一種無法抗拒的吸引力。夜晚尤其滿足了她心中的那片地理浪漫情懷，在搭起帳篷的那一刻，她會拿出她的聖芭芭拉小雕像，擺在她睡袋的旁邊，然後是生火、烤肉、男人們吸菸……水從山谷中流瀉而下，星星在頭上閃爍，月亮從山脊上升起，在一天的努力後，這片寧靜時光充滿了浪漫和美麗。正是在這樣濃烈的、沉思的停頓中，這位優雅、尊貴和才華橫溢的女性想像了留在山上的景況。不僅是停留一兩個晚上，她已經領略過這樣的滋味。她想知道在那裡待上幾年會是什麼感覺。她想到的是三十年，這樣的時間足夠了解每一株植物從種子到開花的週期，了解這條漫漫長路上的每一個曲折，山中的每一塊岩石，部落中的每個成員為了尋找牧草每年會上下兩次這樣顛簸的路程。她認為這足以讓自己擺脫文明生活的枷鎖，擺脫「運動、新聞、情感、衝突和懷疑」，[72]直接面對自己的本性。然後呢？

這批旅人繼續沿著巴赫蒂亞里路行駛，然後返回德黑蘭。尼科爾和其他人繼續他們的事業，但這次經歷以一種意想不到的方式觸動著薩克維爾－韋斯特。「我們不僅走得很遠，」她體認到，「而且我們還走回過往。事實上，我們回到了古代……」十八和十九世紀的歐洲旅人也表達過類似的情緒，連阿拔斯時代的阿拉伯學者也寫過類似的觀點，還有古羅馬和希臘那些尋找阿卡迪亞和其他世外桃源的作家也表達過類似的想法，而我自己也是。「我們研讀過去的樣貌，」她繼續寫道：「以及當世界仍然空無一物時的樣子。時間停滯，價值觀也跟著發生變動。」[73]在這一點上，她的反應與《草》的製片者很像，因為他們都認為游牧民族是「被遺忘的人」，過著「古老的生活」。

在我與《草》和薩克維爾－韋斯特的遊記這之間的一個世紀裡，世人對游牧民族的描述出現了許多本質上的轉變，但也許沒有什麼比我們這些定居者看待移居者時的視野更為明顯的了。薩克維爾－韋斯特將游牧民族視為過去的嚮導。她向後看。我們也回顧過去，但我們還必須展望未來。

事物的平衡

現在全球人口：七十八億；城市人口：五十六億；游牧人口：四千萬[74]

在我第一次看到巴赫蒂亞里人抵達遷移旅程的三年後，幾乎是在同一天，我踏入了另一個伊朗的春天。那時春分已過，諾魯孜節（Nowruz）即將到來，這是他們的新年節慶。「醒來，」十三世紀的波斯詩人薩阿迪這樣描述這一時刻，「諾魯孜節的早晨微風正將花園灑滿鮮花」，而事實就是如此。在德黑蘭市中心的街道上，梧桐樹上長滿了新冒出的樹冠，花園裡綻放出各種花蕾，從櫻桃樹、蘋果樹到杏仁樹，全都在開花。但在那個晴朗的日子，城市屋頂線以上的山峰仍然是白色的。這一年，扎格羅斯山脈的春天來得很晚，我上次來時曾進入庫赫朗山谷，睡在鳶尾花和矮鬱金香的花床上，但如今這片土地仍然冰封在數公尺厚的積雪下。這可能對定居者社群帶來嚴重後果，但對游牧者來說，這意味著得延後遷徙到山區的時間，這有點怪，但不致於是一場災難。

由於部落出發的時間比原訂計畫的晚，我需要改變我原本提出的路線。我猜想監管外國遊客的部門可能會反對，因為巴赫蒂亞里的冬季放牧區是在美索不達米亞的灌木區，在散落橡樹的山腳下，那裡很靠近伊拉克邊境。不過最後我還是拿到了許可證。

在扎格羅斯地勢最低的山坡上，一些牧民在立冬時種了小麥，收穫的時間還沒到。我看到了一袋袋橡子，我想起了巴赫蒂亞里的「橡子之歌」（Song of the Acorn）：

> 願我的橡樹結果子，我的母山羊生孩子！
> 我會把碎橡子與酪乳混合，
> 感謝天神。
> 成熟的橡子，喔！橡子！
> 磨碎那乾燥的橡子：
> 那些有橡子卻存起來不吃的人，
> 願他的房子坍塌！[75]

這首歌有好幾千年的歷史，早在人馴化類小麥就之前，所有人都生活在移居之中時就有人在唱，那時在歐洲、亞洲和北美溫帶地區的人會採集橡樹的堅果，他們學會將其浸泡後磨成粉。

這些地方能同時滿足定居者和移居者，他們現在與那股因為延遲遷徙出發時間而壓抑的游牧能量一同振動著。不過出發的時間快到了，巴赫蒂亞里人到外面張羅進入山區途中需要的東西，男人肩負著一袋袋麵粉，有人拿著斧頭，另一人拿著一卷繩索，其他人則在運送新的黑色氈帽和寬大的鉚釘皮帶，這些配件可說是巴赫蒂亞里人的一部分制服。有一個人甚至騎著馬來到了鎮上。而在這當中，費雷頓（Fereydun）則置身事外——從許多其他方面來看他都是這群人中的一個例外。

他是個體型矮胖的中年男子，留著灰白的鬍鬚，眼中閃爍著令人信服的光芒。他正和其他一些男人談論他們那天晚上要去參加的婚禮。當我經過時，他問我來自哪裡，然後問：「你想來參加婚禮嗎？」

我當然很想，但是「我根本不認識這對幸福的新婚夫妻。」

「沒問題，」他說，並解釋說在這裡熱情好客是一種樂趣，而不是義務。「你的出席就是對他們的尊重。」

有一句波斯短語「ghorboonet beram」，經常出現在伊朗人的對話中，就相當於是英文中的「說實話」或「我的意思是」那樣常用。這比「謝謝」的意思更重，若是按字面直譯，意思是「我願意為你犧牲我自己」。這句話經常出現在他們的日常對話中，這點充分說明了伊朗人的性格。但費雷頓隨後說了一句比自我犧牲更進一步的用語：他告訴我，我可以把腳放在他的眼睛裡。

事後我明白這些用語只是一種強調語氣，是想要傳達給我，要是我前去參加婚禮，新娘和新郎會很開心，這對他們意義重大，還有費雷頓一家真的十分歡迎我前去拜訪。也是到那時，他才問我為什麼要來到巴赫蒂亞里人的土地。

當我說到我在寫關於游牧民族的文章時，他問了一個我在各地尋找游牧民族時最常被問道的一個問題：你們英國沒有嗎？

然後他問我寫的是哪些游牧民族，我的回答也跟往常遇到這些問題時一樣，我跟他說我所寫的內容適用於所有的游牧民族。

當然，不是真的是所有的。但我所寫的匈奴和蒙古人、拉科塔人和美洲原住民的大部分內容，也很適用來解釋圖阿雷格人和因紐特人、貝賈人和貝都因人、巴西的瓜拉尼人和其他游牧民族。它也適用我們這個時代的一些數位游牧民族、旅行者、流浪者、闖蕩者、無家可歸者和移民，當然也適用於巴赫蒂亞里人，因為他們就和許多其他時代的人一樣，必須學習如何在移動遷居時與其他的定居者調和，如何在與自然界共處和生活的同時還要與城鎮互動。

當費雷頓聽到我正在尋找我三年前遇到的那批巴赫蒂亞里人時，他看了看他的口袋和他車裡的油表，立即提議我們現在開車到山上去。

「我們能找到他們嗎？」我問道。

他說這不太可能，但我們肯定會遇到正在準備遷移的巴赫蒂亞里人。「我自己就是巴赫蒂亞里人，我很想回去山上。來吧——我們去看看，至少我們可以拜訪我的一些家人。」

「那今晚的婚禮怎麼辦？」我提醒他，他聳了聳肩。

「我參加過很多場婚禮了。」

從我遇到他的那一刻起，費雷頓就讓我想到多年來在研究中看到、想到或讀到的很多東西。或許當中最重要的是，他讓我想起來一件事，這用美國生物學家瑞秋．卡森（Rachel Carson）的話來說最貼切，「知道不如感覺重要」。[76] 在我看來，這種情懷似乎是在與培根唱反調，是在反擊他以科學來掌控自然的主張的期望。而這話也適用於費雷頓，因為他在自然界發現奇觀和樂趣，就像他在運動時的感受一樣：一想到要上山，他就興奮得抖動起來。

他現在仰望天空，看著太陽。在我寫這本書時，曾待在一個法國村莊，村裡的教堂時鐘每一刻鐘就會敲響一次。在工作日時，這鐘還會在兩、三分鐘後再次響起，確保大家都注意到時間的流逝。我們的生活早已被種種機械所控制。費雷頓來自一個人不需要時鐘的地方，他們的生活仍然以其他方式來衡量，是以日升月落、季節輪轉的循環來判斷，是以風的動向，日子的長短乃至於從青春到年老的循環來衡量。

狹窄的道路沿著山谷的起伏蜿蜒而上，穿過棕色、綠色和金色的不同色層，進入山脈。在攀升到一定高度後，我俯視下方，看著剛結穗小麥，長滿波斯橡樹的田野，還看到一座墓園，裡面擺著一排真實大小的bardsheer，即石獅子，這是勇士墳墓的標誌。他們的側腹上刻著劍，以防他們需要一路打進天堂。

這山谷裡曾經有羊群，但當我們爬上去時，山羊在散發著光芒的田野邊緣吃草。這裡的春天也遲到了，不過到處都看得到春天的跡象，尤其是在動物身上。毛茸茸的母狗將幼崽推到石頭上，免得我們經過時傷到牠們，在橡樹下則有一頭剛出生的驢子在那裡吃草。在往更高處，一群馬霸占了道路，我們被攔住了，高大的馬盯著我們，旁邊兩隻小馬才剛生下來幾小時，連走都走不穩，正在碎石地上蹣跚而行。後來，我們經過一個村莊，那地方有一家超市。

游牧民族向來就需要交易場所，也需要與各式各樣的人交易，而且要到達他們的交易地點也需要有自由的移動，就像他們一直需要自由地尋找牧場一樣。就是基於這個原因，他們的偉大帝國是建立在移動自由、貿易自由而且通常還有信仰自由的原則上，而他們與定居者間的許多戰鬥都是關於進入市場或四處漫遊的權利的問題。這間市場是一個巨大的鋼架帳篷，裡面滿是巴赫蒂亞里人可能需要的東西，從一袋袋小麥種子、香料、杏乾和其他水果，到一箱箱粗製的山羊鈴、一卷手工編織繩索、一小罐昂貴但不可或缺的藏紅花，一大桶未經過濾的生蜂蜜、兒童用的玩具槍和娃娃、成人用的彈藥筒。這個地方由一位四十多歲的巴赫蒂亞里女性經營，她的俵情嚴肅，與她腳上那雙活潑的海綠色高跟鞋形成鮮明對比。她的黑色頭巾是以一個鑲有七顆玻璃鑽的大銀釦子緊緊地扣住。她現在會需要這樣一個釦子，因為山上突然刮起了大風，沙塵滾滾。我買了一罐蜂蜜，費雷頓則活像個過聖誕的孩子，他開心地請她打開帆布袋，他在裡面看到了橡子粉糊。「今天晚上我們可以吃橡子麵包，」他說。「超市」女老闆收下我們的錢後，面無表情地看著我們離開。

我們驅車前往水勢強大的卡倫河，這條天堂之河，數百年來奪走許多巴赫蒂亞里人和他們的動物的生命。穿越這條河一直是整個遷移活動中的一大挑戰，也是《草》這部片中的一個高潮。現在那裡蓋了一座橋，我們飛快地穿過。在過橋時，費雷頓談到了游牧民族和他自己。他出生在一個移居者的家庭，他的童年就是在不斷的移動中度過的，他每天帶著動物去吃草，每年春秋兩季帶著牲們上山下山尋找季節性的牧場。遷移曾是他的生活，是由它塑造出一年的樣貌，還有參與其中的人。「在這樣的集體努力中，這讓我們的部落團結起來。我們需要彼此的幫助，每個人都很樂意提供幫助。」但現在他結婚了，他想讓他的孩子在學校受教育，所以他在一個邊境城鎮外定居下來，買了一塊土地，在那裡種蔬菜，蓋了一座果園，可以遮蔭和摘果，還放養了一些鵝和雞，任牠們在泥土中撿拾，還有一匹馬，讓他別忘記巴赫蒂亞里的騎手曾經也意氣風發地馳騁過這世界，也是為了以防萬一。

「你懷念過去的生活嗎？」我問道。

「Ziadeh！太想念了……」這些難以用言語表述，他停頓了一會兒，讓心情平復下來。「這曾是我的生活，也是我長大的方式。我當然想念……我想念和平。遷移的人過著較為輕盈的生活。在城市裡，我們談論尋找寧靜——遠離機器、汽車和其他人的噪音。但山中的寂靜並不是全然的靜默，那裡充滿了鳥鳴，猛禽的尖叫，風在草叢和岩石中鳴唱，流水奔向平原和大海。當然，旅途很辛苦，冬天也常常很艱難。但在我年輕的時候，無論發生什麼事，大家都在日落時聚在一起，同甘共苦，唱著老歌。那是我最喜歡的時光，大家聚在一起。我們總是在唱歌——有走路時唱的歌，也有引導動物唱的歌，等等。城市生活不是這樣。城裡的人不一樣……」

這時我打斷了他，問道巴赫蒂亞里的女人是否真的會透過歌曲中來傳授她們編織地毯的祕密，並把這些圖案唱給女兒聽。

「是的，我們有地毯歌……」他說，然後繼續講他的故事：「那時我們晚上九點就睡覺，早上五點天一亮就起床。這對我們很好，大家在一起也很好。當我們遷徙時，我們會感受到這座山，我們感受到與它的聯繫。我們屬於它。我們知道它的性格、情緒和聲音。這座山就像我們的神……現在」——他停下來思索一下，尋找用語——「現在我們必須成為穆斯林。這有時很困難，我的一些朋友因為不是好的穆斯林而被處決。但就是這樣。我們巴赫蒂亞里人不相信穆罕默德，也不相信伊瑪目。我們不是什葉派。」

頓時車內有種烏雲罩頂的感受，我們腦中的想法就像上方灰壓壓的雲層一樣沉重，不過幾分鐘後，他講了一個我們剛剛經過的小村莊的故事，緩和了氣氛，他講到當局下令要在那裡建造一座清真寺。清真寺建成後，任命了一位伊瑪目。每天的黎明和另外固定的兩次，伊瑪目都會召喚信徒，但村裡沒有信徒會與他一起祈禱。有一天，一頭牛掙脫了繩索，沿著馬路向清真寺走去。當伊瑪目在祈禱處發現牠時，便把牠趕走，然後對著巴赫蒂亞人大喊：「你必須控制你的牛。牠跑到我的清真寺裡！」這時，一位村民回答說：「至少牠進去了。要是牠是人類，牠就不會進去了！」講到這裡，費雷頓笑了起來。

「但我們確實相信神，就像我們相信要過著美好的生活一樣，」他呼應了古波斯瑣羅亞斯德教（譯注：又譯為祆教）創始人查拉圖斯特拉（Zarathustra）的口頭禪，要懷善念（胡瑪塔／Humata）、講善言（胡赫塔／Hukhta）、做善行（赫瓦爾施塔／Hvarshta）。

然後，突然間他劈頭問了一句：「你知道我的名字來自我們的《列王紀》（*Shahnameh*）嗎？」《列王紀》，這是費爾多西（Ferdowsi）寫下關於波斯和瑣羅亞斯德教派（Zoroastrian）歷史的偉大詩篇，至今仍與一千年前創作時一樣生動貼切。當中以五萬個對句，從時間的黎明開始一直講到阿拉伯人的征服，從神話到英雄，再到歷史。《列王紀》試圖保存遭到阿拉伯人、土耳其人和伊斯蘭教淹沒的波斯文化。其意圖是在保存過著游牧生活，信奉瑣羅亞斯德教的波斯人的語言、文化和歷史。在《列王紀》中，費雷頓是一位英勇的國王，他將伊朗從外國勢力手中解放出來，是一強大、公正的統治者的原型。還有一位長相異常俊美的悲劇王子希亞瓦西（Siyavash），他的臉龐彷彿閃耀著星光，任何看到他的人都會愛上他。在這些史詩般的對句中，還有其他偉大的英雄人物翩翩起舞——當中最偉大或英勇的當屬羅斯托姆（Rostom），就像他們在巴赫蒂亞里的生活和想像中舞動著一樣，他們在人往生後經常會吟誦以整部費爾多西的詩作來哀悼。費雷頓現在背出其中一些史詩中的句子，這讓我想起一百五十年前傑出的語言學家兼考古學家奧斯汀·萊亞德（Austen Layard）在這同樣的山區與游牧民族的一次相遇：

> 那些不知憐憫為何，只要有人稍事挑釁就準備好取人性命的人……全神貫注地聽著坐在酋長身邊的謝菲亞汗的演講，他用一種響亮的聲音來吟唱，朗誦《列王紀》中的片段……這可能是受到古希臘人在營地中朗誦或演唱荷馬民謠的影響。77

希羅多德的民謠在各個時代都讓人著迷，他認為最好的生活方式就是將全體人類習俗彙整起來，從中挑選出最好的，並且依此來生活。但他知道這在實行上會有困難，因為「每一群人，在仔細篩選過其他民族的習俗後，肯定都還是會選擇自己的」。78 但在希羅多德的時代確定的在我們的時代不見得成立，這正是作家布魯斯·查特溫所提出的。

在查特溫二十多歲時，所有認識他的人都會談到他的俊美外貌、與生俱來的魅力和敏捷的機智。他受過公立學校教育，在社交場合中輕鬆自若，二十多歲時就成為蘇富比拍賣行當紅的專家，有一位聰明而富有的美國妻子，周圍還有一大群人脈廣泛的朋友。然後他去蘇丹參加駱駝之旅。就某些方面來看，他再也沒有回來。

查特溫在他人生所剩餘的二十四年中，將大部分的時間都用來編故事。在他出版的第一本書《在巴塔哥尼亞》（*In Patagonia*）的首篇故事中，描寫到他想起在祖母的櫃子裡藏著一隻長毛象，還有一則故事談到那天他從《週日時報》（*Sunday Times*）離職的始末，他發了一封電報，宣布「要去巴塔哥尼亞」。他甚至編造一個故事來講最終奪走他的生命的疾病：他死於愛滋病，但他聲稱自己感染了一種來自中國蝙蝠的罕見疾病。也許正是這些故事激發了查特溫對游牧民族的迷戀。

在一九七〇年代和一九八〇年代，查特溫一邊旅行一邊寫作時，世界上還有幾千萬的游牧民族；至於確切數字是多少，誰也說不準。有過著狩獵採集生活的，如非洲的俾格米人（Pygmies）、桑人（San）和哈扎人（Hadza），美洲的阿切人（Aché）、因紐特人（Inuit）和瓜拉尼人（Guaraní），亞洲的安達曼人（Andamanese）、阿爾泰人（Altai）和巴泰克人（Batek）以及澳洲的原住民人。過著游牧生活的則有在非洲的貝賈人（Beja）、博龍人（Boron）、柏柏爾人（Berber）、富拉尼人（Fulan i）、馬賽人（Maasai）、努爾人（Nuer）、倫迪勒人（Rendile）、桑布魯人（Samburu）、圖阿雷格人（Tuareg）等許多部族，以及亞洲的巴赫蒂亞里人（Bakhtiari）、貝都因人（Bedouin）、庫奇人（Kuchi）、卡什蓋人（Qashqai）、蒙古人（Mongol）和拉巴里人（Rabari）。他對這些部落的認識有些是來自第一手的親身經驗，並將其記錄下來，收錄在他的書中，最值得關注的是在他後期所出的《歌之版圖》（*The Songlines*），裡面有對原住民夢境的描述。不過最全面呈現的則是他的第一本書《另一個選擇：游牧》（*The Nomadic Alternative*），這本一共兩百六十八頁的手稿，可能永遠不會出版。

在查特溫的所有作品中都讀得到對於《另一個選擇：游牧》的迴響，但沒有一本比《歌之版圖》更清楚了，書的副標就點明我們生來就是要動，我們必須移動，不然就只是等死。在書中，他引用了英國精神分析學家約翰．鮑爾比（John Bowlby）的話，他在倫敦的塔維斯托克診所（Tavistock Clinic）進行研究，聚焦在母親和孩子間的依戀關係。鮑爾比和他的同事得出的結論是，我們來到這個世界時，對其他人的需求是預先設定好的。我們生來就有微笑和哭泣的能力，這種機制似乎是為了在我們需要餵養或保護時吸引其他人的注意，尤其是我們的母親。

鮑爾比的研究還有另一項重大發現，將不餓的哭泣嬰兒抱起來時，他們就會停止哭泣，尤其是在邊走邊搖的情況。他發現，最理想的姿勢是讓嬰兒直立並左右搖晃七、八公分。搖擺的速度和位置也很重要。一分鐘三十次沒有任何效果，到五十次時便能讓大多數嬰兒安靜下來，「每分鐘六十下的速度，則讓所有的嬰兒都停止哭泣，並且幾乎可以一直保持下去」。[79]邊走邊搖晃時，哭鬧嬰兒的心跳也會從每分鐘兩百下降到每分鐘六十下左右。鮑爾比的研究顯示嬰兒之所以停止哭泣是因為他們從搖擺的動作中理解到他們正被抱著走，而這意味著他們是移動群體的一部分，這意味著世界安好，一切都很安全。查特溫認為這證明了人類是一遷徙物種。「日復一日，嬰兒總是想要有人抱著走。如果這是出於嬰兒本能地要求，那麼最初在非洲大草原上的母親一定也是在走路：從一個據點到另一個據點，每天都得去覓食，到水坑取水，還要去拜訪鄰居。」[80]不過這裡還發生了其他也很基本的事情。

近來在遺傳學、心理學還有一系列其他學科的最新研究顯示出許多人單憑直覺就料想到的一件事，人類早已建立起所謂的「集體大腦」（collective brain）。[81]這個共同的知識庫裡滿是數千年來的共同成果，包含人類的共同發展、發現和經驗，當中雖然談到長久下來我們的集體遷移，同時也證明了人類的包羅萬象與多樣性。多樣性——無論是在思想、觀念、意圖、顏色還是基因上——一直是人類進步的關鍵。從這顆「集體大腦」來看，當不同族群體聚集在一起，彙集他們的認識、他們的歷史和他們的觀察方式時，人類就處於最成功和最進步的階段。人類最好的成就都來自合作、開放的市場和邊界、自由流動、思想自由和信仰自由，而游牧民族一直是這些元素的最佳渠道和積累者。當然，在這樣的混合中會出現許多問題，包括土地所有權、水資源、行動自由和其他許多。但是，「在『移居』與『定居』、部落與民族的鮮明對比中，我們得以看到最為完整和全面的大圖像。」[82]在描繪人類最大、最完整的圖像中，同時包含有游牧民族——伊朗人自稱他們是移動的定居者——也包有含定居者，或稱為定居的移動者。若是說沿著穿過廢墟的路徑只能找到一部分的歷史——正如我們現在所明白的——那麼人類故事的另一半就在遠離那條路徑的地方，在縱橫交錯的自然界的軌道上。只有當這兩條線交織在一起時，我們才能看到最完整的歷史畫面，而它會展現出多樣性和互動的好處。

在大部分的歷史裡，我們人類都生活在移動中，這就是為什麼我們的世界、文化以及我們所謂的文明，都是由游牧民族塑造的。我們的活動都與旅行有關，從呱呱墜地一路到進入墳墓都是，而演化確實打算讓我們旅行。在很久以前，我們所有人都內建有移動的天性與本能，至今在我們中依舊有些人如此。法國詩人亞祖・蘭波（Arthur Rimbaud）曾經寫下「Je dus voyager, distraire les enchantements assemblés sur mon cerveau」（「我得去旅行，才能驅散累積在我腦中的魔法）」，[83]

並不是要擺出什麼審美的姿態，而是要表達一種真正的需要，只有放棄巴黎、他的朋友、詩歌和他所珍視的一切才能滿足這種需要，這種需要最終讓他失去了一段肢體，並在他於衣索比亞內地經商時奪走了他的生命。

我們當中有許多人，也許是絕大多數的人，在做這樣的轉變時都沒有那麼痛苦，儘管在我們的基因組成中仍有一部分專注在游牧生活上，而另一部分則是想要安定下來。我們每個人都在這兩個極點之間搖擺，在動靜之間掙扎，每個人都不可避免地被其中一個極點多吸引一些。這就是艾森伯格教授在比較肯亞阿里亞爾游牧民族和那些在美國教室中苦苦掙扎的學童的研究結果所暗示的。我們可能曾經擁有的游牧基因——也許我們當中還有高達十億人仍然帶有這些基因——是一個提醒，正如同這些影子歷史一樣在提醒著我們，那些在門外游牧的「野蠻人」是我們當中的一部分，並且真的可能是某種解決方案。或者說，至少他們可以提供部分解決方案，就算只是提醒我們，人類最成功的時候，不是在該隱對抗亞伯，區分對錯好壞這種二元性，而是在我們接受思想和行動上的多樣性時。

我很難確切地描述出與費雷頓前去扎格羅斯山脈時到底在期望著什麼。我要去看巴赫蒂亞里人，希望在他們遷移的時候到達，並找到以前遇到的那批游牧民族，確定他們後來的遭遇。我也希望能滿足我逃離城市喧囂和吵雜的需要，並提醒自己以其他方式來看待時空、財產、家庭和移動。在我的生命中，我曾有過一段輕盈的生活，甚至有一段時間，我就像布魯斯・查特溫所寫的非洲旅行推銷員一樣，我所擁有的一切都裝在鎖著的盒子裡。但現在我在倫敦有一個家，裡面裝滿了東西，儘管它帶給我舒適和安全感，但它也讓我想回到帳篷中，回去看蒼穹之下的那些動物和廣闊的風景。現在，我在扎格羅斯開車，暴風雨過去了，繼續向高處爬升，還依邊聽著費雷頓從他的記憶中傾倒出的故事。

我們經過一些由帳篷和牲口組成的小營地，看到成捆的物品已經打包好，為遷徙做準備。但是當我們開到路的盡頭時，看到了一個讓人驚訝不已的景象。在陡峭斜坡的更高處，在山頂下方約數百公尺處的一條岩脊上，在向它接近時，我可以看到岩壁上有一座房屋的露台。

房子？游牧民族在有了房子後還能游牧嗎？

他們是移動的定居者，所以當然可以。

在房屋前的露台上有十幾個人，弗雷頓認識他們，還有一些人在屋頂上。他們是他的遠房表親和大家族中的其他人。當他向兩個女人，一對母女解釋我是誰以及我來的原因時，氣氛很愉快。她們說，大多數男人都和牲口一起下山去了，而女人則在照顧孩子並為遷徙做準備。就在她們看似停下來聊天時，這些女人卻一直在忙碌著，餵嬰兒，用山羊皮攪動奶來做凝乳和奶酪，其中一個邊走邊說邊紡羊毛，她用的木紡錘很古老，幾千年前在這些山區也用著同樣的紡錘。羊毛很快就會被編織成地毯或帳篷。

這些人是游牧民族，毫無疑問，但就跟所有的游牧民族一樣，他們是實用主義者，他們在房子裡過冬，因為在那樣的高海拔地區，氣候實在很惡劣，也是因為雪太厚，即使靠著山羊毛也無法生存，而且他們有能力蓋房子。不過我看這房子越久，就越覺得我進入的房子像是一個帳篷。切入堅硬的石灰岩山坡，房子的屋頂由橡樹枝格支撐，沉重的橫梁則架在堆積的岩石上。整個空間被火盆和靠近柱子的燃氣灶上的炊具冒出的煙霧所燻黑。其他幾件物品都裝在袋子或錫盒裡，而床鋪等用品則是包裹起來，等到夜幕降臨才會使用，地毯則是捲起來放在一邊。所有這些擺設都跟在帳篷裡一樣。

唯一向定居生活致敬的是一個木櫃，它看起來有點格格不入。最上面的架子上堆滿了文件和照片，主要是家庭成員的照像。最下面的架子是一堆雜亂的袋子和布，而中間那層則為一台電視機占據。但他們在山上能看到什麼節目？當我問那個年長的女人時，她放聲大笑——從她的下唇到下巴紋了一條細線——並搖了搖手指說不是很多，因為就算是有信號時，也非常虛弱。還有一個問題：他們什麼時候上山？「等時候到了，」她一邊說，一邊抬頭看著山坡上若隱若現的雲。當天氣穩定時。二十一世紀的游牧，就像幾千年來的游牧一樣，始終受制於氣候。

在下山的路上費雷頓幾乎保持沉默，這讓我可以自由地思考和觀察，例如說，我注意到山腳下沒有柵欄，在更高處也沒有電線或物理性的邊界。有梯田，但沒有牆壁。就算邊界確實存在，它們也只存在於共同的想法中。然而，歷史上卻有很多關於圍牆和邊界的故事。

當我們越過卡倫河，靠近城鎮時，又開始出現各種物理性的劃分：柵欄、牆壁、路障、廣告牌、路燈和人行道、一個小公園和兒童遊樂場。

在費雷頓家，他的妻子準備了素食菜餚，並將橡子麵糊烤成圓形的濕潤大餅，我們用它來舀起食物。然後費雷頓拿出一瓶梅伊（Mey），這是他自製的紅酒，味道出奇的好，但也可能是因為我有好一段時間沒喝酒了。我們一邊看著日光漸漸消失，一邊讓梅伊模糊我們思想的界限，軟化我們的舌頭，放鬆我們的眼睛。酒力漸漸發酵，世界封閉了。

我們失去了山脈，撤退到市政邊界內，進入警察在行政區入口處設置的路障內，進入圍欄內。

最後，就只剩下費雷頓家的泥磚牆裡的世界了。

「說說你的書吧，」他邊倒更多酒邊問道。我以為他只是出於禮貌而問，所以沒什麼回答，但當他繼續問下去，我解釋了我的感受，說我所知道的大部分歷史只講述了一半的人類故事，而且是定居者的故事。「游牧民族不見了。」但是自從該隱和亞伯的時代，從哥貝克力石陣的人開始，自從狩獵採集者學會了馴養動物和農作物，自從人類不得不在放牧和耕作之間做出選擇，這個故事就分成了兩半，定居和移動。我解釋了我的發現，古代波斯人從未像埃及人那樣定居，以及古埃及人從入侵他們的牧羊人國王那裡學到後產生的轉變，還有偉大的游牧王國——斯基泰人和匈奴人，如何將古羅馬人和中國人分離又聯繫在一起的故事。我描述了asabiyya和阿拉伯帝國的游牧起源、蒙古人的崛起以及他們如何為歐洲提供了塑造文藝復興的材料。我解釋了培根和他那群同好試圖主宰自然世界的作為，以及從那時起到我們現在的時代，在這個美利堅帝國的時代，這時定居者繼續他們的計畫，他們的城市不斷擴張，鄉村轉向機械化，並且發展出能夠創造更多利潤的農業。「但你我都知道，人類的歷史同時包含定居者與移居者的故事。每個人都是以他者的對比來定義自身。但因為游牧民族大多沒有記錄的習慣——尤其是在伊朗，」他點點頭表示同意，「我在書中想要做的，是讓一些光進入歷史的陰暗面，展現出游牧民族帶給我們的，以及他們是如何影響和改變我們的。」

「游牧民族帶來了什麼？」費雷頓問道。

這時天色已晚，今天我們都過了漫長的一天，兩人都累了，所以我避開游牧基因的部分，也沒有提到多元思維的重要。不過我確實跟他講了哥貝克力石陣的巨大建築、馬的馴化、發明馬具和在草原上的戰車、毀滅性能強大的複合弓以及蒙古盛世的繁榮年代。我解釋了我們可以另闢蹊徑，將波斯、匈奴和漢族到蒙古人、莫臥兒人、薩法維王朝和奧斯曼這些帝國依序串聯起來，以此挑戰歐洲中心的埃及—希臘—羅馬帝國的普遍觀點。我背誦了詩人雪萊的詩句，「看看我的作品，你這強大而絕望的！」並解釋了我認為游牧民族留給我們的是比那些史蹟紀念碑更重要的東西，他們鼓勵我們的眼界要超越「作品」，去看看我們在自然世界中的位置。然後，由於我知道伊朗人非常喜歡詩歌，所以我提到了康斯坦丁・卡瓦菲（Constantine Cavafy）。

「二百年前，有一位詩人住在埃及……」我開始讀。

在扎格羅斯山腳下，引用卡瓦菲並不是最為貼切的例子，因為他的大部分時間都在城市中度過。他知道牆內生命的危險，因為他知道「你會走在同一條街上……你這一生將就結束在這座城市。」[84]在亞歷山大港，卡瓦菲看到英國軍隊準備為在喀土穆（Khartoum）戰死的高登將軍（General Gordon）的死報仇。一八九八年九月，卡瓦菲坐在他距離亞歷山大港的海濱僅一個街口的辦公室裡，這時游牧的貝賈族（Beja）在喀土穆郊外的尼羅河上面對霍雷蕭・赫伯特・基奇納將軍（General Horatio Herbert Kitchener）的英埃聯合軍隊。這場戰鬥雙方的戰力懸殊，就跟其他每一場移居者和定居者間的戰鬥一樣。基奇納準備了當年卡斯特上校沒有準備的，將大砲和新型的馬克西姆機槍裝上火車，運過沙漠。這些新武器摧毀了貝賈族。英埃連軍中有五十名士兵陣亡，但游牧戰士這一方有一萬兩千名死亡，另外有一萬三千人受傷。

在這場大屠殺發生兩個月後，在喀土穆北方一千六、七百公里處，卡瓦菲想像一座古城裡的人正在等待著野蠻人的到來，而且越等越焦慮。皇帝坐在門邊的寶座上。他戴著王冠，周圍的官員穿著猩紅色的長袍和珠寶，氣氛越來越緊張。野蠻人真的會來嗎？要是他們來了會發生什麼事？

然後緊張的情緒消散，每個人都回家了，但現在他們變得更加焦慮、困惑和不安，卡瓦菲優美地寫出原因：

> 夜幕降臨，野蠻人還沒有來。一些剛從邊境過來的我方人士說，已經沒有野蠻人了。少了野蠻人，現在的我們會發生什麼事？那些人是一種解決方案。[85]

這就是我在那個安靜的夜晚，試圖在紅酒後勁的迷茫中，企圖向費雷頓解釋的。跨越我們的經驗和期望的鴻溝，我認為我打造出來的這條游牧故事鏈，這些游牧的例子，可以為定居的我們提供某種解決方案，或者至少是一些線索，讓人找到繼續前進的最佳道路。

費雷頓沉默了一些時間。他啜飲著酒，嚼著一塊橡子麵包，把頭髮往後順了順。他環顧他的院子，看著棚下的馬、果樹、菜園和泥房。

然後他開口說：「我從來就不想安定下來。但我們都得做出困難的決定，我希望我的孩子接受教育，這樣他們就可以成為現代世界的一部分。我每天都在想念游牧的生活。但是現在我在這裡，在我的族人所居住的山腳下的這間房子裡，也許是因為我年紀大了，但我的想法是：也許最好的世界是一個我們都可以移居和定居的世界，我們全都可以移動，我們也可以在家裡待一段時間。」那是他認為他或他的孩子可以做到的，而且就某些方面來看，這似乎確實是某種解決方案，能在山區放牧和進入城牆內求得平衡。

希羅多德可能會對費雷頓的回答大表贊同，因為古希臘人曾想過以「精選出全人類習俗中的最佳實踐」來建構一個世界。這是多元思維——游牧思維——的另一種版本，我個人認為聽起來大有可為。

現在天黑了。頭頂上可能有滿天繁星，地平線上也許還掛著一輪新月，但我不會知道，因為在我們旁邊掛了一個電燈泡，它的光輝將世界縮小到只剩下我和身邊的那個人以及我們之間的那張桌子，還有我們心中的想法、分享的食物、美酒和文字以及腳下的地毯。

這張地毯是一花園的象徵。它的邊界和中央的花壇是一處編織出來的想像的天堂，這是費雷頓的一位表親用羊毛紡成的紗線編織而成的，羊毛是她丈夫親手從他們飼養的羊群中剪下的。在她編織的這幾平方米的毯子上，有一個神奇的世界，一個讓身心靈同時存在的世界。我在倫敦的家裡也有一塊類似的地毯——全世界有數百萬的人都有——是由這個部落，或世界各地的其他部落的某個女性編織而成：游牧女性。

時間飛逝。我們聊了一個晚上，討論運動和靜止、

帶有橡子的橡樹葉，深受一些巴赫蒂亞里游牧民族的喜愛。

移居和定居，以及最好的游牧方式，還有具備多樣和不同方式思考的能力。但是我沒有什麼可以堅持的，沒有什麼可以持續到早晨和陽光灑進來時。「也許應該要這樣的。也許思想和觀念應該要像綿羊和山羊一樣徘徊，到處走走，時而相會，時而分開，」當我告訴他時，費雷頓笑了。於是我坐在花園地毯的中央，在巴赫蒂亞里山下的寧靜深夜中，聽著「kuch neshin」，也就是定居的游牧民的講話。直到後來，在那一刻過去後，我才意識到當時我曾瞥見永恆的一角，瞥見了某個整體。

謝辭

非常感謝作家基金會（Authors' Foundation）和作家協會（Society of Authors）頒發的約翰．海蓋特（John Heygate）獎，這支持了我與游牧民族一起旅行的部分費用。我以前只知道海蓋特是和伊夫林．沃夫（Evelyn Waugh）的妻子私奔的男人，沒想到他也是一位作家、記者和慷慨的贊助家。

我和很多人談過游牧民族，特別是關於這本書的內容，讓我獲益良多，從中得到了很多建議和想法分別來自朋友、同事、其他作家、不寫作但會閱讀的人還有不讀書也不寫作的人，恐怕需要另外寫一本書們才能列出每個人。非常感謝你們所有人，尤其是——在此容我不按照任何先後順序——已故的吉隆．艾特肯（Gillon Aitken），是在的鼓勵下，才在我心中埋下動念寫書的第一批種子，還要感謝幫忙整理查特溫檔案的賽巴斯丁．莎士比亞（Sebastian Shakespeare）、科林．佘布隆（Colin Thubron）、格溫多琳．萊克（Gwendolyn Leick）、彼得．萊頓（Peter Lydon）、理查．薩丁（Richard Sattin）、久恩．庫克（Jon Cook）、尼可拉斯．克萊恩（Nicholas Crane）、蘿絲．貝林（Rose Baring）、巴爾拿比．羅傑森（Barnaby Rogerson），十月畫廊（October

Gallery）的奇立・侯維斯（Chili Hawes）、托比・葛林（Toby Green）、咪咪・賽本斯（Mimi Siebens）和湯姆・賽本斯（Tom Siebens），以及多年前在伊朗聽我談這個想法的威廉・達爾潤波（William Dalrymple）和我在倫敦圖書館漫長日子中鼓勵我的吉爾斯・米爾頓（Giles Milton），感謝華盛頓大學人類學系的丹恩・艾森堡（Dan T. A. Eisenberg）教授解釋了他的基因研究，還有北喬治亞大學中歐亞歷史吉爾斯・富頓（Giles Foden）教授和蒂莫西・梅（Timothy May）以及約翰・海明（ohn Hemming）博士。我也感謝幾乎成為我第二個家的倫敦圖書館、牛津博德利圖書館和大英圖書館的工作人員的接待與幫助。克里斯・奈特（Chris Knight）和倫敦大學大學院的激進人類學小組（Radical Anthropology Group）雖然沒有直接參與這項計畫，但他們在倫敦舉行的每週公開研討會總是令人著迷，並持續提供我靈感，並提醒我們必須不斷挑戰已經為人所接受的論述。在哥貝克力石陣研究的已故的克勞斯・施密特（Klaus Schmidt）為本書發展的早期階段提供了一些關鍵的思路。很感謝凱西・吉安葛蘭德（Cathy Giangrande）和全球傳統基金會（Global Heritage Foundation）介紹我們認識。還要感謝莎拉・史潘基（Sarah Spankie）和梅蘭達・史帝文斯（Melinda Stevens）這兩位出色的編輯，當他們在擔任《康泰納仕旅遊者雜誌》（*Condé Nast Traveller*）的編輯時，派我去報導游牧民族，感謝《金融時報》的旅行編輯 湯姆・羅賓斯（Tom Robbins），感謝羅西・布勞（Rosie Blau）、莎曼莎・溫伯格（Samantha Weinberg）以及《經濟學人一八四三年》（*The Economist's 1843*）雜誌的團隊。感謝賈洛德・凱特（Jarrod Kyte）和草原旅行（Steppes Travel）以及東土耳其的阿爾坎斯旅遊（Alkans Tour/Eastern Turkey Tour）的薩巴哈丁・阿爾坎（Sabahattin Alkan）幫我規劃的一些旅程。

非常感謝羅伯・厄文（Robert Irwin）、路西安・達賽伊（Lucien d'Azay）和羅蘭・菲利普斯（Roland Philipps）閱讀並詳細評論處於不同進展階段的草稿，並感謝傑瑞・布洛頓（Jerry Brotton）教授徹底檢查完稿進，並且找出很多問題。我非常感謝賽巴斯提安・薩丁（Sebastian Sattin）和蓋爾・卡繆（Gael Camu），他們在本書寫作的關鍵階段閱讀文本並給予評論。書中若還有的錯誤和誤判都是我的問題。

我大部分的書都是在遠離家園時所寫的，這也要感謝朋友們的盛情款待。這是我寫的第五本書，當中有部分是在布莉姬德・基南（Brigid Keenan）和艾倫・瓦頓姆斯（Alan Waddams）這兩位很棒的人家裡作客時寫的，他們美麗的房子，位於拉扎克高原的石灰岩懸崖下，就在通往新石器時代遺跡的小路上。幾十年前，小說家伊恩・麥克偉恩（Ian McEwan）在那個地區發現了黑狗，我只找到了平靜和靈感。我很有幸能夠待在茱莉亞・希斯（Julia Heath）和雨果・西斯（Hugo Heath）的翁布里亞故居，在台伯河谷的冬霧中修改這本書。

在羅傑斯（Rogers）、柯勒律治（Coleridge）和懷特（White）的彼得・史特勞斯（Peter Straus）是所有寫作者都希望能找到的那種代理人，他給予支持、鼓勵、靈感，尤其是理解。也非常感謝約翰墨瑞印刷（John Murray Press）的所有團隊，特別感謝冷靜而專注的卡洛琳・威斯特摩爾（Caroline Westmore）在她的指導下，我得以將手稿順利走完各個製作階段，感謝莎拉・馬拉非尼（Sara Marafini）設計了精美的封面，感謝馬丁・布萊安（Martin Bryant）認真審稿，感謝負責出版的戴安娜・塔利亞尼娜（Diana Talyanina）和出色的宣傳羅西・蓋勒（Rosie Gailer）。不過最要感謝的是尼克・戴維斯（Nick Davies）對本書抱持的極大的信念，買下版權，還要感謝喬伊・齊格蒙（Joe Zigmond）從我開始寫作前就悉心聆聽，並且在多年的寫作過程中耐心等待，然後編輯、批評和鼓勵我把它塑造成我想要的面貌，而現在已經在你手裡的這本書。他是一位出色的編輯，我很幸運能在這個最具野心的寫作計畫中得到他的幫助。我的兒子強尼和菲利克斯與游牧民族一起生活，遊蕩他們的生活、思想，有時甚至是他們的家中，我希望他們知道我對他們的支持和寬容有多感激。然後是我的伴侶西爾薇，我一路走來的每一步和每一句話都和她討論，請她修飾、強調與編輯，也和她爭論，同時受到她的鼓勵，而且她還為這本書創造出裝飾其中的美麗圖像。我懷著感謝和愛意將這本書獻給你。

著作版權致謝

作者與出版者感謝以下單位：Cambridge Scholars for permission to quote from David Atkinson and Steve Roud, *Street Literature of the Long Nineteenth Century*; Tom Holland for permission to quote from Herodotus, *The Histories* (Penguin, 2013); Senate House Library, University of London for permission to quote from D. L. R. Lorimer, '*The Popular Verse of the Bakhtiāri of S. W. Persia*', *Bulletin of the School of Oriental and African Studies*; Australian National University for permission to quote from Igor de Rachewiltz, *The Secret History of the Mongols: A Mongolian Epic Chronicle of the Thirteenth Century*; University of Chicago Press for permission to quote from Houari Touati, *Islam and Travels in the Middle Ages*; the British Library for permission to quote from Dr Shayne T. Williams, '*An Indigenous Australian Perspective on Cook's Arrival* '. Extract from 'Waiting for the Barbarians' from *Collected Poems* by C. P. Cavafy. Copyright © The Estate of C. P. Cavafy. Reproduced by permission of the Estate c/o Rogers, Coleridge & White Ltd, 20 Powis Mews, London W11 1JN. *Quotations from Baghdad: The City in Verse*, translated and edited by Reuven Snir, Cambridge, Mass.: Harvard University Press, Copyright ©

注釋

序言

1. Deleuze, p. 73.
2. *The Marriage of Martu*, https://etcsl.orinst.ox.ac.uk/section1/tr171.htm

第一部

1. www.census.gov/data/tables/time-series/demo/international-programs/historical-est-worldpop.html
2. King James Bible, 2:9.
3. *Daily Mail*, 5 March 2009, https://www.dailymail.co.uk/sciencetech/article-1157784/Do-mysterious-stones-mark-site-Garden-Eden.html
4. Fernández-Armesto, p. 547.
5. Langland, p. 3.
6. Tolkien, p. 35.
7. Northwestern University, https://www.northwestern.edu/newscenter/stories/2008/06/ariaaltribe.html
8. National Institute of Mental Health, https://www.nimh.nih.gov/health/statistics/attention-deficit-hyperactivity-disorder-adhd.shtml

9. Quoted in *Daily Telegraph*, 10 June 2008, https://www.telegraph.co.uk/news/science/science-news/3344025/ADHD-may-be-beneficial-for-some-jobs.html
10. Speaking to Jeremy Paxman on BBC *Newsnight*, 1999. https://www.youtube.com/watch?time_continue=220&v=FiK7s_0tGsg&feature=emb_logo
11. *The Travels of Ibn Battuta, AD 1325–1354*, vol. 1, ed. H. A. R. Gibb (Routledge, 2017), p. 145.
12. Herodotus, 3.38.
13. Inscribed on a clay tablet in the Ashmolean Museum, Oxford.
14. George, A. R., p. 49.
15. Ibid., p. 3.
16. Ibid., p. 2.
17. Ibid., p. 5.
18. Ibid., p. 8.
19. Ibid., p. 14.
20. Ibid., p. 16.
21. Chekhov, vol. VII, p. 165.
22. *Guardian*, 5 January 2017.
23. George, C. H., p. 133.
24. *Quarterly Review*, No. 19, p. 255.
25. *Rig Veda*, Book 6, Hymn 27.
26. Calasso, *Ardor*.
27. *Outlook India*, 4 June 2018.
28. *Henry V*, Act 4, Scene 3.
29. Lucian, vol. 3, p. 56.
30. https://www.sciencemag.org/news/2020/07/invasion-ancient-egypt-may-have-actually-been-immigrant-

uprising

31. Quoted in Van Seters, p. 172.
32. Homer, *Iliad*, Book IX, 178–9.
33. Lucian, vol. 2, p. 91.
34. Rawlinson, p. 1.
35. Herodotus, p. 3.
36. Redfield, p. 111.
37. Herodotus, p. 357.
38. Ibid., p. 568.
39. Ibid.
40. Kent, p. 144.
41. Diodorus, ch.70–1.
42. Lloyd Llewellyn-Jones, *In Our Time*, BBC Radio 4, 7 June 2018.
43. Chatwin, *Songlines*, p. 185.
44. Herodotus, p. 67.
45. Quoted in *History Today*, 22 May 1972.
46. Herodotus, 4.75.
47. Donald Trump on Twitter, 19 June 2018.
48. Plato, 4.704d.
49. Ibid., 4.705a.
50. Herodotus, 1.73.
51. Ibid., 4.5.
52. Ibid., 1.205.
53. Ibid.

54. Ibid., 1.212.
55. Ibid., 1.214.
56. Ibid., 4.46.
57. Ibid., 4.126.
58. Ibid., 4.127.
59. Ibid.
60. Watson, p. 60.
61. Herodotus, 4.23.
62. Hill, p. 27.
63. Ssu-ma Ch'ien, 2, p. 129.
64. Watson, p. 60.
65. Ssu-ma Ch'ien, 1, p. xii.
66. Ibid., 2, p. 155.
67. https://depts.washington.edu/silkroad/exhibit/xiongnu/essay.html
68. Khazanov and Wink, p. 237.
69. *Han Shu* 94A: 4b, quoted in Twitchett and Loewe, p. 387.
70. Ibid., 5a, quoted in ibid.
71. Watson, vol. 2, p. 168.
72. Ibid., p. 183.
73. Ibid.
74. Frankopan, p. xvi.
75. Pliny, *Natural History*, quoted in Whitfield, *Life*, p. 21.
76. Florus, quoted in Yule, p. xlii.
77. Blockley, p. 249.

78. Ibid.
79. Raven, p. 89.
80. https://depts.washington.edu/silkroad/texts/sogdlet.html
81. Lactantius, p. 48.
82. Gibbon, ch. 26, p. 5.
83. Ammianus, Book 31, p. 578.
84. Bury, Priscus, fr.8 https://faculty.georgetown.edu/jod/texts/priscus. html
85. Blockley, p. 261.
86. Ibid., p. 275.
87. Ibid., p. 281.
88. Ibid.
89. Ibid., p. 285.

第二部

1. Mackintosh-Smith, *Arabs*, p. 25.
2. Toynbee in Ibn Khaldun, *An Arab Philosophy of History*, p. 14.
3. Quoted in Irwin, *Ibn Khaldun*, p. 41.
4. Ibid., p. 12.
5. Ibn Khaldun, *Muqaddimah*, vol. 1, pp. 357–8, quoted in Irwin, *Ibn Khaldun*, p. 16.
6. Ibn Khaldun, *Muqaddimah*, p. 92.
7. *Muqaddimah*, 1967, vol. 1, p. 252.
8. Al-Ahnaf, quoted in Mackintosh-Smith, *Arabs*, p. 77.
9. Ibn Khaldun, 1992, p. 94.

10. Quoted in Fromherz, p. 114.
11. Wehr, p. 615.
12. Thesiger, *Arabian Sands*, p. 94.
13. Ed West, *Spectator* Coffee House blog, 3 August 2015, https://www. spectator.co.uk/article/the-islamic-historian-who-can-explain-why-some-states-fail-and-others-succeed
14. Ibn Khaldun, *Muqaddimah*, p. 107.
15. Ibid., p. 108.
16. '*marab'in wi fyad tar'a biha l-xur*', a fragment of an oral poem from south Jordan, in Holes, p. 183.
17. Al-Tabari, vol. II, pp. 295–6.
18. Cited in Frankopan, p. 74.
19. These details from Brown, p. 189.
20. Quran, Sura 96 (The Clot), l. 5.
21. https://www.islamreligion.com/articles/401/viewall/letter-of-prophet-to-emperor-of-byzantium/
22. Ibn Khaldun, 1992, p. 444.
23. Mackintosh-Smith, *Arabs*, p. 186.
24. Hourani, p. 102.
25. Al-Tabari, vol. 12, p. 64.
26. Ibid., pp. 94–5.
27. Ibid., p. 107.
28. A's-Suyuti, p. 265.
29. Quoted in Cunliffe, p. 365.
30. Al-Muqaddasi, p. 60.
31. Quoted in Marozzi, *Baghdad*, p. 43.
32. These figures from Modelski.

33. Quoted in Mackintosh-Smith, *Arabs*, p. 271.
34. Ibn Khaldun, *Muqaddimah*, vol. 2, p. 67.
35. Ibid., p. 68.
36. Quoted in Baerlain, p. 105.
37. Ibn Khaldun, *Muqaddimah*, vol. 1, p. 344.
38. Ibid., p. 345.
39. Ibid.
40. Snir, p. 61.
41. Quoted in Touati, p. 53.
42. 'Hellas: Chorus', Percy Bysshe Shelley.
43. Herodotus, 4.127.
44. Ibn Khaldun, *Muqaddimah*, vol. 1, p. 314.
45. Rachewiltz, *Secret History*, p. 128.
46. Ibid., p. 18.
47. Ibid., p. 125.
48. Gibbon, ch. 64, p. 1.
49. Raverty, vol. 2, p. 966.
50. Rachewiltz, *Secret History*, p. 171.
51. Ibid., p. 172.
52. Buniyatov, p. 110.
53. https://silkroadresearch.blog/uzbekistan/samarkind/
54. Quoted in Spuler, pp. 29–30.
55. Rachewiltz, *Secret History*, p. 189.
56. Quoted in Buell, p. 241.

57. Conversation with Dr John Hemming, London, 20 June 2019.
58. Quoted in Frankopan, p. vii.
59. Quoted in Grunebaum, p. 61.
60. Quoted in Rachewiltz, *Papal Envoys*, p. 39.
61. Quoted in McLynn, p. 323.
62. Quoted in Marshall, p. 125.
63. Mitchell, p. 54.
64. Rachewiltz, *Papal Envoys*, p. 213.
65. Rubruck, p. 3.
66. Rachewiltz, *Papal Envoys*, p. 129.
67. Favereau, p. 54.
68. Lane, p. 172.
69. Juvaini, p. 107.
70. Quoted in Katouzian, p. 104.
71. Rashid al-Din, quoted in Marozzi, *Baghdad*, p. 135.
72. Quoted in Marozzi, *Baghdad*, p. 138.
73. Rashid al-Din, pp. 238–9.
74. Le Strange, pp. 297–8.
75. Rashid al-Din, quoted in Marozzi, *Baghdad*, p. 136.
76. Quoted in Frankopan, p. 168.
77. Snir, p. 155.
78. Quoted by Frankopan, *Evening Standard*, 27 September 2019.
79. This and other details, Dalrymple, p. 298.
80. See Morgan.

81. Quoted in Rosenwein, p. 401.
82. Weatherford, 'Silk Route', p. 34.
83. Polo, p. 153.
84. Quoted in Lopez, p. 249.
85. Ibid.
86. Weatherford, 'Silk Route', p. 36.
87. Rashid al-Din, p. 338.
88. Favereau, p. 57.
89. Ibn Khaldun, *Muqaddimah*, vol. 1, pp. 353–5.
90. Mackintosh-Smith, *Travels with a Tangerine*, p. 321.
91. Ibn Battutah, p. 120.
92. Quoted in Horrox, pp. 16–18.
93. Ibid.
94. Frankopan, p. 187.
95. Boccaccio, p. 1.
96. Watkins, p. 199.
97. Deaux, pp. 92–4.
98. Ibn Khaldun, *Muqaddimah*, vol. 1, p. 64.
99. Ibid., vol. 1, p. 65.
100. Ibid., vol. 1, p. liii.
101. Fischel, *Ibn Khaldun and Tamerlane*, p. 35.
102. Quoted in Abu-Lughod, p. 37.
103. Ibn Khaldun, *Le Voyage*, pp. 148–9.
104. Thubron, p. 280.

105. Ibn Arabshah, p. 3.
106. Marlowe, *Tamberlaine* prologue.
107. Conversation with Jerry Brotton, July 2021.
108. Gibbon, ch. 65, p. 1.
109. Byron, p. 106.
110. Roxburgh, p. 413.
111. Ibid., p. 196.
112. Ibid., p. 194.
113. Harold Lamb's phrase in his *Tamerlane*, p. 169.
114. Clavijo, p. 220.
115. Ibid., p. 225.
116. Ibid., p. 249.
117. Ibid., p. 251.
118. Ibn Arabshah, p. 136.
119. Ibid., p. 141.
120. Irwin, *Ibn Khaldun*, p. 97.
121. Fischel, *Ibn Khaldun and Tamerlane*, p. 31.
122. Ibid., p. 35.
123. Ibid., p. 38.
124. Irwin, *Ibn Khaldun*, p. 100; Fischel, 'A New Latin Source', p. 227.
125. See Ballan, 'The Scholar and the Sultan'.
126. Ibn Arabshah, p. 232.
127. 'Hellas: Chorus', Percy Bysshe Shelley.

第三部

1. Goodwin, p. 8.
2. In Öztuncay, p. 86.
3. Ibid., p. 92.
4. Leigh Fermor, p. 33.
5. Babur, p. 35.
6. Ibid., p. 10.
7. Ibid., p. 59.
8. Erskine, vol. 2, p. 468.
9. Babur, p. 327.
10. *Timur surrounded by His Mughal Heirs*: British Library, Johnson 64, 38.
11. Pascal, p. 126.
12. Ibid., Bacon, *Novum*, p. cxxix.
13. Merchant, 'The Violence of Impediments'.
14. Quoted in Merchant, 'Environmentalism', p. 3.
15. Ibid.
16. From Alain Hervé's *Le Palmier*.
17. All Franklin quotes from letter to Collinson, 9 May 1753, https:// founders.archives.gov/documents/ Franklin/01-04-02-0173
18. Johnson, *Dictionary*, 1st edition (1755), title page.
19. Boswell, vol. 2, p. 86.
20. Johnson, *Dictionary*, II.
21. Boswell, vol. 2, p. 132.

22. Johnson, *Dictionary*, I.
23. Perdue, p. 283.
24. Timothy May, 'Nomadic Warfare', in *The Encyclopedia of War* (Wiley Online Library, 13 November 2011), doi.org/10.1002/9781444338232. wbeow453
25. Winckelmann, *Reflection*, p. 7.
26. Ibid., p. 5.
27. Musgrave, p. 42.
28. *Endeavour* Journal of Sir Joseph Banks, 10 September 1768.
29. https://www.sl.nsw.gov.au/joseph-banks-endeavour-journal
30. https://www.captaincooksociety.com/home/detail/28-april-1770
31. Dr Shayne T. Williams, https://www.bl.uk/the-voyages-of-captain-james-cook/articles/an-indigenous-australian-perspective-on-cooks-arrival
32. http://southseas.nla.gov.au/journals/cook_remarks/092.html
33. Speaking on *Civilisation: A Sceptic's Guide*, BBC Radio 4, 26 February 2018.
34. Boyle, vol. II, Essay IV, p. 20.
35. Stats from worldometers.info.
36. Anderson, p. 21.
37. Goldsmith, 'The Deserted Village', https://www.poetryfoundation. org/poems/44292/the-deserted-village
38. Marsden and Smith, p. 59.
39. https://songsfromtheageofsteam.uk/factories-mines/102-other-industry/ 97-bar004
40. Atkinson and Roud, p. 299.
41. Blake, p. 673.
42. Hansard, HC Deb, 10 July 1833, vol. 19, cc479–550.
43. O'Sullivan, pp. 426–30.

44. https://constitutionus.com/#a1s8c3, Article XIII, Amendment 13.
45. Thoreau, *Walden*, pp. 8–9.
46. Thoreau, *Walking*, p. 21.
47. Quoted in Schneider, pp. 108–9.
48. Thoreau, *Indian Notebooks*, p. 46.
49. US Fish and Wildlife Service.
50. Library of Congress, https://guides.loc.gov/indian-removal-act
51. Hämäläinen, p. 372.
52. Quoted in Lindqvist, p. 122.
53. Thoreau, *Indian Notebooks*, p. 7.
54. Ibid., p. 8.
55. Gros, p. 100.
56. Quoted in Novak, p. 44.
57. *San Francisco Chronicle*, 18 June 2019.
58. Rousseau, *A Discourse on Inequality*, p. 169.
59. Lee, pp. xcv–xcix.
60. Quoted in Olusoga, p. 398.
61. Quoted in Lindqvist, p. 140.
62. https://www.qso.com.au/news/blog/five-pieces-of-music-inspired-by-the-great-outdoors
63. Roth, pp. 23–7.
64. https://www.britannica.com/biography/Ernest-B-Schoedsack.
65. Schoedsack's 'tape letter', 1960s or 1970s, https://www.youtube.com/ watch?v=jMLIn8UTQ-E
66. Ibid.
67. Commentary from the film Grass, 1922.

68. Sackville-West, *Passenger*, ch. 8.
69. Sackville-West, *Twelve Days*, p. 27.
70. Ibid., p. 66.
71. Ibid., pp. 67–8.
72. Ibid., p. 80.
73. Ibid., p. 90.
74. https://newint.org/features/1995/04/05/facts/
75. Lorimer, 1955, p. 110.
76. Carson, p. 77.
77. Layard, vol. 1, pp. 487–9.
78. Herodotus, 3.38.
79. Bowlby, p. 293.
80. Chatwin, *Songlines*, p. 227.
81. The term appears in Matthew Syed's *Rebel Ideas*.
82. Mackintosh-Smith, *Arabs*, p. 518.
83. Rimbaud, *Une Saison en Enfer*, p. 145.
84. Cavafy, 'The City', in *Collected Poems*, p. 22.
85. Cavafy, 'Waiting for the Barbarians', in ibid., p. 15.

參考書目

- Abu-Lughod, Janet, *Cairo: 1001 Years of the City Victorious* (Princeton University Press, 1971)
- Abulafia, David, *The Great Sea* (Penguin, 2014)
- Allsen, Thomas T., *Commodity and Exchange in the Mongol Empire* (Cambridge University Press, 1997)
- Ammianus Marcellinus, *Roman History*, trans. C. D. Yonge (Bohn, 1862)
- Anderson, Michael, *Population Change in North-Western Europe*, 1750–1850 (Palgrave, London, 1988)
- Atkinson, David and Steve Roud, *Street Literature of the Long Nineteenth Century* (Cambridge Scholars, 2017)
- Axworthy, Michael, *Empire of the Mind: A History of Iran* (Hurst Books, 2007)
- Babur, Zahiru'd-din Mihammad, *The Babur-nama in English*, trans. Annette Susannah Beveridge (Luzac, 1921)
- Bacon, Francis, *The Works of Francis Bacon* (Parry & MacMillan, 1854)

  —, *Novum Organum or True Suggestions for the Interpretation of Nature* (P. F. Collier, 1902)
- Baerlain, Henry, *The Singing Caravan* (John Murray, 1910)

- Bakhtiari, Ali Morteza Samsam, *The Last of the Khans* (iUniverse, 2006)
- Baldwin, James, 'The White Man's Guilt', *Ebony*, August 1965
- Ballan, Mohamad, 'The Scholar and the Sultan: A Translation of the Historic Encounter between Ibn Khaldun and Timur', ballandalus.wordpress.com, 30 August 2014
- Banks, Sir Joseph, *The Endeavour Journal*, 1768–71, http://gutenberg.net.au/ebooks05/0501141h.html
- Barry, David, *Incredible Journeys* (Hodder & Stoughton, 2019)
- Basilevsky, Alexander, *Early Ukraine: A Military and Social History to the Mid-19th Century* (McFarland, 2016)
- Batty, Roger, *Rome and the Nomads* (Oxford University Press, 2007)
- Beckwith, Christopher, *Empires of the Silk Road* (Princeton University Press, 2009)
- Blake, William, *Complete Writings* (Oxford University Press, 1972)
- Blockley, R. C., *The Fragmentary Classicising Historians of the Late Roman Empire*, vol. 2 (Francis Cairns, 1983)
- Boccaccio, *The Decameron*, trans. Richard Hooker, sourcebooks.fordham. edu/source/decameronintro.asp
- Borges, Jorge Luis, *Collected Fictions* (Allen Lane, 1998)
- Boswell, James, *The Life of Samuel Johnson, LL.D.*, 4 vols (Oxford University Press, 1826)
- Bowlby, John, *Attachment and Loss*, vol. 1 (Pimlico, 1997)
- Boyle, Robert, *Some Considerations Touching the Usefulness of Experimental Natural Philosophy* (Oxford, 1663)
- Braudel, Fernand, *The Mediterranean in the Ancient World* (Allen Lane, 2001)
- Bregman, Rutger, *Humankind* (Bloomsbury, 2020)

- Bronowski, Jacob, *William Blake and the Age of Revolution* (Faber, 1972)
- Brotton, Jerry, *The Renaissance Bazaar* (Oxford University Press, 2002)
  —, *This Orient Isle* (Allen Lane, 2016)
- Brown, Peter, *The World of Late Antiquity* (Thames & Hudson, 1971)
- Bruder, Jessica, *Nomadland* (W. W. Norton, 2017)
- Buell, Paul, *Historical Dictionary of the Mongol World Empire* (Scarecrow Press, 2003)
- Buniyatov, Z. M., *A History of the Khorezmian State Under the Anushteginids* (International Institute for Central Asian Studies, Samarkand, 2015)
- Burckhardt, John Lewis, *Notes on the Bedouins and Wahabys* (Henry Colbourn, 1830)
- Burdett, Richard, et al., *Cities: People, Society, Architecture* (Rizzoli, 2006)
- Bury, J. B., 'Justa Grata Honoria', *Journal of Roman Studies*, Vol. 9, 1919, pp. 1–13
  —, (trans.), Priscus, fr. 8 in *Fragmenta Historicorum Graecorum* (Ambrosio Firmin Didot, 1841–72)
- Byron, Robert, *The Road to Oxiana* (Picador, 1994)
- Calasso, Roberto, *The Celestial Hunter* (Allen Lane, 2020)
  —, *Ardor* (Penguin, 2015)
- Cannadine, David, *The Undivided Past* (Allen Lane, 2013)
- Carson, Rachel, *The Sense of Wonder* (Harper & Row, 1965)
- Cavafy, Constantine, *Collected Poems*, trans. Edmund Keeley and Philip Sherrard (Hogarth Press, 1975)
- Cavalli-Sforza, Luigi Luca and Francesco, *The Great Human Diasporas* (Perseus, 1995)
- Chaliand, Gerard, *Nomadic Empires* (Transaction, 2005)
- Chandler, Tertius, *Four Thousand Years of Urban Growth: An Historical Census* (Edwin Mellen Press, 1987)

- Chardin, Sir John, *Travels in Persia* (Argonaut, 1927)
- Chatwin, Bruce, 'The Mechanics of Nomad Invasions', *History Today*, May 1972

  —, *The Songlines* (Jonathan Cape, 1987)

  —, *Anatomy of Restlessness* (Jonathan Cape, 1996)
- Chavannes, Edouard, 'Inscriptions et pièces de chancellerie chinoises de l'époque mongole', in *T'oung Pao*, Second Series, Vol. 9, No. 3, pp. 297–428 (Brill, 1908)
- Chekhov, Anton, *The Steppe*, in *The Tales of Chekhov*, trans. Constance Garnett (Macmillan, 1919)
- Clavijo, Gonzalez de, *Embassy to Tamerlane*, trans. Guy le Strange (Routledge, 1928)
- Cranston, Maurice, *Jean-Jacques: The Early Life and Work of Jean-Jacques Rousseau, 1712–1754* (W. W. Norton, 1983)
- Crompton, Samuel, *Meet the Khan: Western Views of Kuyuk, Mongke and Kublai* (iUniverse, 2001)
- Cronin, Vincent, *The Last Migration* (Rupert Hart-Davis, 1957)
- Cunliffe, Barry, *By Steppe, Desert and Ocean: The Birth of Eurasia* (Oxford University Press, 2015)
- Dalrymple, William, *In Xanadu* (William Collins, 1989)
- Deaux, George, *The Black Death 1347* (Weybright & Talley, 1969)
- Defoe, Daniel, *A Tour Through England and Wales* (Dent, 1928)
- Deleuze, Gilles and Félix Guattari, *Nomadology* (Semiotext(e), 1986)
- De Waal, Edmund, *Library of Exile* (British Museum, 2020)
- Di Cosmo, Nicola, *Ancient China and its Enemies* (Cambridge University Press, 2002)
- Diodorus Siculus, *History* (Loeb Classical Library, 1963)
- Dowty, Alan, *Closed Borders* (Yale University Press, 1987)
- Ellingson, Ter, *The Myth of the Noble Savage* (University of California Press, 2001)

- Elliot, Jason, *Mirrors of the Unseen* (Picador, 2006)
- *Encyclopaedia Britannica*, 14th edition 1932
- Erskine, William, *A History of India*, 2 vols (Longman, Brown, Green and Longmans, 1854)
- Favereau, Marie, 'The Mongol Peace and Global Medieval Eurasia' in Chris Hann, ed. *Realising Eurasia, Empire and Connectivity During Three Millennia* (Leipziger Universitätsverlag, 2019)
- Fennelly, James M., 'The Persepolis Ritual', *Biblical Archaeologist*, Vol. 43, No. 3, Summer 1980, pp. 135–62
- Ferdowsi, Abolqasem, *Shahnameh: The Persian Book of Kings*, trans. Dick Davis (Penguin, 2007)
- Fernández-Armesto, Felipe, *Civilizations* (Macmillan, 2000)
- Fischel, Walter J., *Ibn Khaldun and Tamerlane: Their Historic Meeting in Damascus, 1401 AD (803AH)* (University of California Press, 1952)

  —, 'A New Latin Source on Tamerlane's Conquest of Damascus', *Oriens*, Vol. 9, No. 2, 31 December 1956, pp. 201–32
- Florus, *The Epitome of Roman History* (Loeb Classical Library, 1929)
- Fonseca, Isabel, *Bury Me Standing* (Chatto & Windus, 1995)
- Frankopan, Peter, *The Silk Roads* (Bloomsbury, 2015)
- Fromherz, Allen James, *Ibn Khaldun: Life and Times* (Edinburgh University Press, 2010)
- Frye, Richard N., 'Persepolis Again', *Journal of Near Eastern Studies*, Vol. 33, No. 4, October 1974, pp. 383–6

  —, *The Heritage of Persia* (Cardinal, 1976)
- George, A. R., *The Epic of Gilgamesh* (Allen Lane, 1999)
- George, Coulter H., *How Dead Languages Work* (Oxford University Press, 2020)

- Gibbon, Edward, *The History of the Decline and Fall of the Roman Empire* (Harper & Brothers, 1845)
- Golden, P. B., '"I Will Give the People unto Thee" : The inggisid Conquests and Their Aftermath in the Turkic World', *Journal of the Royal Asiatic Society*, Third Series, Vol. 10, No. 1, April 2000, pp. 21–41
- Goodwin, Jason, *Lords of the Horizon* (Chatto & Windus, 1998)
- Greenblatt, Stephen, *The Swerve: How the Renaissance Began* (Vintage, 2012)
- Gros, Frédéric, *A Philosophy of Walking* (Verso, 2014)
- Grousset, René, *The Empire of the Steppes*, trans. Naomi Walford (Rutgers University Press, 1970)
- Grunebaum, Gustave E. von, *Medieval Islam: A Study in Cultural Orientation* (University of Chicago Press, 1969)
- Guzman, Gregory G., 'European Captives and Craftsmen Among the Mongols, 1231–1255', *The Historian*, Vol. 72, No. 1, Spring 2010, pp. 122–50
- Hall, James, *Hall's Dictionary of Subjects and Symbols in Art* (John Murray, 1986)
- Halsey, R. T. H. and Charles D. Cornelius, *A Handbook of the American Wing* (Metropolitan Museum of Art, New York, 1938)
- Hämäläinen, Pekka, *Lakota America* (Yale University Press, 2019)
- Hammond, N. G. L., 'The Archaeological and Literary Evidence for the Burning of the Persepolis Palace', *Classical Quarterly*, 2, Vol. 42, No. 2, 1992, pp. 358–64
- Herlihy, David, *The Black Death and the Transformation of the West* (Harvard University Press, 1997)
- Herodotus, *The Histories*, trans. Tom Holland (Penguin, 2013)
- Hill, John E., *Through the Jade Gate to Rome: A Study of the Silk Routes during the Later Han Dynasty, 1st to 2nd Centuries CE* (BookSurge, South Carolina, 2009)
- Hobbes, Thomas, *Of Man, Being the First Part of Leviathan* (Harvard Classics, 1909–1914)

- Holes, C. and S. S. Abu Athera, *Poetry and Politics in Contemporary Bedouin Society* (Ithaca Press, 2009)
- Holland, Tom, *Persian Fire* (Abacus, 2005)

  —, *In the Shadow of the Sword* (Little, Brown, 2012)
- Homer, The Iliad, trans. Alexander Pope (London, 1760)
- Horne, Charles F., ed., *The Sacred Books and Early Literature of the East, Vol. VI: Medieval Arabia* (Parke, Austin, & Lipscomb, 1917)
- Horrox, R., ed., *The Black Death* (Manchester University Press, 1994)
- Hourani, Albert, *A History of the Arab Peoples* (Faber, 1991)
- Ibn Arabshah, Ahmad, *Tamerlane: The Life of the Great Amir*, trans. J. H. Sanders (Luzac, 1936)
- Ibn Battutah, *The Travels of Ibn Battutah*, ed. Tim Mackintosh-Smith (Picador, 2002)
- Ibn Khaldun, *The Muqaddimah*, trans. Franz Rosenthal (Pantheon, 1958)

  —, *Le Voyage d'Occident et d'Orient* (Sinbad, Paris, 1980)

  —, *An Arab Philosophy of History*, trans. Charles Issawi (American University in Cairo Press, 1992)
- Ingold, Tim, *The Perception of the Environment* (Routledge, 2000)
- Irwin, Robert, *Night and Horses in the Desert* (Allen Lane, 1999)

  —, *Ibn Khaldun* (Princeton University Press, 2018)
- Jackson, Anna and Amin Jaffer, eds., *Encounters: The Meeting of Asia and Europe, 1500–1800* (V&A Publications, 2004)
- Jackson, Peter, *The Mongols and the West* (Pearson Longman, 2005)
- Jardine, Lisa, *Ingenious Pursuits* (Little, Brown, 1999)
- Jensen, Erik, *Barbarians in the Greek and Roman World* (Hackett, 2018)

- Johnson, Samuel, *A Dictionary of the English Language* (Rivington et al., 1785)
- Juvaini, Ala-ad-Din Ata-Malik, *Genghis Khan: The History of the World Conqueror* (Manchester University Press, 1958)
- Katouzian, Homa, *The Persians* (Yale University Press, 2010)
- Kennedy, Hugh, *The Court of the Caliphs* (Weidenfeld & Nicolson, 2004)
- Kent, Roland G., *Old Persian: Grammar, Texts, Lexicon* (American Oriental Society, Connecticut, 1950)
- Khazanov, Anatoly M. and André Wink, *Nomads in the Sedentary World* (Routledge, 2001)
- Kim, Hyun Jin, *The Huns, Rome and the Birth of Europe* (Cambridge University Press, 2013)
- Kradin, Nikolay N., et al., eds., *Nomadic Pathways in Social Evolution* (Russian Academy of Sciences, 2003)
- Kriwaczek, Paul, *In Search of Zarathustra* (Phoenix, 2003)
- Lactantius, *The Works of Lactantius, trans. William Fletcher* (T. & T. Clark, Edinburgh, 1871)
- Lamb, Harold, *Tamerlane* (Robert M. McBride, 1930)
- Lane, George, *Daily Life in the Mongol Empire* (Hackett, 2006)
- Lane Fox, Robin, *Alexander the Great* (Allen Lane, 1973)

  —, *The Search for Alexander* (Allen Lane, 1980)
- Langland, William, *Piers Plowman* (Wordsworth, 1999)
- Lawrence, T. E., *The Seven Pillars of Wisdom* (Jonathan Cape, 1935)
- Layard, Sir Henry, *Early Adventures in Persia, Susiana, and Babylonia* (John Murray, 1887)
- Lee, Richard, 'The Extinction of Races', *Journal of the Anthropological Society of London*, Vol. 2, 1864, pp. xcv–xcix

- Leigh Fermor, Patrick, *The Broken Road* (John Murray, 2013)
- Le Strange, Guy, ed., 'The Story of the Death of the Last Abbasid Caliph, from the Vatican MS. of Ibn-al-Furāt', *Journal of the Royal Asiatic Society of Great Britain and Ireland*, April 1900, pp. 293–300
- Levi, Scott Cameron and Ron Sela, eds., *Islamic Central Asia: An Anthology of Historical Sources* (Indiana University Press, 2010)
- Lindqvist, Sven, *Exterminate All the Brutes* (Granta, 1992)
- Locke, John, *Two Treatises of Government* (A. Millar et al., 1764)
- Lopez, Barry, *Arctic Dreams* (Vintage, 2014)
- Lorimer, D. L. R., 'The Popular Verse of the Bak-h-ti ri of S. W. Persia', *Bulletin of the School of Oriental and African Studies, University of London*, Vol. 16, No. 3, 1954, pp. 542–55; Vol. 17, No. 1, 1955, pp. 92–110; Vol. 26, No. 1, 1963, pp. 55–68
- Lucian, *The Works of Lucian of Samosata*, trans. H. W. Fowler and F. G. Fowler (Clarendon Press, 1905)
- McCorriston, Jay, 'Pastoralism and Pilgrimage: Ibn Khaldūn's Bayt-State Model and the Rise of Arabian Kingdoms', *Current Anthropology*, Vol. 54, No. 5, October 2013, pp. 607–41
- MacDonald, Brian W., *Tribal Rugs* (ACC Art Books, 2017)
- Machiavelli, Niccolò, *The Discourses*, trans. Leslie J. Walker (Routledge & Kegan Paul, 1950)
- Mackintosh-Smith, Tim, *Travels with a Tangerine* (John Murray, 2001)

—, *Arabs: A 3,000-Year History of Peoples, Tribes and Empires* (Yale University Press, 2019)
- McLynn, Frank, *Genghis Khan* (Bodley Head, 2015)
- Marozzi, Justin, *Tamerlane* (HarperCollins, 2004)

—, *Baghdad* (Allen Lane, 2014)
- Marsden, Ben and Crosbie Smith, *Engineering Empires* (Palgrave Macmillan, 2005)

- Marshall, Robert, *Storm from the East: From Ghengis Khan to Khubilai Khan* (BBC Books, 1993)
- Maugham, H. Neville, *The Book of Italian Travel* (Grant Richards, 1903)
- Merchant, Carolyn, '"The Violence of Impediments": Francis Bacon and the Origins of Experimentation', *Isis*, Vol. 99, No. 4, December 2008, pp. 731–60

  —, 'Environmentalism: From the Control of Nature to Partnership', Bernard Moses Memorial Lecture, University of California, Berkeley, 4 May 2010, nature.berkeley.edu/departments/espm/env-hist/Moses. pdf_

  —, 'Francis Bacon and the "Vexations of Art": Experimentation as Intervention', *British Journal for the History of Science*, December 2013, Vol. 46, No. 4, pp. 551–99
- Michell, Robert and Nevill Forbes, eds., *The Chronicle of Novgorod* (Royal Historical Society, 1914)
- Modelski, George, *World Cities: -3000 to 2000* (Faros2000, 2003)
- Morgan, D. O., 'The "Great Yāsā of Chingiz Khān" and Mongol Law in the Īlkhānate', *Bulletin of the School of Oriental and African Studies*, Vol. 49, No. 1, In Honour of Ann K. S. Lambton, 1986, pp. 163–76
- Mulder, Monique Borgerhoff and Peter Coppolillo, *Conservation: Linking Ecology, Economics and Culture* (Princeton University Press, 2005)
- Mumford, Lewis, *The City in History* (Penguin, 1991)
- Al-Muqaddasi, Muhammad, *Best Divisions for Knowledge of the Regions*, trans. Basil Anthony Collins (Garnet, 1994)
- Musgrave, Toby, *The Multifarious Mr Banks* (Yale University Press, 2020)
- Nelson, Cynthia, *The Desert and the Sown* (University of California Press, Berkeley, 1973)
- Nicolson, Adam, *The Mighty Dead: Why Homer Matters* (William Collins, 2014)

- Nietzsche, Friedrich, *On the Future of Our Educational Institutions: Homer and Classical Philology* (Foulis, 1909)
- Norwich, John Julius, *The Middle Sea* (Chatto & Windus, 2006)
- Novak, Barbara, *Voyages of the Self* (Oxford University Press, 2007)
- Olusoga, David, *Black and British: A Forgotten History* (Macmillan, 2016)
- O'Sullivan, John, 'The Great Nation of Futurity', *United States Democratic Review*, Vol. 6, Issue 23
- Otter, Rev. William, *The Life and Remains of Rev. Edward Daniel Clarke, LL.D.* (J. F. Dove, 1824)
- Öztuncay, Bahattin and Özge Ertem, eds., *Ottoman Arcadia* (Koç University Research Center for Anatolian Civilizations, 2018)
- Park, Mungo, *Travels into the Interior of Africa* (Eland, 2003)
- Pascal, Blaise, *Pensées and Other Writings,* trans. *Honor Lei* (Oxford University Press, 2008)
- Perdue, Peter C., *China Marches West* (Harvard University Press, 2005)
- Plato, *Laws*, trans. R. G. Bury (Harvard University Press, 1967)
- Polo, Marco, *The Travels of Marco Polo*, ed. L. F. Benedetto (Routledge, 2011)
- Rachewiltz, I, de, *Papal Envoys to the Great Khans* (Faber, 1971)

  —, *The Secret History of the Mongols* (Australian National University, 2015)
- Raphael, Kate, 'Mongol Siege Warfare on the Banks of the Euphrates and the Question of Gunpowder', *Journal of the Royal Asiatic Society*, Third Series, Vol. 19, No. 3, July 2009, pp. 355–70
- Rashid al-Din, *Jami al Tawarikh* (Compendium of Histories), trans. Etienne Quatremère (Oriental Press, Amsterdam, 1968)
- Raven, Susan, *Rome in Africa* (Routledge, 1993)
- Raverty, H. G., ed. and trans., *Tabakat-i-Nasiri: A General History of the Muhammadan Dynasties of*

Asia (Gilbert & Rivington, 1881)

- Rawlinson, George, *The History of Herodotus* (Appleton and Company, New York, 1859)
- Redfield, James, 'Herodotus the Tourist', *Classical Philology*, Vol. 80, No. 2, April 1985, pp. 97–118
- Rice, Tamara Talbot, *The Scythians* (Thames & Hudson, 1957)
- Rilke, Rainer Maria, *The Journal of My Other Self* (W. W. Norton, 1930)
- Rimbaud, Arthur, *Poésies, Une saison en enfer, Illuminations* (Gallimard, 1991)
- Robinson, Chase F., *Islamic Civilization in Thirty Lives* (Thames & Hudson, 2016)
- Robinson, James, ed., *Readings in European History*, vol. 1 (Ginn & Co., 1904)
- Rogerson, Barnaby, *A Traveller's History of North Africa* (Windrush, 1998)

  —, *Heirs of the Prophet* (Abacus, 2006)
- Rolle, Renata, *The World of the Scythians* (Batsford, 1989)
- Rosenwein, Barbara H., ed., *Reading the Middle Ages: Sources from Europe, Byzantium, and the Islamic World* (University of Toronto Press, 2018)
- Roth, Joseph, *What I Saw* (Granta, 2003)
- Rousseau, Jean-Jacques, *The Social Contract and Discourses* (Dent, 1923)

  —, *The First and Second Discourses* (St Martin's Press, 1964)

  —, *Papal Envoys to the Great Khans* (Faber, 1971)

  —, *A Discourse on Inequality* (Penguin, 1984)

  —, *The Reveries of the Solitary Walker* (University Press of New England, 2000)
- Roxburgh, David J., ed., *Turks: A Journey of a Thousand Years, 600–1600* (Royal Academy of Arts, 2005)
- Rubruck, William of, *The Journey of William of Rubruck to the Eastern Parts of the World, 1253–*

1255, trans. W. W. Rockhill (Hakluyt, 1990)

- Sackville-West, Vita, *Passenger to Teheran* (Hogarth Press, 1926)

—, *Twelve Days* (Hogarth Press, 1928)

- Sattin, Anthony, *The Gates of Africa* (HarperCollins, 2003)
- Schama, Simon, *Landscape and Memory* (Harper Perennial, 2004)
- Schneider, Richard J., *Civilizing Thoreau* (Boydell & Brewer, 2016)
- Scott, James C., *Against the Grain* (Yale University Press, 2017)
- Scott, Michael, *Ancient Worlds* (Windmill, 2016)
- Sherratt, Andrew, 'Climatic Cycles and Behavioural Revolutions: The Emergence of Modern Humans and the Beginning of Farming', *Antiquity*, 71, 1997, pp. 271–87

—, *Economy and Society in Prehistoric Europe* (Edinburgh, 1997)

- Snir, Reuven, ed., *Baghdad: The City in Verse* (Harvard University Press, 2013)
- Spuler, Bertold, *History of the Mongols* (Routledge, 1972)
- Ssu-ma Ch'ien, *Records of the Grand Historian of China*, 2 vols, trans. Burton Watson (Columbia University Press, 1962)
- Starr, S. Frederick, *Lost Enlightenment* (Princeton, 2013)
- Stewart, Stanley, *In the Empire of Genghis Khan* (HarperCollins, 2000)
- Stow, John, *A Survey of London* (Whittaker, 1842)
- Strabo, *The Geography*, trans. Duane W. Roller (Cambridge University Press, 2014)
- A's-Suyuti, Jalaluddin, *History of the Caliphs*, trans. H. S. Jarrett (Asiatic Society, Calcutta, 1881)
- Syed, Matthew, *Rebel Ideas* (John Murray, 2020)
- Al-Tabari, *The History*, trans. Yohanan Friedmann (State University of New York Press, 1992)

- Thackston, Wheeler M., trans., *The Baburnama: Memoirs of Babur, Prince and Emperor* (Oxford, 1996)
- Thesiger, Wilfred, *Arabian Sands* (Longmans, 1959)

  —, *Desert, Marsh and Mountain* (Collins, 1979)
- Thoreau, Henry David, *Walden* (Signet, 1960)

  —, *Walking* (CreateSpace, 2018)

  —, *The Indian Notebooks*, ed. Richard F. Fleck (Walden Woods Project, 2007)
- Thubron, Colin, *Shadow of the Silk Road* (Chatto & Windus, 2006)
- Tolkien, J. R. R., *The Hobbit* (HarperCollins, 2013)
- Touati, Houari, *Islam and Travels in the Middle Ages* (University of Chicago Press, 2010)
- Twitchett, Danis and Michael Loewe, *The Cambridge History of China: Volume 1* (Cambridge University Press, 1986)
- Upham Pope, Arthur, 'Persepolis as a Ritual City', *Archaeology*, Vol. 10, No. 2, June 1957, pp. 123–30

  —, *Introducing Persian Architecture* (Soroush Press, Tehran, 1976)
- Van den Bent, Josephine, 'None of the Kings on Earth is Their Equal in "a abiyya" : The Mongols in Ibn Khaldūn's Works', *Al-Masāq*, Vol. 28, Issue 2, 2016, pp. 171–86
- Van Seters, John, *The Hyksos: A New Investigation* (Wipf and Stock, 2010)
- Wallace-Murphy, Tim, *What Islam Did for Us* (Watkins, London, 2006)
- Watkins, Renee Neu, 'Petrarch and the Black Death: From Fear to Monuments', *Studies in the Renaissance*, Vol. 19, 1972, pp. 196–223
- Watson, Burton, *Ssu-ma Ch'ien, Grand Historian of China* (Columbia University Press, 1958)

- Weatherford, Jack, *Genghis Khan and the Making of the Modern World* (Crown, 2004)

  —, 'The Silk Route from Land to Sea', *Humanities*, Vol. 7, No. 2, 2018, pp. 32–41
- Wehr, Hans, *A Dictionary of Modern Written Arabic* (Librairie du Liban, 1974)
- Wheelis, M., 'Biological Warfare at the 1346 Siege of Caffa', *Emerging Infectious Diseases*, Vol. 8, No. 9, 2002, pp. 971–5
- Whitfield, Susan, *Life Along the Silk Road* (John Murray, 1999), ed.

  —, *Silk Roads* (Thames & Hudson, 2019)
- Wilde, Robert, 'Population Growth and Movement in the Industrial Revolution', ThoughtCo.com, 28 May 2019
- Willey, Peter, *Eagle's Nest: Ismaili Castles in Iran and Syria* (I B Tauris, 2005)
- Winckelmann, Johann Joachim, *Reflection on the Imitation of Greek Works in Painting and Sculpture* (Open Court, La Salle, IL, 1987)

  —, *The History of the Art of Antiquity*, trans. Harry Francis Mallgrave (Getty, LA, 2006)
- Yingshi, Yu, et al., *Trade and Expansion in Han China* (University of California Press, 1967)
- Young, Thomas, 'Mithridates, or a General History of Languages', *Quarterly Review*, Vol. X, No. XIX, October 1813, p. 255
- Yule, Henry, *Cathay and the Way Thither* (Hakluyt, 1866)
- Zavitukhina, M. P., *Frozen Tombs* (British Museum, 1978)
- Zerjal, Tatiana, 'The Genetic Legacy of the Mongols', *American Journal of Human Genetics*, 72, 2003, pp. 717–21
- Ziegler, Philip, *The Black Death* (Penguin, 1997)

歷史與現場 329

游牧的歷史：塑造我們世界的流浪者

Nomads: The Wanderers Who Shaped Our World

作　　者—安東尼・沙汀（Anthony Sattin）
內頁插畫—西爾薇・法藍庫特（Sylvie Franquet）
內頁繪圖—蘿西・柯林斯（Rosie Collins）
譯　　者—王惟芬
編　　輯—張啟淵
企　　劃—鄭家謙
封面設計—吳郁嫻

董 事 長—趙政岷
出 版 者—時報文化出版企業股份有限公司
108019台北市和平西路三段二四〇號四樓
發行專線—（〇二）二三〇六六八四二
讀者服務專線—〇八〇〇二三一七〇五　（〇二）二三〇四七一〇三
讀者服務傳真—（〇二）二三〇四六八五八
郵撥—一九三四四七二四時報文化出版公司
信箱—10899台北華江橋郵局第九九信箱

時報悅讀網—http://www.readingtimes.com.tw
法律顧問—理律法律事務所　陳長文律師、李念祖律師
印　　刷—勁達印刷有限公司
初版一刷—二〇二二年十一月十八日
定　　價—新臺幣五二〇元
（缺頁或破損的書，請寄回更換）

時報文化出版公司成立於一九七五年，
並於一九九九年股票上櫃公開發行，於二〇〇八年脫離中時集團非屬旺中，
以「尊重智慧與創意的文化事業」為信念。

游牧的歷史 : 塑造我們世界的流浪者 / 安東尼 . 沙汀 (Anthony Sattin) 著 ; 王惟芬譯 . -- 初版 . -- 臺北市 : 時報文化出版企業股份有限公司, 2022.11
面 ;　公分 . -- (歷史與現場 ; 329)

譯自 : Nomads : the wanderers who shaped our world.
ISBN 978-626-353-007-2(平裝)

1.CST: 遊牧民族 2.CST: 文明史

536.91　　111015671

ISBN 978-626-353-007-2
Printed in Taiwan